高职高专教育“十二五”规划建设教材

饲料营销与技术服务

方希修　齐富刚　李梦云　主编

中国农业大学出版社
·北京·

内容简介

本书采用项目形式，对饲料与动物常见疾病防治基本知识、饲料营销基础知识、饲料市场分析、饲料市场调研、饲料产品策略、价格策略、客户开拓与销售开启、客户需求与业务缔结、客户与市场管理、饲料营销团队建设、技术支持与技术服务等项目进行了系统详细的论述，便于学习和实践。此外，配有项目总结、职业能力和职业资格测试题目。

图书在版编目(CIP)数据

饲料营销与技术服务/方希修，齐富刚，李梦云主编.—北京：中国农业大学出版社，2015.2(2020.1重印)

ISBN 978-7-5655-1158-5

Ⅰ.①饲… Ⅱ.①方… ②齐… ③李… Ⅲ.①饲料-市场营销②饲料-营销服务 Ⅳ.①F762.5

中国版本图书馆 CIP 数据核字(2015)第 002704 号

书　　名　饲料营销与技术服务
作　　者　方希修　齐富刚　李梦云　主编

策划编辑　康昊婷　伍　斌　　　责任编辑　冯雪梅
封面设计　郑　川　　　责任校对　王晓凤
出版发行　中国农业大学出版社
社　　址　北京市海淀区圆明园西路 2 号　　　邮政编码　100193
电　　话　发行部 010-62818525,8625　　　读者服务部 010-62732336
　　　　　编辑部 010-62732617,2618　　　出　版　部 010-62733440
网　　址　http://www.cau.edu.cn/caup　　　**e-mail** cbsszs @ cau.edu.cn
经　　销　新华书店
印　　刷　涿州市星河印刷有限公司
版　　次　2015 年 3 月第 1 版　　2020 年 1 月第 2 次印刷
规　　格　787×1 092　　16 开本　　22 印张　　543 千字
定　　价　56.00 元

编审人员

主　编　方希修　齐富刚　李梦云

副主编　肖　杰　陈　明　张响英

冀建军　王冬梅　陈继红

编　者　方希修（江苏农牧科技职业学院）

齐富刚（江苏农牧科技职业学院）

李梦云（河南牧业经济学院）

肖　杰（河南农业职业学院）

陈　明（江苏农牧科技职业学院）

张响英（江苏农牧科技职业学院）

冀建军（沧州职业技术学院）

王冬梅（江苏农牧科技职业学院）

陈继红（河南农业职业学院）

唐现文（江苏农牧科技职业学院）

燕贵成（江苏农牧科技职业学院）

胡永盛（江苏农牧科技职业学院）

王文娟（辽宁医学院畜牧兽医学院）

顾海华（江苏康诺农业科技有限公司）

王凤平（江苏康诺农业科技有限公司）

主　审　杨在宾（山东农业大学）

前　言

营销是企业成功的关键。饲料营销是市场营销中最简单的产品类型。我国饲料工业经过30多年的发展，已成为支撑畜牧养殖业健康发展的国民经济重要产业。随着饲料工业的快速发展，饲料营销的技巧和服务质量需要快速提升，饲料营销员的技能和素质水平已成为饲料企业健康发展的关键，培养一批熟悉饲料营销理论知识，并熟练掌握饲料营销技能的饲料营销人员对我国饲料工业的持续、健康、稳定发展具有十分重要的意义。我国饲料工业与动物保健工业已欣欣向荣，企业的经营管理尤其营销服务必须与时俱进，但关于饲料的营销服务还处于萌芽发展时期，粗放、简单、应付型的售后服务，必须向切实、及时、有效、持久的全面销售（售前、售中、售后）服务发展。商场如战场，领先一筹方能常胜；企业似家业，独具一格方可繁荣。

《饲料营销与技术服务》是饲料与动物营养专业的专业主干课。通过本门课的理论学习和实践锻炼，可以掌握饲料营销与技术服务的基本理论与营销技能以及整体驾驭专业知识的能力，培养出从事饲料技术服务、营销与市场管理的高级技能型人才。本书采用项目形式，对饲料与动物常见疾病防治基本知识、饲料营销基础知识、饲料市场分析、饲料市场调研、饲料产品策略、价格策略、客户开拓与销售开启、客户需求与业务缔结、客户与市场管理、饲料营销团队建设、技术支持与技术服务等项目进行了系统详细的论述，便于学习和实践。此外，配有项目小结、职业能力和职业资格测试题目。本书内容体现了科学性、先进性、实用性和针对性，便于学习者掌握内容的实质。

本书由教学、科研、生产、销售第一线技术人员编写，编写组具有“产学研”结合，职称高，学历高，教学、科研与生产经验丰富的特点。编者们总结了近年来饲料营销与技术服务科研成果，收集了国内外相关的著作、杂志、会议材料、论文集、学位论文、饲料加工企业销售与管理方面的经验以及教师教学科研成果等。本教材可供全国高等农业院校动物科学专业、畜牧兽医专业、动物营养与饲料加工专业、草业科学专业、水产养殖专业师生和科研单位、饲料加工厂及基层畜牧饲料科技人员在教学与工作中参考应用。也可作为饲料营销人员的参考书和饲料生产企业营销员培训教材。

本书编写人员：方希修、齐富刚、李梦云、肖杰、陈明、张响英、冀建军、王冬梅、陈继红、唐现文、燕贵成、胡永盛、王文娟、顾海华、王凤平；统稿：方希修、齐富刚；主审：杨在宾。

由于编者业务水平有限，本书难免存在缺欠，恳请读者在教学和生产实践中，提出批评意见，以便更正。

编　者

2014年6月28日

目录

绪　论

经过几十年的发展，我国饲料工业已初具规模，已成为世界第一饲料生产大国，是国民经济支柱产业之一，饲料行业内的竞争格局也随之形成。饲料营销工作是饲料企业的工作重心。面对激烈的市场竞争，有些企业倒下了，有些企业却因此脱颖而出成为饲料行业的佼佼者。饲料行业的这些耀眼的明星都有一个共同的特点，那就是勇敢地面对激烈的市场竞争，迎难而上，利用自身在技术和营销方面的优势，逐渐地去占领市场，并最终取得市场的主导权。售后服务工作尤其是售后技术服务工作在饲料营销工作中起着至关重要的作用，饲料营销员除了需要掌握市场营销基本理论、基本知识、基本技巧外，还必须熟知饲料营养、畜禽饲养管理以及畜禽疾病防治等专业知识。

任务1　饲料营销与技术服务的基本概念与种类

一、市场营销基本概念

(一)市场

市场是个有着多重含义的概念，具体包括：

(1)市场是商品交接的场所，亦即买主和卖主发生作用的地点或地区。在这里，市场是一个地理概念。

(2)市场是指某种或某类商品需求的总和。也就是说，市场是某一产品的所有现实买主和潜在买主所组成的群体。

(3)市场是买主、卖主力量的结合，是商品供求双方的力量相互作用的总和。“买方市场”、“卖方市场”这些名词反映了供求力量的相对强度，反映了交易力量的不同状况。

(4)市场是指商品流通领域，反映的是商品流通的全局，是商品交换的总和。这是一个“社会整体市场”的概念。

(5)市场还指有价证券(特别是股票)的交易场所。

市场营销所研究的"市场",是在上述第二种含义上使用市场的概念。市场营销主要是研究买方营销活动的。对卖方的市场营销来说,"市场"只是需求一方,因为站在卖方角度,作为供给一方,市场营销就是研究如何适应买方的需求,如何组织整体营销活动,如何拓展销路,以达到自己的经营目标。因此。市场在这里只是指某种商品的现实购买者和潜在购买者需求的总和。

(二)市场经济规律

市场经济规律是指在社会市场经济中,支配经济运行的客观规律,主要有价值规律、供求规律和竞争规律。各项市场经济活动,都是在上述规律的支配和约束下运转的,三大规律相互联系、相互约束和相互促进。其中最主要的是价值规律,也就是商品和服务的价格随着供求关系的变化而波动,供不应求时上涨,供过于求时下跌。各个企业根据市场价格的变动,决定和调整自己的生产和经营。价格上涨时,利润越多,参与生产和经营的人越多,因而生产或经营的规模就不断增加,竞争加剧;商品和服务供过于求,又导致价格下跌,此时竞争者为了取得竞争优势,获取更多的利润,必须不断改进科学技术和服务方法,降低生产和服务成本,提高生产和服务质量及效率,通过竞争淘汰落后的生产和服务商,创造和满足更多消费者的需求,促使自己的产品出现新的供不应求,从而又出现高价格和高利润,从而市场经济就是在市场规律的循环运行中维系社会生产和社会需求的平衡。这就是价值规律调节社会生产和流通的主要含义。因此,我们说在经济活动中要尊重客观规律,首先就是要尊重价值规律。任何人做生意都必须要掌握市场规律,动态地把握价值(成本、质量和性能)、价格、供求、竞争状况等形势,才能在市场竞争中立于不败之地。

(三)市场营销

市场营销就是在变化的市场环境中,旨在满足消费需要、实现企业目标的商务过程,包括市场调研、选择目标市场、产品开发、产品定价、渠道选择、产品促销、产品储存和运输,产品销售提供服务等一系列与市场有关的企业业务经营活动。

(四)市场营销环境

市场营销环境是存在于企业营销系统外部的不可控制或难以控制的因素和力量,这些因素和力量是影响企业营销活动及其目标实现的外部条件。

微观营销环境:企业营销渠道、顾客、竞争者及公众。

宏观营销环境:人口环境、经济环境、自然环境、政治法律环境、科学技术环境及社会文化环境。

(五)市场营销理论

市场营销理论是企业把市场营销活动作为研究对象的一门应用科学。它是研究把适当的产品,以适当的价格,在适当的时间和地点,用适当的方法销售给尽可能多的顾客,以最大限度地满足市场需要。营销管理的实质就是公司创造性制订适应环境变化的市场营销战略。

(六)饲料营销模式

饲料营销的路线主要有三条:第一条是从饲料企业直接到终端用户,称为直销;第二条是从饲料企业到经销商再到终端用户;第三条是在第二条基础上多走一步分销商再到终端用户,后两种方式统称为中间商代销或经销商代销。不同地区可以根据具体情况有机处理,营销的路线不是一成不变。

1. 直销模式

不经过任何其他中间环节,将饲料直接销到养殖场或养殖户手中,这种营销模式称为直销。直销即由厂家直接在区、乡一级开办经营部,厂家可及时按当地营销情况将饲料送至经营部,由经营部将饲料直接销到养殖场或养殖户手中。

2. 经销商代销模式

很多饲料企业家(尤其外企)选择走经销商代销路线,不给经销商赊账。而经销商为了销售饲料,可能对养殖户赊欠一部分。这种营销模式将风险分摊给经销商,相当于用经销商的钱做饲料企业的营销,饲料企业风险降到最低。

3. 现代饲料企业营销模式

目前饲料企业营销模式的现状不容乐观,多数企业没有营销模式,模仿热门企业直到完全失去自己;部分企业过分夸大了营销模式的作用和威力,总想创造"一招制胜"的营销模式;部分企业总在不知所云地改变营销模式;只有少数企业在真正策划、完善、持续贯彻执行营销模式,如山东六和的深度营销、普瑞纳的程序营销、双胞胎的整合营销、广顺的无敌价格营销、兆华金丰的价值营销、广西扬翔的服务营销、江西大丰的惯性营销和四川铁骑力士的人本营销等。

(1)双胞胎的"整合营销"　促销疲劳、模具引爆、猪价上涨、粮价上涨、突出卖点、广告轰炸、实证示范、决战终端、利益空间、化劣为优、因势利导,也许用词不够准确,故妄听之。双胞胎的成功绝对是体系运作的成功,得天时、地利、人和,所以,双胞胎绝无"双胞胎"——不会再有第二个企业采用双胞胎的模式可以超越双胞胎的成功。

1998—2003年是饲料行业的"小年",竞争激烈导致饲料企业出现分化,当多数企业在为销量搏杀时,少数企业却在乳猪料上捷足先登,乳猪料的利润空间引来多家企业分羹抢汁,乳猪料的促销也严重同化,到2003年已出现"促销疲劳",这时,双胞胎利用"模具创新"这一亮点引爆了客户特别是经销商的眼球;恰逢其时,生猪价格直线上升,激发了农村养殖的激情,又因粮食价格的上涨使养殖户偏向使用全价饲料,增加了乳猪料的需求,这时,双胞胎适时推出了产品卖点:不拉稀,突出产品特点:膨化,同时,选择重点市场实施广告覆盖,为配合宣传推广,组建团队选择农户进行实证示范,走村串户,张贴标语,决战终端;对网络则扩大利润空间,价格透明;双胞胎高明之处还在于,通过"双胞胎"模具制造的饲料颗粒偏大、不规则,会影响采食,双胞胎公司则化劣为优,大力推广1∶4泡水,泡水之后的饲料则成了糊状,乳猪极喜舔食。双胞胎继续因势利导:双胞胎饲料采用了部分膨化原料,相对于未添加膨化原料的饲料泡水时容易呈现糊状,相对于采用完全膨化玉米和豆粕的饲料泡水时又易溶解——真可谓"天衣无缝,左右逢源"。现在,不少企业在学双胞胎,可惜,画虎画皮难画骨。

(2)山东六和的"深度营销"　竞争不仅是如何削弱现有的竞争对手,同时还要能够有效吓阻新的竞争对手出现,所以,局部区域绝对优势是有效的手段。质量和价格一定有个平衡点,六和则是能够把握这个平衡点的企业。六和是饲料行业将深度营销执行得最坚决最持久的企业，六和并没有像有些企业一样在全国遍地开花，也没有跨行业齐头并进，在前几年也走了一点弯路，但自2003年果断作了调整。

区隔市场、集中资源、各个击破让六和尝到了甜头，巨量集中在单一市场所形成的品牌价值得到充分体现，六和的区域最强、成本最低战略在山东基本形成相对垄断地位，一些大型企业欲在山东市场参与搏击，经过论证后，不得不因六和的存在望而却步。可以说，六和是在非议中成长起来的，六和没有执意去追逐高利润产品，却在高性价比的利剑下同样谋取了可观的效益。六和追求营销价值链效益、规模化效益、低成本效益的行为无疑建立了一道行业壁垒，六和的深度营销（分割市场，先做重点，局部第一，滚动发展，全局第一，相对垄断）把企业与市场之间的距离缩短为核心客户与客户顾问之间的必然联系，从而建立起强大的核心营销竞争力。

(3)普瑞纳的"程序营销"　在很多人眼里，普瑞纳是个冥顽不化的美国企业，而这种冥顽不化恰恰构成了其核心竞争力——程序高于一切。普瑞纳文化告诉我们一个简单道理：程序第一。只问程序对错，不问结果；程序对了，结果始终会对，程序错了，结果迟早会错。普瑞纳倾力打造核心销售员、核心养殖户和核心经销商；在这个企业，营销人员的职责相对于传统意义上的饲料销售人员发生了根本改变：①营销人员不需要与客户谈价格，因为价格是固定而且透明的；②营销人员不需要与客户讨论产品质量，因为质量来源于信任，如果客户对普瑞纳的产品缺乏信任，营销人员只需要让客户直接或间接了解企业生产产品的程序；③营销人员所要做的工作就是如何让客户用好我们的产品，怎么样才能用好，他们有一套正确的饲养和使用产品的程序，营销人员的工作重点就是推广一套养殖方案指导用户关注动物生产的全过程—道理还是那样简单：选种、消毒、预防免疫、饲喂方式等程序都对了，猪怎会养不好？饲料又怎能不发挥其显著特点。客户操作程序对了，一般品质也会有好结果，客户操作程序错了，好饲料也不会有好结果；所以当普瑞纳进行实证示范时，不管试验成功与否，都会让客户最终认可，为什么？因为他们认可了这个方案和执行方案的营销行为。

(4)兆华金丰的价值营销　在广东的快大鸡料市场，兆华金丰产品已成强势品牌。一个饲料企业的崛起只需5年时间，在这之前则要忍受默默无闻，兆华金丰就这样走了5年。正如企业的宣传口号："鸡在说话，只有我们听得见。"他们摈弃了传统的宣传方式，"不强求单项表现最好，力求综合指标最好"。兆华金丰的鸡料可以让快大鸡34日龄出栏、料肉比达到1.6。公司高层一致看低产品利润，他们只期望所有使用公司产品的客户都能发展。虽然目前只有9 000 t的月销量，却有一股无形的冲击力扑面而来。这套营销模式其实最简单：好原料＋薄利＋低费用＋现金销售＋高服务，一步一个脚印，不为眼前利益而改变。当原料行情下跌时，兆华金丰会及时通报经销商实行降价——利益分享让客户团队形成合力，并自发扩大客户群。

这套模式容易复制，这份耐心却不易复制，而不为外界所动的对利润的平常心可能就更不容易复制了。如今，兆华金丰被恒兴收购，将来是否有更好的模式，我们只好拭目以待了。

4. 电子商务销售模式

电子商务销售模式是指企业运用资讯科技与互联网，借助于网络服务平台，完成饲料企业和客户对饲料产品的交易。

(七)饲料营销的种类

1. 绿色营销

是指企业在整个营销过程中充分体现意识和社会意识，向消费者提供科学的、无污染的、有利于节约资源使用和符合良好社会道德准则的商品和服务，并采用无污染或少污染的生产和方式，引导并满足消费者有利于环境保护及身心健康的需求。其主要目标是通过营销实现生态环境和社会环境的保护及改善，保护和节约自然资源，实行养护式经营，确保消费者使用产品的安全、卫生、方便，以提高人们的生活质量，优化人类的生存空间。它的目的是迎合消费者绿色消费的消费习惯，将绿色环保主义作为企业生产产品的价值观导向，以绿色文化为其生产理念，力求满足消费者对绿色产品的需求所做的营销活动。

2. 整合营销传播

是指将一个企业的各种传播方式加以综合集成，其中包括一般的、与客户的直接沟通、促销、公关等等，对分散的传播信息进行无缝接合，从而使得企业及其产品和服务的总体传播效果达到明确、连续、一致和提升。

3. 数据库营销

是指以特定的方式在网络上或是实体收集消费者的消费行为资讯、厂商的销售资讯，并将这些资讯以固定格式累积在数据库当中，在适当的行销时机，以此数据库进行统计分析的行销行为。

4. 知识营销

知识营销指的是向大众传播新的科学技术以及它们对人们生活的影响，通过科普宣传，让消费者不仅知其然，而且知其所以然，重新建立新的产品概念，进而使消费者萌发对新产品的需要，达到拓宽市场的目的。随着知识经济时代的到来，知识成为发展经济的资本，知识的积累和创新，成为促进经济增长的主要动力源，因此，作为一个企业，在搞科研开发的同时，就要想到知识的推广，使一项新产品研制成功的市场风险降到最小，而要做到这一点，就必须运作知识营销。

比尔·盖茨的“先教电脑，再卖电脑”的做法是典型的知识营销。他斥资2亿元，成立盖茨图书馆基金会，为全球一些低收入的地区图书馆配备最先进的电脑，又捐赠软件让公众接受电脑知识。

5. 网络营销

网络营销是企业整体营销战略的一个组成部分，是为实现企业总体经营目标所进行的，以互联网为基本手段营造网上经营环境的各种活动。网络营销的职能包括网站推广、网络品牌、信息发布、在线调研、顾客关系、顾客服务、销售渠道、销售促进八个方面。国内积累多年经验的襟抱堂时刻保持对互联网的关注与观察，对新式营销传播载体第一时间研究、验证，确保利用最全面的方法为客户提供全方位营销服务。从初创阶段至今，襟抱堂总结出20多种有效营销方式，才使襟抱堂成为行业领域中极具生命力和持续发展能力的翘楚，并长期拥有一批稳定客户。

6. 直复营销

在没有中间行销商的情况下，利用消费者直接通路来接触及传送货品和服务给客户。其最大特色为“直接与消费者沟通或不经过分销商而进行的销售活动”，乃是利用一种或多种媒体，理论上可到达任何目标对象所在区域包括地区上的以及定位上的区隔，且是一种可以衡量回应或交易结果之行销模式。通常直复营销所使用的媒体沟通工具与大众或特定多众行销媒体不同，而是以小众或非定众的行销媒体为主。

7. 关系营销

在很多情况下，公司并不能寻求即时的交易，所以他们会与长期供应商建立顾客关系。公司想要展现给顾客的是卓越的服务能力，现在的顾客多是大型且全球性的。他们偏好可以提供不同地区配套产品或服务的供应商，且可以快速解决各地的问题。当顾客关系管理计划被执行时，组织就必须同时注重顾客和产品管理。同时，公司必须明白，虽然关系行销很重要，但并不是在任何情况下都会有效的。因此，公司必须评估哪一个部门与哪一种特定的顾客采用关系行销最有利。

8. 社会营销

是基于人具有“经济人”和“社会人”的双重特性，运用类似商业上的营销手段达到社会公益的目的；或者运用社会公益价值推广其商品或商业服务一种手段。与一般营销一样，社会营销的目的也是有意识地改变目标人群行为。但是，与一般商业营销模式不同的是，社会营销中所追求的行为改变动力更多来自非商业动力，或者将非商业行为模拟出商业性卖点。

9. 病毒式网络营销

是通过用户的口碑宣传网络，信息像病毒一样传播和扩散，利用快速复制的方式传向数以千计、数以百万计的受众。也就是说，通过提供有价值的产品或服务，“让大家告诉大家”，通过别人为你宣传，实现“营销杠杆”的作用。病毒式营销已经成为网络营销最为独特的手段，被越来越多的商家和网站成功利用。

10. 危机营销

是指企业在面对危机、灾难时采取的一系列拨乱反正营销措施，以期最大限度地减少危机给企业造成的不良影响。危机营销的方法有：

(1)适当延长产品经营线：必须在自己的产品营销，制造商业化的危机公关。

(2)加大对终端网络的建设和维护力度。网络来生存而不是某一两个产品，快速地调整经营的产品及策略，充分利用自己所掌控的终端网络，以降低风险性。

(3)提高自身的经营能力。如果想成为一个优秀的商业，关键在于对危机的判断和反应能力，只有学会正确处理危机，在危机降临时，才能化危为机，在现代商业战场上，取得辉煌的胜利。

(4)加强与制造商的合作。与媒体进行沟通的方式。

11. 个性化营销

企业把对人的关注、人的个性释放及人的个性需求的满足推到空前中心的地位，企业与市场逐步建立一种新型关系，建立消费者个人数据库和信息档案，与消费者建立更为个人化的联系，及时地了解市场动向和顾客需求，向顾客提供一种个人化的销售和服务，顾客根据自己需求提出商品性能要求，企业尽可能按顾客要求进行生产，迎合消费者个别需求和品位，并应用信息，采用灵活战略适时地加以调整，以生产者与消费者之间的协调合作来提高力，以多品种、中小批量混合生产取代过去的大批量生产。这有利于节省中间环节，降低销售成本。不仅如此，由于社会生产计划性增强，资源配置接近最优，商业出现“零库存”管理，企业的库存成本也节约了。

12. 创新营销

创新是企业成功的关键，企业经营的最佳策略就是抢在别人之前淘汰自己的产品，这种把创新理论运用到市场营销中的新做法，包括营销观念的创新、营销产品的创新、营销组织的创新和营销技术的创新，要做到这一点，市场营销人员就必须随时保持思维模式的弹性，让自己成为“新思维的开创者”。创新的意义就在于先进，而不仅在于别人没有，而且一旦发现是一种新技术，就要及时捕捉，以免错过时机。例如，在美国新泽西州有一家制造引爆器的市得利公司，发明了一种撞击瞬间膨胀的空气袋，可装置在方向盘上，保护汽车驾驶人，当他们向美国通用汽车推销这种产品时，却因为不是汽车业的同行而遭拒绝。后来，日本丰田买下了它的技术，制造成本是 50 美元，而现在美国三大汽车厂通用、福特、克莱斯所采用的空气袋，最低成本却为 500～600 美元，可见接受一种新产品时也要有新观念。

13. 大市场营销

大市场营销是对传统市场营销组合战略的不断发展。该理论由美国营销学家菲利浦·科特勒提出，他指出，企业为了进入特定的市场，并在那里从事业务经营，在策略上应协调地运用经济的、心理的、政治的、公共关系等手段，以博得外国或地方各方面的合作与支持，从而达到预期的目的。大市场营销战略在“2P”的基础上加上“2P”即权力和公共关系，从而把营销理论进一步扩展。

二、技术服务的概念与方式

技术(营销)服务是整个营销活动中不可缺少而又极其重要的组成部分。技术服务质量的高低，直接影响着营销效益。特别是在当今市场经济条件下，技术服务的竞争已成为企业克敌制胜的有效手段之一。

(一)技术服务的演变

(1)养殖方式的转变对技术服务提出了新要求。养殖者不仅对饲料产品提出了营养全面、饲料报酬高、性价比好的要求，同时对技术服务也提出了新的要求。

(2)技术服务体系随着体制改革在发生改变。随着农村服务体制的改革，技术推广经费减少，基层服务队伍实行了合并，无力开展技术推广和服务工作，养殖技术推广和服务逐渐被饲料生产企业的技术服务替代。

(3)饲料企业的技术服务迅速跟进。随着规模养殖的发展和市场竞争的不断加剧，市场对饲料企业技术服务提出了新的要求。企业一方面在质量和成本上挖潜力，争取价格竞争优势，一方面改进服务态度，加强售前、售中、售后的技术服务。一些企业使销售与技术服务相结合，销售人员边推销、边服务、边处理投诉。随着竞争的日渐激烈，多数大中型饲料企业都已有或正在组建高层次的专业技术队伍，处理用户的技术问题，将企业技术服务推到一个新的层面。

(二)技术服务的意义

对于企业来说，产品与服务是一个问题的两个方面，好比一个是硬件一个是软件，两者必须配合协调。如果在产品的品质和定位上不适合用户的需要，再好的技术服务手段也不能使饲料中营养水平提高；而优质的饲料产品，因为服务不到位，客户使用方法不当，配比不合理，也会使饲料使用效果大打折扣，仍有可能被客户拒之门外。搞好技术服务，对发挥产品潜能、稳定老客户、开拓新市场具有重要的意义。

在市场日趋成熟的环境下，不同企业产品的性能、质量的差距越来越小，客户越来越受到品牌和服务的影响，或者说没有品牌和服务作为附加值的产品，定会被市场抛弃。饲料是一种特殊的产品，要使动物表现出良好的生产性能，除产品质量外，还受动物品种、饲养环境、管理水平及动物健康等诸多因素的影响，在某种情况下，上述因素的不良往往会掩盖饲料质量的高低，使高质量的产品性能得不到有效发挥，这就要求饲料生产企业在销售前后提供相应的有针对性的技术服务，尽量减少或消除非产品因素对产品性能的不良影响，使企业产品性能得到应有的客观体现。现代营销强调以客户的需要为中心。说做饲料就是做原料，有人说做产品就是做品牌，也有人说做市场就是做服务。可见技术服务已成为饲料企业参与市场竞争中最有力的武器之一，而且随着市场的成熟，其重要性也日趋增强。

(三)技术服务的方式

1. 通过提供完善的技术资料扩大企业的影响力

这是企业最为常用也是最简单的服务方式，包括提供企业简介、产品说明、主要营养成分、使用的注意事项、建议配方和饲养管理指南，这些技术信息常随产品包装和标签或印制资料传递给用户，比较方便和简单，这是所有企业都能做到的。

2. 积极走访客户拉近距离

这是指饲料企业派人直接到现场进行有关指导并接受客户咨询的一种技术服务方式，也是很受欢迎的一种比较常见的方式。通过现场咨询服务，可以根据实际情况切中要害地解决有关技术性问题；还可发现只有深入实际才能观察到一些不合理的问题，进而找到解决这些问题的有效方法；除此之外，还可以现场解答客户提出的有关技术性问题等。把服务送到客户家中，让客户感受到良好服务的益处，增进与客户之间的感情并建立牢固的供求关系，是现场咨询技术服务方式的真正意义所在。

值得注意的是，一些在现场无法一时解答和解决的问题，应该在承诺的时间内给予解答和解决，因条件限制等原因无法解决的问题要及时给予客户可以相信的解释。

3. 产品推介会

常用于企业开发、面市新产品的宣传，向客户宣传新开发产品的特点和使用要点，使用户直接了解产品性能，邀请有关专家做一些与产品相关的技术讲座，请产品试用户介绍产品使用效果，让客户更易接受新产品。要注意开展这类宣传活动应恰当、实事求是地宣传、不可言过其实，否则将会埋下投诉的伏笔。

(1)技术培训　这是最见效的服务方式，解决一个或几个客户普遍关心的技术问题，或者针对一个或几个新技术、新产品或客户普遍关心的技术疑点、难点进行系统的专题讲述，对于接受和正确使用产品十分重要，也是企业争取客户的有效途径之一。一般而言，饲料企业可采用集中培训、专题讲座、代培人员和现场个别培训等几种技术培训方式。

(2)现场咨询　企业直接派技术人员到客户现场进行技术指导和接受咨询，这是很受客户欢迎的一种服务，通过现场咨询服务，可以针对实际情况，切中要害解决有关技术问题，同时还可通过现场观察，发现一些不合理的问题，进而找到解决这类问题的有效办法。值得注意的是，一些在现场一时无法解决的问题，应该在承诺的时间内给予解答和解决，因条件限制等原因无法解决的问题也要及时给予客户相对的解释。

(3)函、电、网络咨询与使用效果追访　通过函件、电话、传真、QQ、E-mail 等通信手段为客户解答有关技术问题已成为技术服务的重要方式，了解客户对产品使用效果的客观反映，为企业获得第一手资料提供直接的途径；通过这种服务还可使客户感到企业在重视和关心他，使客户对企业产生特别好感，可有效减少非产品质量的投诉；还可以节省时间，大大提高服务效率，减少双方不必要的开支。海尔集团在产品销售后的1个月内，用户都会接到追访电话，值得饲料企业借鉴。

可见及时追踪产品使用效果，加强企业与客户的沟通是产品整体概念得以体现的集中表现。饲料企业应主动了解产品的使用情况，这种服务可以了解客户对产品使用效果的客观反映，为企业获得第一手资料提供最直接的途径；同时，通过这种服务还可使客户感到企业在重视和关心他，从而使客户对企业产生特别的好感。

(4)投诉处理　所谓客户投诉，是客户对企业产品质量或服务上的不满意而提出的书面或口头上的异议、抗议、索赔或要求解决问题等行为。美国提运公司副总经理玛丽安娜·拉斯马森提出过一个著名的公式：处理好客户投诉＝提高客户满意程度＝增加客户认牌购买的倾向＝更高利润。道理是显而易见的，如果饲料企业能处理好因为自身行为过失所导致的客户投诉的话，客户不仅不会远离企业，相反地，他们会认为这是一家值得信赖的企业，从而提高客户的满意度，成为企业的忠诚客户。

不论是何种客户投诉，饲料企业在接到客户投诉后，应本着“及时到场、认真解决、客户满意”的原则和“大事化小、小事化无”的方针去处理客户投诉，应把处理投诉当作技术服务中重要的一环来对待。妥善处理客户投诉会增强客户对企业的信任，提高企业的声誉；另一方面，针对客户提出的一些问题，可以使企业产品质量得到进一步的改进和提高，为研制市场上需求的新产品提供宝贵的线索。如果企业对客户投诉处理不当，将严重损害企业形象，而失去客户信任是企业之大忌。

因此饲料企业必须重视客户投诉处理，建立企业危机预警机制。在指导客户用料过程中应特别注意几点：产品要按规定条件保存和在保质期内使用，以免出现氧化、霉变等变化；分饲养阶段设计配方；合理换料，每个阶段换料逐渐过渡；配方与产品相符，要认真核对配方，以免抄错；严格按照配方生产，预混料、浓缩料根据提供的配方配料，称量准确，混合均匀；正确使用原料，慎用替代品；根据动物不同的生理状况灵活投料。

4. 切实提高技术服务质量

(1)高度重视技术服务　在饲料市场竞争日趋激烈的环境下，谁能提供更多、更周到的技术服务，并赢得客户内心深处的赞誉，谁就将成为市场竞争的胜者。俗话说，会做企业的老板做服务，不会做企业的老板忙市场，前面抢后面丢。企业领导应把技术服务列入企业经营管理的范畴，与质量、营销、经营管理摆到同等位置，技术服务是质量、营销的技术支持和保障，应配备最有实践经验的人员承担技术服务，并保证其应有待遇。

(2)健全技术服务体系　大中型企业都建有专门的技术服务部门，关键是如何分配协调好各部门的技术职能。与技术服务关系较大的主要有业务(营销)部门、技术(服务)部门、公共关系(市场)部门，各部门相互协作，各司其职，各负其责。

业务部门或者销售部门与客户直接接触，了解客户情况最多，客户满意与否对业务部门影响最直接，因此对业务(销售)员最基本的要求是了解和掌握本公司的产品及性能。客户日常的技术服务都由负责该客户的业务员承担，客户对公司技术支持方面的要求也由业务员负责解答或转公司上级相应的部门，所有企业服务人员中该类人员最多、任务最重。

技术(服务)部门负责跟踪业界技术新进展和客户的需求变化，设计相应的产品及制定使用方法，培训业务员，定期或不定期做市场回访，对客户有技术方面的质疑、投诉做出咨询、解释，提出可行的处理方案。对该类人员的技术要求较高，实践经验丰富，能够处理与企业产品相关的所有质量和技术问题。一般大中型企业都有3～5个专职工程师以上的技术服务人员，不少企业还聘请大学教授、科研所研究员以及具有丰富实践经验的退休同志兼职担任技术服务工作。公共关系部门(市场部)主要针对普遍性、典型性的技术问题或技术进展，组织专题性的或推广性的研讨会、交流会和新产品推介会。小型企业也应有自己的服务体系，可二者或三者合一，把技术服务寓于市场销售之中，做好技术服务。

(3)开展网络技术服务　应用网络技术开展饲料企业的技术服务是一种现代服务的重要形式。Internet反应快速，信息量大，内容丰富，用于服务的潜力是巨大的。企业应加强网络人才的培养，充分利用这一现代化资源，建立自己有特色的网站，为客户提供本企业的信息浏览、常见问题及其解答，通过QQ、E-mail为用户提供技术和信息服务，可有效地提高服务的效率，降低服务成本。通过Internet友情链接还可在更大范围内宣传企业的形象，介绍企业产品，开拓新的市场，并直接进行网上营销。

(4)提高技术服务人员的业务素质　目前，饲料企业技术服务人员素质参差不齐，大型企业有专职的技术服务队伍，有长期从事饲料饲养生产实践的人员来往于客户之中，能较好地处理客户的技术问题，但也有不少企业缺乏专业的技术服务人员，仅依靠营销人员边推销边服务是不够的。目前企业营销人员流动频率高，队伍不够稳定，直接影响了企业的服务质量。

企业一方面应从养殖生产第一线招聘具有理论知识和实践经验的技术人员组建专业服务队伍，聘请专家、教授作为兼职服务人员，定期组织培训和现场咨询；一方面培训和锻炼现有的营销人员，深入养殖企业实践锻炼，学习掌握饲料营养、动物环境卫生、饲养管理、防疫实践知识，积累临床经验，善于处理养殖过程中一切技术问题，为巩固和开拓饲料产品市场提供技术支持。饲料行业主管部门和行业协会也应积极创造条件，为企业培训和提高技术服务人员做好服务工作。

(5)把技术服务纳入推进养殖业科技进步范畴　饲料企业的技术服务主观上为企业，客观上为社会。养殖业是农业经济最具发展潜力的产业，因此饲料企业的技术服务与农村科技进步关系十分密切。当前各级政府把科技普及和培训农民作为新农村建设的重要内容，启动科技入户工程，提高农民生产技能。饲料企业技术服务的主要对象就是农村广大的养殖户，服务的质量与效果直接关系到市场的稳定、企业的发展和服务人员的报酬，因此培训和服务更有针对性，效果更好。政府职能部门应将饲料企业的技术服务纳入农民培训和科技入户工程的范畴，给予支持，将政府行为与企业行为相结合，有效地推进企业的技术服务和农村科技普及，实现政府满意、企业得利、农民受益的三丰收。

任务2　饲料营销与技术服务的内容

一、我国饲料销售行业的发展

中国饲料经历了改革开放以来二十几年的发展，其产销量已经跃居世界前列，但饲料销售渠道的发展和健全、今后的发展方向却一直是饲料同行们所关注和思考的问题。饲料经营的四个关键因素是质量、品牌、价格和服务。目前饲料企业技术和营销结合不紧密，技术（服务）营销还处于起步和探索阶段，很多饲料企业的重视程度还不够，谁走在前面谁就取得主动，可以获得更多的市场份额，提高公司的销售额和提升公司的美誉度。

饲料工业是联系种植业和养殖业的中间产业，生产成本和产品价格受到粮食价格和养殖产品价格的双重制约。一方面上游的粮食价格上涨，导致饲料原料成本不断加大，而另一方面，其下游养殖业因结构调整对饲料需求减缓，这样饲料价格不能与成本同幅提高，导致整个行业利润减少。再加上饲料行业地域性强，进入壁垒低和集中度低等特性，使大多数业内企业形势十分严峻：销售不畅，生产能力过剩；规模优势无法发挥，成本居高不下，经济效益明显下降；产品同质化严重；乱放添加剂，质量参差不齐；市场秩序混乱，企业恶性竞争，如雷同模仿、大客户争夺战、价格战、促销战和赊欠严重等。

饲料企业陷入现实困境的原因是深层次的，是由养殖业的产业演变决定的。饲料行业有它自己的特点，就是产业链极长，即饲料原料、饲料生产、良种繁育、动物养殖、屠宰加工、内外销售、技术服务。中国的养殖业80%以上还处在散养状态，品种结构单一、规模小、传统饲喂（饲料＋余粮）、管理技术低、养殖周期长。在养殖产品需求以量为特征的高速增长时，饲料对缩短养殖出栏时间起决定作用，是养殖户的核心生产要素，饲料企业处于产业价值链的主导地位，日子自然好过。但随着养殖产品市场需求趋缓，且为以品种和质量为主要特征，养殖业开始结构调整，养殖户必须改良品种，适度规模，才能提高养殖综合效益。这时合适的良种、饲喂防疫技术、收购信息等成为养殖关键要素，传统饲料企业在产业价值链中的存在价值是很小的，处于次要地位，不可能拥有战略主动，其经营中的困境是必然的。

近几年来，由于饲料科学技术的普及，饲料产品质量方面的差异将逐渐缩小，在价格大战愈演愈烈的今天，若保证产品质量，通过低价竞争已无法实现，降低价格的空间越来越小，品牌是质量、运作时间、规模、宣传、价格、服务等综合因素的体现。在上述四个关键因素中服务最具发掘潜力，发展空间大、伸缩性强，并贯穿于另外三个因素之中。

二、技术营销的内容

技术营销的对象是一种知识、一种技术，而不是某一具体产品。它通过技术服务和专业知识的传授使客户在短期内对新技术产品得以认识、了解和接受。技术营销的首要目的在于帮助客户掌握与此项技术相关的各种知识和技术，以引导客户接受此技术，是一种事先营销。技术营销概念向人们揭示了营销的过程，不仅存在于新产品生产之后，而且伴随着技术的研究、开发、推广的全过程。营销在此是一个比传统的消费者市场大得多的市场，即顾客市场、供应商市场、内部市场及“影响者”市场等。

生产厂家招聘大量的专业技术人员，通过系统的培训和实践，在掌握一定的理论基础和实践经验的基础上，特别熟悉本公司的产品特性和熟练地掌握本公司产品的使用方法，以经销网点作为媒介，在经销商的配合下，通过对养殖户的生产管理、疫病防治、信息反馈等全方位的服务，进而推销本公司产品的一种营销模式。

技术营销是生产厂家为了提高产品品牌知名度提高药品销售额而采取的一种重要手段。它是营销过程的一部分，是对推销员推销行为的补充和延续。它有如下几个特点：①打破了传统的巡回服务的模式。②变被动营销为主动营销。传统的服务更多的是指在养殖场畜禽发生疾病后。而该模式更多强调的是事先。③通过服务手段“间接”推销产品，因而更容易被人接受。④由于和经销商相比，技术营销人员更熟悉本公司的产品，因而服务质量明显提高。

技术营销手段是饲料生产厂家整体营销的一部分，其重要方法如下：

(1)技术讲座及新技术发布会：这是生产企业常用的技术营销方法之一。通过技术讲座及新技术推广会，来提高厂家的知名度进而带动产品的销售。

(2)技术支持(坐诊)：所谓技术支持(坐诊)就是厂家根据中间商的要求，结合厂家开拓或维护市场的需要，根据当地的养殖特点派驻专业技术人员到中间商的门市，进行较长时间的服务。这也是技术营销模式的核心内容。

(3)对中间商的从业人员进行技术培训。

(4)协助中间商进行二三级市场的开拓。

(5)解决一些客户纠纷特别是产品纠纷问题。

技术营销是饲料企业各项服务中的一个重要组成部分，它是企业实力与生存发展的关键，技术营销的概念正在越来越多地被人们所接受，其重要的现实意义不断地被人们所认识。总之，技术营销是企业品牌的扩展、创造名牌的关键，是质量与价格的延伸，是行业管理与技术发展的推动力，是信息收集、加工与传递的有效方式，是针对竞争对手的"反制"策略中最重要的手段。它是一种新型的营销方式。

三、饲料销售渠道

(一)销售方式

目前，中国饲料销售主要存在代理制、经销制和公司加农户的合作制几种销售方式。其中，尤以代理、经销制为主流，公司加农户次之。最近几年公司加农户的合作形式在全国发展迅速，且有愈演愈烈的势头。

(1)代理制　这是在行业发展初期相对利润较高时期的一种主要销售模式。代理，可以使某个公司的产品迅速地进入某个目标市场，从而打开目标市场以获取销量和利润并占有市场。这一销售模式也存在着很多问题，主要表现在：市场管理难、资金风险大、市场得不到深耕细作、销售渠道环节过多影响到终端用户的最终收益等。随着近几年，特别是2001年以来整个饲料行业的风云骤变使得这一曾经在行业风行一时的销售模式已经或即将退出历史舞台，特别是猪鸡鸭鱼等常规饲料的销售已基本没有代理制的销售模式存在；但在沿海地区的海水鱼虾等特种养殖的高利润产品还比较普遍的存在着这样的销售模式。我相信，随着行业的进一步发展，低利化时代的必然到来这样的销售模式必将完全退出历史舞台。

(2)经销制　这是目前最普遍的一种销售模式。经销，是在饲料工业发展到一定高度时出现的一种产品销售模式。这一销售模式的优势主要体现在：产品一旦进入目标市场后可以利用当地经销商的原有网络迅速打开市场。其中包括：公司—批发商—二级商—养殖户和公司—经销商—养殖户这样两种主要销售形势。经销商是目前饲料企业产品流通的主要渠道，但这一传统的渠道流通方式却存在着诸多问题。因为渠道流通环节过长，经销商层层加价获取了相当利润，而最终影响到养殖户养成品的获利能力。也就是说，饲料企业的产品到养殖户手中的流通过程，谁的渠道越长，加价环节越多，谁的产品竞争力就下降。因为饲料它不同于家电等高质耐用产品,饲料它是等同于化肥等的生产资料。生产者对生产资料的性价比的可完全量化(如饵料系数、料肉比、投入产出比)要求,决定了饲料本身应该在流通环节中保持适当的合理利润。

(3)公司加农户 这是将来农业产业化发展的方向,是大趋势。在此,我们不对这已发展形势作过多阐述。

(二)饲料企业销售渠道存在的问题

1. 销售渠道过长,降低产品竞争力

我们对现在最广泛使用的流通形式做个比较如下:

原有的"公司—总经销—二级商—养殖户"的渠道销售形势必将逐步淡化,取而代之的是"公司—经销商—养殖户"的缩短销售渠道的形势。

按照以往的市场规则,"公司—总经销—二级商—养殖户"在饲料工业比较发达的省份如广东(以畜禽饲料为例)其流通环节的毛利水平是180～220元/t;"公司—经销商—养殖户"其流通环节中的毛利水平是120～170元/t。

可见,两种渠道形式中,前者在同样质量同样出厂价的前提下,因为多了一个批发的流通环节,这个饲料企业的产品竞争力因为100元的差价而失去了在同一质量厂价前提下在同一区域的市场竞争力。因为,流通环节过长而直接增加了养殖户的饲养成本,降低了养殖户的获利能力。

2. 渠道扁平化,这是必然趋势

饲料企业,在同一质量和出厂价格前提下,要提升产品的市场竞争力,最重要的是要从缩短渠道上下手,即实现销售渠道扁平化。要实现销售渠道扁平化,对于不同的企业有不同的要求和挑战,也并不能一概而论。

在饲料销售活动中,我们通常把市场划分成基地市场、二级区域市场即边远市场、远距离市场。在实施渠道扁平化销售时,首先考虑到的是基地市场(50 km 范围内)必须深耕细作找到可以直接面对养殖户的有实力的经销商,甚至可以发展大型的养殖户和养殖企业直接到公司拉货,即所谓直销户。但是,在发展直销户的时候必须考虑到当地经销商的利益,要对经销商做些适当的补贴。

二级市场一般是指50～120 km 范围内的市场。对于这类市场要区别看待,企业在选择经销商时,必须对该区域有个详细的了解,了解该区域内饲料销售分布情况。选择经销商时需要遵循这样一个原则:取大留小,抓中间放两边。所谓"取大"是指尽可能地选择在当地有实力的大的饲料销售商,因为大的销售商有比较大的用户群和比较强的资金实力和经营能力;所谓"留小"是指在同一乡镇或区域内,在没有办法发展大的经销商的情况下,才考虑小的经销商。之所以要这样,除了大经销商有上述优势外,另外一个原因是销售成本和服务成本不一样。比如,大经销商在货物运输上可以完全自主的独立低成本拉货,而小的经销商则往往要求公司送货或者同其他经销商配货。"抓中间"是指,在相邻的几个乡镇中,首先选出有影响力的乡镇作为发展的着力点,其次才考虑在其他乡镇发展经销商。在营销人普遍倡导"无网不胜"的时候,我们也要根据实际情况合理发展,而不是一味地追求网点而不注重质量。总之,在这样的市场里,原则上不要设立总经销,而要尽可能地发展直接经销商到公司拉货。

远距离市场是指:运输距离在 100 km 以上的市场。对于这类市场销售渠道策略有不同的观点,在此不再赘述。我的观点是:不管是白猫还是黑猫,抓一个就算是一只好猫。也就是说,不管是大经销商还是小经销商或者是养殖大户,只要他们愿意合作,就可以发展。这里对渠道扁平化要求不高,当然还是要尽可能选择优秀的客户。

3. 公司设立办事机构,直接服务经销商

这个,也就是公司办事处即位于某大区域市场上的配送中心。公司设立办事机构主要针对二级市场和边远市场,其目的是为了服务市场,包括养殖技术服务和货源配送服务,特别是对比较小的乡镇饲料经销商的送货服务。

主要分以下两种情况:

(1)公司直接设立办事机构。这种情况是完全针对经销商服务的公司外设机构。一般情况下,办事机构不主动寻找养殖大户直接销售给终端,但是也不排除可以直接卖料给个别养殖户,要卖料给养殖户的前提是价格必须不低于办事机构所主要负责的区域市场内经销商的最低零售价格。

(2)公司和当地投资人共同出资设立的办事处。这种办事机构的作用同上面一样,但是它还主要具备获利的性质。投资人要在服务经销商和养殖户的过程中获取适当利润,但其利润标准一定要比总经销制下的经营利润低得多。投资人获利的主要来源部分在于公司让利所得和极少部分的加价所得。

4. 深度开发,直接服务终端

深度开发,直接服务终端,是饲料工业低利化时代到来后饲料营销的最终归宿。在中国未来饲料工业发展中,随着养殖业逐步从现在的粗放的、小规模的养殖到集约化、大规模集中养殖的发展和饲料工业低利化的实现,以公司加基地、公司-养殖户的合作模式将是未来饲料企业发展的最终形式,而现在的营销环节将彻底的成为历史。直接服务终端所依托的平台就只有饲料企业本,即养殖户直接到公司提货和养殖户到公司在所辖区域内的外设办事机构提货。

5. 饲料销售公司出现

专业的饲料销售公司将在深度开发,直接服务终端出现的同时诞生。到时候,生产和销售将完全脱离,专业的饲料销售公司将取代现在的经销制成为连接大多数饲料企业和养殖户之间最重要的纽带。

总之,在未来饲料经营过程中:渠道扁平化、养殖专业化、饲料销售公司化、发展壮大产业化,饲料工业的"四化"将成为发展的趋势。

四、技术服务的内容

技术服务是产品销售工作的重要组成部分,是销售工作的延伸,技术问题的处理及时与否直接关系到市场开发的成败和市场的稳定性、市场的销售量等。营销的发展则离不开技术的支持,技术的支持越强有力,营销也更容易成功。技术服务(营销)的目的是创造价值。通过技术服务解决现实问题,提高生产效率,最终创造价值。为客户提供各种技术服务,其目的是通过服务塑造和树立企业形象,更好地体现产品形象和实现产品应有的性能,让客户获得更多的产品附加值并最终赢得客户和提高市场占有率。加强技术服务队伍的建设是公司发展的重要工作,公司销售的产品是"硬产品",服务是"软产品","硬产品"和"软产品"相互作用,缺一不可，软产品不到位或跟不上，硬产品的功能和价值就要降损。越来越多的企业通过服务把“提高客户满意度”作为经营的宗旨，超越客户满意，创造忠实客户。

1. 会议营销

会议营销工作是指利用会议形式进行饲料产品宣传和产品推广的有效模式。现在的营销方式正在向服务转变，谁的服务做得好，谁就可以占有更多的市场，而在会务销售的过程中，公司的主要服务理念已经完全表达了，并且履行服务的操作人员已经完全展示在了消费者面前，服务的好坏就可以做一个判断了。首先，会务营销可以解决一个饲料产品诉求的问题。我们可以把要表达的内容完全表达出来，甚至还可以做一点点的夸张，只要我们讲得好，讲得有道理，那么客户也就会接受。其次，会务营销解决了一个广告受众的问题。在会务营销的过程中，我们就可以完全明白有多少人在听，并且我们是调动了视觉、听觉，甚至有时还有触觉等手段，对目标人群进行了一场生动、深刻的教育，而不论电视还是报纸都没有这么好的效果。第三，会务营销可以起到一种造势的效果。第四，会务营销可以解决一对一的沟通问题。第五，会务营销可以更加接近消费者，对目标客户进行全面的分析。

2. 抓好“服务营销”

在日趋激烈的同类市场竞争环境下，谁能提供更多更周到的服务，并赢得客户内心深处的赞誉，谁就将成为市场竞争的胜者，“销售开始于（销）售后”是饲料企业应该树立的基本观念，要通过良好的服务得到客户的普遍认可后才是实现真正销售意义上的成功。

企业在提供产品或服务过程中，遇到客户的投诉是正常的现象，关键是投诉后如何对待。一般来说，投诉的目的不外乎有四种，即：求倾听、求尊重，求解决和求补偿。纵观所处理过的客户投诉，无一不是由最初的最简单的小事发展而来。“一个客户会把他的不满告诉身边的 5 个人，而这 5 个人又会把这件事情告诉身边的 10 个人”，这句服务行业中的知名理论也足可以证明可能就由最初我们在服务的第一阶段的一点点的失误会产生多大的效应。

同时我们需要注意的是客户技术服务需求在不断变化，三年前的客户需求与现在是不一样的，客户的眼光变得“挑剔”了，特别是在集约化养猪市场，客户会在不同厂家的服务之间做比较；客户越来越注重业务与服务的获得便利性、使用简单性以及能否轻松获得帮助。

做好客户控诉的处理与产品质量的控制。努力消除客户在使用产品中认识误区，纠正社会舆论的偏差。它包括，饲料的颜色黄不黄、鱼腥味浓不浓、猪吃了睡不睡、皮红不红、毛光不光、粪黑不黑等。针对区域养殖习惯，帮助制订适宜的饲养计划与管理策略；找出真正问题之所在，并用最直接最有效的办法来妥善解决由于产品使用不当或其他饲养管理、环境变化、疾病等造成客户对产品的误解；对于确有质量问题的产品，充分利用专业技术知识及时想法查出问题所在，并加以有效的控制，公正估算用户的损失，划分责任，适时补偿，确保企业的形象与信誉。

3. 解决客户抱怨及投诉问题

目的就是要提高客户对产品的认知度到品牌的忠诚度（重复购买、相关购买、介绍购买）。

逐步建立“全面的客户满意解决方案”，大大提升公司服务水平，最大限度地满足客户需求，从而使企业和客户形成一种相互信赖和共生的关系，发挥公司产品应有的生长效能，创造良好的产品形象和企业形象，为企业和客户创造更多的效益。

全面客户服务是赢得客户的重要措施，要搞好售前服务、售中服务、售后服务工作，采用现场技术咨询、使用效果追踪（人员拜访、信函）、持续地对饲养效果进行有效监测、妥善处理投诉

(售后服务的重点),赢得客户满意、收集客户对产品的改进意见和使用过程中遇到的难题,不断改善工作,建立切实可行的客户服务体系,逐步建立完善的售前、售时、售后服务的有机体系,在公众中树立良好的产品形象和企业形象。形成优质的客户服务良性循环,最终促进销售业绩的提升,提高公司的知名度和美誉度。

根据统计表明,对于绝大多数公司,10%的客户抱怨可以妥善解决,而剩下的90%会给公司带来这样那样的负面影响,如客户流失,更严重的是四处诋毁该公司,一个不高兴的客户可以迅速影响上千个你的潜在客户。所以公司必须要在事态变坏前采取行动,要给客户提供抱怨的渠道,并认真对待客户的抱怨,在公司内部建立处理抱怨的规章制度和业务流程,如规定对客户抱怨的响应时间、处理方式和抱怨趋势分析等。技术服务部门要加强处理客户抱怨的能力和强化流程管理,把处理客户投诉当作技术服务中重要的一环来对待;面对客户的任何投诉,都应该认真分析、谨慎对待和迅速处理,以尽可能达到客户满意并使公司的不良影响减少到最低程度为目的。

4. 认真积极地解决客户抱怨,解决客户投诉

根据统计表明,对于绝大多数公司,10%的客户抱怨可以妥善解决,而剩下的90%会给公司带来这样那样的负面影响,如客户流失,更严重的是四处诋毁该公司,一个不高兴的客户可以迅速影响上千个你的潜在客户。所以公司必须要在事态变坏前采取行动,要给客户提供抱怨的渠道,并认真对待客户的抱怨,在公司内部建立处理抱怨的规章制度和业务流程,如规定对客户抱怨的响应时间、处理方式和抱怨趋势分析等。

技术服务的部门要加强处理客户抱怨的能力和强化流程管理,把处理客户投诉当作技术服务中重要的一环来对待;面对客户的任何投诉,都应该认真分析、谨慎对待和迅速处理,以尽可能达到客户满意并使公司的不良影响减少到最低程度为目的。

五、我国饲料企业营销中存在的问题及对策

(一)存在的问题

1. 营销观念落后

营销观念是企业营销行动的指南。营销观念早已从传统的生产观念、推销观念发展到市场营销观念、社会营销观念、绿色营销观念等现代营销观念,然而在我国饲料企业中仍有相当一部分企业停留在传统的生产观念或推销观念阶段,企业的生产经营活动仍然是从企业自身出发,没有树立为顾客服务、以顾客为中心的思想。

2. 饲料企业缺乏明确的市场定位

多数企业经营管理者无法或没有或不愿对企业进行准确定位。没有发展目标,没有经营思路,没有企业生命周期概念,从而导致管理随意性,想到什么做什么,哪里起火救哪里,方案没有严肃性,考核没有延续性,产品缺乏稳定性,结果缺乏可靠性。

3. 饲料产品安全性控制差

饲料是人类食物链的一个重要环节。优质的饲料是生产优质动物性食品的重要保证,饲料产品的安全性在很大程度上影响着畜禽和动物性食品的安全性,关系到我们人类生存环境的安全和人类自身的安全,因此,饲料的安全性也就成为21世纪饲料工业所面临的重要问题。我国的饲料产品存在的涉及动物产品安全性和对环境污染的问题比较突出,如饲

料中抗生素的滥用和饲养者不按饲料使用说明使用饲料，导致动物产品中药物残留，影响出口以及危及人身安全的问题，以及大量使用某些添加剂如砷制剂、铜制剂等造成环境污染与潜在危害的问题等。涉及安全性的问题还有以下几种：国外禁用、限用、淘汰的饲料或饲料添加剂流入市场；新产品在安全性、有效性和对环境影响污染防治措施不明的情况下，贸然投产；产品的有害残留物超标等。一些小型企业在高附加值产品的生产上，为了降低成本，赚取利润，在饲料配方等方面大做“文章”，严重地影响了饲料产品的质量，扰乱了市场秩序，破坏了市场环境，给饲料工业发展造成重大损失，也使今后饲料安全及产品质量工作受到严峻挑战。

4. 饲料市场产品赊销情况严重

在饲料行业竞争日趋激烈的情况下，饲料企业为了保持现有的市场，赊销已成为饲料企业抢夺客户“最简单、最实用”的手段。赊销对促进畜牧业的快速发展曾起到积极作用，能起到销售产品、维持市场作用，但是在相关法律不完善又缺乏经济约束的情况下，往往会造成赊销容易回款难的状况，给企业带来大量的经济损失。赊销对企业的影响主要有以下几种：一是一些养殖户养殖亏本，不能按时还清所拖欠货款。这使得饲料企业要么把这一款项作为呆账处理，要么继续赊销使其继续养殖，以期将来能回收货款，但这可能造成更多的呆账、坏账。二是一些养殖户不讲信誉，故意赖账。结果使饲料企业损失此笔货款，并失去这一客户。三是一些养殖户，不想归还所欠货款，还反咬一口，以产品质量不合格为借口，或者以伪劣产品的名义反告饲料企业，不仅使饲料企业正常的生产经营秩序受影响，而且对企业的声誉造成了一定的影响。四是对经销商赊销，经销商自己没有风险，没有压力，不会全力促销，营销饲料企业的销量。

5. 饲料产品流通渠道多乱杂

随着畜牧业的不断发展，对饲料的需要量的增加，饲料市场快速发育。一些饲料生产者为了占领市场，扩大销售，在各地纷纷设立办事处，寻找经销商、代理商，迅速增加销售渠道和销售网点。由于点多、线长、面广，饲料企业对销售渠道的管理力不从心；同时这些经营者中，有的经营素质低，法制观念淡薄，造成饲料产品的销售渠道出现了多、乱、杂的情形。有无证经营者；有坑蒙拐骗者；有以次充好销售假劣者，等等；这些不仅损害了饲料企业的形象和利益，而且也扰乱了饲料市场正常的经营秩序。

6. 饲料企业规模效益差，行业获利率低

目前世界 80％的工业饲料是由不足 3 500 家企业生产。而饲料产量仅占世界 15％左右的我国，饲料企业竟达到了 1.3 万家。企业规模过小，一般来说，缺乏市场竞争实力，容易造成产品质量低劣和缺乏稳定性，没有检测手段或实力，资金和技术力量不足，设备简陋，工人素质低下，当然也谈不上规模效益。在市场竞争日趋激烈的情况下，竞争能力弱，生存艰难。在 2004 年世界饲料生产企业产量排名前 25 家中，中国只有希望集团榜上有名，排名第 14 位，但产量与第一名差距很大。因此，无论从国内行业之间，还是从与国外企业之间竞争角度看，这种资源组合现状已经到了必须尽快改变的地步。加速饲料企业规模化、集团化发展已迫在眉睫。由于饲料行业的进入门槛过低，我国的饲料企业“大而不大”的现象很突出。即“大”企业并没有获得足够大的销售收入比例和市场份额。在经过了较充分发育的饲料市场上，饲料业的获利能力正全面下滑，行业平均净利率在 2％～3％，远远低于其他行业。

(二)对策

针对目前我国饲料营销中存在的问题,我国饲料业应采取如下营销对策:

1. 树立绿色营销观念

绿色营销观念包括以下内容:一是强调需求的全面性。包括对健康、安全、无害的产品的需求,对美好生存环境的需求,对安全、无害的生产和消费方式的需求,对和谐社会关系的需求。二是强调不仅要发现需求、满足需求,而且要引导需求。三是强调经营活动的可持续性。要求企业在生产和消费中,使资源可得到补充和不超过环境系受污染能力,以确保人类长期的生存和发展需要。四是要求扩展后营销的内容。即对顾客购买产品后,消费产品时和消费产品后对环境和他人的影响进行追踪,指导消费者进行绿色消费,倡导环保意识,在使用过程中和使用之后最大限度地减少对环境的污染。五是要求重建竞争观念。生态系统的整体性,把整个企业的命运连在一起,企业之间除了竞争,还有相互合作、相互联系的一面,所有企业都使经济体系的命运共同体,更是整个生态系统的命运共同体。

树立绿色营销观念,首先,要求饲料企业充分认识到绿色革命和可持续发展已经势在必行。企业要发展,必须抓住绿色革命这一机遇,否则将会被市场淘汰;其次,要理顺企业当前利益与长远利益、局部利益与整体利益、经济利益与社会利益的关系;最后,通过教育和培训,使企业从普通员工到最高决策管理层在绿色观念上形成统一的认识,同时向社会广泛宣传,让人们树立绿色消费观念。

2. 进行科学的市场定位

市场定位就是确定企业的整体形象在目标市场上的位置。具体来讲,就是企业为了要在消费者心目中建立与其他竞争名牌不同的形象,并使消费者了解组织的产品与竞争产品的相对差异而进行的努力。制定市场定位的有效策略可以从产品价格的高低、服务、产品用途、分销渠道等方面着手。饲料企业可以根据自己的实际情况确定自己的定位,具体方法是:首先,分析本企业目标市场顾客所重视的产品或服务特征,以这些特征为变量勾画出目标市场的结构图;其次,明确本企业潜在的竞争优势,选择自己相对的竞争优势;再次,把企业所选择的相对竞争优势通过一系列的宣传促销活动让目标市场了解认识自己的竞争优势;通过以上步骤本企业的市场定位就可明确下来了。

3. 保证饲料产品的安全性

在全球化营销的趋势下,饲料企业面临着新的问题——绿色贸易壁垒,"绿色贸易壁垒"就是进口国以环保或者安全为理由,对进口产品除征收一般关税外,在征收额外的关税或者拒绝进入。饲料企业为了提高在国际市场上的竞争能力,必须严格执行《动物源性饲料产品安全卫生管理办法》和《绿色食品饲料及饲料添加剂使用准则》,按规定正确使用饲料药物添加剂,强化加药饲料的管理,确保畜产品安全;发展应用无毒副作用、无残留、安全性饲料添加剂,如饲用微生态制剂、中草药添加剂、酶制剂、有机微量元素添加剂等;发展应用生物饲料与有机饲料;推行 HACCP 管理,实施饲料配制过程安全控制,确保饲料安全。

4. 拒绝赊销,走出饲料赊销困境

在饲料企业营销过程中赊销的对象一般是经销商,真正对养殖户赊销的很少。分析经销商赊销的原因,一是经销商对产品销售缺乏信心,二是经销商可以拿着赊销的款项去经营别的产品。因此解决了经销商的问题就解决了赊销问题。要解决经销商的问题,一方面要增强经销商对产品销售的信心，最好的办法不是用嘴说服经销商，而是通过业务员的协销，即帮助经销商销售，用实际行动征服经销商。只要让经销商卖出信心，让经销商获得利润、尝到甜头，经销商自然就愿意经销该产品。另一方面饲料企业在决定是否对经销商赊销时，立场要坚定——拒绝赊销。若饲料企业是强势企业或者帮助经销商增强了销售信心，拒绝赊销就很容易被接受。若饲料企业是弱势企业，经销商处于强势地位，拒绝赊销难度就很大，此时饲料企业就应选择有发展潜力的新经销商合作，找新经销商，虽然其经验不足、下线客户少，但只要饲料企业能够给经销商提供足够的指导，再加上其本身具备发展潜力，新经销商迅速打开销路并不是很难的事。因此，通过业务员的协销，帮经销商卖出信心是解决赊销问题，走出赊销困境的最好办法。

5. 积极探索新的分销模式

可通过以下几个方面探索新的分销模式：

(1)服务功能性渠道的开发　有意识地扶持当地有影响力的兽医经销或合作经销饲料，利用其行医防疫的服务力和影响力，占领区域市场现有养殖户群，企业向其提供其他的养殖配套服务支持，引导发展以该“兽医经销商”为中心的养殖联合体。

(2)分销兼容性渠道的嫁接　由于饲料市场终端普遍赊销，对渠道资金量要求较大。在渠道改造和开发时，可以积极嫁接其他农资产品的分销渠道，如经销农药、化肥、种子等的经销商和农村供销社网络，利用原来经销商的客户关系，向养殖户提供融资服务、配套养殖技术和信息服务，共同发展养殖户。这样经销商在原来业务中增加了饲料销售，提高整个经营效益，而养殖户也获得了购买的便利和更多的服务支持。

(3)区域养殖价值链的协同　通过嫁接当地的屠宰加工和内外销售等企业，与经销商组织的养殖户签订定点收购的长期合同，经销商赊销饲料，回购畜产品，饲料企业组织良种供应和兽医服务，构建区域性养殖产业链，展开各环节协同，实现一条龙的运作，提高了养殖效率。在这种区域性的产业合作中，各相关主体均获得了利益，尤其是养殖户的养殖效益明显提高，风险得到有效分担。饲料企业则建立了稳定的渠道、忠诚的客户和良好的企业形象，获得区域市场竞争的绝对优势。

6. 重视供应链管理，降低成本

组建以饲料企业为主导的供应链，以降低饲料原料的采购成本，提高自己的市场竞争能力。饲料企业的利润受原材料价格变动的影响比较大。2004 年粮食产品短缺，粮价上涨约 5%。造成了饲料加工业 2004 年全行业的亏损，而饲料加工企业应对手段单一，大企业仅通过规模来降低成本，而小企业大多通过限产来应对，这又极易导致小饲料企业的破产行为。因此饲料企业必须重视饲料原料采购，从而降低成本、提高自己在市场上的竞争能力。

重视饲料原料采购可以从两方面入手：一方面注意建立或参与供应链中，与自己的上游企业和下游企业建立联盟，以共同抵御竞争；另一方面，善于捕捉市场信息，对原材料价格进行预测，把握好进货时机。但市场预测很难完全准确，且要大量进货需占用巨额资金，因此，组建以饲料企业为主导的供应链或者参与相关的供应链与上下游企业结成联盟效果更佳。

总之，针对我国饲料企业营销中存在的问题，我国饲料企业可采取以上营销对策，以推动饲料业、养殖业的快速增长，促进农业和农村经济持续发展，为我国国民经济增长做出积极贡献。

任务3 饲料营销与技术服务的主要任务

一、饲料营销的主要任务

(一)选择合适的经销商,扩大市场影响力

1. 选择经销商的条件

为公司选择优秀的经销商是销售人员工作的一项重要内容,经销商的选择对公司的发展是十分重要的。其选择条件可以概括为具备10CS的人(MAN+10CS),1C为character品质好,2C为capability能力强,3C为capacity规模大,4C为capital资本雄厚,5C为credit信誉良好,6C为cash现金交易,7C为concept观念正确,8C为condition环境条件好,9C为culture具有一定的文化修养素质,10C为custom无恶习。虽然完全具备的人很少,但是可以参照进行择优选择。

2. 激励经销商

对经销商的激励与正常的销量折让优惠是不同的,是额外的物质或精神方面的激励,是不定期的、额外的。而一次性奖励是通过有效刺激让其加强与公司的合作并培养对公司的忠诚度,如对达一定销量并具有一定合作年限的经销商,可一次性奖励。

3. 利益与控制相结合

利益是维系经销商的动力,没有利益的吸引一切都是空谈,保障经销商的利益是成功经销的前提。有了利益而失去控制同样会造成混乱,甚至被经销商牵着走,对产品应实行指导价销售,必要时可规定产品的最高和最低批发、零售价。

(二)口传式营销

口传式营销是由生产者、消费者以外的个人,通过明示或暗示的方式,不经过第三方处理加工,传递关于某一特定或某一种类的产品、品牌、厂商、销售者,以及使人能够联想到上述对象的任何组织或个人信息,改变态度甚至影响购买行为的一种双向互动的传播行为。它是以口碑传播为途径的营销方式。这种方式一般适用于新产品的上市。

(三)利用观念促营销

1. 服务营销观念

服务是饲料企业营销的永恒主题。21世纪是营销服务的时代,没有服务,产品就不是一个完整产品。创新服务观念,首先要树立和强化服务意识,制定营销服务战略,从而提高和强化消费者对饲料企业或品牌的满意度和忠诚度。其次,坚持感情导向的营销,建立、拓展、保持和强化企业与客户的沟通,增强亲近感。再次,根据时代变化和消费者需求不断更新、创新服务范围、服务手段、服务方式,提升服务水平。

2. 文化与知识导向营销

哈佛商学院知名教授指出:21 世纪“真正影响企业发展与走向的不是技术,也不是资金,是文化”。文化是企业和品牌的生命力所在。同时在知识经济条件下,无论是企业还是营销者,还是以现代传媒和物流为主要内容的营销手段,甚至知识程度日益提高的消费者都是知识的化身。因此,在开发饲料市场、拓展渠道时,都紧紧扣住文化与知识,为消费者营造良好的文化氛围,让其感知并接受饲料企业文化知识,这样一来产品的销售也就水到渠成了。

3. 绿色营销观念

迈入 21 世纪,随着可持续发展战略的推进和人们环保意识的加强,绿色消费走上议事日程,许多国家和组织对环保的重视加速了绿色消费时代的进程,作为世贸组织成员的我国饲料企业更要实施“绿色营销组合”,使产品、价格、渠道促销相结合,形成饲料企业的绿色营销力。

(四)广告营销

饲料广告对产品的宣传力是不可估量的,其影响力是巨大的,覆盖面是广阔的。因此,不管哪一类的企业对广告都十分重视。对广告的策划是十分必要的,因为它不仅仅是针对不同人群,更是针对不同文化和不同国别的人群。因此,在策划时不仅要消费者能看得懂,而且要具有吸引力,把顾客的目光吸引到饲料广告上来,从而达到一定的广告效果,扩大产品的影响力。

(五)品牌营销

如今,饲料企业已进入品牌竞争时代,以品牌为核心已成为企业重组和资源重新配制的重要机制。美国广告研究专家莱利莱特有一句名言:拥有市场将会比拥有工厂更重要,拥有市场的唯一办法是抢占市场主导地位的品牌。探求品牌轨迹(消费者与产品之间的关系)、加强品牌资产管理是摆在营销界面前的重要课题。

从企业管理角度来看,品牌资产是一系列的财产包括品牌认知、品牌体现和品质联想等,这都与品牌名称是联系在一起的。也就是说品牌资产是一种超越生产商品等所有有形资产的外在价值。

所谓品牌认知度是指消费者对某一品牌在品质上的整体印象。它的内涵包括:功能、特点、可信赖度、耐用度、服务度、高品质的外观。它是品牌差异化定位、高价位和品牌延伸的基础。

所谓品牌联想是指透过品牌而产生的所有联想。这些联想往往能组合出一些意义,形成品牌形象。它是经过独特销售点(USP)传播和品牌定位沟通的结果。它提供了购买的理由和品牌延伸的依据。

(六)承诺营销

有人说:“承诺,大大的承诺,是广告的灵魂。”把它延伸开来,我们可以说“承诺,大大的承诺,是营销的真谛”。所谓的承诺营销,是通过承诺调查,确定承诺点,并通过各种途径有效地传达,然后围绕承诺点,配制企业的各种资源,建立完善顾客价值创造系统,是承诺的兑现,实现顾客全面满意。在此基础上提出更高的承诺,形成一种良性循环,不断提高顾客的满意度和企业差别化竞争优势的、系统的动态过程。

承诺营销的导向是顾客与竞争导向的统一。承诺营销不是一句口号,不是一种形式,不是一场运动,更不是权宜的营销手段,而是一种营销哲学。承诺营销不是单方面的惠赠,而是一种法律责任,因为承诺是经营者向顾客发出的一种要约。“一言既出,驷马难追”“一诺千金”即是对经营者的道义要求,更应上升到法律强制的高度。因此,承诺营销重在践诺。

(七)AIDA 营销法

注意(attention)、兴趣(interest)、欲望(desire)、行动(action)代表了推销成功的四个阶段,即集中顾客的注意力,引起顾客兴趣,激发顾客的购买欲望,使顾客采取购买行动。

1. 集中顾客的注意力

(1)保持与顾客的目光接触。“眼睛看着对方讲话不只是一种礼貌,也是推销成功的要诀。让顾客感受到你的真诚。”

(2)利用“实物”或“证物”。如果随身携带饲料样品,推销时要展示你的饲料样品,让顾客真正了解该产品。

2. 引起顾客的兴趣与认同

假如顾客能够满怀兴趣听你说明,无疑顾客一定认同你所推销的商品服务。而你的努力也向目标迈进了一步。

3. 激发顾客的购买欲望

当顾客觉得购买饲料产品所获得的利益大于所付出的费用时,顾客就会产生购买欲望,这需要业务员具备丰富的饲料产品知识和了解顾客的行业规矩及作业方式,才能激发购买欲望。

(八)Turn-key 组合营销

Turn 是旋转的意思,key 是钥匙的意思。Turn-key 就是把钥匙插进锁孔内旋转,门就开了。意思是把顾客所需要的东西全部提供给他们。在销售中,饲料推销员要站在顾客的立场上,省略各种繁杂手续,把顾客所要的东西安排好,组合好,统统提供给顾客。

二、技术服务的主要任务

饲料技术服务是指饲料销售前、中、后的使用、管理等服务。

(一)售前服务(技术先行或技术开道)

1. 广告宣传与信息沟通

技术服务在售前宣传中具有决定性作用,是最经济、效果最佳的直接广告。目前被广泛采用的方式有技术研讨会、小型座谈会、技术培训班、现场观摩交流、印发技术资料、专家巡访等。

2. 市场调查与销售机会

一个饲料厂家,其产品在开发、研制或进入某一市场之前,必须进行一系列的信息调查和研究,这是一项技术性很强的工作,主要包括国内外畜产品的市场趋势,销售地区养殖业结构的调查分析,畜禽的饲养水平,畜主的经营观念及用料习惯,竞争对手主产品的档次、价格及市场竞争能力,客户在产品价格、档次、使用效果等方面的期望值等。

3. 接触客户与客户技术沟通

通过市场调研预测,选择好目标市场,主动和客户接触,接触客户后,如何介绍自己,介绍公司，介绍产品，服务承诺等必须突出技术优势，在技术上给对方一个良好的印象，从技术上压服对方，使对方十分依赖于你，大有相见恨晚，一见如故之感。

4. 机会切入

在饲料产品竞争异常激烈的环境中，如何有意识地去创造、扩大销售机会，怎样预见、等待机会，在机会面前如何选择适宜的空间和地点切入，都需要有良好的专业技术。

5. 售前服务

售前服务最能打动用户，激发用户的购买欲。售前服务要有针对性，①对一个刚想或刚从事饲养的客户，要从项目论证、牧场设计、良种引进着手。②对一个屡遭失败的客户来讲，最需要的莫过于精神安抚，帮助查找失败原因，修正错误，指明发展方向。③对一个事业正红的客户来说，他最感兴趣的是未来生产的规划及指出潜在的隐患。④对经销商要重点放在市场调研、广告宣传、策划营销及技术服务上。

6. 售前技术承诺

客户在用料之前会有种种要求，其中以技术服务方面的要求居多，且最为重要。如预期生产指标的协助实现、疾病防治、饲养管理、技术培训等技术服务，厂家应发挥自己的技术优势予以承诺。

（二）售后服务（技术保驾护航）

1. 良性互动、可持续发展

做饲料销售工作的人都知道，"开户难，保户更难""成交难，回款更难"，难的根源主要在于客户的经营或生产状况不好。经销商经营状况主要在于用户的信誉、赊欠多少、销售规模及周转速度。养殖能否赚钱则取决于对养殖风险和市场风险的预测。要减少养殖风险、克服疫病的威胁，其关键因素在于品种、营养、环境、管理和保健。

减少市场风险的关键因素在于市场调研和预测，正确地把握市场趋势，确定适宜饲养规模及畜禽饲养进出栏时机，以使市场周期与饲养周期相吻合。要牢牢记住，只有客户的健康稳定发展，才有厂家的可持续发展，我们要想客户所想，急客户所急，当好客户的参谋，做好客户的技术后盾，化解客户的风险是厂家义不容辞的责任。

2. 售后服务与质量控制

（1）控制产品适销对路　市场需求会受畜主的配料习惯、原料价格、饲养水平、饲养规模、畜禽品种等诸多方面影响，常有明显的地区性差别。市场不适销对路，产品质量优势难以发挥，其信誉就会蒙受损失。销售服务人员必须凭借自身专业技术知识去分析市场，开发市场，说服客户，引导市场，使产品尽量适销对路。

（2）控制使用方法和技术上的偏差　用户对产品的质疑或投诉多半是因饲用方法不当，或者饲养管理上的技术存在偏差引起的。通过技术指导使用户懂得产品的正确使用方法、产品不足可能出现的差错及解决方法。

（3）控制客户认识和社会舆论的偏差　许多用户对饲料产品的评价缺乏客观公正，人云亦云，某些错误观点已成为被普遍接受的舆论，如饲料的颜色黄不黄、鱼腥味浓不浓，猪料猪吃了睡不睡、皮红不红、毛光不光、粪黑不黑等。只有对这些片面或错误认识从理论上给予正确解决，才能改变人们对饲料质量认识上的错误观念，将饲料市场引向正确轨道，为自己的饲料质量讨个公道说法。

(4)消除用户的质量误会　用户发现畜禽异常或者没有出现期望的效果，首先想到的是饲料问题。事实上，这种类型的质量反映，90%问题没有出在饲料上。疾病、应激反应、环境条件的变化、饲养管理有误、品种不良等才是真正的问题所在，如此高概率的质量误会，企业如果不去着手消除，信誉、市场以及相伴而来的经济纠纷会可想而知。

消除这种质量误会，最直接最有效的办法是找出真正问题之所在，并得以妥善解决。这就需要向用户讲出不是饲料问题的道理，并以物证(生产记录、出库记录、质检记录)、旁证(同批产品其他用户的反映)、试验加以证明。必要时要借助第三者如独立身份的专家教授协助澄清。这样做的目的在于不要让误会扩大、散播，不能被人无限制地夸大、渲染和有意识地加以利用，以至于破坏了市场。

(5)妥善处理质量事故　质量问题是难免的，比如批次间外在感官上的差异，内在的营养成分不足，料发霉、结块或有异味，比例有误，混合不均，出现杂质或有毒物质等。遇到这种问题不能推诿回避，要充分利用专业技术知识及时想法查出问题所在，并加以解决，公正估算用户的损失，划分责任，适时补偿。

(6)加强和客户之间质量信息的沟通　通过沟通去征求用户对质量的更高要求，发现产品内在或外在的质量问题，改进产品质量，提高技术服务质量，使企业不断升级，产品不断更新换代，客户不断巩固扩大。

(7)追求一个和经销商共同操作的境界　饲料销售大多是通过经销商来实现的。如何提高经销商的技术服务水平，或技术上与其密切合作，相互信赖是技术服务最关键的环节。因为一个好的经销商70%～80%的质量疑虑和异议在他那里可得到圆满解决；相反，如果经销商在这方面的能力有限、极不负责甚至推波助澜，大概70%～80%要出问题。

(三)售后服务是产品质量、价格的延伸

未来市场竞争的关键不在于企业提供什么产品而是提供附加值的多少，技术服务是提高产品附加值的一种有效途径。一个产品的质量不仅仅是它的内在成分和外在包装，也包括它的配套服务，一个好的产品不配有相应的技术服务，就没有市场，更谈不上有好的价格。

(四)售后服务与品牌再造

品牌是饲料营销的关键因素之一，名牌是企业成功的标志，几乎所有企业都梦想把自己的品牌变成名牌，品牌变名牌是一个复杂的系统工程，众多的实例可以证明营销过程中的技术服务是创造名牌的关键因素。

(五)技术服务与反制策略

饲料的销售策略更多地表现为竞争的策略。针对主要对手的变化情况进行对策调整，需要一种“反制”竞争。技术服务的水平提升与内容充实改进是反制策略中最重要的内容之一。

(六)售后服务与市场老化

与老客户数年的业务往来，难免出现一些销售策略的偏差、日常管理中的一些失误和疏忽、感情的损伤，加之竞争对手的“策反”，要管理好老市场，就要搞好销售网络的维护和保养，尤其要不断注入对客户具有巨大吸引力的技术信息服务。

(七)售后服务与货款回收

货款及时回收是饲料营销的核心工作,货款的回收直接依赖于用户的经营或生产状况,通过技术服务可以提高经销商的利润、加快其资金回笼与周转速度,改善饲养水平,为货款回收创造一个良好的物质基础。

(八)服务补救

所谓服务补救,在产品营销过程中对客户提供的技术服务出现失误或错误,采取的补救措施。如提供的信息不准、介绍的品种不纯、疾病诊断有误,防治疾病用药不当等。首先要使客户明白即使最优秀的企业也不可避免出现服务的失败和错误,以求得客户的谅解,在此基础上积极诚恳地提供第二次技术服务,必要时可求助技术水平较高的专家教授。

任务4　饲料营销与技术服务的学习方法

饲料产品的营销特性决定了饲料产品营销工作对畜牧、饲料、兽医技术的依赖,整个学习内容必须自始至终贯穿饲料营销与畜牧、饲料、兽医技术相结合的指导思想,充分体现畜牧、饲料、兽医技术在饲料营销全过程的地位与作用,帮助学生牢固树立营销与技术相结合的基本观念。

一、紧扣饲料营销与技术服务主线,精选学习内容

饲料营销与技术服务课程体系的架构和学习内容的安排与取舍直接关系到其教学质量的好坏。作为一门跨学科、跨专业的应用性、实践性很强的综合性课程,课程体系的架构和学习内容的科学安排是一项比较复杂的综合性课题。课程内容教学和章节的安排必须满足两个基本要求:一是要通过各章节学习内容的合理安排,充分体现出饲料营销与技术服务课程的系统性、科学性、实用性、可操作性,纯粹的理论讲授并不要求很多、很全、很深,但绝对不能支离破碎、七零八乱;二是要符合课时安排的要求,坚持以实用、够用为度。只有通过合理、紧凑的章节安排,确保学生对饲料营销与技术服务课程的基本理论、基本理念、基本技巧以及技术服务手段有一个比较完整的系统的掌握,为学生顺利适应未来的营销工作局面打下良好的基础。因此,我们在安排学习内容时要抓住饲料产品营销全过程这条主线不放松,重点阐述饲料产品营销的特点以及饲料营销员所必须掌握的营销理念、基本理论、基本方法与基本技巧,将整个学习内容分为饲料营销基础知识、饲料营销员的基本素质要求、饲料营销员的访前准备与计划、客户开拓与销售开启、客户需求与业务缔结、客户与市场管理、营销员管理、技术支持与技术服务等八部分。

在具体安排学习内容时,我们没有将市场营销理论的讲授和饲料营销实务案例的讲授割裂开来,而是采取了一种立体、交叉的穿插式讲授方式,将市场营销理论与营销案例相互穿插、相互渗透,融合成一个整体。比如,饲料产品的定价管理,我们没有单纯地去讲定价理论,而是通过价格穿底这个饲料市场普遍存在的现象来说明饲料企业该如何合理制订饲料产品价格、

如何维护饲料产品价格的稳定。

帮助学生构建一个完整、科学、立体的饲料营销与技术服务知识体系，让学生在语言与文字表达能力、社交活动能力、思维能力、分析问题与解决问题能力、技术服务水平等方面都能得到培养。当代大学生求知欲望很强，许多学生渴望在学好本专业的相关专业知识的前提下，能充分利用有限的时间，多了解、学习一些其他相关知识，尤其是人文素质学科知识。饲料营销学作为一门涉及经济学、政治学、管理学、社会学、心理学、会计学、统计学、运筹学、法学等诸多学科的综合性学科，在学习过程中，自然会相应地学习到这些相关学科的有关知识，并且这些知识往往与市场运作贯穿在一起，不仅可以使学习内容丰富生动，不再抽象，而且更让人容易理解，便于记忆。也正是饲料营销学的这一特点，较好地满足了学生拓展知识面的基本要求。很显然，饲料营销学课程将成为深受动物科学、动物医学专业学生欢迎的课程之一。

二、突出饲料行业特色，科学定位

一门新课程的开设，最难的莫过于该门课程教学目的的准确把握。饲料营销与技术服务是近几年才在我国农业类高等院校动物科学类和动物医学类专业正式开设的一门新课程，课程体系的架构直接关系到其教学效果的好坏及其教学目标的达成。我们在多年的饲料营销实践以及教学实践中深深地体会到，饲料产品与酒类、饮料、汽车等常规消费品有很大的不同，使用对象特殊，使用效果明显，见效快速，产品同质化程度高。饲料产品的这些特殊性决定了饲料产品营销工作对畜牧、兽医、饲料技术的高度依赖性，饲料产品营销的成功在很大程度上取决于饲料营销理论与技巧以及畜牧、兽医、饲料营养技术的综合运用。营销与技术的有机融合是这门课程的体系构架及其教学工作的基本特色要求。因此，学习内容必须具有很强的针对性，不能一味模仿、照搬一般消费品营销的有关内容。在学习内容取舍上必须紧扣饲料行业、饲料产品、饲料市场的特点，突出饲料行业特色。由于饲料行业引入市场营销理念才十余年，相关书本杂志上很难找到可供参考的现成案例，需要教师亲自参与饲料营销实践，从营销一线提取有价值的营销案例。几年来，我们通过大量饲料营销实践，搜集整理了大量饲料营销案例，基本上保证了饲料营销与技术服务课程理论教学与案例教学的需要，取得了较好的效果。

三、理论与实践相结合，加强实训锻炼，提升学生学习能力

本课程学时有限，不可能将饲料营销理论的全部内容在课堂上全部讲清楚，课堂讲授往往只能提纲挈领，讲清饲料营销理论的精髓，其他内容以及相关市场营销理论需要学生在今后的学习与工作中不断地学习、补充。市场营销课程不但具有很强的理论性，也具有很强的实践性。饲料产品营销与消费产品营销一样，不但需要具备一定的市场营销基础理论，同时需要学习别人的成功经验。因此，在教学中必须加强案例教学，尤其要注意在理论讲授中介绍一些成功的饲料营销案例，必要时还可以穿插介绍一些失败的饲料营销案例，从正反两个方面来分析、探讨饲料营销实践的经验教训，培养学生分析问题、解决问题的能力。

案例教学需要学生通过自学、小组讨论，最后达成共识。美国哈佛大学案例教学研究开发部主任、案例教学协会主席 John Boehrer 教授指出，案例教学是一种以学生为中心对现实问

题的某一特定事实进行交互式探索的过程。在案例教学过程中，教师只是启迪和帮助学生，起着类似于导演或教练的指导或引导作用，不再是教学活动的中心，而真正的表演者变成了学生。学生作为教学活动的中心，能够亲身参与分析和讨论，会更具积极性，更具创造力。

实训锻炼是提高学生学习兴趣和教学效果的一条重要途径。每年年初，我们都要选择一些参与热情很高、综合素质较好的大学二年级学生参与饲料生产、经营企业的饲料营销工作，让他们亲身体验饲料营销工作的酸甜苦辣。在此基础上，要求参与实践的学生认真总结实践经验，并在课堂上加以介绍，让其他没有直接参与实践的同学也能一同感受到饲料营销工作的乐趣，为学生提供应用所学营销理论分析实际问题的机会，帮助学生进一步消化、掌握饲料营销的基本理论与基本技巧，提高学生分析问题、解决问题的能力。

四、技术与营销有机结合，培养学生的专业营销技能

饲料营销工作对畜牧、饲料、兽医技术的高度依赖性，我们在学习内容的整体安排上时刻注意技术在营销工作中的地位与作用，将饲料营销工作必须牵涉到的畜牧、饲料、兽医技术与饲料营销理论有机融合成一个完整的整体。

为确保学生从一开始就能树立营销与技术融合的观念，课程的第一部分就从营销与技术两个角度全面分析、介绍了饲料产品的营销特性以及从事饲料营销工作应遵循的三项基本原则。在此基础上，无论是市场开拓、客户拜访，还是产品推介与促销、市场管理，整个学习内容都没有离开营销与技术有机融合这个主题，自始至终将畜牧、饲料、兽医技术有机地融合在饲料营销理论教学的全过程之中。

此外，饲料产品营销员面对的是文化水平较低、畜禽养殖与疾病防治水平欠缺的广大农户，饲料产品营销的成功在很大程度上取决于饲料企业和饲料营销员的技术水平和售后服务能力，掌握基本的畜禽养殖技术和现场疾病诊断技巧是一个优秀饲料营销员的基本功。除了讲授从事饲料产品营销工作所必须掌握的饲料营销基本理念、基本理论、基本技巧外，还必须适当介绍畜禽常见多发疾病的现场诊断与治疗技巧、客户投诉处理技巧等畜牧、兽医技术，确保学生具备专业营销工作的基本素质。

在安排学习内容时，必须紧紧抓住饲料产品营销全过程这条主线，确保学生在掌握市场营销学的基本理论与基本知识的基础上，全面介绍饲料产品的营销特点以及从事饲料产品营销所必须掌握的饲料营销理念、方法与技巧以及技术服务与技术支持知识，培养学生的专业营销技能。饲料营销课程教学的一个很重要的内容，还要特别注意对学生进行诚信品德的教育与培养，帮助学生树立正确的品德观。同时，作为诚实守信的营销工作者。

五、提升学生适应社会的能力和择业能力

目前，大多数饲料企业在招聘饲料营销员时都要求招聘动物科学（含畜牧、水产、饲料、动物营养等专业）或动物医学（含兽医、动物药学等专业）专业大中专毕业生，很少招聘非专业人士。也正因为如此，每年都有大量的动物科学、动物医学专业大中专毕业生走上了饲料产品营销这条充满挑战和希冀的道路。由于他们没有系统地接受市场营销学知识培训，在市场上全凭个人的天赋去开展工作，一点点地去悟，业绩提升比较慢。高等农业院校动物科学、动物医学专业为了能够培养出适应饲料企业需要的营销人才，纷纷开设了《饲料营销与技术服务》、《饲料营销与技术服务》以及《市场营销学》等课程。然而，饲料营销工作与其他产品的营销工

作有很大的区别，饲料营销员除了需要掌握市场营销基本理论、基本知识、基本技巧外，还必须掌握动物营养理论、饲料学理论、饲养管理知识以及疾病防治等专业知识。也正由于此，很多饲料企业在招聘营销工作人员时都要求动物科学专业或者是动物医学专业学生。

所有学生在毕业后都将面临就业问题，并将面临不止一次的就业选择挑战。如果能将饲料营销理论融会贯通地应用于择业、就业竞争以及实际工作，在就业竞争中和实际工作中很好地展示自己的综合素质、能力、业绩，无疑会在激烈的市场经济大潮中拥有胜人一筹的机会。

项目1

饲料与动物常见疾病防治基本知识

项目设置描述

本项目主要对饲料组成与动物营养基本常识、常见畜禽疾病与防治基本知识、饲料的加工工艺、饲料原料与产品的管理、饲料行业发展趋势分析等方面的内容进行了阐述。通过本项目的学习，可以帮助大家明确饲料与动物营养之间的关系、了解动物疾病防治基本知识以及行业发展趋势。

学习目标

1. 理解饲料的组成、饲料的营养物质与动物营养的关系。
2. 了解猪、牛、羊、禽常见疾病的防治知识。
3. 掌握饲料加工工艺过程。
4. 了解饲料行业发展趋势。

任务1 饲料组成与动物营养基本知识

饲料的组成与动物营养基本常识是饲料知识中的基础内容，明确饲料组成与动物营养之间的关系，对于如何通过饲料组成调节动物生长、发育和生产等有重要意义。

一、饲料的组成

动物为了维持自身的生命活动和生产，必须从外界环境中摄取食物，动物采食的食物称为饲料。凡是能被动物采食、消化、吸收和利用，并对动物无毒、无害的可饲物质，皆可作为动物的饲料。饲料中凡能被动物用以维持生命、生产产品的化学成分称为营养物质，简称养分或营养素。饲料中养分可以是简单的化学元素，如 C、H、O、N、Ca、P、Fe、Cu、Zn 等，也可以是复杂的化合物，如蛋白质、脂肪、碳水化合物及各种维生素。

1. 饲料的化学元素组成

饲料和动物体内化学元素组成基本相同，含 60 多种化学元素，按其在饲料含量的多少分为两大类：含量大于或等于0.01%者称为常量元素，如C、H、O、N、Ca、P、K、Na、Cl、Mg、S等，其中C、H、O、N含量最多。含量小于0.01%者称为微量元素，如Fe、Cu、Co、Zn、Mn、Se、I、Cr、F等。饲料中的化学元素，绝大部分并非以游离状态单独存在，而是互相结合为复杂的无机物或有机物。

2. 饲料中的营养物质

国际上通常采用常规饲料分析方案，即概略养分分析体系，将饲料中的养分分为六大类（图1-1）。

- 饲料
  - 水分
  - 干物质
    - 无机物：粗灰分或矿物质
    - 有机物
      - 含氮化合物：粗蛋白质
      - 无氮化合物
        - 粗脂肪：乙醚浸出物
        - 碳水化合物
          - 粗纤维（植物）
          - 无氮浸出物
      - 维生素
        - 脂溶性维生素
        - 水溶性维生素

图1-1　概略养分与饲料组成间的关系

(1)水分　将饲料在100～105℃下烘干至恒重所失的重量为水分，包括游离水和结合水。各种饲料均含有水分，其含量差异很大，最高可达95%以上，最低可低于5%。水分含量越多的饲料，干物质含量越少，营养价值越低。植物饲料的水分含量因饲料种类、植物生长期及部位不同而差异较大。青绿饲料为65%～95%，籽实类为9%～14%，秸秆类为8%～16%。水分含量多不利于饲料的贮存和运输，一般保存饲料的水分以不高于14%为宜。

(2)粗灰分　粗灰分是指饲料有机物质完全氧化后剩余的残渣。主要为矿物质氧化物或盐类等无机物质，有时还含有饲料收获、干制、流通等环节中产生的杂质，故称粗灰分。植物部位不同，灰分含量亦不同，茎叶灰分含量较多。同种矿物质元素在不同植物品种中也有较大差异。以钙为例，禾本科植物钙含量较低，而豆科植物钙含量较高。

(3)粗蛋白质　粗蛋白质是指饲料中含氮物质的总称，包括蛋白质和氨化物两部分。几乎所有饲料均含有蛋白质，但其含量和品质各不相同，如豆科植物及油饼类饲料含蛋白质高，且品质较好，而禾本科植物含蛋白质较少，稿秆饲料含蛋白质最少且品质最差。同一种饲料植物由于生长阶段不同，其蛋白质含量也不同，幼嫩时含量多，开花后含量迅速下降。部位不同蛋白质含量也有差异，籽实＞叶部＞茎秆。动物体内蛋白质含量较稳定。

(4)粗脂肪　粗脂肪是饲料中脂溶性物质的总称，包括真脂肪和类脂肪两大类。真脂肪由脂肪酸和甘油结合而成，类脂肪有游离脂肪酸、磷脂、叶绿素、脂溶性维生素等。饲料中脂肪含量差异较大，高者在10%以上，低的不到1%，部位不同含脂量也不同，籽实＞茎叶＞根。

(5)粗纤维　粗纤维是植物细胞壁的主要组成成分，由纤维素、半纤维素、木质素、角质等组成，也是饲料中最难消化的营养物质。含量随植物生长阶段而有差异，幼嫩时，含量低，成熟时，含量高。部位不同，粗纤维的含量不同，茎部＞叶部＞果实、块根。

(6)无氮浸出物　饲料有机物质中的无氮物质除去脂肪及粗纤维外，总称为无氮浸出物，或称为可溶性碳水化合物，包括淀粉、单糖、双糖和多糖。一般植物性饲料中均含有较多的无氮浸出物，例如禾本科的籽实和根茎类饲料无氮浸出物含量高达70%～85%，是动物能量的主要来源。

二、饲料的营养物质与动物营养

1. 水与动物营养

水是动物必需的营养成分。动物体获取水的来源有三条途径:饮水、饲料水和代谢水,其中饮水是主要来源。动物饮水的多少与动物种类、饲料类型、日粮结构及环境温度有关。一般牛的饮水量最多,猪次之,家禽较少。水的营养生理作用很复杂,动物生命活动过程中许多特殊生理功能都有赖于水的存在。

水约占动物体重的70%,是机体的主要组成成分。水是一种理想的溶剂,动物体内各种营养物质的消化吸收、转运和代谢废物的排出必须溶于水后才能进行。水参与很多生物化学反应,如水解、水合、氧化还原、有机化合物的合成和细胞的呼吸过程等。水的比热大,导热性好,蒸发热高,有利于恒温动物体温的调节。水具有润滑作用,动物体关节囊内、体腔内和各器官间的组织液可减少器官间的摩擦力,起到润滑作用。此外,水还可以用于给动物服药、驱虫、注射疫苗时作为水溶性营养物质的载体在生产中使用。机体短期缺水,引起动物生产力下降;严重缺水危及动物的健康和生命。生产中,必须保证水的供给,尤其是高温季节。

2. 蛋白质与动物营养

蛋白质是氨基酸组成的一类高分子有机化合物的总称。蛋白质是细胞的重要组成部分,一切生命活动均与蛋白质密切相关,在生命活动过程中起着重要的营养作用。

蛋白质是机体组织的主要原料,动物体各种组织器官如肌肉、皮肤、内脏、神经、血液、精液、毛发等,均以蛋白质为主要成分,起着传导、运输、支持、保护、连接、运动等多种作用。蛋白质是组织更新修补的必需物质,据测定,动物体蛋白总量中每天有0.25%～0.30%进行更新,即每经12～14个月体组织蛋白质全部更新一次。蛋白质是机体内酶、激素、抗体等功能物质的主要成分。蛋白质是形成肉、蛋、奶、毛、皮等畜产品的重要原料。

日粮中缺乏蛋白质对于动物的健康、生产性能和产品品质均会产生不良影响。当日粮蛋白质含量超过机体实际需要时,不仅造成浪费,而且多余的氨基酸,形成尿素或尿酸随尿排出体外,加重肝肾负担,严重时引起肝肾疾病。

3. 碳水化合物与动物营养

碳水化合物包括无氮浸出物和粗纤维。无氮浸出物包括各种单糖、低聚糖及淀粉等,其中淀粉广泛分布于种子、水果、块茎和块根中。粗纤维是构成植物细胞壁的主要成分,由纤维素、半纤维素、果胶、木质素等组分组成。碳水化合物在动物日粮中的含量达50%以上,是动物生产所必需的主要能源。

碳水化合物普遍存在于动物体各种组织中,参与多种生命过程,在组织生长的调节上起着重要的作用。碳水化合物,特别是葡萄糖是供给动物代谢能量需求的最有效营养素,粗纤维是草食动物的主要能量来源物质,给动物以饱感。饲料碳水化合物在动物体内可转变成糖原和脂肪而作为能量贮备。碳水化合物还是合成乳脂和乳糖的重要原料。

4. 脂肪与动物营养

脂肪存在于动植物组织中,是动物营养中重要的一类营养素。脂肪是生物体的能量提供者,动物采食的脂肪除直接供能外,多余的转变成体脂沉积,是动物贮备能量的最佳方式。脂肪是组成生物体的重要成分，如磷脂是构成生物膜的重要组分，油脂是机体代谢所需燃料的贮存和运输形式。脂类物质可为动物机体提供溶解于其中的必需脂肪酸和脂溶性维生素。沉积在动物皮下的脂肪能够防止体热的散失，寒冷的季节有利于抵御寒冷，维持动物体温的恒定。脂肪充填在脏器周围，具有固定和保护器官及缓和外力冲击的作用。另外，禽类尤其是水禽尾脂腺中的脂肪对羽毛的抗湿起重要作用。

5. 矿物质与动物营养

矿物质在动物体内含量为体重的 2%～5%，虽不是动物体能量的来源，但却是动物体组织器官的组成成分，对动物的生长、繁殖和健康有重要作用。矿物质供给不足或缺乏时，会影响动物的健康和生产性能，甚至死亡。但有些矿物质元素含量过高，又会导致中毒。

6. 维生素与动物营养

维生素是一类动物代谢所必需而需要量极少的低分子有机化合物，是维持健康和生产性能不可缺少的有机物质。维生素不是构成动物组织器官的原料，也不是能源物质，但却是动物物质代谢过程的必需参加者，虽数量少，但作用大，而且相互间不可替代。维生素按其溶解性可分为脂溶性维生素和水溶性维生素两大类。脂溶性维生素包括：维生素 A、维生素 D、维生素 E、维生素 K，水溶性维生素包括 B 族维生素和维生素 C。

任务2　常见畜禽疾病与防治基本知识

畜禽疾病是影响畜牧业健康发展的主要因素，它不仅可能造成大批畜禽死亡和畜产品的损失，影响人民生活和对外贸易，而且某些人畜共患的传染病还能给人民健康带来严重威胁。尤其是现代化的养殖业，畜群饲养高度集中，调运频繁，更易受到传染病的侵袭。因此对畜禽常见疾病的防治和研究，历来受到世界各国的重视，并已取得显著的进展。

一、猪常见疾病与防治

1. 猪瘟

(1)流行特点　猪瘟是由猪瘟病毒引起的一种高度传染性疾病。病猪是主要传染源，主要感染途径是消化道。该病一年四季均有发生，不同品种、性别和年龄的猪都可感染。

(2)临床症状　体温升高到 40～42℃，持久不退。食欲减退或拒食，精神沉郁，怕冷挤卧。站立行走拱背弯腰，四肢无力，行动迟缓，摇摆不稳，眼结膜发红，有脓性分泌物，先便秘，后腹泻。耳根、腹部、四肢内侧等处有指压不褪色的紫红色出血点。

(3)防治　本病目前尚无特效药物治疗，主要靠预防。平时加强饲养管理，搞好环境卫生消毒工作。定期预防接种，可采用超前免疫方案，即在仔猪吃初乳前首次接种 1～2 头份/头，以后再在 20 日龄和 60 日龄各免疫一次。当疫病流行时应及时封锁疫区，淘汰病猪，紧急预防，并对病猪舍及用具等进行彻底消毒。

2. 猪丹毒

(1)流行特点　猪丹毒是由红斑猪丹毒丝菌引起的一种传染病，主要感染 3～12 月龄猪，夏、秋季节多发，常呈地方性流行。猪丹毒主要通过消化道和皮肤伤口感染。

(2)临床症状 急性败血型:体温升高达42℃以上,个别猪不现症状突然死亡,其他病猪表现发抖、呕吐,皮肤有红斑,指压褪色,病程3~4天,致死率达80%~90%。亚急性疹块型:体温升高41℃,病情缓和,精神不振,病后2~3天皮肤出现方形或菱形、圆形等大小不等的紫红色疹块,俗称打火印,到发病后期逐渐形成痂皮脱落。慢性型:多由前两者转变而来,主要表现为四肢关节肿胀,呈犬坐势,跛行;有的发生心内膜炎,呼吸短促增快,食欲不定,眼、鼻、口腔等处呈青紫色。

(3)防治 预防:用猪丹毒菌苗或猪瘟、丹毒、肺疫三联苗免疫接种,每6个月免疫1次,或每年春秋季各免疫一次。治疗:首选药物为青霉素类(阿莫西林)、头孢类(头孢噻呋钠)。发病猪只隔离,青霉素按5 000~10 000 IU/kg体重肌肉注射,每天3次,连用2~3天。

3. 猪肺疫

(1)流行特点 本病是由多杀性巴氏杆菌引起的一种常见的猪呼吸道病,多发于春初秋末季节,常与猪瘟、气喘病混合感染或继发,感染途径主要是消化道、呼吸道或吸血昆虫叮咬。

(2)临床症状 最急性型:俗称"锁喉风",食欲废绝,呼吸困难,可视黏膜发绀,皮肤出现紫红斑,很快死亡,死亡率高达100%。急性型:本型最常见。体温升高至40~41℃,呼吸困难,咳嗽,流鼻涕,皮肤出现血红紫斑。病程5~8天,多因窒息死亡,否则转为慢性。慢性型:主要表现为肺炎和慢性胃肠炎。时有持续性咳嗽和呼吸困难,关节肿胀,常有腹泻,食欲不振,营养不良,有痂样湿疹,发育停止,极度消瘦,病程2周以上,多数发生死亡。

(3)防治 ①预防。每年春、秋两季定期注射猪肺疫氢氧化铝苗或猪三联苗免疫接种。②治疗。应将病猪隔离治疗。处方一:恩诺沙星肌肉注射,每天1~2次,连用3天。处方二:青霉素、链霉素按10 000~30 000 IU/kg体重混合肌肉注射,每日2次,连用3天。处方三:土霉素或磺胺类药物肌肉注射,每日2次,连用3天。

4. 猪流行性腹泻

(1)流行特点 病原为猪流行性腹泻病毒。各种年龄猪均易感,病猪是主要传染源,主要经消化道传染,发病有一定的季节性,多发生于寒冷的冬季。

(2)临床症状 病猪精神沉郁,食欲减退,主要表现为呕吐、腹泻和脱水等特征。呕吐多发生于吃食和吃乳后,或者在腹泻之间有呕吐。粪稀如水,呈棕红色或灰白色,且腥臭。年龄越小,症状越重,1周龄以内的乳猪发生腹泻后经2~4天脱水死亡,死亡率平均为50%。生长肥育猪及种猪一般持续腹泻4~8天后,逐渐恢复正常。

(3)防治 目前尚无特效治疗方法。其一般治疗可采用让猪只自由饮补液盐水。为防止继发感染,肌肉注射环丙沙星注射液。

5. 猪副伤寒

(1)流行特点 猪副伤寒是由沙门氏菌引起的仔猪传染病,多发于2~4月龄仔猪,无明显的季节性,以多雨、潮湿季节多发,也常继发于猪瘟和流行性感冒等病。

(2)临床症状 急性败血型:病猪体温升高达41~42℃,食欲不振,精神沉郁,初便秘后腹泻,粪便呈灰白色、淡黄色或浅绿色,有时带血,常有腹痛症状。弓背尖叫。耳、腹部及四肢呈深红色至青紫色。病猪呼吸困难,体温下降,一般2~6天死亡。慢性型:患猪逐渐消瘦,呈周期性下痢,粪便灰白色或黄绿色,恶臭,后期有些患猪腹部皮肤出现湿疹、咳嗽,衰竭而死,死前皮肤出现紫斑。

(3)防治　对30～35日龄仔猪，注射猪副伤寒弱毒苗或猪副伤寒氢氧化铝甲醛菌苗进行预防。治疗可选用环丙沙星、氯霉素、庆大霉素、土霉素、新霉素肌肉注射，每日1～2次，至病状明显好转后，继续连用2天，以免复发。

6. 猪水肿病

(1)流行特点　该病是由致病性大肠杆菌释放毒素所致，多发生于断奶后健壮的仔猪，经消化道感染，呈散发，有时呈地方流行，一年四季均可发生，但多见于寒冷，气候突变和阴雨季节。

(2)临床症状　突然1～2头体壮小猪发病死亡，而多数猪不食，眼睑、头部、颈部出现水肿，发病前期前腿卧地，后肢站立，口吐白沫，叫声嘶哑，跳跃，或行走不稳，或转圈，或倒地四肢划动作游泳状，运动失调，后期后躯麻痹，不能站立，病猪一般经1～2天死亡。眼睑、头、颈和前肢皮下水肿，运动失调，转圈，全身发抖，叫声嘶哑，最后身躯麻痹，昏迷死亡，病程1～2天。

(3)防治　预防主要是加强饲养管理，饲料中及时补给硒与维生素E。规模化养猪场可定期用猪水肿病多价灭活油乳剂苗接种。早期治疗有一定疗效，病初用硫酸镁或硫酸钠15～25 g内服，以排出毒素。同时用恩诺沙星加速尿肌肉注射，机体脱水和虚弱时应及时补液、强心。

7. 仔猪黄痢

(1)流行特点　本病由致病性大肠杆菌引起。主要发生于1周内仔猪，以1～3日龄的仔猪多见，带菌母猪是主要传染源，经消化道感染，发生无季节性，死亡率可达90%以上。

(2)临床症状　发病的仔猪排黄色腥臭味稀粪，肛门松弛，精神不振，不吃奶，很快消瘦，脱水，最后衰竭而死。

(3)防治　预防可用双价基因工程菌苗口服免疫怀孕母猪，或用三价灭活菌苗注射母猪，均于临产前15～30天免疫。治疗：痢菌净，肌肉注射一次；氯霉素肌肉注射，每日2次，连用2～3天；盐酸环丙沙星片，痢特灵片或磺胺片口服，每日2次，连用3天。

8. 仔猪白痢

(1)流行特点　仔猪白痢又称迟发性大肠杆菌，一年四季均可发病，以10～30日龄的仔猪发病最多。

(2)临床症状　仔猪排乳白色或灰白色稀粪，呈糨糊状，有腥臭味，病情加重则表现皮肤苍白，机体脱水消瘦，最后衰竭而死亡。

(3)防治　预防主要是掌握母猪配种季节，避免过热和过冷季节产仔。同时加强母猪和仔猪的饲养管理，搞好猪舍环境卫生工作。治疗参照仔猪黄痢治疗方法。

二、牛羊常见疾病与防治

1. 牛巴氏杆菌病

(1)流行特点　牛巴氏杆菌病，是由多杀性巴氏杆菌引起的一种急性、热性传染病，一般呈散发性或地方流行性，多发生于夏、秋季节。本病主要通过消化道、呼吸道传染，也可经外伤和昆虫的叮咬引起感染。

(2)临床症状　潜伏期为2～5天，可分为败血型、水肿型和肺炎型3种。败血型：多见于水牛，表现高热(41～42℃)，精神沉郁，结膜潮红，鼻镜干燥，采食和反刍停止，腹痛下痢，粪中混有黏液、黏膜甚至血液，恶臭，有时尿中也带血，常于12～24 h死亡。水肿型：以牦牛常见，除表现全身症状外，病牛头、颈、咽喉及胸前皮下水肿，手指按压初热、硬、痛，后变凉，疼痛也减轻，舌咽高度肿胀，眼红肿、流泪，口流涎，呼吸困难，黏膜发绀，常因窒息或下痢虚脱致死。病程2～3天。肺炎型：此型最常见，病牛表现急性纤维素性胸膜炎，肺炎症状。

(3)防治　预防：时加强饲养管理和卫生，注意保暖，避免受寒、过劳、饥饿等，以增强抗病能力；定期给牛注射牛巴氏杆菌苗；隔离病畜，禁止疫区牛只移动，以防传播。治疗：2%氧氟沙星针剂按3～5 mg/kg体重肌肉注射，复方庆大霉素针剂肌肉注射每日2次，3天为1个疗程；乳酸环丙沙星粉剂全群饮水。

2. 牛流行热

(1)流行特点　牛流行热(又名三日热)，是由牛流行热病毒引起的一种急性热性传染病，3～5岁壮年牛、乳牛、黄牛易感，多发生于雨量多和气候炎热的6～9月，传播迅速，病程短，多趋良性经过。该病多经呼吸道感染。

(2)临床症状　潜伏期一般为3～7天。病初恶寒战栗，体温升高达40℃以上，持续2～3天后恢复正常。体温升高的同时，病牛流泪，眼睑、结膜充血，水肿，呼吸困难。食欲废绝，反刍停止，瘤胃膨胀。粪便干燥，有时下痢。四肢关节浮肿疼痛，跛行，站立困难。

(3)防治　采取扑灭吸血昆虫和一般的综合性防疫措施。病牛隔离，转移放牧地，防止昆虫叮咬。在治疗上，目前尚无特效治法，主要采取解热镇痛、强心补液等对症治疗。

3. 坏死杆菌病

(1)流行特点　坏死杆菌病是由坏死杆菌引起的一种畜禽慢性传染病。病原广泛存在于自然界，主要通过损伤的皮肤、黏膜和消化道传染。本病多发在雨季和低洼潮湿地区，一般呈散发或地方性流行，牛、羊主要发生腐蹄病和坏死性口炎。

(2)临床症状　腐蹄病：多见于成年牛、羊。表现严重跛行，喜卧地，蹄壳脱落。若不及时治疗，可向内脏转移，体温升高，最后发生脓毒败血症而死亡。坏死性口炎：又称“白喉”，多见于犊牛和羔羊。在口黏膜、舌和扁桃体发生坏死并向深部发展，表面形成灰白色假膜。病畜发热、厌食、流涎、间有脓性鼻液，呼吸困难。有时蔓延至肺和肠引起坏死性肺炎和坏死性肠炎，或发生败血症而死亡。

(3)防治　预防：平时要保持牛、羊舍及放牧场地的干燥，避免造成蹄部、皮肤和黏膜的外伤，一旦出现外伤应及时消毒。治疗：彻底清除患部脓汁及坏死组织。腐蹄病可用10%～20%硫酸铜或5%甲醛溶液冲洗，再撒以磺胺粉。口腔黏膜病变，可用0.1%高锰酸钾溶液冲洗，再涂碘甘油。病情严重的患畜，除对症治疗外，可用抗生素或磺胺类药物进行全身性治疗。

4. 羊链球菌病

(1)流行特点　羊链球菌病羊的一种急性热性传染病，绵羊、山羊均易感，是危害养羊业的一种严重疾病。病羊和带菌羊为主要传染源，主要通过消化道和呼吸道传染。多发于每年11月至次年4月，特别是在天气严寒或大风雪以后。

(2)临床症状　潜伏期为3～5天，病羊体温升高达41～42℃，以呼吸异常困难、咽喉部及下颌淋巴结肿大为特征，间有咳嗽，流浆液、脓性带血鼻液(呈铁锈色)。结膜充血发绀，粪便松软，带有黏液或血液。眼睑、唇部、面颊及乳房肿胀。病死前常出现磨牙、呻吟及抽搐现象，多数经2～3天死亡。

(3)防治　预防：常发地区进行羊链球菌氢氧化铝甲醛菌苗预防注射。加强饲养管理。发病羊只严密隔离，用1%漂白粉或10%石灰水彻底消毒羊舍及用具。尸体深埋无害化处理。治疗：可用青霉素，肌肉注射，同时使用磺胺嘧啶钠，每天2次。

5. 牛羊口蹄疫

(1)流行特点　该病由口蹄疫病毒引起的急性、热性、高度接触性传染病，牛、羊、猪都敏感，其中牛最易感，人也可患病。口蹄疫是通过直接和间接接触传播。本病一年四季均可发生，以春、秋两季易流行。

(2)临床症状　主要表现口腔黏膜、蹄部、乳头皮肤发生水疱和烂斑。

(3)防治　平时应加强防疫措施，发生后及早上报，严格隔离，封锁疫区，本着"早、快、严、小"的原则联防堵疫。

6. 山羊传染性胸膜肺炎

(1)流行特点　山羊传染性胸膜肺炎又称"烂肺病"，是由丝状霉形体引起的一种山羊特有的高度接触性传染病。本病常呈地方性流行，主要经呼吸道飞沫传染本病。多发冬、春、夏初，呈地方流行性、流行迅速。

(2)临床症状　多为急性，体温升高到40～42℃，呼吸增快，咳嗽，精神委顿。随后呼吸极度困难，流黏脓性鼻汁，最后卧地不起，头颈伸直，窒息而死。较慢性者长期咳嗽，有鼻汁，消瘦，病程较长，潜伏期一般18～26天，急性12～36 h死亡，多数拖延至3～4周，也有慢性化的。

(3)防治　严禁从疫区购买或引进山羊，引入的山羊要隔离观察1个月。疫区注射山羊传染性胸膜肺炎氢氧化铝菌苗，预防免疫。污染过的圈舍、用具可用4%的氢氧化钠溶液消毒。治疗可用四环素、土霉素、红霉素粉等。

7. 羊快疫

(1)流行特点　羊快疫主要发生于绵羊，是由腐败梭菌引起的一种急性传染病。由消化道感染而引起，气候突变、雨雪多，肠道寄生虫病，消化障碍等是感染的诱因。常呈地方性流行，发病率10%～20%，病死率为90%。

(2)临床症状　羊突然发病很快死亡，常常看不到生前症状。死亡慢的表现昏迷、磨牙或牙关紧闭、呼吸困难、后躯摇摆、腹痛、鼓气，拉稀有恶臭。

(3)防治　疫区定期注射羊厌氧菌病三联苗(羊快疫、羊猝狙、羊肠毒血症)或五联(羊快疫、羊肠毒血症、羊猝狙、羊黑疫和羔羊痢疾)灭活疫苗。加强饲养管理，防止羊受寒冷刺激，严禁吃霜冻饲料。大多数病羊来不及治疗即死亡。对那些病程稍长的病羊，可用青霉素肌肉注射，每只羊每次160万～320万IU，每天2次，或内服磺胺嘧啶0.1～0.2 g/kg体重，每天2次。

8. 羊猝狙

(1)流行特点　羊猝狙是由C型魏氏梭菌引起的一种肠毒血症。各种年龄的羊都可发生，以1～2岁的绵羊较多。本病呈地方流行性，早春和秋冬季较多发生。病菌随污染饲料和饮水进入消化道，在小肠内繁殖，引起发病。

(2)临床症状　羊猝狙和羊快疫症状、病变相同，病程短促，常未见到症状就突然死亡。

(3)防治　在常发地区，应定期注射疫苗；合理饲养，保持环境卫生；刚发病症状较轻的羊可以注射青霉素160万IU，每隔4 h注射一次，药量减半。

三、鸡常见疾病与防治

1. 鸡新城疫

(1)流行特点 鸡新城疫俗称鸡瘟，是由鸡新城疫病毒引起的一种高度接触性、急性、烈性传染病，家禽中以鸡最敏感。该病毒可通过呼吸道和消化道以及眼结膜、泄殖腔和损伤的皮肤进入体内。本病可发生于任何季节和任何品种的鸡。

(2)临床症状 该病以呼吸道和消化道症状为主，主要特征是呼吸困难，下痢，神经机能紊乱，黏膜和浆膜出血。

(3)防治 建立健全卫生防疫制度；切实搞好预防接种；发生本病后须立即封锁、隔离发病鸡群，并彻底消毒病死鸡的尸体及粪便，垫草等应进行焚烧、深埋消毒。

2. 鸡白痢

(1)流行特点 鸡白痢是由鸡白痢沙门氏菌引起的传染性疾病，世界各地均有发生，是危害养鸡业最严重的疾病之一。潜伏期4～5天，多发生2～3周龄的小鸡，病鸡和带菌鸡是主要传染源，传播途径主要是垂直传播，或经消化道和呼吸道传播，一年四季均可发生，无明显的季节性。

(2)临床症状 病雏精神委顿，缩头，翅下垂，拉白色糨糊状稀粪，肛门常被粪便粘住，排粪时发出“吱、吱”叫声。成鸡多为隐性带菌，只有严重时见有贫血和下痢，母鸡产蛋量明显减少。

(3)防治 综合性预防措施主要是严格选种，严格检疫，淘汰病鸡或带菌鸡，严格种蛋及环境的消毒。治疗上，最好先做药敏试验，一般用氯霉素、氟哌酸效果较好。

3. 禽霍乱

(1)流行特点 病原为禽巴氏杆菌。各种家禽、野禽均易感，以鸡、火鸡、鸭最易感。病鸡是传染源，经消化道、呼吸道传染。一年四季均可发生，夏末秋初发病较多，呈地方流行或散发性。

(2)临床症状 最急性型多发于蛋鸡，肥胖鸡；病鸡无任何症状而突然死亡。急性型表现体温升高达43～44℃，食欲废绝，饮欲增加，剧烈腹泻，粪便灰白、黄白或黄绿色，呼吸困难，张口呼吸，病程1～3天，死亡率很高。慢性型多由急性未死转变而来，以慢性呼吸道或消化道炎症出现，口鼻流黏液性分泌物，鼻窦肿大，呼吸困难，有的病鸡关节发炎、肿大、跛行，病程可达1个月以上。

(3)防治 预防：平时加强饲养管理，避免应激因素，防止内源性感染，鸡舍保持干燥、卫生，并定期消毒，在常发地区每年定期用禽霍乱灭活菌苗或弱毒苗进行免疫接种。治疗：青霉素、链霉素等肌肉注射均有一定疗效，每日2次，连用2天。氟哌酸、喹乙醇拌料或饮水，按预防用量加倍，连用2～3天。

4. 传染性法氏囊病

(1)流行特点 病原为传染性法氏囊病毒。鸡、火鸡均易感，以3～6周龄幼鸡最易感。病鸡或带毒鸡为传染源，经消化道、呼吸道感染。一年四季均可发生，以4～6月份发病多，呈地方流行性或流行性，发病率100%，死亡率50%左右。

(2)临床症状 病鸡表现为厌食，间歇性腹泻，排黄白色水样粪便，脚爪干枯，最后衰竭而死。由于病鸡的中枢免疫器官法氏囊受损，使鸡对各种病原体的易感性增强，导致其他接种免疫抑制，继发其他疫病，造成严重后果。剖检可见法氏囊肿大，色泽变为黄白色或灰白色，黏膜出血，严重时呈“紫葡萄”状。

(3)防治　加强饲养管理，做好检疫和免疫接种工作，免疫接种选择中等毒力活疫苗效果最佳。治疗可用高免血清或卵黄抗体治疗，每只鸡皮下注射 1 mL。发病早期用 2～4 倍量的弱毒苗进行免疫接种，可减少传染性法氏囊炎的死亡率。

5. 禽流感

(1)流行特点　禽流感是由禽流感病毒引起的一种烈性传染病，各种家禽和野禽均易感，以鸡和火鸡最易感。病禽是主要传染源，经消化道、呼吸道感染。多发于晚秋、早春以及寒冷的冬季，呈流行性或地方流行性。

(2)临床症状　感染后的症状主要表现为高热、咳嗽、流涕、肌痛等，多数伴有严重的肺炎，严重者心、肾等多种脏器衰竭导致死亡。

(3)防治　该病尚无可靠疫苗，主要靠综合防治及加强检疫，避免鸡群感染。

6. 鸡传染性支气管炎

(1)流行特点　鸡传染性支气管炎是由传染性支气管炎病毒引起的鸡的一种急性高度接触性呼吸道传染病。该病多发生于雏鸡，主要经呼吸道、消化道感染。发病季节多见于秋末至次年春末，但以冬季最为严重。

(2)临床症状　其临诊特征是呼吸困难、发出啰音、咳嗽、张口呼吸、打喷嚏。

(3)防治　目前尚无有效药物治疗。严格执行检疫、隔离、消毒等卫生防疫措施；加强环境控制，供给优质饲料，增强鸡体的抵抗力；接种疫苗，弱毒疫苗采用滴鼻、点眼或饮水方法，灭活苗采用皮下或肌肉注射方法。

任务 3　饲料的加工工艺

饲料加工工艺是饲料生产中一个很重要的环节，是确保饲料工业健康稳定发展的坚强支柱之一。但随着动物生产性能的提高和营养研究的进步，饲料配方的品种不断增多，添加的量越来越少等诸多因素的影响，要求加工工艺进行相应的变化，以增强饲料厂竞争能力。

一、原料接收

原料接收时饲料生产工艺的第一道工序，是保证生产连续性和产品质量的重要起步。原料接收任务是将饲料厂所需的各种原料用一定的运输设备运送到厂，并经质量检验、称重计量、初清入库存放或直接投入使用。原料接收能力必须满足饲料厂的生产需要，并采用适用、先进的工艺和设备，以便及时接收原料，减轻工人的劳动强度，节约能耗，降低生产成本，保护环境。

原料的接收设备主要有各类输送设备(刮板输送机、带式输送机、螺旋输送机、斗式提升机、气力输送机)、称量设备(台秤、地中衡等)以及储料仓、卸货台、切料坑等设施。

根据接收原料的种类、包装形式及采用运输工具的不同，饲料厂应采用不同的原料接收工艺。原料接收前必须进行严格检验。以散装卡车、罐车入厂的原料，经地中衡称重后，自动卸入接料地坑。包装原料的接收分为人工搬运和机械接收两种。糖蜜和油脂等液体原料可用瓶装、桶装或罐车装运，瓶装和桶装料也可直接搬运入库，罐车需将液体原料泵入储存罐，然后输送至加工车间。

二、原料清理

进入饲料厂的原料可分为植物性原料、动物性原料、矿物性原料和其他小品种的添加剂。其中动物性原料(如鱼粉)、矿物性原料(如石粉、磷酸氢钙)以及维生素、药物等已在原料生产过程中完成清理。饲料厂需清理的主要是谷物性原料及其加工副产品。糖蜜、油脂等液体原料则需在管道上放置过滤器等进行清理。饲料谷物中常夹杂着一些沙土、皮屑、秸秆等杂质。少量杂质的存在对饲料成品的质量影响大。由于成品饲料对含杂的限量较宽，所以饲料原料清理除杂的目的，不单是为了保证成品的含杂不要过量，而是为了保证加工设备的安全生产，减少设备损耗以及改善加工时的环境卫生。

饲料厂的清理设备以筛选和磁选设备为主，筛选设备除去原料中的石块、泥块、麻袋片等大而长的杂物，磁选设备主要去除铁质杂质。此外，在筛选以及其他加工过程中常辅以吸风除尘，以改善车间的环境卫生。

三、原料贮存

饲料中原料和物料的状态较多，必须使用各种形式的料仓，饲料厂的料仓有筒仓和房式仓两种。主原料如玉米、高粱等谷物类原料，流动性好，不易结块，多采用筒仓贮存，而副料如麸皮、豆粕等粉状原料，散落性差，存放一段时间后易结块不易出料，采用房式仓贮存。

四、粉碎工艺

粉碎是用机械的方法克服固体物料内聚力而使之破碎的一种操作。饲料原料的粉碎是饲料加工过程中的最主要的工序之一，是影响饲料质量、产量、电耗和加工成本的重要因素。因此，粉碎工艺的选择应根据产品质量和粉碎粒度要求，以及加工成本和投资额等来确定。

按原料粉碎次数，可分为一次粉碎、二次粉碎和单一循环粉碎；按与配料工序的组合形式可分为先配料后粉碎工艺、先粉碎后配料工艺或是两者的结合。与一次粉碎工艺相比，二次、单一循环粉碎工艺能耗低，易提高生产率及产品质量，因此多被大、中型饲料厂采用。先配料后粉碎工艺有利于控制饲料产品粒度的均匀性，有利于某些油性物料和黏性物料等的粉碎，适合于加工原料品种粉碎较多的畜禽饲料、水产饲料和宠物饲料；先粉碎后配料工艺可根据物料的特性配备相应的粉碎机，针对性强，但不利于粉碎多品种物料；对较粗的粒料进行先粉碎，然后与其他物料配料混合后进行粉碎，有利于物料混合均匀，控制粒度的一致性，该工艺适合生产特种水产饲料。

五、配料计量

饲料的配料计量是按照预设的饲料配方要求，采用特定的配料计量系统，对不同品种的饲用原料进行投料及称量的工艺过程。经配制的物料送至混合设备进行搅拌混合，生产出营养成分和混合均匀度都符合产品标准的配合饲料。饲料配料计量系统指的是以配料秤为中心，包括配料仓、给料器、卸料机构等，实现物料的供给、称量及排料的循环系统。现代饲料生产要求使用高精度，多功能的自动化配料计量系统。电子配料秤是现代饲料企业中最典型的配料计量秤。

设计合理的配料工艺流程，在于正确地选定配料计量装置的规格、数量，并使其与配料给料设备、混合机组等设备的组合充分协调。优化的配料工艺流程可提高配料准确度、缩短配料周期，有利于实现配料生产过程的自动化和生产管理的科学化。目前最常见的配料工艺流程有人工添加配料、容积式配料、一仓一秤配料、多仓数秤配料、多仓一秤配料等。

六、混合工艺

所谓混合，就是各种饲料原料经计量配料后，在外力作用下各种物料组分互相掺和，使其均匀分布的一种操作。在饲料生产中，主混合机的工作状况不仅决定着产品的质量，而且对生产线的生产能力也起着决定性的作用。因此被誉为饲料厂的“心脏”。

混合工艺可分为分批混合和连续混合两种。分批混合就是将多种混合组分根据配方的比例要求混合在一起，并将其送入周期性工作的“批量混合机”进行混合，这种混合方式改换配方方便，各批之间的混杂较少，是目前普遍应用的一种混合工艺。连续混合是将各种饲料组分分别同时连续计量，并按配方的比例配置成一股含有各种组分的料流，当这股料流进入连续混合机后，则混合成一股均匀的料流，这种工艺的优点是可连续进行生产，前后工段容易衔接，操作简单，目前连续混合仅用于混合质量要求不高的场合。

七、制粒工艺

1. 调质

调质是制粒过程中最重要的环节。调质的好坏直接决定着颗粒饲料的质量。调质目的是将配合好的干粉料调质成为具有一定水分、一定湿度利于制粒的粉状饲料，目前我国饲料厂都是通过加入蒸汽来完成调质过程。

2. 制粒

(1)环模制粒　调质均匀的物料先通过保安磁铁去杂，然后被均匀地分布在压混和压模之间，这样物料由供料区压紧区进入挤压区，被压辊钳入模孔连续挤压开分，形成柱状的饲料，随着压模回转，被固定在压模外面的切刀切成颗粒状饲料。

(2)平模制粒　混合后的物料进入制粒系统，位于压粒系统上部的旋转分料器均匀地把物料撒布于压模表面，然后由旋转的压混将物料压入模孔并从底部压出，经模孔出来的棒状饲料由切辊切成需求的长。

3. 冷却

在制粒过程中由于通入高温、高湿的蒸汽同时物料被挤压产生大量的热，使得颗粒饲料刚从制粒机出来时，含水量达 16%～18%，温度高达 75～85℃，在这种条件下，颗粒饲料容易变形破碎，贮藏时也会产生黏结和霉变现象，必须使其水分降至 14%以下，温度降低至比气温高 8℃以下，这就需要冷却。

4. 破碎

在颗粒机的生产过程中为了节省电力，增加产量，提高质量，往往是将物料先制成一定大小的颗粒，然后再根据畜禽饲用时的粒度用破碎机破碎成合格的产品。

5. 筛分

颗粒饲料经粉碎工艺处理后，会产生一部分粉末凝块等不符合要求的物料，因此破碎后的颗粒饲料需要筛分成颗粒整齐，大小均匀的产品。

八、挤压膨化

膨化饲料是将粉状饲料原料(含淀粉或蛋白质)送入膨化机内，经过一次连续的混合、调质、升温、增压、挤出模孔、骤然降压，以及切成粒段，干燥、稳定等过程所制得的一种膨松多孔的颗粒饲料。

20 世纪 80 年代以后，膨化技术得到了快速的发展，其在食品、油脂、粮食以及饲料行业得到广泛应用。膨化饲料已对传统加工技术产生了挑战，并取得了明显的经济效益。在饲料行业生产的膨化饲料，目前主要应用于鱼饲料、乳猪料，以及实验、观赏动物饲料，收到了良好的饲养效果。

任务4 饲料原料与产品管理

近年来，饲料质量安全问题日益突出，原料掺假事例也屡见不鲜，掺假造假的手段、方法越来越高明，物质也越来越复杂，饲料生产企业和养殖户对此防不胜防，给饲料质量和畜禽及水产品安全带来了很大的隐患。一些大型的饲料企业购置气相、液相等仪器进行检验，技术要求高、费用大，多数中小企业难以普及运用。探讨饲料安全的控制程序，把好原料质量关，加强生产过程管理，严格检验产品，对有效控制饲料质量尤为重要和必要。

一、原料的采购标准

企业首先根据生产计划议定原料采购计划和备选供货商，制订原料质量企业控制标准和检验项目。玉米应重点控制水分、容重、霉粒比例和杂质；小麦应控制水分、容重；糠麸应控制新鲜度和蛋白质成分；豆粕控制重点是粗蛋白质、掺假、蛋白溶解度、脲酶活性；棉(菜)籽粕应控制粗蛋白质和掺假；鱼粉控制重点是感官、粗蛋白质、真蛋白质、掺假、盐分；其他动物性饲料控制重点是感官、粗蛋白质和微生物。

二、原料供应商的选择

原料供应商最好是生产厂家，或一级经销商(代理人)。供应商应有较高的商业信誉、可靠而稳定的货源、良好的售后服务质量保证体系、优惠的付款方式、快捷的物流方式。必要时应对其管理、生产设施、运输方式进行实地考察。

三、原料的接收和验收

要把住原料接收关，严禁不合格原料进入生产线，除按既定的《原料采购标准》和由公司确认的供应商处采购原料外，选派责任心强、有经验的原料接收人也是至关重要的环节。在接收原料时，应按原料采购标准及预定的供货渠道仔细认真核对进厂原料。

(1)查对包装 核实原料名称、品牌、含量、包装方式、包装完好程度、标签、生产日期、保质期等。

(2)检斤 清点包装件数，并核定其真实重量。

(3)感官鉴定 开箱后，通过眼、手、耳、鼻、口等实地感知产品的物理性状，如颜色有无霉变、杂质(虫、鼠粪、鸡粪、砂石、金属等)、粒度、流散性、均匀一致性、口味、气味、手感(质地、温度)等，与典型的、正在使用的同类产品相比较，以初步确认原料质量。

(4)理化检验 一是取样，所取样本应具有代表性。散装材料，可在装卸过程或料垛中由不同几何位置随机取样；袋装或箱装原料，用扦样器对角线取样或随机袋取10个样点；四分法缩分，根据样本的粒度、均匀性及检测项目取100～150 g样本，密封保存(密封性能良好的塑料瓶或磨口玻璃瓶封存)，必要时，应在装瓶前粉碎、过筛。二是检测。根据原料的基本属性及某种特殊要求确定检测项目。①大多数大宗原料在感官鉴定的基础上，除水分为必测项目外，其他化学指标的检测要根据其基本属性和采购合同中双方约定的其他内容确定检测项目，以了解接收的原料是否达到预定的期望值，如蛋白质饲料的粗蛋白质含量，石粉的钙含量，磷酸盐的钙、磷含量等。②对于微量组分，如饲料添加剂，一般只在第一次订货时测定其有效成分和必要的卫生指标，之后进行不定期抽查。只要选择好可靠的进货渠道、品牌，并进行认真细致的感官鉴定，一般无须每次送检，但取样的留样是必不可少的，以备发生疑义时，进一步考察用。

(5)饲养试验 对于新的、陌生的饲料原料，包括饲料添加剂在内，则须进行必要的安全评价，并检测能反映其属性的营养成分或其他主要成分。必要时还要作动物饲养试验。

四、原料的贮藏

原料贮藏前需先进行清除杂志和干燥除水等预处理，以提高原料贮藏的稳定性。原料贮藏过程中应尽量避免受高温、高湿、昆虫、鼠类、鸟类、霉菌及其他微生物的影响，以减少其损失。原料贮藏过程中的损失，既可能是本身理化性状的变化，亦可能是对动物消化利用率的降低，甚至是有毒、有害物质的产生等。原料库应专职管理，分工到人，建立原料库存明细台账和定期质量监测制度，必要时抽样检验。

五、生产过程控制

企业应制定饲料生产过程控制的规范性书面技术文件，包括生产程序、工艺参数、操作规程等。生产过程中应注意：①防治交叉污染。同一生产线生产不含药物饲料添加剂和含有药物饲料添加剂的饲料产品时，应遵循“无药物的在先，有药物的在后”、“高浓度的在先，低浓度的在后”的生产顺序；更换品种时，应使用原料对生产线进行洗仓处理；盛放各类饲料产品和中间产品的器具，不得交叉混用，并有标识。②防止外来污染。生产现场要保持良好清洁状态，产品接触的设备表面应安全、耐腐蚀、耐磨损，避免产品受到玻璃、瓷片、石子、金属等外来杂物污染。③配方设计应符合国家法律法规和相关标准要求，建立配方的审核、批准、使用管理程序，对原料的称量、配制和投放过程实施监控。④依据产品的混合均匀度测定结果确定每类产品的最佳混合时间，每6个月对产品的混合均匀度检验1次。⑤对制粒过程中的调质温度、调制水分、感官质量、冷却效果、分级效果等进行实时监控。⑥搞好设备的维护和保养。⑦饲料标签的设计应符合《饲料标签》(GB 10648)的要求,定期对包装材料、产品标签、批次标识等进行核查。

六、产品检验

企业应依据产品标准实施出厂检验,检验记录和检验报告应有检验人员的签字。固态维生素预混料需检验感官、粒度、水分、粗灰分等项目,液态维生素预混料需检验感官、pH 等项目,微量元素预混合饲料需检验感官、粒度、水分、粗灰分等项目,浓缩饲料、配合饲料、精料补充料需检验感官、粒度、水分、粗蛋白质、粗脂肪、粗纤维、粗灰分、钙、总磷、氯化钠等项目。另外,还应建立饲料产品留样观察制度。每批产品均应留取样品,分类有序贮存,明确标识,定期对样品进行观察,留样保存时间应超过产品保质期后至少 2 个月。

七、产品贮存与运输

企业对库存的产品要建立定期质量监测制度,必要时抽样检验。产品装车前应对车辆的安全、卫生状况实施检查。运输散装产品的罐装车应专车专用,保持清洁卫生。装运不同种类的产品时,应对罐体进行彻底清理,并随罐装车附产品标签和产品质量检验合格证。建立产品销售台账,如实记录出厂销售的饲料产品的名称、数量、生产日期、生产批次、质量检验信息、购货者名称及其联系方式、销售日期等。

八、产品追溯与召回

企业应建立产品可追溯制度,确保从原料采购到产品销售的所有环节都可进行有效追溯。同时,企业还要建立产品召回制度,当发现其产品对养殖动物、人体健康有害或者存在其他安全隐患的,应按照《饲料和饲料添加剂管理条例》中相关规定,启动产品召回程序,通知经营者、使用者,向企业所在地饲料管理部门报告,主动召回产品,并对召回产品进行无害化处理或销毁。

任务 5　饲料行业发展趋势分析

饲料行业作为国民经济的基础产业,一直是在国内外宏观环境影响与考验下发展的。近年来,农产品价格不断上涨,发展高效、生态、节约、循环畜牧业已成为新趋势,这对饲料行业提出了新要求。

一、产业政策调整,中小企业大量退市

近些年,随着行业发展水平明显提升,中小企业的盈利空间正在受到全方位挤压,生存环境日趋严峻。数据显示,2009 年全国共有饲料加工企业 12 291 家,比 2008 年少 9.7%;2010 年饲料加工企业数量为 10 843 家,比 2009 年少 11.8%。

当前我国饲料行业正处于产业调整期,"十二五"期间,我国将加快推进现代饲料产业体系建设。按照"提高门槛、减少数量,转变方式、增加效益,加强监管、保证安全"的原则,将大力发展优质安全高效环保饲料产品;鼓励饲料生产企业竞合,建立饲料行业诚信体系,推行生产全过程质量安全管理制度;统筹国际国内两个市场,加强饲料资源开发利用,着力构建安全、优质、高效的现代饲料产业体系。产业政策调整的影响以及产业环境的变化,导致行业门槛提高,进而一批企业会被淘汰。

二、生产成本高企,利润空间受到挤压

我国饲料原料市场已经逐步与国际接轨,受自然灾害、资源减少和国际贸易等因素的影响,近几年饲料原料价格居高不下,直接推动饲料产品进入高成本时代,由于饲料行业下游是养殖业,饲料成本的增加直接会拉升畜禽产品的市场价格,而畜禽产品价格变动关系到广大民众的生活,因此,饲料价格的上涨空间不可能有大的增长,否则会引起社会不稳定。

与此同时,随着中国步入高劳动力成本时代,饲料行业的人工成本也逐年抬高。尤其是当下国内外通货膨胀形势严峻,更助推了饲料企业的人力、原料、资金等一系列成本的全面上升。由于大多数规模化经营的一条龙企业为了减少生产成本,自己建饲料厂,导致饲料产品利润率明显下降。随着养殖业规模化程度的大幅提升,饲料产品利润率的下降回归是个客观规律,这个过程将一直延续到产业的整合基本完成。

三、资本运作加速,社会资源更加集中

当前我国饲料企业生产规模稳步增加,企业的竞争力显著增强,企业数量明显下降,社会资源逐步集中在大企业手中。2010 年,全国共有年产 50 万 t 以上的饲料企业或企业集团 30 家,饲料产量占全国总产量 42%。

随着企业生产规模的扩大和社会化功能的增强,一些处于行业引领地位的企业纷纷寻求上市,饲料企业的资本运作也成为资本市场上值得关注的力量。从新希望、通威、中牧、正虹这些老牌的上市饲料企业,到天邦、大北农、海大、金新农、唐人神、双胞胎等新上市的饲料企业,其数量处于畜牧行业领先地位。随着饲料行业成熟度的提升,其劳动密集型和资本密集型的产业特点逐渐显现并占据主导,饲料行业已进入资本时代。可以预期,随着行业的发展,会有更多的饲料企业谋求上市,企业的社会资源也将更加集中,这有利于行业整体升级。

四、养殖精细管理,专业化水平彰显企业竞争力

近年来,养殖规模化、精细化趋势拐点的出现,为行业带来了加速整合的机会,饲料行业联合、重组、兼并步伐明显加快,伴随散户退出的规模化养殖进程,在目前还很分散的饲料行业内,竞争优势使优秀企业展现出持续成长的能力。

规模化养殖企业目前普遍采取更有效率、更加精细的多阶段饲喂方式,多阶段饲喂方式要求有专业化生产的饲料,这就对饲料企业在动物营养研究、配方技术、生产工艺、质量控制、技术服务上都提出了更高的要求,这就给专业化生产水平较高、服务营销模式成熟、精细化渠道

管理有力的优秀企业集团留出充足的市场空间。

五、饲料资源短缺，开发非常规饲料空间较大

我国是饲料资源并不丰富的国家，豆粕生产主要依靠进口大豆，对进口的依存度达75%左右，鱼粉进口依存度也在70%以上，饲用玉米用量已超过1.1亿t，占国内玉米年产量的64%，玉米供应日趋紧张。从长远来看，随着养殖业和饲料工业持续发展，大宗饲料原料的供求矛盾将进一步加剧，饲料原料价格不断上涨、波动更加频繁是必然趋势。目前我国玉米—豆粕型为主的日粮结构，在玉米、豆粕价格高企和饲料产品利润率下降的形势下，正受到市场的冲击。

今后，杂粮、杂粕型日粮将会更多的出现在市场上，目前饲料行业中普遍应用DDGS(玉米酒糟蛋白)、秸秆发酵养鹅、秸秆青贮养畜等，就是非常规饲料利用的典型案例。据了解，“十二五”期间我国秸秆饲用量将增加1 000万t，饲用秸秆利用率将达到50%，杂粕、糟渣、食品加工副产品等存量较大的非粮饲料资源优质化处理水平会明显提高。下一步国家将推动建设利用动物加工副产品生产优质蛋白的示范基地，利用食品工业糟渣废液经微生物发酵生产优质蛋白的示范基地等，这对于非常规饲料的开发利用是一大商机，可以一定程度地缓解饲料资源短缺。

六、倡导节能减排，生产低碳环保饲料前景广阔

目前我国饲料生产中普遍存在资源浪费的问题，有的厂家为了达到特殊效果，往往采取不科学的饲料配制方法，如刻意提高蛋白质水平、钙磷水平等，由于畜禽不能完全消化和吸收利用，造成资源浪费、环境污染，不利于节能减排。

新时期我国饲料工业发展将实现以下目标：低氮、低磷等环保型饲料产品研发与推广取得明显进展，饲料产品中矿物质、微量元素和药物饲料添加剂使用更加规范，饲料工业单位产值能耗稳步下降。为此，有关部门正在计划选择一批大型饲料生产企业，建设蛋白质饲料资源高效利用示范基地，结合氨基酸平衡技术，开展低豆粕、低鱼粉、低氮饲料产品的生产和示范推广。由此可见，在全社会致力于推进节能减排的大环境下，开发低磷低氮、低碳环保的新型饲料，具有广阔的市场空间。

七、生产形式变化，散装饲料将会实现快速发展

我国饲料生产与国际先进水平很接近，也是专业化水平较高的行业。随着社会分工的进一步明确，饲料产品的专业化配送将是未来发展的方向。在一些发达国家和中国台湾地区，专业化的散装配料车已经普遍应用，我国大陆地区虽然也有这种形式，但是主要用于肉鸡饲料的配送，很多是在大企业内部使用，真正商业化经营的并不多。这种经营模式不仅能提高饲料加工、饲养管理的自动化水平，还可以节省包装成本、人力成本，缩短饲料贮存时间，一定程度上提高饲料利用率，同时带动设备制造企业发展。

据悉，今后国家会加大支持饲料行业技术改造，采用先进生产设备与工艺，降低加工损耗，提高加工效率，鼓励饲料生产企业推进“厂场对接”销售模式，推广配合饲料散装运输和储存技

术，降低包装和销售中间环节费用，走循环经济发展道路。

八、重视食品安全，饲料产品被赋予新的内涵

近年来，我国食品安全问题多发，其中与饲料质量有关的问题也时有发生，如含有三聚氰胺的牛奶、含有瘦肉精的猪肉等，这些食品安全问题都出在饲料生产与使用环节，使得饲料行业的生产经营行为受到社会各界普遍关注。

新时期的饲料生产已经超越了畜牧业范畴，变成与广大民众的生活息息相关。随着饲料和饲料添加剂管理新规的实施，以及消费者对食品安全的日益关注，饲料企业在选用添加剂产品时会越来越理性和现实，在研发方向紧贴实际的前提下，生产微生态制剂等抗生素替代品，减少甚至不使用抗生素以及一些公众敏感的添加剂，提高食品安全水平，将是饲料企业重点需要突破的方向，发展空间广阔。

九、经营方式转变，延伸产业链分散市场风险

专业化地把饲料产业做精、做细、做大、做强是我们的传统，现在这一传统首先在肉鸡产业遇到挑战，全世界认同的趋势是，今后很难有单一的商业化肉鸡饲料生产者，必须实行从育种到孵化、饲料供应到防疫灭病、养殖到屠宰加工的一体化经营，才能分散企业的生产经营风险，目前很多企业认识到了这一点。

近些年，饲料行业生产经营方式转变呈现新格局，一批大型饲料企业向养殖、屠宰、加工等环节延伸产业链，成为养殖业产业化发展的骨干力量，如新希望打造了猪禽养殖、饲料生产、食品加工等完整的产业链，正邦、艾格菲等近年大举进入养猪领域，建设猪产业链，其他一些企业或是涉足畜禽养殖，或是涉足兽药、疫苗生产和食品加工领域。今后一段时期内，饲料行业经营方式转变将更为突出，因为只有延伸产业链才能更好地提高抗风险能力，预计延伸产业链将成为一线饲料企业下一步的主流选择。

十、买方市场到来，提供增值服务取胜行业终端

在卖方市场时期，只要是市场上缺少的饲料，无论质量如何，都可以销售出去，即使养殖过程中出现问题、造成一定的损失，也不一定会想到是饲料质量原因，展会、产品推广会、订货会都成为企业推销产品的有效渠道。在饲料行业完成从卖方市场向买方市场转变的过程中，养殖终端的客户也越来越“挑剔”，这种“挑剔”其实是养殖终端成熟的表现之一，同时也能提升饲料企业的竞争力。

新时期的养殖场不仅要求饲料质量合格、价格低廉，还需要饲料企业提供有效的售后服务，甚至是全程保姆式服务。他们除了关注如何养好家禽外，还希望获取更多有价值的市场信息，提升自己的生产经营水平。因此，饲料企业必须做到销售与服务的有效结合，在把产品销售给养殖场的同时，也要打包售后服务，以实现及时、便利、全方位的技术服务。

项目小结

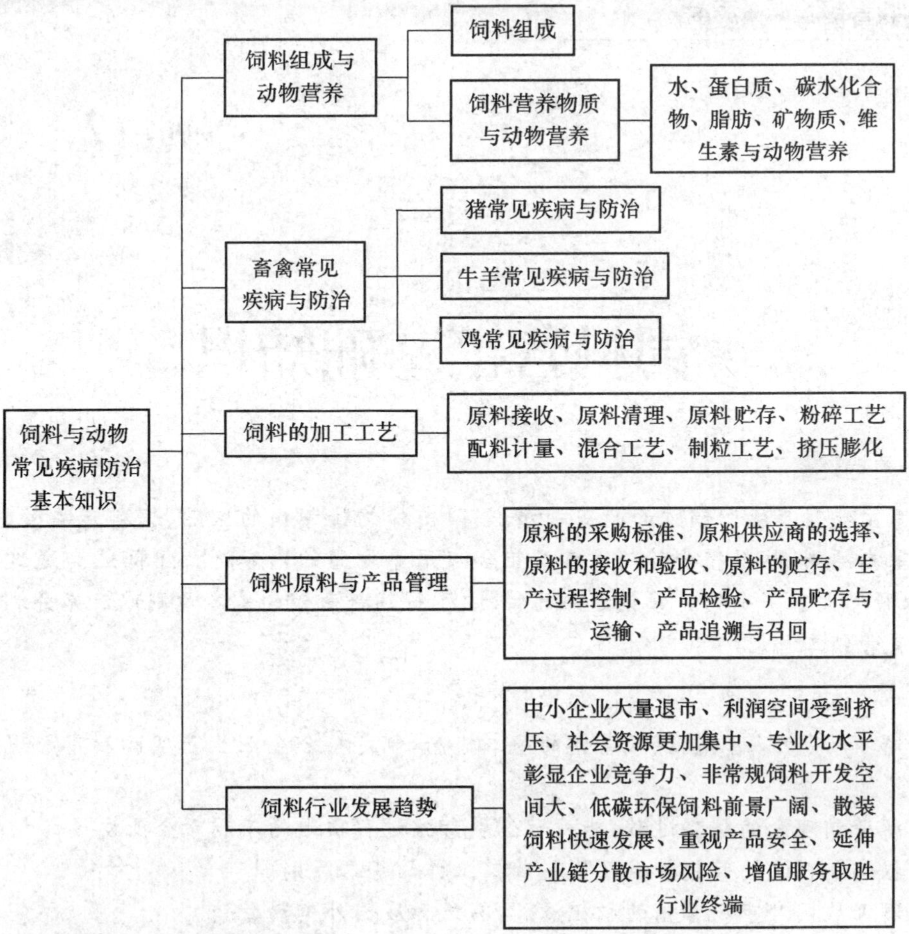

职业能力和职业资格测试

1. 简述饲料的营养物质组成。
2. 鸡的常见传染病有哪些？如何防治？
3. 猪的常见传染病有哪些？如何防治？
4. 牛羊的常见传染病有哪些？如何防治？
5. 分析我国目前饲料行业的现状及发展走向。
6. 简述如何进行饲料原料的接收和验收。

项目2

饲料营销基础知识

项目设置描述

本项目主要对市场营销方面的基础知识、国内外饲料营销的区别、饲料产品营销特性、饲料营销的基本原则、饲料整合营销策略及组合应用等方面的内容进行了阐述。通过本项目的学习,可以帮助大家明确饲料营销产品的特性、了解饲料营销的基本原则以及充分利用饲料营销组合开展营销工作。

学习目标

1. 了解市场、市场营销、现代营销的基本概念,制定符合企业生产实际和市场现状的饲料营销方案。
2. 了解营销理念的转变过程,能处理饲料营销过程出现的不利于企业发展的相关问题。
3. 掌握饲料产品的营销特性及饲料营销工作的基本原则。
4. 理解开展国外市场营销的积极意义,有效开展国外饲料营销。
5. 了解营销组合的概率和意义,能应用具体的营销策略组合开展营销实践。

任务1 市场营销概述

在市场经济条件下,市场是一切经济活动的集中体现。从生产企业到消费者个人,无不与市场有着千丝万缕的联系。市场是所有企业从事生产经营活动的出发点和归宿,是不同国家、地区、行业的生产者相互联系和竞争的载体。因此,企业必须不断地研究市场、认识市场、适应市场,并在此基础上引导和驾驭市场,这已经成为企业市场营销活动的核心和关键。市场营销是企业整体活动的中心环节,又是评判企业生产经营活动成功与失败的决定要素,是一门建立经济学、行为科学、现代管理学科、社会学和计量学等学科基础之上的以企业的市场营销活动过程为研究对象的一门跨学科的边缘学科,是一门应用科学。

一、市场

在现代社会,任何组织、个人都不能离开市场而存在。市场是随着社会分工和商品生产的发展而形成、发展起来的，它具有地理特征、社会经济特征、人文特征和消费的心理特征。市场是一个复杂的、多层次的和发展的概念。从不同的角度分析，市场有着不同的含义。

1. 传统意义上的市场

从市场的发展形成过程来看，传统意义上的市场是指买卖双方进行商品交换的场所。必须具备三个条件，即存在着可供交换的产品(包括有形实物产品和无形产品)——市场客体、存在着出售产品的卖主和具有购买力及购买欲望的买主——市场主体、具有买卖双方都能接受的交易价格及其条件。这种局限于地理空间概念上的市场概念已无法表达现代市场的全部意义。比如，随着科学技术的进步与发达，占世界市场商品贸易总量的60%期货交易的买卖双方与交易所之间只有电话、网络通信等方面上的往来，而参与者却能遍及世界各地。因此，现实的市场，已经不再局限于一般意义上的场所和区域。

2. 经济学家的市场定义

经济学家从揭示经济规律、经济实质角度提出市场概念，认为市场是一个商品经济范畴。市场是社会分工和商品生产的产物，是商品内在矛盾的表现；是供求关系；是商品交换关系的总和；是通过交换反映出来的人与人之间的关系。

3. 管理学家眼中的市场

管理学家侧重从具体的交换活动及其运行规律来认识市场，他们认为市场是一种交换活动，买卖双方是在大家一致认可的条件下所进行的某种产品或劳务的交换活动。这里强调的是交换活动，如何使商品交换正常有序地进行是研究的重点。

4. 现代营销学的市场定义

在现代信息社会中，市场具有超时空性质，它是一种以商品交换为内容的经济联系形式。当人们提出“中国是一个很大的市场”这一说法时，并不是指地理区域的大小，而是说明中国的市场需求量很大，包括现实需求和潜在需求。这种“市场就是消费群”的概念，是从商品生产者的角度提出来的。因此不难看出，现代市场营销学是从卖方的角度来研究买方市场的。现代市场营销观点认为，市场不仅包括买卖双方现实的和潜在的交换活动，而且主要是买方的活动，市场是由具有现实需求和潜在需求的消费群所组成的。他们认为市场是指具有特定的需求或欲望，而且愿意并能够通过交换来满足这种需要和欲望的全部现实的和潜在的购买者的总和。因此，从市场营销角度来看，市场构成有三个主要因素：一是人口；二是购买力(收入)；三是购买欲望(动机)。其中人口因素是构成市场的基本要素，人口越多，现实的和潜在的消费需求就越大；购买力因素是指人们支付货币购买商品和劳务的能力，购买力水平的高低是决定市场容量大小的指标；购买欲望是导致消费者产生购买行为的驱动力、愿望和要求，它是消费者将潜在购买力变为现实购买行为的主要条件。例如：一个国家(或地区)虽然人口众多，但收入水平很低，购买力有限，则市场狭窄；反之，尽管一个国家或地区居民收入水平很高，但人口很少，市场同样十分有限，像瑞典、瑞士就是如此。而有些国家或地区，既人口众多，又有一定的收入水平，这就属于有潜力的市场。中国是一个人口众多的国家，改革开放以来，人民生活水平逐年得到大幅度提高，因此形成了一个庞大的市场。但如果商品货不对路，引发不了消费者的欲望，购买力不能转化为购买行为，则对卖方而言仍不能形成现实的市场。因此，对市场来说，人口、购买力和购买动机这三要素互相制约，缺一不可。只有这三者结合起来才能构成现实的市场，并决定市场的规模和容量。实际上，对市场营销的研究，就是从对上述三方面进行定性和定量的研究出发，从而建立起整个学科体系的有关理论的框架。

二、市场营销

市场营销是是由 marketing 词翻译过来的，其中包含了多种含义。Marketing 既指企业的一种经营活动，也作为学科的名称，属于管理学的一个分支。为便于理解，我们把市场营销的核心含义归结为以下四个基本要点：

(1)市场营销的核心功能是交换　交换是以提供某物作回报而与他人换取所需要物品的行为。因为，交换活动存在于市场经济条件下的一切社会经济生活中。

(2)市场营销的目标是满足需求和欲望　市场交换活动的基本动因是满足交换双方的需求和欲望。用市场营销的视角观察市场交换活动，顾客购买的是对某种需求和欲望的“满足”，企业产出的是能使顾客的这种需求和欲望的“满足”的方法或手段。

(3)市场营销活动的价值实现手段是创造产品与价值　“市场营销意味着企业应先开市场后开工厂”，整合各种可利用资源，创造出能使顾客的需求和欲望得到“满足”的方法或手段。

(4)市场营销活动是一个社会和管理过程　市场营销活动包括决策的过程和贯彻实施该决策的过程，需要全部工作的协调平衡才能达到目标。交换取决于营销者的产品满足顾客需求的程度和对交换过程管理的水平。

三、市场营销相关核心概念

市场营销作为一种复杂、连续、综合的社会和管理过程，是基于下列核心概念的运用之上的。

1. 需要、欲望和需求

消费者的需要、欲望和需求是市场营销的出发点。满足消费者的需要、欲望和需求是市场营销活动的目的。需要——既包括物质的、生理的需要，也包括精神的、心理的需要，具有多元化、层次化、个性化、发展化的特性，营销者只能通过营销活动对人的需要施加影响和引导，而不能凭主观臆想加以创造。欲望——人的需要是有限的，而人的欲望是无限的，强烈的欲望能激励人的主动购买行为。需求——人们对某个产品有购买欲望且有支付能力。

2. 产品

泛指满足人的特定需要和欲望的商品和劳务。人们在选择购买产品的同时，实际上也在满足着某种愿望和利益。作为营销者如果只研究和介绍产品本身，忽视对消费者利益的服务，就会犯“市场营销近视症”而失去市场。

3. 效用、费用和满足

在诸多产品的购买选择中，消费者总是根据多项标准去选择提供最大效用的产品作为购买目标。效用最大化是消费者选择产品的首要原则。效用的评价，既取决于厂商所提供的产品使用的实际效用，也取决于消费者进行的效用对比评价。消费者的购买决策是建立在效用与费用都满足的基础之上的，其购买决策的基本原则是选择用最少的货币支出换取最大效用的产品或服务。

4. 交换、交易和关系

交换是指以提供某种作为回报而从他人换取所需要产品的行为。人们只有通过市场交换产品时才存在市场营销。交换发生的基本条件是：交易双方互为满意的有价值的物品及双方满意的交换条件（价格、地点、时间、运输及结算方式等）。

5. 市场营销与市场营销者

在交换双方中，如果一方比另一方更主动、更积极地寻求交换，我们将前者称之为市场营销者，后者称为潜在顾客。换句话说，所谓市场营销者，是指希望从别人那里取得资源并愿意以某种有价值的东西作为交换的人。市场营销可以是买方，也可以是卖方。当买卖双方都表现积极时，我们就把双方都称为市场营销者，并把这种情况称为相互市场营销。

四、市场营销的形成与发展

1. 初创阶段

市场营销起源于20世纪初的美国，美国哈佛大学赫杰特齐教授1912年出版第一本《市场营销学》，标志着市场营销作为一门独立的学科登上科学的舞台。后来流传到欧洲、日本和其他国家，由于资本主义市场经济的发展，推动了对市场营销活动的认识从经验走向理论，在实践中不断完善和发展。从20世纪初到20世纪30年代是市场营销理论体系形成的准备阶段。早期市场营销理论的研究是肤浅的，其内容仅限于推销与广告的方法；其理论基础为庸俗的资产阶级传统经济学的基本原理，这时的市场营销没有引起企业家的重视和产生广泛的社会影响。

2. 形成阶段

20世纪的30—50年代是现代市场营销的基本形成阶段。在这一时期，第一次世界性的资本主义经济危机出现，表现为企业产品大量积压，工厂停工停产、商店倒闭、工人失业、市场萧条。面对严峻的市场考验，许多企业纷纷推出各种各样的销售方式和手段，经济学家和企业管理学家也把更多的精力投入到市场理论研究上。这样，从销售实践中归纳升华而形成的理论在指导企业的销售活动中发挥了前所未有的巨大作用，这一时期也被称之为市场营销理论的应用阶段。但这一时期关于市场营销的研究还主要局限于商品流通领域，致力于如何把企业现有的产品推销出去。1937年“全美市场营销协会”(AMA)成立，这个协会的成立，成为市场学发展史上一个重要的里程碑，它标志着市场营销已经跨出了大学讲坛，引起了整个社会的兴趣和关注，成为一门实用的经济科学。

3. 发展阶段

从20世纪50—70年代是市场营销的变革与发展的重要时期。在这一时期以美国为代表的资本主义国家经历了一场广泛而深刻的现代科技革命，并由此导致了劳动生产率的极大提高、社会产品数量的急剧增加，同时，消费者收入水平的提高，也导致了市场买能力的增加，并且潜在的社会需求出现了进一步增长的趋势。这些现象为市场营销理论的变革和发展提供了社会条件。在这样的一种社会背景下，市场营销的概念和原理也在发生根本性的变革。市场营销的研究对象突破了流通这一传统的领域，进入了企业的生产经营管理，实现了从传统市场营销向现代市场营销的过渡。

4. 成熟阶段(现代化阶段)

20世纪70年代至今，市场营销的研究进入了一个新的发展阶段。随着现代科学的进步，不同的学科日益相互渗透，市场营销学已经与社会学、经济学、统计学、心理学等学科紧密结合，成为一门很接近实际的应用科学。同时，它的研究内容也更为广泛，并且向纵深发展，更重要的是，自70年代始，随着研究内容的深入，市场营销理论更加完善，提出了许多新观点和思想。如“战略营销”的思想。

在这一阶段，人们对市场营销理论与实践的充实和完善主要表现在两个方面：一是市场营销的理论研究与经济学、管理学、心理学、社会学等相关学科的联系更加紧密，这些相关学科的研究成果被越来越多地引进到市场营销理论体系中，使得市场营销成为一门综合性的边缘学科，并在市场营销活动中得到广泛的重视和应用；二是信息科学和计算机科学被广泛应用于企业的市场营销管理之中，使得传统的市场营销工作实现了向现代化、系统化和实用性方向的发展。市场营销学开始成为一门建立在经济学、心理学、管理学、社会学和计量学等学科基础之上的、以企业的市场营销活动过程为研究对象的综合性边缘学科。

五、市场营销研究的对象与内容

1. 市场营销的研究对象

市场营销是市场营销活动经验的结晶，是关于市场营销活动的原理、策略、方法和技巧等组成的科学体系。市场营销是以市场营销活动及其规律为研究对象。其中，市场营销活动是指供应者为满足消费者的要求，把商品和劳务从生产领域转移到消费者手中的一切经营管理活动，如定价、实体分配、选择渠道、促进和控制销售、选择目标市场等；市场营销活动规律是指上述活动之间内在的、固有的、本质的必然联系，市场营销活动既受一般经济规律，如社会主义的基本经济规律、价值规律、竞争规律、人口变化规律、流通规律等的制约。市场营销从供方的立场出发，着重研究消费者以及如何满足消费者的需求所采取的一系列营销活动；同时，研究这些活动的内在规律性，从而抽象出指导市场营销活动的一般原理、策略、方法和技巧。

2. 市场营销研究的主要内容

市场营销研究主要包括以下具体内容：

(1)市场营销的原理和基本思想研究　关于市场营销学科，介绍其产生与发展的历史沿革、基本概念、学科性质、研究对象、内容方法等。关于营销的市场，分析其概念、类型、特征以及顾客购买的心理状态与行为方式等，强调以满足消费者需求为出发点和立足点。关于市场营销的指导思想，阐明其理论基础和行为准则，指出企业从事营销活动应树立符合“消费者切身利益、社会长期福利、企业经济效益”三位一体的正确观念。

(2)市场营销的战略研究　包括以下几个方面：一是市场探查与分析。指对企业营销环境的调查、预测和分析研究。工商企业拓展市场必须全面分析影响企业营销的宏观及微观环境因素，运用系统的调查方法收集有关的信息资料，探查供求与竞争态势，了解顾客购买目的、动机、时间、地点、方式，发现市场经营机会，揭示和鉴别市场现象之间存在的依存关系，预测市场状态及其变化趋势，通过建立情报信息系统为营销决策、计划、组织、控制提供依据。二是市场细分、选择与定位。市场细分是根据消费需求的差异性划分整体市场为若干同质子市场的活动过程，是准确地把握市场机会、正确地选定目标顾客、针对性制定竞争策略、集中资源营销以取得预期经济效益的基础。市场选择是在市场细分的基础上，根据自身条件和营销目标，优选最适合企业经营的子市场的活动。准确选定、占领目标市场对企业和产品科学定位，最大限度满足顾客需求，实现营销目标具有战略意义。三是开拓国际市场。随着经济全球化的进程和我国改革开放的深化，参与国际竞争和国际技术经济合作已成为众多企业的战略方针。随着我国市场经济的发展和加入世界贸易组织，更需要开拓国际市场。市场营销学在系统研究开拓国内市场的原理、方法和策略之后，研究了开拓国际市场的必要性和重要性，分析国际市场的类型和特点，掌握国际营销规律以及调查和开拓国际市场的策略等。

(3)市场营销的策略研究 ①产品策略:市场营销从充分满足消费者的需要出发,研究企业的产品营销策略如何适应市场形势的要求;研究产品寿命周期各个阶段的特征,以及采取的市场营销策略;研究新产品开发程序和策略。此外,还要研究整体产品中的品牌商标、包装装潢、品质特色、销售服务等策略,力求以最优化的产品组合满足消费者的最大需求。②价格策略:市场营销的重要任务之一,就是研究企业产品定价的原则、方法和策略,以发挥合理适销的价格在开拓市场中的积极作用。③分销渠道策略:市场营销对分销渠道的研究,就是要了解产品分销渠道的结构,分析影响产品分销的因素,选择分销渠道策略,目的是保障产品从生产领域到达消费领域时路程短、环节少、费用省、时间节约,顺利到达消费者的手里。市场营销强调根据企业产品及其流通的客观要求,相应选择最佳分销渠道。④促进销售策略:市场营销研究如何采取人员推销、公共关系、营业推广、广告促销等方法和策略,唤起消费者的需要,不断提高对产品的认识,确信购买后能得到某些利益,从而决定购买。另外,企业从实际出发,相应选用促进销售的方法和策略,有利于及时沟通生产、流通、消费三大领域的信息往来,引导、启发、刺激消费者的购买兴趣,以实现扩大销售,提高经济效益的目的。

六、市场营销观念的发展

所谓市场营销观念,就是企业在进行市场营销活动时所依据的指导思想和行为准则,其实质是在处理企业、顾客和社会三者利益关系所持的态度、思想和观念。它反映出一个企业的经营态度和经营方式,企业经营观念的正确与否,不仅直接影响企业经营的成败,而且对社会经济的发展速度也有重大影响。企业的市场营销观念既由社会生产力和商品经济发展水平决定,同时又对生产力和商品经济的发展又有着巨大的反作用。企业市场营销活动可以在不同的指导思想下进行,即不同的营销观念决定着企业从事不同的营销活动,企业营销观念正确与否,不仅直接影响企业经营的成败,而且对社会经济发展速度和效益也有着十分重大的影响。

1. 传统市场营销观念

传统市场营销观念是以企业为中心的,是建立在以生产者为导向的基础之上,市场处于一种供不应求或由供不应求趋向供求平衡的状态下,而且购买者总体呈现出的是一种无差别的需求。有以下几种观念:

(1)生产观念 这是最为传统、古老的营销观念之一,它最早可以追溯到工业革命时期,直到 20 世纪 20 年代以前。由于社会生产力水平低下,市场处于产品供不应求的状况,企业的一切生产经营活动以生产产品为中心,围绕生产来安排一切业务。因而,企业经营观念不是从消费者需求出发,而是从企业生产出发。生产观念认为,消费者喜爱那些随处得到的、价格低廉的产品。因此生产导向型组织的管理层总是致力于获得高生产效率和广泛的分销覆盖面。他们认为消费者主要对产品可以买到和价格低廉感兴趣,其主要表现是“我生产什么,就卖什么”,因此在这种观念指导下,企业的中心任务是集中一切力量,把主要的精力放在抓生产上,重点抓提高产量、降低成本、提高销售效率来尽可能获取更多的利润,很少考虑或者根本没有必要考虑是否存在不同的具体需求。随着科学技术和社会生产力的发展,以及市场供求形势的变化,生产观念的适用范围也必然越来越小。

(2)产品观念 这是与生产观念类似的一种经营思想。这种观念认为,消费者最喜欢高质量、多功能和具有某些创新特色的产品。在同类产品增多的情况下,只要注意提高产品质量,做到物美价廉,就会受到顾客的青睐,顾客就会自动找上门来,就一定会产生良好的市场反应,无须花大力气开展营销活动。因而企业总是致力于生产优质产品，并不断改进产品，使之日臻完善。如果说生产观念强调的是“以量取胜”，那么，产品观念则强调“以质取胜”。需要指出的是，产品观念本质上仍然是生产什么销售什么，以产定销，但它比生产观念多了一层竞争的色彩，并且考虑到了消费者在产品质量、性能、特色等方面的愿望。抓产品质量本无可厚非，但这种观念容易导致企业一味地关注和陶醉自己的产品，而忽视了顾客的需求，即导致所谓的“营销近视症”，特别是在现代商品经济中，卖方竞争尤为激烈，没有一种产品能永远保持独占地位，即使再好的产品，没有适当的营销，通向市场的道路也不会平坦。

(3)推销观念　推销观念是生产观念的发展和延伸，这种观念产生于20世纪20年代至第二次世界大战结束，社会生产力有了显著提高，从整体看，社会产品总供给超过了总需求。推销观念的基本内容是：产品的销路是企业生存、发展的关键。如果对消费者和企业顺其自然的话，他们不会足量购买某一组织的产品，因此该组织必须主动推销和积极推销。这一观念认为，消费者通常表现出一种购买惰性或者抗衡心理，故需用好话去劝说他们多买一些。企业的中心任务是把生产出来的产品推销出去，企业应充分运用推销和广告术，向现实买主和潜在买主大肆兜售产品，以压倒竞争者，提高市场占有率，取得较大利润。企业一切经营活动以推销为中心，重在诱导消费者购买产品。其具体表现是“企业卖什么，人们就买什么”。这种强调推销的经营理念是从既有的产品出发的，因而本质上依然是生产什么销售什么，仍然没有脱离以生产为中心、“以产定销”的范畴，只是局限于千方百计把现有的产品推销出去，至于消费者是否满意，能否满足消费者的需要，则没有给予足够的重视。

2. 现代市场营销观念

现代市场营销观念是在买方市场已经形成的条件下，以消费者为导向的基础上形成的，此时市场处于一种供过于求的状态下，而且购买者总体呈现出的是一种差异性的需求。

(1)市场营销观念　市场营销观念是商品经济发展史上的一种全新的经营哲学，是企业经营思想上的一次根本性变革。它是第二次世界大战后在美国新的市场形势下形成的，后相继发展于各国。市场营销观念认为，组织目标的实现有赖于正确确定目标顾客的需要和欲望，并且以比竞争对手更有效的方式去满足消费者的需求。企业一切行为都要以满足市场(消费者)需求为出发点和归宿来获取利润。其具体表现为“顾客需要什么，就生产或经营什么”；“哪里有消费者需求，哪里就有市场营销”；“我们为您才这样做”(马里奥特饭店)；“只有您满意，我们才满意”(通用电器公司)等等。在这种经营思想的指导下，市场从以生产者为主转变为以消费者为主，决定生产者生产什么产品的主导权不在于生产者，而在于消费者，在于消费者的需求。

(2)社会营销观念　社会营销观念产生于20世纪70年代，它是在市场营销观念回避消费者短期利益与社会长远利益隐含冲突的前提下来修正或取代市场营销观念的。如一次性用品给人类带来了方便，却造成了环境的污染和资源的浪费；快餐的出现短期来看方便了人们需求，但长期食用却不利于人们的健康。社会营销观念要求企业在提供产品和服务时，不仅要满足消费者的市场需求或短期欲望，而且要符合消费者的长远利益和社会公众长远的和整体的利益，担负起社会与道德的责任。因此企业决策者在确定经营目标时，应当根据自己企业的优势，既要考虑市场需求，又要注意消费者的长远利益和社会利益，综合运用各种营销手段，引导消费者合理消费，实现企业利益和社会效益的统一。以社会营销观念为指导思想的营销活动的特点是：在市场营销观念的基础上，强调要兼顾消费者、企业、社会三个方面的利益，要求企业在追求经济效益的同时，应兼顾社会效益，是符合社会可持续发展要求的营销理念，应当大力提倡。

3. 传统营销观念与现代营销观念的区别

传统营销观念与现代营销观念在内容上存在着质的区别，可归纳为以下四点：

(1)出发点不同 传统营销观念的出发点是企业的生产和产品，市场处于生产过程的终点，即产品生产出来之后才开始经营活动；现代市场营销观念则以市场为出发点来组织生产经营活动，市场处于生产过程的起点。

(2)中心不同 传统营销观念都是以卖方需求为中心，着眼于卖出现有产品，“以产定销”；现代市场营销观念则强调以买方需求即顾客需求为中心，进而向满足社会整体需求为中心发展，按需求组织生产，“以销定产”。

(3)手段不同 按传统营销观念，主要是以推销术或广告术等促销手段千方百计推销既定产品；现代市场营销观念则主张通过整体营销的手段，从流通领域延伸到生产领域乃至企业整个经营过程，充分满足顾客物质和精神上的需要，实实在在为顾客服务，处处为顾客着想。

(4)目的(终点)不同 传统营销观念以扩大销售、销出产品获取利润为终点；现代市场营销观念则强调通过顾客需求的满足来获得利润，因而不但关心产品销售，而且十分重视售后服务和顾客意见的反馈，以实现企业的最终目标。

七、现代市场营销观念的新发展

1. 关系营销

关系营销是20世纪80年代末、90年代初从菲利普·科特勒的“大市场营销”概念衍生、发展而来的，在西方企业界兴起的一种新型市场营销理念，它把营销活动看成是一个企业与消费者、供应商、分销商、竞争者、政府机构及其他公众发生互动作用的过程，其核心是建立和发展与这些公众的良好关系。关系营销的产生具有较为深刻的时代背景，是企业顺应市场环境变化的必然选择。自20世纪80年代以来，贸易保护主义日益盛行，传统的“4P”组合策略已不足以打开封闭的市场。科特勒认为，要打开封闭的市场，企业除了需要运用产品、价格、分销及促销四大营销策略外，还必须有效运用政治权力和公共关系这两种营销工具，这种策略思想称为大市场营销。面对残酷的竞争挑战，许多企业认识到：保住老顾客比吸引新顾客收益要高；随着顾客的日趋大型化和数目不断减少，每一位客户显得越发重要；更多的大型公司正在形成战略伙伴关系来对付全球性竞争，而熟练的关系管理技术正是必不可少的；购买大型复杂产品的顾客正在不断增加，销售只是这种关系的开端，而任何“善于与主要顾客建立和维持牢固关系的企业，都将从这些顾客中得到许多未来的销售机会”(科特勒)。虽然关系营销概念直接来自科特勒的“大市场营销”思想，但它的产生和发展同时也大量得益于对其他科学理论如系统论、协同论的借鉴，以及信息技术浪潮的驱动。

关系营销理念是识别、建立、维护和巩固企业与顾客及其利益相关者关系的活动和艺术。企业开展市场导向的管理活动，必须建立在关系而非交易基础之上，懂得如何管理网络关系和合作关系，认定顾客是企业最重要的合作伙伴，是互惠互利的依赖关系。

2. 个性化营销

工业经济时代，消费者只能根据大众化需求来购买和消费，处于被动地位。而在新的形势下，人们消费水平不断提高，消费观念发生了巨大变化，追求产品的“文化色彩”或“情感色彩”

浓厚，DIY（Do it yourself）电脑、音乐、装饰等成为年轻一族的时尚，消费者通过发达的信息网络及技术手段，可全面、迅速、准确地收集与其需求相关的市场信息，对纷繁复杂的商品进行选择，追求多样化、个性化消费成为新的时尚。在此背景下，个性化营销理念应运而生，个性化营销也可称为定制营销，是指针对目标市场上某个顾客，设计一个具体营销组合的超市场细分化营销模式，被西方营销学者誉为“90年代最新领域”。其核心是将现代化大生产的要求与每个顾客对同一产品不同需求结合起来，最大限度满足顾客个别需求并实现企业规模效益。大规模产销分别满足每个顾客不同需求的产品，不仅可以集中一个子市场或其中一个空当定制产品，进行补缺营销，还可以为特定顾客个体定制产品。它是现代科技进步开创的全新营销模式。美国通用汽车公司可以让顾客坐在计算机前选择颜色、发电机、座位设备、音响设备并能在生产线上按要求组装汽车。日本松下电器公司自行车营销开创了“自选零件代客组装”新业务。20世纪末，我国的海尔集团提出了“您来设计，我来实现”的新口号，由消费者向海尔提出自己对电器的需求模式，包括性能、款式、色彩、大小等。大规模个性化营销是市场细分化的极限，并依赖现代制造和信息技术，是一种方向性的、长远性的、理想化的营销模式。

3. 网络营销

网络营销是指通过国际互联网络在信息高速公路上销售和促销的行为。它将实体的商品交换空间转化为虚拟的信息交换空间，其目标是实现市场、订货、购物、支付和运送等各个营销环节在电脑网络上的运行。网络营销具有开源和节流的意义，开源指传播更多的营销信息和掌握更多的需求、竞争信息，创造商机；节流指借助高科技实现更高的营销效率。网络营销的典型特点就是方便、快捷，消费者足不出户就可满足其需求愿望，但也需要注意网络、信息等各方面的安全工作。网络营销特别也是对企业及消费者信用度的一次全面检验。随着科学技术的不断进步与经济的快速发展，信息社会时代已经到来，网络营销将对企业传统的营销管理产生巨大冲击，成为最主要的营销方式和手段。

4. 绿色营销

进入21世纪后，全球的环保呼声越来越高涨。绿色营销观念就是随着时代的发展，绿色消费需求的兴起促使市场营销观念进行变革和发展的产物。其基本思想是企业作为自然社会经济复合系统中的一个组成部分，其生存与发展同所处的自然生态环境息息相关，企业在绿色消费的驱动下，从保护环境、充分利用资源的角度出发，在研制开发产品、保护自然等营销过程中融入安全、环保与健康的概念，来满足消费者的绿色需求，在化解环境危机的过程中获得商业机会，在实现企业利润和消费者满意的同时，达到人与自然和谐相处、共存共荣，从而实现营销目标的全过程。

5. 全球营销

在科学技术突飞猛进的21世纪，随着信息化时代的到来，网络技术得到了全面、快速的发展和应用，经济全球化进程明显加快，经济一体化、市场全球化的格局已经形成，打破了过去传统的“时空观念”、“国界观念”，任何企业都可以借助现代化的信息技术手段，跨越时间与空间的距离，面对全球的顾客和竞争者，企业间的竞争由区域竞争转向了全球竞争。全球营销理念要求企业必须彻底打破以国界划分国际市场和国内市场的传统认识，强化竞争全球化、资源全球化、顾客全球化的全新经营理念，应以全球市场的观点来制定和实施市场营销战略，选择目标市场和战略定位，要善于借助现代化的信息技术手段了解和掌握全球市场的发展动态，寻找商机、主动营销。如很多国际大企业集团利用经济全球化的发展契机，形成了跨国集团等。

除以上介绍的几种现代市场营销理念之外，还有包括形象营销、品牌营销、生态营销、文化营销、共生营销等多种多样的市场营销理念。伴随着科技的进步与经济发展，必将还会产生出更多、更新的市场营销理念，我们必须要用发展的眼光，批判地学习和继承各种市场营销理念，为我国企业顺应时代潮流，跟上经济全球化的步伐，共谋新的发展。

任务2 国外市场营销

国外市场营销就是将商品或劳务进入一个以上国家的消费者手中的过程，也就是所，国外市场营销是一种跨国界的营销行为，是企业通过计划、定价促销和引导、创造产品和价值并在国外市场上实现交换，以满足国外消费者需求，同时获取利润的过程。

一、国外市场营销与国内市场营销的区别

国外市场营销的基本原理和方法同国内市场营销一致，许多指导国内企业营销的原理和方法，也可以在国外市场营销中应用，二者也存在一些区别，主要体现在以下三个方面。

1. 营销环境不同

企业对国内营销环境比较熟悉，如人口情况、经济情况、社会文化、政治法律和竞争环境等都非常了解，而国外市场营销往往面临不熟悉的营销环境，且这种环境更加复杂多变，预测的难度也会增加，给市场营销带来更多的困难和挑战。

2. 组合策略不同

国际市场营销活动受到双重环境甚至是各国环境的影响，使营销组合策略复杂得多，难度也比较大。在产品策略方面，国外市场营销就存在产品标准化与差异化策略的选择；在定价策略方面，国际市场定价不仅要考虑成本，还要考虑不同国家市场需求和竞争状况，各国政府对价格调控的法律法规，而且还要考虑运输费、关税、外汇汇率、保险费等成本费用；在分销渠道方面，由于各国营销环境的不同，会造成不同的分销系统与分销渠道，增加了管理难度；在促销策略方面，由于各国文化、政治法律、语言、媒体、生产成本等不同，使企业在选择促销策略的时候要更贴近各国的实际，操作的难度会加大。

3. 管理过程不同

由于各国营销环境差异大，各国消费者需求又存在巨大差别，在制订国外营销战略计划及进行营销管理时，既要考虑国外市场需求，又要考虑企业对计划和控制承担的责任应当达到什么程度，受这些问题的牵绊，国外市场营销与国内市场营销管理过程上就存在巨大差别，要根据不同国家的情况，制订更合适的管理工作规范。

二、国外市场营销的类型

国外市场营销是世界经济发展的必然产物，一个企业进入国际市场，由于营销目标、实力以及营销经验不同，国外营销开展的程度也不同，在此基础上可以把国外市场营销分为四个类型。

1. 被动型

这类企业的目标市场基本上全部在国内，并没有进军国外市场的打算，也没有设置单独的国外市场营销机构，只是在国外企业或本国外贸企业求购订货时，产品才考虑进入国外市场。其产品虽进入国外市场，但整个过程是被动的，属于最低层次的国外市场营销。

2. 偶然型

这类企业的目标市场仍然在国内，一般也不设立对外出口的机构，但在某一特定的情况下却主动面向国外市场，主要是因为某一时期国内市场供过于求、竞争激烈或因其他原因一次性外销产品，视国外市场为短期销售地。当国内供求及竞争趋于缓和时，又转向国内市场。

3. 固定型

这类企业的目标市场既有国内市场也有国外市场，一般都会成立专门的国外市场营销机构，甚至在国外设立分销机构。在不放弃国内市场的前提下，专门开发国外消费者所需的产品，针对国外市场营销环境，制定国际市场营销组合策略，参与国际竞争，企图在市场上建立持久的市场地位。

4. 完全型

这类企业完全把国外市场作为目标市场，把本国市场作为国际市场的一个组成部分。它们一般在国内设立公司总部，在世界各国发展参股比例不等的子公司，并在这些国家从事生产经营活动，其产品、资源在国际市场上流通，依靠国外市场获得利润。

以上四种国外市场营销的类型，反映了国外市场营销的历史进程，其中前两种类型属于初级形式，后两种类型则属于高级形式。由于各个企业处于国外市场营销发展的不同阶段，因而必须据此来确定自己的营销策略，以便达到预期的目标。

三、开展国外市场营销的意义

积极开展国外市场营销，对企业的发展具有重要的意义，主要体现在以下几个方面。

1. 促进经济发展

世界各国经济、技术发展很不均衡，特别是科学技术高度发展的今天，全球一体化程度越来越高，任何一个国家都不可能拥有本国经济所需要的一切资源，更不可能拥有发展所需要的所有先进技术。要加速本国经济发展，就需要积极开展国外市场营销，将国内产品打入国外市场，实现与更多国家之间的交流、合作与贸易往来。在经济全球化的今天，没有哪一个国家能够完全脱离世界经济而独立发展，没有国外市场营销的国家必定是封建落后没有发展前景的国家，顺利实现产品的价值并获得更多赢利，通过出口创汇，引进先进技术、设备和管理方法，是促进本国经济发展的有效途径。

2. 拓宽销售渠道

积极开展国外市场营销，拓宽了企业的了营销领域，可以寻求更广泛的市场，扩大企业的产品销售额，通过销售可以获得更大的利润回报，也可以此来带动企业扩大生产规模，降低生产成本，获得规模效益。

3. 规避市场风险

积极开展国外市场营销可以在本国经济不景气时，寻求到有利的市场机会，在一定程度上避开国内市场饱和与过度竞争给企业带来的损失。同时，对于跨国公司来说，开展多国的市场营销，可以在全球范围内选择有利的市场机会，保证企业持续健康发展。

4. 加速企业成长

积极开展国外市场营销，使企业投身到激烈的国际市场竞争中去，可以磨炼企业的生产发展能力，加快技术进步，提高经营管理水平，从而加速企业成长壮大。比如，我国在加入世界贸易组织以后，对众多的企业来说既是压力也是动力，既有挑战更有机会，国内企业积极开展国际市场营销，参与国际竞争，可以在强手如林的激烈竞争中锻炼企业，在融入世界经济主流的同时从根本上转变我国企业的发展思路，打造出适应国际竞争环境的新型现代企业。

四、开展国外市场营销的模式

主要有四种模式，现将这四种模式介绍如下。

1. 出口模式

通过产品的大量出口来实现国外市场营销，可分为间接出口和直接出口两种方式。该模式可以通过集中化的生产产生规模效益，降低生产运营成本，同时保持对产品质量的严格控制。另外，由于出口面临的政治风险最小，该模式常被企业作为进入国外市场的初始方式。

2. 契约模式

契约模式是国际化企业与目标国家的法人单位之间开展的长期的非股权联系，主要包括许可证进入模式、特性经营进入模式、合同制造进入模式、管理合同进入模式、工程承包进入模式等诸多类型。

3. 投资模式

随着经济全球化及各国经济对外开放的不断深入，企业对外直接投资也成为进入外国市场的主要模式，主要分为合资进入和独资进入两种方式。

4. 互联网模式

随着互联网在全球范围的应用，互联网日益成为全球商品交易的载体，互联网越来越成为诸多企业青睐的进入国外市场的方式。

任务3 饲料产品的营销特性

饲料产品有着其特有的性质，与其他类型产品之间具有产品特征的差别，正是由于这些差别的存在，饲料产品在进行营销的过程中也有着一定的营销特性。这些特性，归纳起来讲主要由以下几个方面，

一、时间限制

饲料产品多是由玉米、豆粕、鱼粉、维生素、矿物质及其他各种营养性和非营养性饲料添加剂等原料所组成，在不良的加工和贮藏条件下非常容易发生变质，尤其是在温度较高的夏季，饲料产品特别容易出现霉变、结块等现象。如果饲料原料和生产过程质量控制不够严格，导致饲料产品就更加容易在相当短的时间内发生霉变现象，既会给企业带来营销上的困难，也会给客户带来巨大的经济损失，使整个营销工程陷于被动，严重的会导致整个企业生产的萎缩甚至破产。饲料产品的这种容易变性的特点，决定了饲料产品必须在较短时间内完成营销过程，很

多的企业也会采取根据营销的情况来决定生产的总量。

二、显效较快

一般来讲，比较优质的饲料产品只需饲喂短短的几天就会带来明显的生产效果，比如皮肤柔润、毛色光亮、采食量增加、产蛋率提高、畜产品质量提升等，同样，劣质的饲料产品也会在较短的饲喂期内表现出不理想的相关生产症状，如皮肤不红润、毛发不光亮、消化不良、粪便有残渣、产蛋率降低等。也就是说，饲料产品的质量好可在短时间内就会有明显的生产性反应。饲料产品的这种显效快的特点要求饲料生产企业必须生产出质优价廉的饲料产品，满足客户对饲料产品品质的需求。也只有质量优良的产品才能取得较好的营销效果，给企业带来更多的发展机遇，否则，只能是自毁长城、自掘坟墓。

三、差别不大

我国饲料工业经过三十多年的高速发展，整体水平明显提高，市场规范程度与日俱增，与国际先进水平的差距日益缩小，部分领域已接近甚至达到国际先进水平，饲料市场也已由卖方市场完全转化为买方市场，不同品牌的饲料产品尤其是预混合饲料产品差别越来越小，甚至没有区别，从饲料材料、饲料配方设计再到加工技术水平几乎都是相当的，这也是工业类产品发展的固有趋势。但是，从营销角度来讲，虽然差别不大，也要努力找出不同产品之间的差异，这种差异就是产品得以立足的特色。即使这些产品只在颜色、气味等感官上创造出一点与众不同的特色，也能给用户留下一个特别清晰的印象，在用户头脑中占据一个独特的空间，从而形成特有的卖点。总之，饲料产品不能没有自己的特色。很显然，如今的饲料产品设计不仅仅是营养学专家的事情，也是营销范畴的内容，营养学专家和营销专家要通过产品特色这条纽带紧密地联结在一起，共同把握市场脉搏，共同捕捉市场先机。从而保证所开发的饲料产品具有较强的市场生命力。

四、门槛较低

由于饲料市场并没有完全规范，饲料的生产与销售管理还有待进一步提高，在一般人看来，饲料产品科技含量并不高，饲料市场上还存在一些不规范的做法，导致一些并没有完全具备生产资质的企业也加入到饲料生产和营销的竞争中来，使行业竞争更加激烈，大浪淘沙，最终使那些技术含量高、生产营销运作规范的企业赢得市场。要想在激烈的市场竞争中立于不败之地，首先要利用自身的技术、资金、营销优势保护即得的市场份额和利益不受外来侵害；与此同时，要加强技术升级换代、设备的更新改造，不断推出适应市场变化的新产品。

五、要求较高

这种要求主要体现在产品的售后服务上，目前的饲料营销多是跟动物疫病的防治、饲养的关键技术等联合在一起，已经不单纯是对饲料产品的质量要求和送货等一般性的服务，更主要的是指对饲料产品的售后服务质量要求高，且要求营销人员也要懂得畜牧生产、动物疫病防治等方面的知识。饲料产品是一种很特殊的商品，它需要通过饲喂动物才能真正反映出其实际质量。动物品种、健康状况、饲养方式、饲料的运输与贮藏不当、搭配不当、混合不匀都会影响饲料的饲养效果，常常发生一种饲料产品在甲地效果很好而在乙地效果一般甚至较差的困惑局面，饲料企业和非专业营销人员常常为此感到非常苦恼，这种情况对于复合预混料销售的影响更为严重。为此，饲料企业常常配备一定数量的售后技术服务人员，指导用户合理贮藏、使用饲料，防止因贮藏不当和使用不当造成的饲养效果不良。

饲料产品销售量大、面广，牵涉千家万户，单靠企业配备的几个技术服务人员无法满足整个企业的售后服务工作的需要，大量的日常售后服务工作需要营销员踏踏实实地去做，帮助用户解决生产中的一些疑难问题，这就要求营销人员除了要提高自身的营销水平外，还应努力加强畜牧、兽医、饲料专业知识修养，切实承担起日常售后服务职责，保证企业的饲料产品能得到合理的使用，不断扩大市场占有比例。

任务4 饲料营销工作的基本原则

饲料营销工作是饲料产品进入市场领域的一个重要环节，关系到饲料产品能否成功销售出去。成功的饲料营销工作必须遵循营销工作的一些基本原则，这就是稳定原则、价值原则、实力原则。

一、稳定性原则

对于一个企业来说，稳定压倒一切。对于饲料营销工作而言，“稳定”包含饲料产品品质稳定、营销队伍的稳定、营销政策的稳定三重含义。

1. 饲料产品品质稳定

饲料产品的品质是保证饲料产品营销成功的前提和基本保证，没有优良的饲料产品品质，再好的营销人员和营销手段都无法实现成功的营销。

饲料产品的品质包括外观品质和内在品质，其外观品质是指饲料产品的颜色、气味、滋味、粒度、手感、粉末等感官指标。内在品质主要是指饲料产品的营养水平、配方合理性、饲养效果等关系动物生长发育的技术指标。对它们影响最大的莫过于配方的随意调整、原料的来源与品种变化以及生产过程的质量控制不严。饲料生产厂家必须在相对较长的时间内保持饲料配方不变，保证饲料产品内在品质的相对一致性，避免配方的随意调整，以免影响产品品质的稳定性。此外。饲料生产厂家应尽量做到定点采购，避免原料品种和来源变化影响产品品质的稳定。

2. 营销队伍的稳定

营销员直接与客户打交道。他们之间往往建立有较深的业务情感和私人情感。如果企业对客户的管理没有完全到位，营销人员的流动将给企业带来一系列问题，尤其是优秀营销员带走大客户和货款回收难等棘手问题。

造成营销人员流动的原因是多方面的，他们常常会因找到了更好的工作单位、在某单位工作时间过长想换个工作环境、自我感觉工作业绩不理想或工作环境不够宽松等原因主动跳槽离开；有些营销员则是因为纪律观念淡薄，违反公司规章制度，给公司管理造成较大的负面影响而被开除；有些营销员业务能力很差或工作适应能力欠佳，无法打开工作局面，营销业绩太差而被辞退。

可见，营销人员的流动是不可避免的。关键是饲料生产厂家如何减少这种流动，尤其是如何避免发生优秀营销人员的流失和其他一些严重关系企业利益的流动现象发生，减少因营销人员的流动给企业带来的损失。

3. 营销政策的稳定

营销政策包括价格政策、经销商政策（包括促销政策、返利政策、年终奖励政策、分销权与专营权政策、客户服务政策、客户辅导与培训政策）、营销内务管理政策（包括营销员管理制度、发货制度、退货制度、质量事故处理制度、用户投诉与反馈处理制度、货款管理制度等）、市场切入与运作制度等。

企业在制订营销政策时，应综合考虑执行的可行性和各项影响因素，切实保证营销政策的可操作性和科学性。一旦付诸实施，就要保证在一个时期内不折不扣地严格执行，切勿朝令昔改。此外，营销人员及其工作区域的相对稳定也同样具有十分重要的意义，有利于保证企业的营销政策得到有效执行。

二、等价交换原则

俗话说：一分钱，一分货。价值原则就是指饲料产品的价格必须与其价值相称，产品价格既不能明显低于其实际价值，也不能明显高于其实际价值。什么样的价值，就只能是什么样的价格，它代表着企业对用户的信心。

饲料产品的价值由其内在品质、外观质量以及企业的售前、售中、售后服务质量等众多因素所决定的。

我国饲料工业经过近20年的发展，整体水平明显提高，与国际先进水平的差距日益缩小，部分领域已接近甚至达到国际先进水平，饲料市场已由卖方市场完全转化为买方市场，饲料产品尤其是复合预混料的同质化程度越来越高，原材料相差无几，饲料配方设计和饲料加工技术水平也旗鼓相当，“亮丽”的产品特色日趋减少。挖掘饲料产品内在品质的潜力已越来越有限。有些企业已率先突破了这种意识障碍，在饲料产品的包装、外观、气味、滋味和服务质量上花功夫，尤其是产品包装档次提高很快，高档彩印包装已在市面上占有相当分量，逐步成为市场主流。此外，着力改进售前、售中、售后服务质量，推出了诸如送货上门、提供种猪、种鸡、送技术上门、提供疾病防治技术、回收猪鸡等许多便民、利民举措。这些措施的成功实施，大大增强了企业的市场竞争实力。

三、实力原则

饲料产品的竞争力是企业在激烈的市场竞争中取得成功的制胜法宝。

1. 饲料产品的品质必须具有强大的竞争实力

饲料产品的品质，是产品竞争力的物质基础和前提，没有可靠的产品质量，竞争力便无从谈起。可以这么说，产品品质关系整个营销过程的顺利完成。因此，企业必须开发生产出符合市场需求的适销对路的饲料产品，尤其要在产品的内在品质、外观品质和服务质量上推出自己的独有特色，绝对不能跟在其他厂家后面亦步亦趋。

2. 饲料产品的价格有竞争力

产品的价格必须与其价值相称，价格不能背离其价值。饲料产品是一种很特殊的商品，它的最终作用效果要通过饲喂动物之后才能逐步表现出来。只有保证产品的单位综合质量价格比同类产品略低,价格方面的优势才会表现出明显,并最终表现出强大的吸收力、诱惑力和市场竞争实力。

3. 营销手段和营销方式有竞争力

营销手段和营销方式是成功完成营销工作的催化剂。企业必须根据市场实际情况,有针对性在采取与众不同的营销政策,攻克一个又一个市场堡垒。如果营销手段和营销方式没有特色和竞争实力,依然停留在简单的价格优惠、让利促销等传统模式上做文章,则只有跟着别人跑,无法取得市场主动权,永远只能被动挨打。

4. 服务水准和服务质量有竞争力

饲料产品同质性的与日俱增决定了饲料生产企业必须在服务方面下功夫,加之大部分饲料经销商和广大饲料用户的养殖技术水平明显偏低,也要求饲料生产厂家为他们提供养殖技术支持。事实上,饲料工业发展到今天,不再只是饲料产品品质的竞争,在很大程度上已包含了售前、售中、售后服务水准和服务质量的竞争。在这方面做得很好的企业,理所当然地占据了市场竞争的主动权。

任务5 饲料营销组合及其应用

营销组合这一概念一直以来都是市场营销学的核心概念之一,是企业进行市场研究、市场开拓等工作所必不可少的工具。自尼尔·博登(Neil Borden,1953)在美国市场营销协会的一次演说中创造了“市场营销组合(marketing mix)”这一术语后,市场营销组合这一概念开始成为以后几十年时间内最为流行的词汇之一。按照尼尔·博登的定义,所谓的市场营销组合是指“市场营销人员根据其营销目标和营销战略,综合运用并优化组合多种可控因素,以实现其营销目标的活动的总称。”他提出,营销组合应该考虑12种不同的可控因素,包括:产品计划、价格、品牌、分销渠道、人员销售、广告、促销、包装、产品陈列、服务、产品实体处理、发现和分析事实等12项因素。至此,形成了企业研究目标市场并寻求其营销目标的一套营销工具。

一、市场营销组合理论的历史沿革

1. 4P理论

1960年,美国著名的营销学者杰罗姆·麦卡锡在尼尔·博登提出的营销组合的12要素的基础上,在《Basic Marketing》一书中将市场营销组合表述为产品(product)、价格(price)、渠道(place)、促销(promotion)四个要素,即著名的4Ps组合。麦卡锡将营销组合定义为“营销经理所能支配的用于满足目标市场的所有要素的组合”。麦卡锡的这一划分更加强调了营销组合的可控制特点。我们纵观营销理论的发展,可以发现这一组合是迄今为止影响最大、最深远的一种模式。菲利普·科特勒(Philip Kotler,1967)又进一步确认了以4Ps为核心的营销组合方法,奠定了4Ps营销组合的模式。自此,4Ps组合方法对市场营销理论和实践产生了深刻的影响,而且不断得到广泛的传播。在4Ps营销组合中,它将企业经营过程中所面临的一切要素分为两大类:一类是不可控因素,包括诸如政治、经济、社会、技术、公众等外部环境因素;

另一类是涉及企业经营的微观环境因素，诸如产品、定价、渠道、促销等因素。而企业经营活动的任务就是通过各种可控因素，去影响和作用于各种不可控因素，从而为企业的发展创造一个有利的外部条件，促进企业经营目标的实现。

2. 多 P 理论

20 世纪 80 年代以来，外部市场环境发生了剧烈的变化，许多企业界人士和营销学者发现，原来的 4Ps 组合存在比较大局限性，无法更有效地指导企业的经营实践，纷纷提出对传统的 4Ps 组合进行修正。波姆斯和比特勒(Booms 和 Bitner，1982)从服务营销的视角出发，对营销组合的构成进行了更深入的研究，扩展了 4Ps 营销组合。他们在原来 4Ps 的基础上增加了从业人员(people)、营销过程(process)、实体分销(physical distribution)。波姆斯和比特勒认为，原来的 4Ps 组合法相对过于机械，更侧重于短期行为的分析。在他们看来"从业人员"是顾客对企业销售部门或服务部门工作效率的一个最直接的反映；"营销过程"是企业与顾客有关的各种业务过程和生产过程的反映；"实体分销"则是企业将其产品或"服务"有形化或具体化的一个重要标志。这一概念的扩展，更加强调了信息在企业与顾客之间的传递与沟通，体现了现代营销学所倡导的服务理念，有利于引导当时的企业对无形资产的挖掘。随着当时国际市场竞争的加剧，各国经济发展中出现的"滞胀"状态，许多国家均不同程度地加强了贸易保护主义的措施，使得企业在国际市场中举步维艰。针对这一现实，1986 年，科特勒认为，在"大众营销(mega marketing)"背景下，为了更好地发挥营销组合的作用，还应增加另外 2 个 P，即政治力量(political power)和公共关系(public relation)，去指导企业打破国际贸易壁垒。此后，逐渐形成了其战略营销的观点和理念，这就是我们通常所说的 10P 和 11P 组合。科特勒认为，麦卡锡的 4P 组合只是企业市场营销的战术组合而已，而如何确定企业的"4P"战术，还需要战略性要素进行指导。这些战略性营销要素包括：探查(probing)、细分(partitioning)、优先(prioritizing)、定位(positioning)。这一概念的提出，便将传统的 4P 组合发展到 10P 组合。最后，科特勒吸取了服务营销的某些成果和观点，在他的战略营销组合中加入了第十一个 P 因素，即人(people)，从而完成了营销组合从战术上到战略上的提升。应该说，此时的 11P 营销组合已经把营销组合发展到了一个全面而且庞大的系统，但是其考虑问题的出发点，更多地还是从麦卡锡原来的立场，难免在扩展的过程中带有卖方市场的痕迹，而且该理论体系本身就是从消费品生产行业的实践总结出来，并没有很好地去考虑行业的特点，结果也必然会导致将该方法用于其他行业的分析时，很难越过行业的障碍，从而在一定的程度上降低了该方法的实用性。

3. 4C 理论

随着经济的发展和企业生产效率的逐步提高，企业与企业之间的竞争逐步加剧，产品之间的差异也越来越小。在这种情况下，运用传统 4P 理论，很难有效地指导企业的生产经营实践取得成功。许多学者对营销组合理论的研究也就从以企业为中心的 4P 理论的研究发展到以消费者为中心的 4C 理论。布鲁纳(Brunner，1989)提出 4C 组合方法，该组合包括概念(concept mix)、成本(costs mix)、渠道(channels mix)、沟通(communications mix)四个子组合。布鲁纳(Brunner)认为，概念组合比产品组合更好地描述了不同组织向目标市场提供的不同产品、服务等；成本组合不仅包括货币成本，还包括顾客所面临的运输、信息搜集等成本；渠道类似于 4P 中的地点；沟通包括传统的促销因素，也包括企业的市场研究活动。然而，布鲁纳的 4C 理论只是 4P 名称上的变化，它并无本质上的不同。鉴于此，该 4C 理论并没有得到学术界的广泛认同。在学术界得到广泛认同的，是劳特伯恩(Robert F. Lauterborn，1990)在《广告年代》上发表的著名的《4P 退休,4C 登场》论文中提出 4C 理论,该理论是从消费者的角度来考虑企业营销活动:顾客的需求和欲望(customer needs and wants)、顾客的成本和费用(cost)、顾客购买的便利性(convenience)、企业与顾客的沟通(communication)。劳特伯恩认为,在一定的搜集成本的条件下,顾客选择的最基本标准是顾客价值最大化。要求企业考虑和重视顾客的感受,强调企业与顾客之间的双向互动沟通,把顾客当作是共同创造人价值的伙伴。通过充分倾听客户意见,满足他们的各种需求,提高顾客的价值,从而提高顾客的忠诚度。可以看出,该营销组合扭转了原来的 4P 组合立足于卖方立场,试着从买方为中心进行扩展,使得营销组合的方向发生了由内向外的变化,关注的重心也相应地从企业的内部转移到了企业的外部。这一理论,也奠定了顾客满意管理的理论基础。但是,4C 理论也存在较大的不足。首先,过多地强调了顾客的地位,强调企业应该把顾客的需求放在日常经营的首位,而顾客的需求在当时的社会条件下也呈现了日益多样化的趋势,这也导致了企业为了适应多样性的顾客需求,必然要付出更大的成本,这必将影响企业的长期发展。此外,在如何有效地提高顾客价值,提升顾客满意度和忠诚度上也没有进行深入探讨。最后,4C 理论更多的是关注顾客的短期需求和利益,而在如何建立企业与顾客之间的长期关系上仍然有所欠缺。

4. 4V 理论

随着以 IT 技术为代表的高科技产业迅速崛起,吴金明(2001)提出 4V 理论:差异化(variation)、功能弹性化(versatility)、附加价值(value)、共鸣(vibration),在营销学界掀起了一场风暴。差异化是指消费者需求多样化和个性化时代中,顾客需求的显著差异。因此,企业应相应地进行差异化营销,通过产品差异化、形象差异化和市场差异化以满足顾客的不同需求。功能弹性化应该根据消费者消费的不同,提供不同功能的系列产品,以便消费者根据自己的习惯与承受能力选择其具有相应功能的产品。附加价值化是指企业在向消费者提供产品的基本价值的同时,应不断地提高技术创新、创新营销与服务、企业文化或品牌的附加价值。共鸣则是企业持续占领市场并保持竞争力的价值创新给消费者或顾客所带来的“价值最大化”,以及由此所带来的企业的“利润极大化”,强调的是将企业的创新能力与消费者所重视的价值有机地联系起来,通过为消费者提供价值创新使其获得最大程度的满足。从而不断提高顾客的满意度和忠诚度,实现企业与顾客之间在价值提供与价值追求之间的互动与共鸣。

5. 4R 理论

随着产业组织营销学和服务营销学的发展,关系营销理论开始出现并广泛为人们所接受,4R 理论应运而生。目前营销理论界流行的 4R 理论有两个不同的表述。一是舒尔兹(Don E. Schultz,1999)提出 4R 理论:关联(relevancy)、反应(reaction)、关系(relation)、回报(reward)。舒尔兹认为企业与顾客是一个命运共同体,关联是建立企业与顾客关系的第一步,企业应分析和选择顾客,通过更好地满足顾客的需求和欲望而与顾客建立联系;同时企业应该转变视角,主动站在顾客的立场上看问题,及时满足顾客需求,主动与顾客展开互动交流,建立快速反应机制对市场变化做出快速反应;再次,企业与顾客之间应建立长期而稳定的关系,从实现销售转变为实现对顾客的责任和承诺,从管理营销活动转变为管理顾客关系;最后,企业应满足客户需求,为客户提供价值,顾客也将为企业带来回报,为企业赢得长期的利润。二是艾略特·艾登伯格(Elliott Ettenberg,2001)提出的 4R 理论:关系(relation)、节省(retrenchment)、关联(relevancy)、报酬(reward)。艾登伯格认为,美国经济正处于“后经济时代”,这一时期的消费者将从需求层次走向欲望层次,企业应以最佳顾客为中心,通过了解最佳顾客来提升传递给他们的价值。在新形势下,传统的4P组合将被4R组合所替代,即关系、节省、关联、报酬。关系策略是企业和企业的目标市场之间构筑一种独特的关系,其核心是服务;节省策略是企业应接近顾客,其核心是技术和便利,关联策略是将企业的品牌资产与顾客的主要购买动机相联系,其核心是专业技能和商品;报酬策略是酬谢顾客,其核心是品位和时间。应该说4R理论有效地体现和实施了关系营销的基本思想,在一个全新的层面上描述了市场营销的构架,与4P、4C相比,其更具动态性、互动性、可持续性和互利性。

二、传统饲料营销组合的运用

目前的饲料企业,包括全价料、浓缩料、添加剂和添加剂预混料企业等,大部分仍然仍依据传统的营销理论确定本企业的营销战略和营销组合,主要表现在以下两个方面。

以"推"为主的模式。目前大部分的饲料仍采用以"推"为主的营销模式,其中也努力贯彻营销"拉"动,但都做得不够彻底,效果也不太好。企业在饲料的营销过程中,考虑企业自身的因素依然较多,考虑产品的因素较多,营销的全方位与立体的团队协作并没有真正体现出来。

4P组合模式。饲料企业在研究市场营销定位时,习惯考虑4P组合,即产品、价格、渠道和促销,研究消费者真正的需求较少,对销售过程的管理也以4P为标准进行衡量。

三、传统饲料营销组合的弊端

"重营销,轻市场"的现象普遍。饲料企业定位缺乏自身的准确分析,导致定位不准,沟通不畅。有些饲料企业的营销管理较为粗放,特别是饲料工业调整整合后的微利时期,营销成为企业经营的主体,"重营销,轻市场"的现象普遍,营销主管侧重营销职能的体现,相反却弱化了市场的监察职能,比如饲料销售的过程监察、饲料信息交流平台的建立、市场的整体布局与策划等。

饲料营销的创新机制缺乏。饲料企业的营销创新缺乏,内部未建立完善的营销创新机制。在产品同质、服务同质的市场环境下,饲料企业的市场竞争往往处在低层次,企业的兼并融合不断出现,生产企业处于不完全稳定的洗牌阶段。培养企业综合竞争优势和产品的核心竞争力是饲料企业占据市场的根本。但占中国饲料企业多数的中小饲料企业多采取比较传统的营销手段和竞争策略,在1 000～2 500 t/月(以全价料计)的规模档次徘徊,并日益感觉到企业的生存与发展危机。

四、饲料营销组合的转变

随着中国饲料产业和市场经济的进一步发展,饲料生产和营销市场的调整整合速度在不断加快,相应的饲料营销组合也发生了深刻变革。新的营销组合从如何能更有效地吸引消费者(经销商、终端养殖户、畜禽动物本身)的注意力入手,并由4PS营销组合衍生出4CS理论的营销组合:

(1)研究饲料产品及品牌策略(product)让位于研究消费者的需求(consumer)。对消费者的需求从以下三个层次进行研究,一是满足消费;二是创造消费;三是转移消费。

(2)把传统的定价策略(price)转移到研究消费者为满足其需求而愿意支付的成本(Cost)作为价格的定位依据。这是整合营销的重要观点,并且把卖产品的思路转变为企业带给客户的真正利益的观念上来。

(3)关注营销渠道(place)转为更注意如何能提供给消费者的便利(convenience),除考虑消费者的经济与方便性外,饲料企业也更关注一个新课题,那就是饲料企业的物流(与资金流、信息流共同构成饲料企业的“三流模型”)及成本的关注。

(4)弱化饲料企业的促销策略(promotion)而转变为加强与消费者的沟通(communication)。它强调了饲料企业的信息的交流和资讯(可理解为有价值的信息)的传递。许多企业把花样百出的“低层次”促销转变为针对饲料企业真正顾客的养殖动物本身的关注,如“评选高产奶牛”、“动物选美比赛”,等等。

五、饲料营销组合的创新运用

营销组合在理论界实际上还有许多新的观点,如美国的 Don. E. Sohuitzd 的 4RS 组合(关联、关系、反应、回报)、4VS[差异(variation)、多功能化(versatility)、附加值、价值(value)、共鸣(vibration)]等。总之,在日益激烈的竞争态势下,饲料企业应运用最新的营销组合,结合各自企业的资源优劣,针对不同的市场环境,在饲料企业的各个成长阶段,创新地提出饲料未来市场营销组合的实战策略。

1. 消费者策略

不同类型的饲料企业的消费者群体各异,就消费者而言包括动物本身、养殖户终端、规模养殖场、经销商和饲料行业的职业经理人。按照消费者的三个需求层次,满足需求是饲料企业最基本的营销策略,即建立与消费者有效和互动的沟通;进一步接近和熟知目标消费群,站在消费者的角度进行思考,找到与消费者沟通、信息交流的传播途径,在饲料产品宣传时可以聘请养殖带头人做广告等。

2. 创造需求策略

饲料企业应建立营销创新的激励机制,不能按照以往的经验来运作现代的饲料市场,企业要生存、发展,必须采取差异化的方式匹配市场资源,营销模式应由内而外变为由外而内,将“我们的消费者在哪里”、“请消费者关注”转变为“消费者需要什么”、“消费者关心什么”、“消费者的困难在哪儿”,等等。菲利普科特勒曾说过:产品同质、服务同质的市场环境下,“高度关注”是营销的更高级阶段。实践表明,消费者的购买动机是飘忽不定的,如何抓住一“点”而过的消费者,需要制定积极互动的消费者策略。要从飘忽不定的市场变幻中找到市场的规律性并发现新的消费需求,或主动地去创造需求。如现在许多企业施行的“渠道再造”的市场网络连锁经营模式,就取得了很大的成功。

3. 转移需求策略

饲料行业所面临的消费者最终是广大的农村终端养殖户,几千年的传统文化和习惯是很难改变的,我们怎样才能使消费者接受自己的产品,以最终赢得市场、赢得客户呢?其根本的出路是将消费者的现有需求和潜在需求都转移到带给他们的利益上来。这是饲料企业的真正市场占有基础。营销者战略决策一定是长期的、可持续发展的。如建立内部培训、顶层设计水平培训和中层的执行能力培训等。

4. 成本策略

饲料企业不断应用价格战、市场的差异化定位、非正式价值策略等来吸引消费者。然而同时发现:养殖户、经销商有时不太注意价格,甚至忽略成本,“实惠”有时并不是消费者的唯一需求。创新的营销观念告诉我们:应该暂时忘掉固有的定价策略,高度关注消费者为满足自己的需要愿意支付的成本，饲料企业要带给养殖终端户和经销商的利益。目前养殖行业、饲料工业等的消费行为随着市场的规范和交易诚信的建立，消费冲动和非理性的消费会逐步进步到理性的消费行为上，从长期的发展阶段看，消费者购买心理非常复杂不同的客户决定购买制约因素的不同。在饲料营销的实践中，我们要经常为客户计算购买行为的成本，要明确告之带给消费者的利益。

5. 方便性策略

消费者购买的便利性指的是不要受饲料固有的营销渠道的约束，从而重视经销商、规模养殖场和养殖户购买饲料产品和享受服务的方便性。重点强调服务的重要性，同时尽可能降低物流过程损失，减少客户投诉。做好分销渠道的建设，应千方百计为方便消费者接受信息、服务而建立起新型互动消费者关系。如成立专门的信息部、建立行业信息互动的共享平台和机制等。

6. 沟通策略

沟通必须是与消费者和其他利益人进行互动式双向才有效，要与消费者建立长期的良性的沟通，将饲料企业、产品、服务、品牌与消费者之间建立起一种牢固而稳定的伙伴关系。目前深受欢迎的是“一对一”的营销模式。也就是将消费者发展成为企业、产品、服务和品牌的个性化朋友，令消费者因情感归属，甚至是荣誉感而与企业发生购买行为。这也称关系营销。在关系营销的基础上通过整合营销传播，为客户提供一套全方位的解决方案。使买卖双方建立起一种信息交换与分享共同价值的关系。

除上述的营销组合策略外，应特别关注其他类型的营销组合，提升企业的竞争优势和综合实力，使自己永远立于市场的不败之地。

项目小结

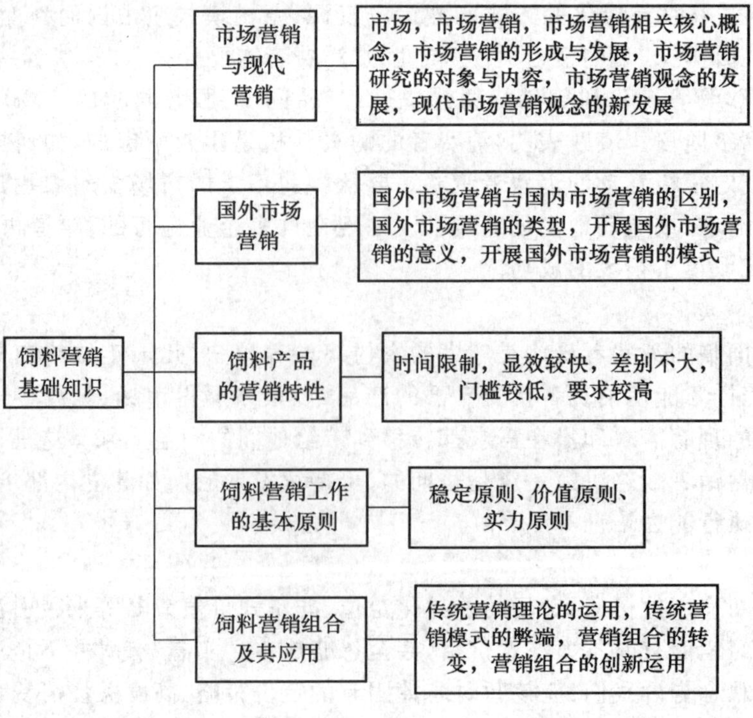

职业能力和职业资格测试

一、名词解释

市场营销、营销理念、营销组合、需要、欲望、需求、价值、交换、公司、交换、市场、价值

二、问答题

1. 简述市场营销的由来及发展历史。
2. 市场营销的核心概念有哪些?
3. 简述市场营销理念的发展历史,以及它们之间的差异。
4. 饲料产品的营销特性是什么?
5. 饲料营销工作的基本原则有哪些?
6. 营销组合有哪些理论? 这些理论在饲料营销中如何运用?
7. 从市场营销到现代市场营销观念是如何发展变化的?
8. 开展国外的市场营销有什么意义? 如何开拓产品的国外市场?

项目3

饲料市场分析

项目设置描述

本项目主要对生产者市场分析、客户市场分析、市场细分与目标市场、市场定位、饲料市场新特点等方面的内容进行了阐述。通过本项目的学习，可以帮助大家掌握饲料市场的新特点以及如何有效开展饲料市场的分析与正确定位。

学习目标

1. 了解生产者市场，消费者市场的含义，特点及影响因素。
2. 掌握市场细分的含义，标准和方法，能够应用细分策略对饲料产品市场进行细分。
3. 掌握目标市场选择含义、影响因素和选择的条件。
4. 掌握市场定位的基本策略，学会对饲料产品进行准确的市场定位。

任务1　生产者市场分析

生产者市场是指所购买的产品或服务是为了进一步生产其他产品或服务，以供出售、租赁或提供给其他消费者的个人或组织。对于生产者市场的内涵，应从以下两个方面来进行把握：一是产业市场的主体是用户，主要包括农林企业、矿业、加工企业、运输企业、商业企业、服务业、通信企业、金融与保险企业、公用事业单位等。他们购买的原材料、设备、燃料、交通工具和办公用品等商品，统称为生产资料（出售给中间商的消费品、供给的福利品除外）。二是用户购买商品不是为了个人或家庭生活消费，而是为了再加工，以供出售、租赁或供给。每个参与商品购销活动的用户，一般都同时具有买者和卖者的双重身份。商品被用户购买后，该商品以原有的物质形态或经过加工后的另一种物质形态仍然停留在生产领域或流通领域，需要继续流通，直至销售给最终消费者，才脱离流通领域进入消费领域。

一、生产者市场的特点

产业市场在需求性质、购买方式、交易过程等方面与消费者市场相比具有很大的差别，主要表现在以下几个方面。

1. 购买者较少,购买数量大

生产资料的购买者主要是各类生产企业。现代化的企业都具有一定生产规模,对生产资料的需求规模都比较大,用户往往限定在某种行业或几种行业,购买者数量远少于消费市场的购买者,购买产品的规模和数量大。

2. 购买者地理分布相对集中

由于自然资源的分布和生产力布局等因素的影响,某些行业往往密布在一定的地理范围内,从而使这些行业的生产资料购买者在地理位置上相对集中。例如,我国林业主要集中在东北三省,煤炭业主要集中在黄河以北,这必然使经营林业和生产煤炭所需要的生产资料的购买者也分别集中于东北三省和黄河以北;又如我国江浙两省盛产丝绸,因此,生产丝绸所需的生产资料的购买者也相对集中在江浙一带。

3. 需求的派生性

生产者市场是"非最终消费者"市场,该市场的需求是派生需求,是从消费者对消费品的需求中派生出来的。生产者购买生产资料用品,是为了向消费市场提供产品,其最终目的是满足消费需求。因而,市场上某种消费品的需求发生波动,必然会引起相关生产资料需求的变动。因此,生产资料供应者,不仅要了解产业市场的需求状况等特点,也要了解分析消费者市场的需求特征,以更好地把握市场。

4. 需求的弱弹性

在生产者市场上,购买者对产品或劳务的需求受价格影响较小,系"缺乏价格弹性"的需求,短期需求尤其如此。原因主要有:一是企业为了保证正常的连续生产,必须不断地补充生产资料,一般不会因价格变动而改变生产方向和政策。二是即使生产资料价格在短期内上涨,但生产者不可能立刻对生产工艺、技术、产品结构进行调整以适应价格变动,使产业市场需求缺乏弹性。

5. 需求的服务性

生产资料在生产消费中,一般都有一定的技术要求。用户对一些专业性强的或新兴的生产资料,由于缺乏使用经验或必要的技术力量,很需要对这类生产资料各方面的技术服务。可见,生产资料的销售服务是生产资料需求的重要组成部分,供货者应当为用户提供培训、使用说明等一系列售前、售中、售后服务,使用户能充分发挥所购生产资料的功能和效用,取得良好的经济效益,并便于建立良好的产供双方长期合作关系。

6. 购买的专业性

由于产业用品技术性强,企业的采购人员通常是经过训练的专业人员。他们对所需原材料的品质、成分,以及供应者提供的产品是否符合质量要求等都心中有数,较少受广告宣传的影响,对产品的质量要求比较严格。这就要求产品的营销人员也应该具备较强的专业背景,熟练掌握产品构成、功能、使用方法及使用效果等知识,做好销售服务。

二、生产者市场购买行为分析

(一)产业用户购买过程的参与者

产业用户购买过程的参与者是指那些参与购买决策过程的个人和群体,包括使用者、影响者、采购者、决策者和控制者。这五个方面的人员凭借他们的权威、资历、影响力和说服力的不同,而在购买决策过程中充当一定的角色并发挥着不同的作用。

(1)使用者(提出采购建议,决定型号)——企业将使用该产品或服务的人员。

(2)影响者(协助决定)——企业内外直接或间接影响采购决策的人员。

(3)采购者(选择卖主进行谈判)——企业实际执行采购任务的人员。

(4)决策者(行使购买决策权)——企业内有权决定采购项目和供应者的人员。

(5)控制者(控制信息流向)——企业内外能控制与采购有关信息流入企业的人员。

(二)产业用户购买决策的影响因素

1. 环境因素

即企业外部环境的因素及其变化。它包括经济形势、社会文化、市场环境(需求与竞争)、技术发展变化、自然条件、政治法律等因素,其中企业受国家经济形势和市场环境的影响较大。

2. 组织因素

即企业本身的因素,如企业的经营目标、政策、程序、制度、组织结构等。这些因素都会对企业的购买行为产生影响。近年来,美国的采购组织有以下几种发展趋势:采购部门升级、集中采购、长期合同、采购绩效评估(采用激励制度)和准时生产系统(零库存)。

3. 人际因素

即企业内部人际关系因素,它主要指参与购买决策过程的五个方面的人员,他们在职权、地位和说服力等方面各有不同的特点,并对企业的购买决策有不同程度的影响。

4. 个人因素

即购买参与者的年龄、职位、收入、受教育程度、个性及对风险所持的态度等因素。这些个人因素会影响各个参与者对要采购的产品及其供应商的感觉、看法,从而影响购买决策和购买行为。

(三)产业购买行为的类型

产业用户的购买行为主要有三种类型:直接重购、修正重购、新购。

(1)直接重购　是指企业按照常规生产工艺采购那些一直在重复采购的产品。其特点是购买方式及决策过程都很简单。对供货方来讲,应采取相应的营销策略以保持原有的市场以巩固老用户,进一步改进服务以提高供应水平。

(2)修正重购　是指对过去采购的产品规格、价格、供应商等作适当修正的一种购买行为。目的是寻找更低的价格、更好的服务或更有利的交货条件等。它对未进门的供应企业提供了机会,而对已入门的供应企业则造成了威胁。

(3)新购　是指企业第一次购买某种产品或劳务,这是最复杂的采购业务。新购的金额和风险愈大,则参与决策的人愈多,对供应商的竞争机会愈好。

(四)产业购买者的购买过程

产业购买过程的长短取决于产业购买阶段的复杂程度,其中直接重购最简单,只需经过两个阶段,修正重购的购买过程阶段多一些,新购最为复杂,需要经过八个阶段。

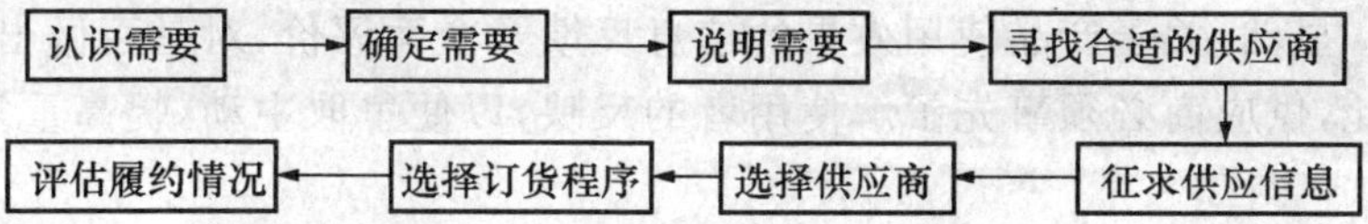

图 3-1 产业购买者的购买过程

1. 认识需要

生产资料采购企业的购买过程起始于企业认识到某种需要的存在，并能通过购买某种产品或服务而得到满足。认识需要是由企业的内部刺激和外部刺激所引起的。内部刺激主要来自于以下几个方面：存货水平下降到基本存量以下，需要重新采购；对现在供应的产品在规格上有新的要求；开发新产品所必需的新原料、新设备等；原供应商的产品不合新的要求，需寻求新的供应商；设备出现故障，需重新购置等。外部刺激主要来自于以下几个方面：营销环境因素出现较大的变化；供应企业营销组合策略的影响，如促销活动的影响等。

2. 确定需要

企业认识需要后，需要进一步分析需要，确定所需产品的特征、数量等。如企业是为了开发换代产品而购买生产资料，其购买设备要求必须先进，材料质量要求要高，并根据企业生产规模和目标产量确定采购数量。对此，供货单位营销人员应及时向采购方介绍自己产品的功能、特点，使其了解自己的产品，协助采购人员确定需求方向。

3. 说明需要

企业在确定需要后，需要有关专家小组对拟购产品进行价值技术分析及详细的技术说明，作为采购人员采购时的取舍标准。

4. 寻找供应商

企业对拟购产品做出具体规定之后，就需通过查阅工商企业名录、广告、询问其他企业、派采购员出访或通过咨询公司提供信息资料等形式寻找供应商，并通过分析、评价，排除信誉欠佳或供货能力不足的企业，初步确定合适的少数供应商。

5. 征求供货信息

采购企业邀请符合标准的企业提供有关建议，取得预购产品的相关信息资料，如商品目录、价目表、质量标准等，并对这些信息资料进行分析、评价。对此，供货企业的营销人员必须善于提出与众不同的建议，提高客户的信任度，争取成交。

6. 选择供应商

企业采购中心根据供应商提供的产品质量、数量、价格、交货期限、技术服务、信誉等来评估供应商，以选择符合企业要求的最终供应商。

7. 选择订货程序

采购企业首先向确定的供应商发出订货单，准确地列出拟购产品的技术质量要求、品种、规格、数量、交货日期与地点、付款方式、保险单及产品保证等。供应商保证按订货单供货。其次，选择订货方式。一般有“定期采购交货”与“一揽子合同”两种形式。生产企业为了减少库存量，实现零库存采购，往往采用“一揽子合同”的订购方式。

8. 评估履约情况

生产资料购进使用后，企业采购部门还要向使用部门征求意见，了解其对产品使用的满意度，检查和评价各个供应商履行合同的情况。然后根据这种检查和评价的结果，决定以后对各供应商的态度。显然，关于产品使用效果的信息反馈及全面评价，对是否做出重复购买决策有很大影响。因此，供应商必须事先了解使用者的反映，以便争取主动，提高重复购买率。

任务2 客户市场分析

客户市场是指由为了满足生活消费而购买商品和服务的个人或家庭而构成的市场。生活消费是产品和服务流通的终点，因此消费者市场也被称为最终产品市场。

一、客户市场的基本特征

现代市场营销理论的核心是满足消费者的需求，而消费者的需求与爱好由于受多种主观或客观因素的影响存在着明显的差异，呈现出多样化和复杂化的状态，即消费者既有物质需求，又有精神需求；既有生理需要，又有心理需要；既有生存发展的需求，又有享受的需求，从而形成了消费者市场需求的鲜明特征。

1. 消费者的分散性

消费者市场的购买者是个人或家庭，人数众多，分布广泛。家庭规模日益缩小，家庭消费呈现小型化；由于家庭储存场所、设备和财力等因素的制约，消费者每次购买数量较少；同时，大部分消费品多为一次性消费或使用寿命较短，导致消费者购买次数频繁。这些就使得消费者的购买呈现出分散性、小型化的特点。另外消费者在空间位置上也比较分散，因而其呈现分散性的特征。

2. 消费者市场差异性大

由于消费者市场人多面广，不同年龄、性别、性格、职业、收入、教育、消费习惯的消费者，其消费需求、消费结构与购买行为具有很大的差异性。

3. 消费者需求的易变性

随着社会生产力和科学技术的不断进步，新产品层出不穷，消费者收入水平不断提高，消费需求也就呈现出由少到多、由粗到精、由低到高的发展趋势。越来越多的消费者并不喜欢一成不变的商品或服务，而是希望商品服务能够不断翻新。加之市场商品供应的日益丰富和企业竞争的逐渐加剧，消费者对商品的挑选余地更大，消费潮流也是日新月异，商品的流行周期越来越短，往往令人难以把握。

4. 消费者的购买多属非专业性

购买消费者市场商品种类繁多，大多数消费者不可能对所购买的每一种商品都非常熟悉。消费者对大多数商品的质量、性能、价格、使用、维护、保管乃至市场行情往往缺乏专业的甚至是必要的知识，只能根据个人感觉和喜好做出购买决策，大多数属于非专业性购买，很容易受个人情感、广告宣传、推销活动和他人意见的影响或诱导。

5. 消费者购买的时代性

消费者购买的时代性具体表现在两个方面，其一，消费者需求的发展性。这是因为消费者的需求是永无止境的，不会永远停留在一个水平上。随着经济的发展和社会的进步，人们的生活水平在不断提高，消费观念在不断更新，消费者对产品和服务的需求也在不断发展变化，需求的内容、形式、层次在不断提升，不会长期停留在原有水平上。消费者需求的这种发展性，一般是沿着由简单到复杂，由低级到高级，由数量上的满足到追求消费质量的方向前进的。其二，消费需求的前沿性。这是因为消费者的需求不仅受到消费者内在因素的影响和制约，而且还经常会受到时代环境因素的影响。时代不同，人们的消费需求也会不同，如当代社会对知识、对人才的重视，使人们加大对教育的投入，书籍、文化用品、电脑等的需求明显增加。所以，这种消费需求的时代性也必然会反映在消费者市场上。

二、消费者购买行为模式

消费者购买行为是指消费者为获取、购买、使用、评估和处置预期能满足其需要的产品和服务所采取的各种行为。消费者购买行为是与产品或服务的交换过程密切联系在一起的。消费者购买行为复杂多变，企业必须重视对消费者消费行为的系统研究，企业不仅需要了解消费者是如何获取产品与服务的，而且还需要了解消费者如何消费产品和服务，以及他们的消费体验，处置消费品或服务的方式与感受。通过对消费者行为进行研究，掌握消费者的购买活动的规律性，以便有针对性地开展市场营销活动。分析消费者购买行为一般包括以下七个问题：

消费者市场由谁构成(Who)？　　购买者(Occupants)

消费者购买什么(What)？　　购买对象(Objects)

消费者为什么购买(Why)？　　购买目的(Objectives)

购买活动中有谁参与(Who)？　　购买组织(Organizations)

消费者在什么时间购买该产品(When)？　　购买时间(Occasions)

消费者在什么地方购买该产品(Where)？　　购买地点(Outlets)

消费者怎样购买(How)？　　购买方式(Operations)

上述7个问题都包含以英文字母O开头的关键词，西方市场营销学家将这些决策归纳为研究消费者市场的"7O"架构，也称为"6W1H"研究方法。对于上述7个问题的研究，企业可以通过观察、访问和查询客户数据库等途径了解消费者买什么，在什么地方和什么时间购买了多少等问题。这些问题是消费者外显的实际购买行为，研究起来相对容易一些。但是要了解消费者购买行为中的"为什么购买"的问题就要困难得多，它往往是购买者复杂的内心作用过程的结果。研究消费者购买行为的理论中最有代表性的是"刺激—反应模式"，如图3-2所示。

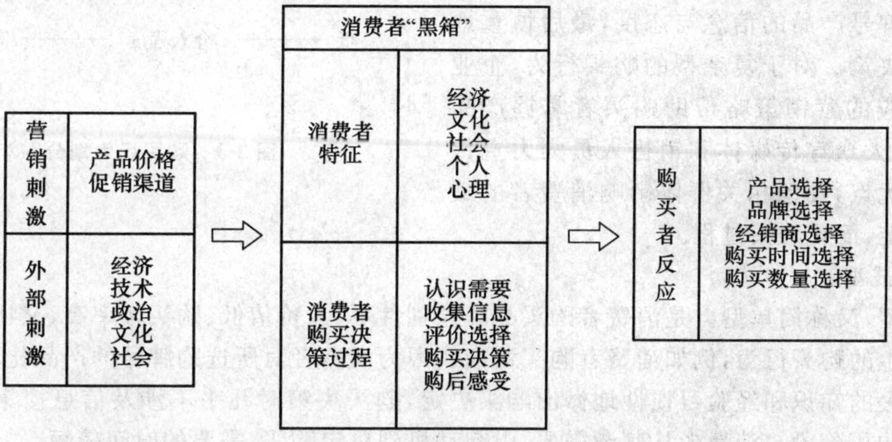

图3-2　刺激反应模式

"刺激—反应模式",简称"S-O-R"模式,又称为"消费者行为模式"。这一模式表明:消费者总是会直接或间接地受到外部因素的刺激与影响。一类是企业的市场营销组合,即"4PS";另 类是消费者的外部环境,如政治和法律环境、经济环境、人口环境等。消费者在受到外部因素刺激后,便进入了消费者心理活动过程,就是人们常说的"黑箱"(由于消费者心理活动过程对企业来说是一种看不见、摸不着、不透明的东西,故称之为"黑箱")。消费者"黑箱"体现在两个方面:一是消费者特征,主要是指影响消费者行为的各种因素,如经济因素、文化因素、社会因素、个人因素、心理因素等;二是消费者的购买决策过程,即认识需要—收集信息—评价选择—购买决策—购后感受五个阶段。消费者通过一系列的心理活动就产生了一系列明显的反应,如决定购买什么产品、什么牌号、向谁购买、何时购买、购买数量等。研究消费者行为模式,对企业而言,最重要的是要分析和研究消费者"黑箱"中发生的情况,即了解消费者接受外部因素刺激后的心理活动过程。

三、消费者购买行为类型

消费者的购买行为因购买对象的不同而不同,这其中主要是因为制定购买决策的过程不同,有的商品价格低,消费者比较熟悉而有经验,购买的决策过程简单,购买行为也随之简单;有的商品昂贵,或消费者缺乏相应的购买经验,制定购买决策的过程复杂,购买行为也随之烦琐。

(一)根据品牌间的差异程度和消费者介入程度划分

根据品牌间的差异程度和消费者介入程度划分,可以将消费者购买行为划分为以下四种类型,如图 3-3 所示。

1. 复杂型

这是消费者初次购买品牌差异性很大的耐用消费品时所发生的购买行为,例如消费者购买空调。购买这类商品时,通常需要一个认真考虑的过程,广泛地收集各种相关信息,对可供选择的产品进行全面评估,在此基础上建立起对某牌号产品的信念与态度,最后慎重地做出购买决策。对于复杂型的购买行为,企业应制定相应的营销策略帮助购买者掌握产品知识,运用大众宣传媒体和销售人员大力宣传其品牌的优点,发动相关群体影响消费者的最终购买决定,简化购买过程。

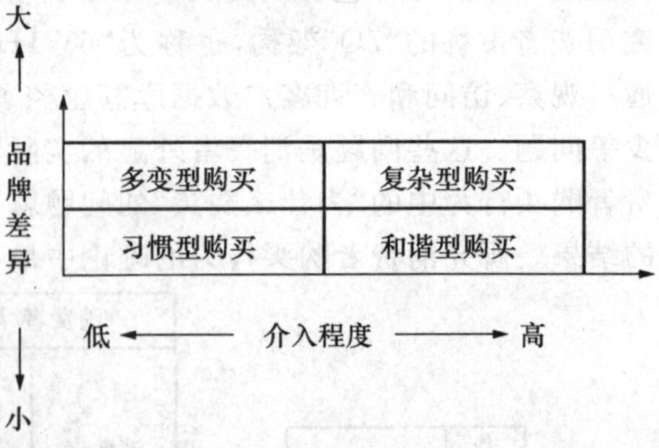

图 3-3 购买行为划分

2. 习惯型

习惯型,又称简单型。是消费者购买品牌差别性不大、价值低、购买频率高、又比较熟悉的商品时发生的购买行为,例如消费者购买酱油。因为消费者对所选购牌号的产品比较了解,主要依据过去的知识和经验习惯性地做出购买决定,购买决策时几乎不涉及信息搜集和品牌评价这两个购买阶段。消费者从刺激需要、引起动机到决定购买,需要的时间较短。

3. 多变型

多变型的购买行为是指消费者了解现有各品牌和品种之间的明显差异，在购买产品时并不深入收集信息和评估比较就决定购买某一品牌，购买时随意性较大，只在消费时才加以评估，但是在下次购买时又会转换其他品牌。消费者转换品牌的原因不一定与他对该产品是否满意有什么联系，主要目的是寻求产品的多样性。对于多变型消费者的购买行为，市场领导者和挑战者的营销策略是不同的。市场领导者力图通过占有货架、避免脱销和提醒购买的广告来鼓励消费者形成习惯性购买行为。挑战者则以较低的价格、折扣、赠券、免费赠送样品和强调试用新品牌的广告来吸引消费者改变原有的习惯性购买行为。

4. 和谐型

还有一些需要参与人高度介入但各种品牌看起来没什么差别的产品，消费者对于购买这类产品也持慎重态度。往往会把在一定价格幅度内的大多数产品看成是同样的，在了解相关特性后，一般会较快地做出购买决策。但是，消费者在产品购买后有时会产生一种购后不协调的感觉，因为他注意到了产品上的一些使他感到烦恼的缺点，或是听到有关其他品牌产品的一些优点。于是，他开始学习更多东西，试图证明自己的决策是正确的，以减少购后的不协调感。在这种情况下，营销沟通工作就显得非常重要，因为营销的目的是让消费者真正满意，以培养顾客的忠诚度。营销沟通的主要目的在于增强信念，以帮助购买者对他选择的品牌有一种满意的感觉。

(二)根据消费者性格特征划分

根据消费者性格特征，可将消费者的购买行为划分为以下几种类型：

1. 习惯型

消费者是某一种或某几种品牌的忠诚顾客，消费习惯和偏好相对固定，购买时心中有数，目标明确。

2. 理智型

消费者做出购买决策前对不同品牌加以仔细比较和考虑，相信自己的判断，不容易受他人影响，决策后不易动摇。

3. 冲动型

消费者易受产品外观、包装、广告宣传、相关群体的影响，决定轻率，易于动摇和反悔。

4. 经济型

消费者对价格特别敏感，对产品是否物美价廉特别看重。企业在促销过程中，要注意宣传自己产品物美价廉的优点。

5. 情感型

消费者对产品的象征意义比较重视，联想力较丰富。如有些宾馆在对客房编号时，专门在每个房号前后加“8”，就是为了迎合某些旅客希望“发财”的心理。

四、影响客户购买行为因素分析

经济因素(如收入)对于消费者的购买行为固然有着重要的影响，但消费者并非是纯粹的“经济人”，一些非经济因素对消费者的购买行为同样发挥着重要的影响。研究发现，影响消费者的购买行为的非经济因素主要有内外两个方面。从外部来看，主要有消费者所处的文化环境、消费者所在的社会阶层、消费者所接触的各种社会团体(包括家庭)以及消费者在这些社会团体中的角色和地位等。内部因素则是指消费者的个人因素和心理因素。个人因素包括消费者的性别、年龄、职业、教育、个性、经历与生活方式等;心理因素包括购买动机、对外界刺激的反应方式、学习方式以及态度等。这些因素从不同的角度影响着消费者。

(一)文化因素

文化因素对个体的消费者行为和决策有着最广泛和最深远的影响。营销者必须了解消费者个人文化以及个人所处的亚文化群和社会阶层是如何影响其购买决策的。

1. 文化和亚文化

文化是企业宏观环境的因素之一,是影响人们需求和行为的最基本因素,不同文化环境中的风俗习惯、伦理道德、价值观念和思维方式等对消费者购买行为的影响具有巨大差异。每一种文化背景的人群中又包含着若干亚文化群。亚文化是指存在于一个较大社会中的一些较小群体所特有的特色文化,表现在语言、价值观、信念、风俗习惯等方面的不同。亚文化群主要包四类:民族亚文化群体、宗教亚文化群体、种族亚文化群体、地理区域亚文化群体等。处在不同亚文化群体中的消费者,其消费习惯和需求往往有很大的差异,所谓“百里不同风,十里不同俗”。生产经营企业的营销人员在选择目标市场和营销方案时,必须了解和考虑目标市场的文化背景,切记不要触犯了当地的文化习惯、禁忌等,使企业的产品或服务符合当地的文化价值观。

2. 社会阶层

社会阶层也属于文化的范畴。社会阶层是指由于人们在经济条件、受教育程度、职业类型以及家族背景等方面的差异而客观形成的社会等级差异。社会阶层作为一种文化特征具有这样一些特点:一是处于同一阶层的人的行为相对处于不同阶层的人的行为有更强的相似性;二是当个体的社会阶层发生了较大的变化的,其行为特征也会随之发生明显变化,三是社会阶层的行为特征是受到经济、职业、职务、教育等多种因素的影响,根据不同的标准划分社会阶层,其结果会有所不同。因此,判断个体社会阶层的归属有时要依据对其最具影响力的因素来确定。

社会阶层对人的行为产生影响的文化价值观基础在于人们的等级观念,人们一般会采取同自己的社会等级、身份相吻合的行动,包括个体的消费行为与购买行为。

营销学对有关社会阶层的研究之所以感兴趣,有两个重要原因。首先,对于那些安于自身社会阶层的消费者,营销者可以借鉴同一阶层的人们的消费行为特征制定营销策略;其次,对于那些希望进入更高社会阶层的消费者,营销者必须去深入分析消费者的目标阶层的欲望,了解目标阶层的消费者行为特征,并据此去制定相应的营销战略和战术。个体的社会阶层是可以改变的,且其社会阶层符号(如着装、拥有的消费品等)会造成社会阶层假象,导致人们的阶层归属错觉,这正是企业营销的市场突破口。

(二)社会因素

大多数消费者在购物前可能会寻求他人的看法,以节省他们在搜寻信息和评估过程中所花费的精力,或者降低交易的不确定性,尤其是在决策的可预见风险较高的时候更是如此。总之,消费者行为常常会受到社会因素如参照群体、相关专家群体、社会角色与地位和家庭等的影响。

1. 参照群体

个体生活在一定的社会群体之中,其思想和行为不可避免地要受到周围其他人的影响,从主动的意义上讲,人们会经常向周围的人征询决策的参考意见;从被动的意义上讲,人们所处的特定社会群体的行为方式会不知不觉地对其产生引导和同化或异化作用。通常把对个体的态度和行为有较大影响的社会群体称作参照群体。

参照群体一般可以分为3种类型。

(1)成员资格型参照群体　人们往往会分属于不同的社会团体。由于社会团体需要协同行为,作为团体成员,其行为就必须同团体的行为相一致。各种团体具有不同的性质,因此它们对其成员行为的影响程度也是不同的。在美国,本田摩托车俱乐部成员们的着装和配饰都是一致的,并统一佩戴“本田”标志。

(2)接触型参照群体　一个人能够参加的团体数目是有限的,但是人们接触各种团体的机会却是很多的,比如通过父母、兄弟、亲戚、朋友、同事、老师、邻居等,这些人分属于各种社会团体,人们就可以通过他们接触各种团体。接触型参照群体对消费者行为同样会产生一定的影响。比如某人的邻居是一位体育工作者,他就有机会更多地了解国内体育市场的发展状态,观看各种体育比赛,甚至受邻居的影响而参加相应的体育活动。

(3)向往型参照群体　除了参与和接触之外,人们还可以通过各种大众媒介了解各种社会团体。所谓向往型参照群体是指那些与消费者没有任何联系,但对消费者又有很大吸引力或影响力的人。人们通常会向往某一种事物,羡慕某一种生活方式,甚至崇拜某一方面的杰出人物。当这种向往不能成为现实的时候,人们往往会通过模仿来满足处于这种向往的心理要求。表现为模仿制或影星的生活方式;模仿心仪的著名运动员的行为方式等。向往型团体对消费者行为的影响是间接的,但由于这种影响与消费者的内在渴望相一致,因此消费者会有明显的模仿行为表现。与向往型参照群体相反的是排斥型参照群体其对消费者行为的影响是相反的,这里不再赘述。

2. 意见领袖

意见领袖也是一种可以直接或间接影响消费者决策的人群,他们经常是参照群体中的领袖人物。显而易见,对营销经理来说,说服这些领袖人物购其产品或服务是非常重要的。许多产品开始鲜为人知,后来逐渐流行开来,多源于意见领袖的作用。

意见领袖通常是最先试用新产品和服务的,他们对新产品和服务怀有一种好奇心。他们在社区活动中、工作上和市场中都是典型的积极参与者和建议者,他们自己喜欢尝试新的事物,也愿意建议他人尝试新事物,而且他们的说服力很强。营销人员要善于利用意见带头展开营销沟通工作。

3. 家庭

在相关的社会群体中,家庭对个人购买决策的影响是最大的,也是最为直接的。家庭是以婚姻、血缘和收养关系为纽带结成共同生活的社会基本单位。对消费者而言,家庭是最重要的社会机构,它对消费者的价值观、态度以及购买行为产生着很大的影响。例如,一个家庭非常重视身体健康,那么其购物清单就与那些把每餐饭都视为品尝美食的家庭的购物清单有明显的不同,久而久之,两个家庭成员的餐饮习惯就会因家庭饮食习惯的不同而不同,这种生活习惯还会传给下一代。此外，孩子们通过观察父母亲的消费行为和购物模式，会形成一种类似的消费行为和购物模式。

家庭成员在商品的购买与使用过程中，分别扮演着倡议者、影响者、决策者、购买者和使用者的一种或几种角色。在许多情况下，产品和服务的倡议者多为使用者，购买者也不一定是使用者，如妻子为丈夫购买外套，父母为子女购买玩具等。由于家庭成员互相充当购买代理人的角色，企业在研究消费者行为时，不仅要考虑自我购买者，还要考虑代理购买者的消费心理。例如，销售儿童玩具时，就不仅要考虑到儿童的喜好，还要考虑家长对孩子的期望和要求。营销者还应了解企业的产品是个人使用还是多个家庭成员使用，了解商品的购买倡议者、最终使用者、决策者是谁，特别是要注意准确地把握谁为广告的诉求对象。

在营销过程中，营销人员还应该关注家庭购买决策的一般决策类型是怎样的，即确认妻子主导型的，还是丈夫主导型的；是自主决定型的，还是联合决定型的。同时也要考虑子女在家庭购买决策中的影响。

4. 社会角色和地位

一个人在不同的社会群体中所处的角色和所拥有的地位是不一样的。比尔·盖茨在他的微软帝国中是总裁，在他的家庭中是妻子的丈夫，女儿的父亲。角色是指人在不同的场合中被期待的表现，人们充当的角色不同，其购买行为也会表现出差异性特征。

角色是与地位相匹配的，它反映了社会对个体的总评价和要求。研究表明，人们总是购买与其自身角色相符的产品和服务。如果不是这样，就会给外界一种不协调的印象。比如，当人们看到总经理的秘书开的车远远比总经理的汽车昂贵时，就会表现出不理解。营销人员要善于分析和总结不同的社会角色下人们的消费行为特征，以期找到与人们期待的产品标志意义相一致的产品属性特征，达到满足消费者需求的目的。

（三）个人因素

除了文化和社会的差异之外，消费者的个人因素在其购买决策中也发挥着重要的作用。可以看到，在相同的社会和文化背景下，消费者的购买行为也存在着相当大的差异。生活在同一个家庭中的姐妹，有的喜欢看书，有的喜欢跳舞；在同一单位工作的同事，有的花钱大方，有的十分节俭。这说明除了文化与社会的因素之外，消费者的个人因素对于其购买行为起着更为显著的作用。个人因素包含年龄与性别，职业与教育，收入水平以及个性与生活方式等。

1. 年龄和性别

年龄与性别是消费者最为基本的个人因素，相同的年龄段和相同性别的人群具有较强的行为共性特征。例如，追求时髦的大都是年轻人，因为年轻人热情奔放，喜欢接受新事物；老年人一般比较稳健，不会轻易冲动，但相对也比较保守。男女之间在购买内容和购买方式上的差异尤其明显。例如，在家庭购买决策中，购买大件耐用消费品及技术含量较高的商品决策往往男士起主要作用，而购买家庭日用消费品的决策则多数是女士的专利。夫妇俩逛街时，女士爱看服装与化妆品，男士却关心音响、图书与设备。购买商品时，大多数男士不挑不选，拿了就走；而大多数女士则要反复挑选，甚至还要讨价还价。了解不同年龄层次和不同性别消费者的购买决策特征，才能针对不同的商品和顾客策划准确的营销方案。

2. 职业与教育

职业与教育实际上是社会阶层因素在个人身上的集中反映。从事一定的职业以及受过不同程度教育的人会有明显的消费行为差异，这主要是由于一种社会角色观念的作用。例如，一个大学生，在学校期间喜欢穿运动衫，登旅游鞋，背着登山背包，骑一辆山地跑车，显得青春焕发，朝气蓬勃；而毕业以后，进入大公司当上了高级白领，就会一身西装革履，从衣着打扮到言谈举止都发生了很大的变化。这是因为运动衫、登山包符合大学生的身份特点，而西装革履和公文包则是公司白领的角色标志。有研究显示，消费者受教育程度越高，越注意生活情趣或生活品质。

3. 个性和生活方式

个性是指对人们的行为方式稳定持久地发生作用的个人素质特征。人的个性会以行为的方式表现出来，因此它是消费者行为研究的重要内容。对于人的个性，必须用辩证的观点进行分析。第一，个性是差异性和相似性的统一。每个消费者的个性都是由特定的心理条件和社会因素影响促成的，因此可以说，世界上不存在两个个性完全相同的消费者。但是，一个人不论其个性多么独特，总会有一些地方与其他人的个性特征相似，因此可以通过细分市场来面对同质性个性群体开展营销；第二，个性是稳定性和发展性的统一。人的个性是在长期生活过程中逐渐形成的，具有相对的稳定性，后者正是区别不同消费者个性的依据。但是，个性并非是一成不变的，它是会随着人的生理变化和外部条件的变化而变化的。个性对于个体的生活方式和消费方式会有很大影响，或者说，个性往往是通过其生活方式和消费方式表现出来的。所以，企业往往可以通过对消费者生活方式的调查来了解目标市场消费者的主要个性特征。

(四)心理因素

心理是人的大脑对于外界刺激的反应方式与反应过程。正如一开始就指出的，消费者的购买行为模式在很大程度上就是建立在其对外界刺激的心理反应基础之上的。但是由于个体思维方式和反应方式是主观的，对于同样的外界刺激，不同的人心理状况是很不相同的。这是因为除了天生就有的无条件反射之外，人的绝大多数心理特征都是在其生活经历中逐步形成的。而由于人们生活经历的千差万别，所以人们的心理状况也就千变万化，各不相同了。这是使得消费者购买行为变得十分复杂的重要原因。影响消费者购买行为的心理因素主要包括动机、认知、学习和态度等。

1. 动机

动机是一种无法直观的内在力量，它是人们因为某种需要产生的具有明确目标指向和即时实现愿望的欲求。动机是购买行为的原动力。需要是产生动机的基本原因，但需要并不等于动机，动机有其固有的表现形态。

动机的特征主要有多重性、内隐性和冲突性等 3 个特征。

(1)动机的多重性　通常，动机并不是以单一特征出现的，而经常表现出多重动机特点，换言之，当消费者需要购买菜种产品时其动机可能很多。例如，某人需要购买一辆轿车，可能源于其对交通便利的自我需求，也可能会源于与他人攀比的社会性需求。

(2)动机的内隐性　动机是内涵的，一般不易被人发现，也很难从一个人的表面看出来，只可能从其外在行为中进行相关的推断，这为研究个体行为的动机造成了困难。

(3)动机的冲突性　一个人的动机往往是针对一个需求的多个动机的结合，正是因为动机的多重性，也就容易产生动机间的相互冲突。例如，当人们购物时，普遍希望花尽可能少的钱获得品质尽可能高的商品。

2. 学习

影响消费者行为的另外一个重要因素就是学习。学习是指人们通过实践和由于经验而引起的行为改变。消费者在购买和消费商品或服务的实践中，逐步获得和积累经验甚至是教训，并且会根据这些经验或教训指导或调整今后的购买行为，这也是一个学习的过程。消费者的学习是通过驱使力、刺激物、提示物、反应和强化等五个因素的相互影响、连续作用而形成的。

企业营销人员要善于把学习与驱动力联系起来，运用刺激性暗示和提供积极的强化手段来建立消费者对产品的需求，不断加深消费者对产品和企业的良好印象，从而帮助潜在顾客完成学习过程，成为现实的顾客。

3. 知觉

知觉是人脑对直接作用于感觉器官的客观事物的反应。它是个体选择、组织和解释输入的信息，从而创造一个有意义的图像的过程。

知觉是一种人的内外因素共同作用的过程，取决于两个方面：外界的刺激和内在的反应。由于受到人的认知能力的局限，个体对外界刺激的反应是有选择的。具体表现在 3 个方面，即选择性注意、选择性扭曲和选择性记忆。

(1)选择性注意　对消费者产生刺激的因素很多，但是并非所有的因素都会引起消费者的注意，例如，一个想去购买风衣的顾客会对食品或者玩具广告视而不见。消费者在面对广告的时候往往是有选择地注意的。

(2)选择性扭曲　消费者并不会注意所有的信息，当然也不会对所有注意到的信息做统一的解释，只是对他自认为正确的信息进行正面的解释，而对于那些他自认为错误的信息就会进行负面的解释。外界很难保证消费者所解释的信息符合信息传达者的意愿或初衷。

(3)选择性记忆　如果说注意是第一次刺激的反应，那么记忆就是整个知觉行为的后续反应，它是对所解释信息的再筛选，进而保留在记忆中的一个过程。例如，消费者经常接触到各种各样的电视广告，但是能够留在其记忆中的广告则为数很少，这就是消费者主观记忆选择的结果。

营销者必须认识到在消费者对产品的知觉过程中“暗示”或“信号”的重要作用，这种暗示或信号会直接影响消费者的知觉结果。事实上，营销经理首先应该确认目标消费者所期待了解的产品信息，然后在此基础上设计出相应的信号来传递这些信息。营销人员在传递信息时应该进行信息选择，也应该预测到所传递信息给予消费者的刺激程度，以及目标客户群对信息关注程度，这些是广告策略特别需要注意的。

4. 态度与信念

人们通过学习过程，产生信念和态度，从而影响人们的行为，包括消费行为。这里的信念是指一个人对某一事物的信任程度，消费者对商品或服务的信念可以建立在科学的、经验的、偏见的、误传的基础上。态度则是指一个人对某一事物的认识、评价、感情、行为意向等。信念和态度是影响消费者购买行为的重要因素，二者是密切关联的，不同的信念可导致不同的态度，而一旦形成对某种商品或服务的信念和态度，是很难改变的，具有相对的稳定性。

五、客户购买决策过程

消费者购买决策往往是通过一个购买过程来实现的，这个购买过程是消费者在购买动机的支配下，进行实际购买的行为过程。典型的购买决策一般包括五个阶段，这五阶段环环相扣，循序渐进。研究消费者购买决策过程，目的在于使营销者针对购买行为的不同阶段采取相应的促销措施。

1. 唤起需要

需要引发动机，是消费者购买决策过程的起点。消费者需要可以由内部刺激和外部刺激引起，或者是两者相互作用的结果。当一个人饥渴时就促使这个人寻找可以吃喝的东西，而饮食店里色香宜人的鲜美食品、饮料也会刺激人的饥渴感。

2. 收集商品信息

当消费者有了购买动机之后，就会考虑“买什么样的商品”(选择商标)、“到哪里买”(商店)等问题。如果引起的需要很强烈、满足需要的物品容易得到时，消费者便会希望马上获得满足。但是多数情况下，若被引起的需要不必马上满足时，需要就只是使人产生注意力，促使其积极寻找或接受资料，以便进行决定。资料的来源主要有三方面：

(1)市场来源　包括商业广告、售货员的介绍、商品展览等各种企业营销提供的资料。

(2)社会来源　主要指家庭成员、亲朋好友以及社会上使用者互相传播的信息资料。

(3)经验来源　指消费者在以往生活中的所见、所闻以及实际感受，这是消费者获取信息的基本来源。通过收集信息，消费者可以弄清不同品牌产品的主要特征。

3. 评估待购商品

即消费者将获取的信息进行整理和分析比较的过程。评估的内容主要包括三方面：

(1)产品属性　即产品能够满足消费者需要的特性。除基本用途外还包括营销者对产品的诉求点是否与消费者的利益点相一致。

(2)价格　不同的消费者因性别、年龄、收入、学历的不同，对同种商品价格的反应也不一样。

(3)效用函数　即商品对需求满足程度的函数。不同商品在不同时间和不同场合，其效用往往也不一样。

这一阶段是消费者购买的前奏，对实施购买起决定作用，而且不同的消费者评价商品的标准和方法有很大差异，营销人员应尽可能为消费者提供条件，帮助消费者了解商品属性，进而做出购买决定。

4. 购买决定

通过评估选择，消费者已形成对某商品的偏好并决定购买。从购买决策到实际购买，除消费者自身因素外，还会受两类因素影响：①他人的态度。如某人想买某一品牌的汽车，家人或朋友持反对意见，必然会影响他的购买意图。②意外的情况。如收入变化、产品涨价或者有其他更需要购买的东西等，这一切都将会使消费者改变或放弃原有的购买意图。

5. 购后评价

消费者买到商品后，便会将其投入使用，在使用过程中，对商品的质量、性能、效用等必然会产生一定的感受，并做出满意、不满意、一般等评价结论，这对营销人员来说是一个重要的信息反馈。如果消费者对所购商品满意,可能再度购买,而且会向他人做义务宣传,也就是说为该商品免费做广告。

任务3 市场细分与目标市场

一、市场细分

(一)市场细分的含义和作用

市场细分是指企业依据客户需求的差异性和类似性,按一定标准把整个市场划分为若干个子市场,用以确定目标市场的过程。市场细分理论的产生,客观上基于两个方面因素:

1. 消费者需求的差异性

消费者个人由于经济、地理、文化层次、民族习惯等方面的差异,形成了各种各样的偏好、兴趣,对商品的需求是千差万别的。消费者对商品的质地、价格、色彩、款式等要求不同,消费者的需求动机和行为呈现多元化,并且这些需求的差异是绝对的。

当今买方市场使消费者进入个性化消费的时代,不同个体的需求差异得到企业的尊重和支持。以消费者为中心的营销活动就是建立在对人们客观差异的识别上,市场细分使企业做到这一切。

2. 消费者需求的同质性

消费者的需求差异是绝对的,消费者需求的异质为市场细分提供了可能,然而需求差异不是市场细分的全部依据。同一地理位置,在社会大环境、文化风俗和习惯背景下,人们会形成相对类同的价值观、人生观、审美观。正是因为消费者需求在一定方面的相对同质,市场上绝对差异的消费者也可以按某一标准划分为同一群体,从而使市场划分为若干个消费群。正是这种相似才使市场细分变为现实。

在市场细分理论中,依据消费者对产品的同质需求和异质需求,可把市场分为同质市场和异质市场。

市场细分能帮助企业更好地研究分析市场,并为选择目标市场提供依据,提高企业在市场竞争中的应变能力和竞争能力,更好地满足消费者的需求,为企业带来良好的经济效益。具体来讲,其作用表现在以下五个方面:

3. 有利于企业了解市场

市场细分就是给企业提供了非常好的分析方法,通过不同标准的细分,找出细分市场,企业可以在较大整体市场范围内及时准确地捕捉到千变万化的市场需求,企业根据特定的细分市场开发和提供不同种类的产品,采用不同的价格、促销手段和分销渠道以适应不同细分市场的特点,做到有的放矢。

经过细分的目标市场范围较小,企业有能力及时准确地捕捉相关信息,迅速了解变化的消费者需求,从而采取相应对策,增强企业的应变力。

4. 有利于企业确定经营方向

在市场上经常有这样的矛盾：一方面是企业产品滞销；另一方面却是消费者的一些合理需求得不到满足。

当然，消费者的需求是多方面的，而企业由于原料、人力、财力、能力等的限制，不可能满足整个市场的所有需求，企业利用市场细分就可以及时、准确地找到属于自己的市场空间，一次独到的市场细分能为企业开拓一个崭新的市场。

5. 有利于企业发现最佳的市场机会

商品经济迅猛发展到今天，大大小小的企业提供的商品和劳务不计其数，但事实上消费者的需求是没有穷尽的，只要善于市场细分，将市场按照不同消费者的明显特点进行细分，把整体市场分成若干子市场，进而对经营者进行详细分析，寻找服务的空间，根据自己的经营能力，适时开发产品。作为企业可在市场细分中找到适合自己生存、发展的营销机会。

6. 有利于中小企业占领市场

中小企业的实力不如大企业强，如果在整个市场或较大的目标市场上与大企业竞争，中小企业必然处于劣势。通过市场细分，中小企业可发现尚未满足的消费者需求，根据自己的相对竞争优势，及时捕捉市场机会，灵活运用营销手段，在力所能及的情况下开发一定的市场，可以获取良好的经济效益。

7. 有利于提高企业的经济效益

企业对市场进行细分后，一方面，由于只面对较少的客户，可以深入探求每个细分市场的潜在需求，有的放矢地开发产品，使潜在需求转化为现实需求。另一方面，企业把有限的人力、物力、财力投入到目标市场，形成规模化的优势，既加速商品周转，又减少资金的占用，从而减少销售成本，提高企业的经济效益。

(二)市场细分的基本要求

1. 可测量性

当采用某一细分因素划分市场后，各细分市场的需求差异不仅明显存在而且是可测量的，各细分市场对企业的营销因素变动所产生的不同反应也是可以测量的。

例如，美国戴尔公司在全国市场上的成功就是得益于对全国市场的细分和对子市场购买情况的准确量度。

2. 可进入性

细分市场的目的是确定目标市场服务，而细分结果如发现企业根本不存在进入这些细分市场所应具备的条件，市场细分就失去意义。

3. 可营利性

相对企业规模来说，细分市场应有一定的规模，有足够的利润吸引企业在这个市场上经营，值得企业为该市场制定专门的战略、策略和为此投入资源。

4. 稳定性

细分市场不但要有一定的市场容量和发展潜力，而且还要有一定程度的稳定性。细分市场的各因素变化较少，企业占领市场后相当长时期内不需要改变自己的目标市场。

(三)市场细分的依据

不同类型的市场,细分的因素有所不同。根据消费者的购买行为和企业市场经营的实际状况,按照生活资料市场和生产资料市场的不同特点,总结出以下的细分标准。

1. 消费者市场细分的依据

消费者市场细分的依据(表3-1)实际就是消费者所具有的明显特征,造成消费需求特征多样化的那些因素,它们几乎都被视为市场细分的依据和标准。一般认为主要细分的依据是①地理因素;②人口因素;③心理因素;④行为因素。

表3-1 消费者市场细分标准

细分标准	具体因素
地理细分	·国别·气候·城乡·环境·人口密度
人口细分	·年龄·职业·性别·教育·家庭结构 ·宗教·收入水平·种族
心理细分	·生活方式·偏好·性格·个人兴趣 ·对各种营销要素的敏感程度
行为细分	·购买时机·忠诚程度·追求的利益 ·使用者情况·使用频率

(1)地理因素　地理细分就是以消费者所处的地理位置以及其他地理因素为依据,对总体消费群进行分类的过程。可用于细分消费者市场的地理变量有国家、地区、城市、乡村、城市规模、人口密度、气候、地域文化等因素。

处于不同地理位置的消费者,由于在社会文化、经济环境、自然条件、气候条件等方面存在差异,对同一类产品可能会存在不同的需要与偏好,进而对企业的各种营销措施也反应不一。这些都是地理细分的主要依据。按地理变量细分市场,还可以清楚地识别出市场发育程度。尤其是在国际市场营销中,按照产品在不同国家的上市时间,可以将全球市场划分为引入期国家市场(1～5年)、成长期国家市场(6～11年)、成熟期国家市场(11年以上)。地理变量虽然容易识别,但大多数地理变量是一种静态变量,而且同一地理环境中的消费者还会由于受其他因素的影响,而对同一类商品表现出不一样的需求特性,因此还需结合其他变量进一步细分市场。

(2)人口因素　依照人口因素细分市场的过程习惯上称为人口细分。所谓人口细分,就是指企业按照人口统计因素对消费者市场进行分类的过程。人口统计因素包括年龄、性别、家庭人口、家庭收入、职业、教育、文化水平、信仰、种族、国籍、家庭生命周期等因素。人口因素是市场细分最常用的指标。各种人口因素变量,可以采用单变量,也可以采用多变量组合。这主要取决于企业所经营的固有特征,以及企业对市场的认识。比如有的化妆品企业认为仅用"性别"细分市场还不够精确,因此采用"性别"+"年龄"+"收入"组合变量进行细分,就形成了基于性别、年龄和收入不同组合的各类化妆品细分市场。

(3)心理因素　所谓心理细分,就是按照消费者的生活方式、个性、购买动机等心理变量等对市场进行分类的过程。心理因素对消费者的爱好、购买动机、购买行为有很大影响。

在如今个性张扬的时代,消费者具有表达自我的强烈愿望和动力。企业就可以根据消费者心理特征来细分市场,并据此设计具有不同特征的产品来迎合消费者的愿望。细分消费者市场的心理因素变量有:个性、社会阶层、生活方式以及购买动机、价值取向等。

①个性　人具有各种各样的个性特征,这些个性特征往往潜在地影响人们的消费观念和购买行为。实际上,当企业采用人的个性来细分市场时,能够吸引具有类似个性的消费者。万宝路香烟通过产品设计、广告宣传等营销手段,使产品本身就具有了独立、豪爽的个性,吸引了众多具有独立、豪爽个性的男性烟民。

②社会阶层　由于职业、经济、社会地位的不同,形成了不同的社会阶层。每个阶层拥有本阶层的独特规范,从而影响人们对消费产品的选择,这就提供了按照社会阶层细分消费市场的理论依据。汽车、服装、家具、娱乐等企业就可以根据社会阶层来细分市场,为特定的阶层设计产品和营销方案,营造出适合不同阶层的产品和服务特色。

③生活方式　即使人们个性相同,社会阶层相同,但由于兴趣、观念、生活态度上的差异,也会选择不同的生活形式,并通过吃、穿、住、行、用的不同选择而表达出来。因此,根据生活方式来细分市场,更能表现出具有营销意义的消费者特征。比如按照生活方式不同,可以把消费者划分为“传统型”、“新潮型”、“节俭型”、“奢靡型”、“严肃型”、“活泼型”等消费群体。企业以心理因素进一步深入分析消费者的需求和爱好,更有利于发现新的市场机会和目标市场。

④行为因素　根据消费者购买行为因素进行市场细分的过程称为行为细分。所谓行为细分,就是企业根据消费者购买或使用某种产品的时机、所追求的利益、使用者情况、对某种产品的使用率、对品牌的忠诚程度、待购阶段以及对产品的态度等行为因素来细分市场的过程。如根据消费者的购买动机细分市场就可以发现,有的消费者追求物美价廉,有的追求社会声誉,有的则追求商品使用的方便,而且随着商品的不断丰富及人们收入水平的提高,这一细分标准的地位越来越重要。分析和掌握这一细分标准,是正确制定营销策略的必然选择。

2. 生产者市场细分的依据

细分生产者市场的依据,有许多与细分消费者市场的依据相同,如用户所追求的利益、用户情况、对品牌的忠实程度等。但是,由于产业市场有不同的特点,因此,企业还有其他细分依据。见表3-2。

表3-2　生产者市场细分标准

细分标准	具体要素
用户规模	·购买力·企业大小
用户地理	·地区·国别·集中程度
用户要求	·用途·追求利益

(1)最终用户的要求　在生产者市场上,不同的最终用户所追求的利益不同。如用于制造赛车与一般汽车的轮胎在耐磨性方面有不同的要求,赛车的轮胎要比一般汽车轮胎耐磨;对于

钢材，有的用户需要的是板材、有的需要钢管、有的需要的是线材；对电脑市场来讲，按不同的最终用户，可分为军事部门使用者、工业制造业使用者、家庭生活使用者等细分市场。军事部门使用者需求电脑质量可靠、性能要高、价格高低不作计较。工业使用者要求电脑适用范围广、质量好，价格适中。居民使用的电脑要求质量好、价格便宜。对于不同的用户，要生产出不同的产品。

(2)用户规模　用户规模的大小通常是以用户对产品需要量的多少来衡量的，因而用户规模可作为细分生产者市场的依据。

在西方国家，很多企业把用户分成大用户和小用户。许多企业为大小不同的企业用户分别建立了专门的服务系统，以便更好地适应各种规模的用户。大用户数目少，但购货量大，企业往往采用更加直接的方式与之进行业务来减少企业的推销成本。对于数目多但每次购货量较少的小用户，企业可以更多地利用中间商的网络来进行产品的推销工作。

(3)用户的地理分布　用户的地理位置分布，对于企业合理组织销售量，选择适当的分销渠道以及有效地安排货物运输关系很大。一般来说，生产者市场比消费者市场更为集中，因为大多数国家和地区由于气候条件、自然资源、历史条件和社会环境等因素会形成若干个不同的工业区(带)，如我国石油主要产地是山东的胜利油田，黑龙江的大庆油田，新疆的玉门、克拉玛依油田。煤矿主要在山西、东北、淮北。面对生产者成带状分布，企业选择用户相对集中的地区作为自己的目标市场，不仅联系方便，信息反馈快，而且还可以有效地规划运输路线，节省运力和运费，降低运输成本。并可以充分利用销售力量，降低营销成本，提高企业效益。

(四)市场细分的步骤与方法

1. 市场细分的步骤

市场细分程序一般分为七个步骤，即：正确地选择市场范围；列出市场范围内所有顾客的全部需求；确定市场细分标准；确定本企业开发的子市场；进一步对自己的子市场进行调查研究；采取相应的营销组合策略开发市场。见图 3-4。

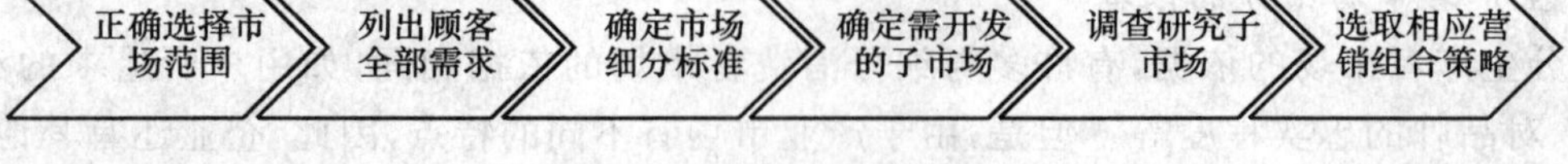

图 3-4　市场细分的步骤

2. 市场细分的方法

任何企业都可以用前面所讲的标准对市场进行细分，但是，由于各个企业经营产品品种不同，因而选择的标准也不相同。这些差别表现在选取依据的内容、选用依据的数量以及选用标准的难易程度上。

比如家电市场的营销，区别需求差异的因素主要是家庭收入、住房条件等，受生活方式、社会阶层、地理位置的影响较小。

而日用品市场的营销则受年龄、收入、社会阶层、生活方式、地理位置等的影响较大，因而运用市场细分方法时应结合产品情况，灵活运用以下四种方法：

(1)单一因素法　以某一因素来对市场进行细分。

如按性别来细分手表市场;按用途来细分电脑市场;按品种来细分水果市场。以儿童书籍为例,可针对不同年龄的儿童来设计生产,此时可以把书籍市场分为 0～3 周岁,3～6 周岁,6～12 周岁,12～18 周岁等 4 个子市场。

(2)主导因素排列法　当一个细分市场中存在多因素,可以从消费者的特征中确定主导因素,并与其他因素有机结合,确定细分目标市场。

就女青年服装市场而言,收入与职业通常是影响消费选择的主导因素,文化程度、婚姻状况、地理位置都居于从属地位,因而,应以收入、职业作为细分女青年服装市场的主要依据。

(3)综合标准法　运用两个以上的因素,同时从多个角度对整个市场进行细分。

如以收入水平、性别、年龄来细分服装市场、化妆品市场、手机市场等(图 3-5)。

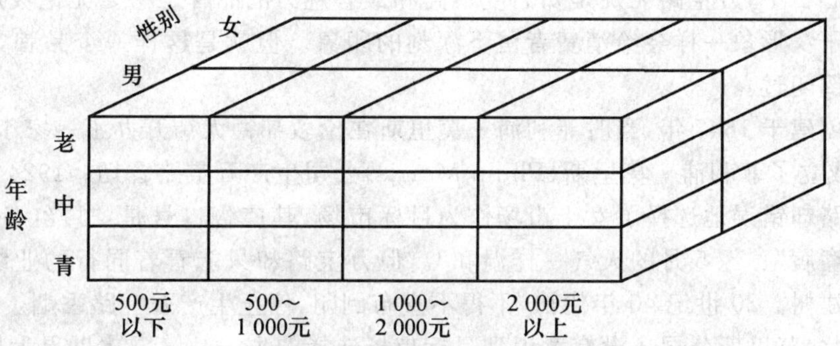

图 3-5　综合因素细分法

例如,一家企业依据消费者年龄、收入水平以及性别将服装市场细分为 24 个明显的分市场。

(4)系列因素法　运用两个以上的因素,依据一定的顺序来逐步细分市场。

细分的过程是一个选择分市场的过程,下一阶段的细分,以上一阶段选定的分市场为基础。以化妆品的销售市场为例,需考虑性别、地域、年龄、收入、文化、婚姻、职业、气候等因素。见图 3-6。

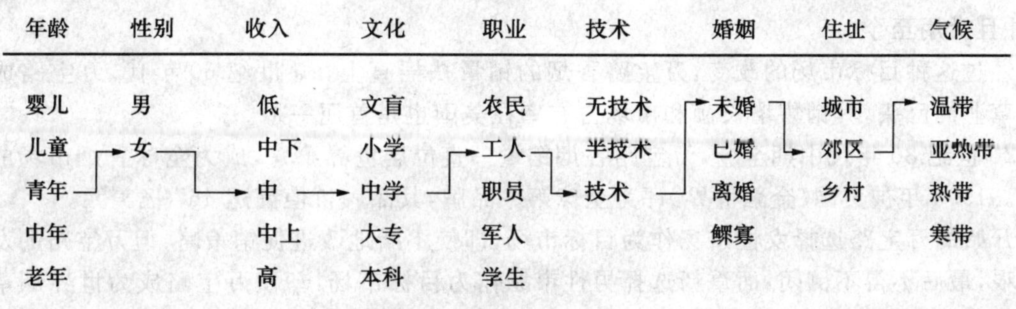

图 3-6　系列因素细分法

二、目标市场选择

(一)目标市场选择概述

目标市场,就是企业根据市场细分,确定为企业采取有效的营销手段,准备以相应的产品和服务去满足的现实的或潜在的消费者群所组成的市场。

企业选择目标市场实际上是选择企业为之服务的目标。企业的一些活动都是围绕目标市场进行的。目标市场选择不好,对企业的发展是很不利的,甚至是有致命危险的。

[案例 3-1]

2001 年世界最有价值的品牌中,万宝路位居第 11 位,价值总资产达到 220.5 亿美元。在全球消费者心目中,万宝路无疑是知名度最高和最有魅力的品牌之一。无论吸烟与否,万宝路所具有的男子汉形象一样会给消费者留下深刻的印象。但就是这样一个品牌,却曾因目标市场选择问题倒闭过。

万宝路创建于 1847 年,当时菲利浦·莫里斯在伦敦邦德大街开办了一家小的烟草销售商店,1919 年成立了菲利浦·莫里斯(Philip Morris)公司生产万宝路香烟。1924 年迁往美国。

但万宝路却错误地选择了女士市场作为目标市场,其广告口号是:“樱红色的过滤嘴配你红宝石色的嘴唇”、“像 5 月的天气一样温和”。但万宝路却只能看着同行的业绩不断攀升,自身没有什么建树。20 世纪 40 年代初,不得不宣布倒闭,停止生产万宝路香烟。

虽然如此,莫里斯公司还没有意识到目标市场选择的失误。第二次世界大战后,公司重新开张,但推出的仍然是女士香烟。当时美国香烟年消费量达 3 820 亿支,平均每个人要消费 2 262 支香烟,但万宝路只能眼睁睁地看着自己的产品积压。

痛定思痛,万宝路终于把目标市场由女士转向男士,将男士作为目标顾客。广告促销中也不再以女性作为主要的诉求对象,广告中强调的是男子汉气概,以吸引所有喜爱、欣赏和追求这种英雄气概的消费者。

在万宝路的广告中,其主角也变为深受美国人欢迎的西部牛仔:目光深沉、皮肤粗糙、浑身散发出粗犷、豪迈、勇敢气概的男子汉,手中总夹着一只万宝路香烟,跨一匹雄壮的骏马,驰骋在美国西部大草原。广告中还呼唤“醇和香浓,万宝路世界”,万宝路的西部牛仔形象因此诞生了,并且沿用至今。

经过这种目标市场的改变,万宝路香烟的销量扶摇直上,20 世纪 60 年代,万宝路成为美国烟草业的巨头,其销售增长额和市场占有率在美国也是首屈一指。

20 世纪 80 年代中期至今,万宝路香烟销量一直位居世界第一,成为全球香烟市场的领导品牌。1995 年被美国《金融世界》评为全球第一品牌,其品牌价值高达 467 亿美元。

开始的万宝路选择女性市场作为目标市场,即使不断地改进促销策略,但万宝路的发展举步维艰,最后不得不倒闭,而重新选择男性市场作为目标市场,却使万宝路成为世界烟草业的第一品牌。万宝路所经历的曲折说明,目标市场选择得妥当与否关系到企业生死存亡。

(二)选择目标市场的策略

企业对目标市场选择之后,由于所选的目标市场不同,这就决定了企业需要根据不同的市场类型综合分析权衡，选择合适的策略。选择目标市场策略主要包括：①无差异性市场策略；②差异性市场策略；③选择性市场策略 3 种方式。

1. 无差异性市场策略

企业面对的是整个市场，面对所有的消费者，而且只向他们提供一种产品，采取相同或相似的营销策略来达到企业目的。这种策略就是将消费者之间的差异性忽略不计，注重消费者需求的共性。例如，早期的可口可乐就只有一种口味，一种规格的瓶式包装，一样的广告词。

（1）无差异性策略的优点　首先，这种策略不需要对不同的细分市场进行营销研究和规划，这样可以节省营销研究成本与管理费用；其次，由于生产经营的品种少、批量大，营销和制造都可“标准化”，因而生产成本、运输成本和储存成本也相应地降低；再次，采用单一的广告与分销渠道，节约营销推广费用。

（2）无差异性策略的缺点　首先，它忽视了消费者需求的个性，而随着社会的发展，消费者需求的多样性是不可避免的，生产一种产品显然不能满足很多消费者的需求。因此，它仅仅适用于少数需求大致相同的商品市场。其次，如果企业都采取这种策略，就会造成激烈的竞争，企业承担较大的市场风险，有时不得不改变策略采取其他的市场策略，同时又使得很多的小细分市场得不到满足。

2. 差异性市场策略

差异性市场策略和无差异性市场策略既有共同点又有差异，相同点在于两者面对的市场都是整体市场。不同之处在于差异性市场策略注重整个市场中的消费者需求的差异性。

采用差异性市场策略的企业针对每个细分市场的需求特点，分别生产出不同的产品，采取不同的营销方案，满足各个不同的细分市场的要求。

（1）差异性市场策略的优点　可使公司有新的活力，企业竞争力增强，市场占有率上升。同时可减小经营风险，使得企业的应变能力增强。

（2）差异性市场策略的缺点　由于多产品生产，则生产成本、管理成本、库存与促销成本等，必然比单一生产高；同时对不同细分市场分别进行营销研究，销售分析以及广告、分销方面的管理，又提高了管理费用和促销费用。因此，采用这种策略，应权衡利弊，考察它能否给企业带来多大的利润，切不可盲目采用。采用这种策略的常常是那些实力雄厚的大企业。

3. 选择性市场策略

选择性市场策略又叫密集性（或集中性）市场策略。就是指企业有选择地选择一个或少数几个细分市场，作为目标市场，集中企业资源，制定一套营销策略，达到该细分市场的高占有率，实现企业的目标。这种策略比较适合于实力不强的企业，或者刚刚进入新的市场的企业。

日本企业在 20 世纪七八十年代在汽车市场独领风骚就得益于这种策略，在汽车王国打败美国汽车商，日本汽车就是选取了省油的小汽车作为突破口，一举占领美国的小型汽车市场。再如，TCL 从电视这个市场入手，先后开拓了电脑、手机等多个市场。

（1）选择性市场策略的优点　在于目标相对集中，更有利于企业深入了解市场需求，使产品更加适销对路，有利于强化企业形象及产品形象，取得细分市场的优势；同时由于在生产、分销和促销方面的专业化，可以节省生产成本和营销费用，增加盈利。

（2）选择性市场策略的缺点　目标过于集中，回旋的余地不大，一旦市场有变，如消费者的消费行为发生变化、有强大的竞争者进入市场，则企业承担的风险很大，这就对企业的管理和经营提出了很高的要求。

企业要建立灵活的应对机制，时刻要密切注视市场的变化，及时做出决策，以减少经营中的风险。

(三)影响目标市场选择的因素

1. 企业实力

如果企业实力强，就可以采用无差异性或差异性市场策略，把整个市场都作为企业的目标市场，面向所有的细分市场。如果企业实力较弱，则将有限的资源集中于一个或少数几个细分市场，采用选择性市场策略。

2. 产品特点

产品的特点包括品质、性能、使用寿命、规格、式样等。根据产品的不同特点可以采用不同的市场策略。对于性质差别不大、使用广泛、通用性强的产品，如大米、汽油、钢材等可以采用无差异性市场策略。对性质差异大的产品，如服装、家用电器等，采用差异性市场策略和选择性市场策略较好。

3. 产品的生命周期

在投入期，新产品刚投入市场，品种不多，市场上同类产品较少，竞争者亦少，此时可采用无差异性市场策略，也可以采用选择性市场策略占领一个市场，然后再伺机扩展。在成长期和成熟期，进入市场的产品增多，竞争者也增多，消费者的需求向更深的层次发展，此时应采用选择性市场策略和差异性市场策略以满足不同的消费者需求。进入产品的衰退期后，为延长产品寿命；企业要收缩市场，则以选择性市场策略较好。

4. 市场特点和消费者行为

如果市场上消费者的需求与偏好相似，消费者差异性不大，则可以采用无差异市场策略，为所有的消费者提供同样的产品；反之，如果消费者之间的特性相差很大，企业则应当采用差异性或选择性市场策略。

5. 竞争状况

当竞争者少时，可以采用无差异性市场策略；当竞争激烈时，应采取选择性市场策略或差异性市场策略；当自己的实力弱的时候可采取选择性市场策略；

如果竞争对手采用无差异性策略，企业也可以采用无差异性策略与对手进行竞争，也可以避其锋芒实行差异性或选择性市场策略，抢先向市场深度进军，占领更深层次的市场。

6. 宏观环境

营销宏观环境包括政治、经济、技术、法律、竞争等方面，这些因素不但控制、指导和调节着经济与社会的发展，同时深深地影响消费者的心理和行为。

因此，企业在选择目标市场的时候应该充分考虑到这些因素的影响(表 3-3)。

表 3-3 企业选择目标市场策略的参考表

企业市场策略	企业实力	产品类似性	产品生命周期	市场异质性	竞争者数目
无差异性策略	强	大	投入期	低	少
差异性策略	强	小	成长期、成熟期	高	多
选择性策略	弱	小	衰退期	高	多

任务4 市场定位

市场定位就是明确企业产品在消费者心目中所处的位置。定位并不是你对一件产品本身做些什么，而是你在有可能成为顾客的人的心目中做些什么，这也就是说，你得给产品在有可能成为顾客的人的心目中定一个适当的位置，并对消费者更具吸引力。事实上消费者总会在心里，从某一方面或多方面对产品进行优劣排序，故产品定位实际上是一种通过企业营销人员的运作，满足消费者需求的心理效应。

市场定位的定义是企业根据目标市场上的竞争者、需求者状况，针对市场或消费者对产品某种特征或属性的重视程度，为自己的产品培养一定特色、树立一定的市场形象个性，并通过一系列的营销努力把这种个性或形象强有力地传达给消费者，从而确定该产品在市场中的位置。

市场定位的实质是使本企业的产品与其他企业的产品区分开来，并使顾客明显感觉和认知这种差别，从而在顾客心目中留下特殊的印象。

市场定位的目的是影响顾客心理，增强企业以及产品的竞争力，扩大产品销售，增加企业的经济效益。

一、市场定位的方法

(一)迎头定位

这是选择与竞争者相同的市场面，与其一比高低的定位策略。采用这一定位策略要具备以下条件：①该市场位置最符合企业的业务实力；②本企业的资源和产品比竞争者有更多的优势；③该市场有足够的市场潜量。

[案例 3-2]

中山名人电脑开发有限公司成立于1993年初，是一家合资的专业化掌上电脑公司，公司成立后，名人在技术上遥遥领先于同行。1994年11月，名人首创全世界第一台全中文手写掌上电脑，一举突破该类产品传统的输入方式，但其销售形势却没有发生大的变化。曾作为1995～1997年名人公司全国总代理的张征宇，凭借多年在掌上电脑行业的经营经验，敏锐地觉察到掌上电脑巨大的商机，1998年创建恒基伟业，同年12月即推出掌上电脑商务通，并迅速向全国范围推广，只短短一年的时间，恒基伟业就创下了年销售40万台、销售收入10亿元的业绩，1999年商务通的市场占有率更高达60%，比处于第二名的名人高出40个百分点。

由于2001年以前商务通是PDA领域无可争议的领导品牌，名人便把商务通作为直接的竞争对手，一是竞争的需要，二是传播的需要。针对商务通赖以成名的“呼机、手机、商务通一个都不能少”的广告词，名人公司推出了“呼机换了，手机换了，掌上电脑也该换了”的广告语，而商务通立刻回敬“要换就换商务通 606”；当商务通用鹰比喻自己的产品的快捷时，名人马上称自己是射雕英雄；当商务通推行“个性风暴”时，名人马上推出“普及风暴”，提出个性消费必须以普及为前提，宣称“有实力，个性选择更容易”。

在这场争战中，商务通中了名人“借势”的圈套，针对名人又反过来进行了一系列的传播，从而使名人进一步引起了媒体的关注。如当名人让李亚鹏说“我酷，智能王”时，商务通则让濮存昕讲“比一比谁更酷”；当名人推出第一个武打片广告“笑傲江湖”时，商务通就来了一个“风快、剑快、商务通更快”，也玩起了武打。名人还通过开新闻发布会向全球同行厂商下“战书”，别出心裁地抛出“致恒基伟业的一封公开信”，提出“竞合”倡议，从而进一步引起了媒体的关注。结果，名人的市场占有率自 2001 年 4 月份以来稳定在 40%左右的水平，坐上了行业第一把交椅。

(二)避强定位

这是躲避竞争的定位策略。即避开强大的竞争者，将企业和产品定位在竞争不激烈或没有竞争的市场位置。采用这一定位策略要具备以下条件：①技术上可行。即有能力生产出符合该市场需要的产品或服务；②有足够数量的潜在顾客。

[案例]

如果产品的定位与竞争者雷同，且竞争者的产品定位已深入人心，你只能改变自己的定位，以避开强势定位。“白加黑”感冒片在进行定位时就采用了避强定位，在产品颜色和服药方式上进行差异定位，避开竞争对手，以“白天服药不打瞌睡”为利益点，明显与其他产品不同。投放市场仅半年，就创下 1.6 亿销售额，分割了全国 15%的感冒药市场。

(三)重新定位

指已经初次定位的企业根据市场需求和竞争状况的变化而改变目标市场或扩展目标市场的定位策略。

采用转移定位策略的企业可能有两种情况：①因初次定位失误而不得不重新定位；②因企业实力增强而扩展目标市场。

二、市场竞争定位策略

市场定位的角色扮演可由以下四大角色加以确立：市场领导者、追随者、挑战者和补缺者。自然，不同的角色定位应有相应的营销策略。

(一)市场领导者定位策略

市场领导者若想保持其领导地位，一般有以下三方面策略：①扩展整个市场；市场领导者积极为该公司的产品寻找新用途及更多的使用者；②保护市场占有率；③扩张市场占有率。

[案例 3-3]

皮尔·卡丹时装

领导时装流行长达 30 年的皮尔·卡丹，同时也是品位高尚、新潮时髦的象征。任何服饰只要贴上他的品牌或商标，立刻身价百倍，这是举世公认的事实。

曾赢得欧洲时装设计师最高荣誉——金顶针奖达3次之多的皮尔·卡丹先生的设计哲学是："创作是整体的，当你设计一件衣服时，你得同时想到四周与它会接触到的环境。"该公司的产品从女装到男装、内衣、家庭用品、家具、电话，甚至汽车、飞机等不下百余种。

在时装界获得成功后，皮尔·卡丹又致力发展其他事业。1970年他买下巴黎的大使剧院，将之改成卡丹乐、戏剧、舞蹈的演出。1981年，他又买下了著名的美心餐厅，并且在世界各大都市开设连锁店，使皮尔·卡丹成为跨国性、多元化的大企业。

皮尔·卡丹敢于求新求变，接受挑战。他曾将男装从英国一丝不苟的传统中解放出来，无论在线条或造型上都表现出独特新潮的个人风格，令保守的英国上流绅士万分欣赏。而他率先前往封闭的国家如原苏联、东欧、中国内地开发市场，更表现了他的眼光。

皮尔·卡丹还最擅长造势。在他30多年的设计生涯中，总共举办了80多场风格独特的时装发布会，有时在巴黎，有时在伦敦、纽约、东京……每一场发布会都会刮起一阵时装界的世界旋风，风靡当地上流社会，成为新闻的话题。如此懂得造势、善于造势，难怪"皮尔·卡丹"四个字能够历久弥新，始终脍炙人口！

定位准确，求新求变，勇于开拓，善于表现大师级风范，这是作为时装界领导者的"皮尔·卡丹"常胜不败的秘诀。

(二)市场追随者定位策略

市场追随者采取的是"我也是"的市场定位策略。所谓的"跟随"并不是被动的或是领导者的副本，必须确定自己的成长路线，而且不会引起竞争的报复行动。

一般有三个跟随策略可以选择：①紧密地跟随；②保持距离地跟随；③选择性地跟随。此跟随者有些方面紧跟着领导者，而有些方面则依自己的方式行事。

[案例]

麦当劳进入市场以后，接踵而至的是肯德基；可口可乐进入市场以后，百事可乐随即也进入市场，它们也都获得了有利的市场地位。百事可乐最早也是以"我也是"策略进入市场的。百事可乐对可口可乐的追随简直到了仿冒的地步。"可口可乐"的命名，据说是可乐倒入杯中时的"咔啦咔啦"声，而"百事可乐"的名字则是打开瓶盖时冒气的声音，后面的词是完全一样的。

可口可乐曾因此控告百事可乐，打了多年的官司，最后法庭判决"可乐"为一般名称，而非专有名词。

(三)市场挑战者定位策略

市场挑战者采取的是市场攻击型策略：①攻击市场领导者的弱点；②攻击规模不足以巩固其市场，而且财力不足的公司；③攻击行销能力与财力不足的地区性小公司。

[案例3-4]

国内两大家电巨头——海信、海尔在山东对簿公堂

2001年6月先是海尔以"进行不正当竞争，损害企业声誉"的名义将海信告到山东省高院。随后，不甘示弱的海信又以相同的理由将海尔也告上法庭。双方指证的事实和诉讼请求几乎雷同。起诉双方均认为对方涉嫌不正当竞争，要求对方赔偿让人感到莫名其妙的“经济损失”，分别为 3 030 万元和 3 050 万元。

据了解，青岛的这两家著名家电企业在市场营销方面明争暗斗已久。开始，海信的主要产品为电视机，海尔则主打洗衣机、电冰箱，两者的经营范围井水不犯河水，因此两家企业像兄弟般友好相处，两家企业的掌门人张瑞敏和周厚健还经常走动，坐到一起喝喝茶，聊聊天。

自从海信上马空调器后，两家企业开始同城竞技，关系日趋微妙，后来海信又上马电脑、电冰箱、手机等，企业向多元化发展，蚕食了海尔的部分市场份额，导致海尔十分不快，两家终于从过往甚密发展到在法庭上“大打出手”。

在此案例中，海信实际上采用的就是一种市场挑战者定位策略，更好地扩大了自己的知名度，欲从海尔的市场份额中切出一块蛋糕。

（四）市场补缺者定位策略

市场补缺者往往是一些小企业，他们无力和主要的厂商发生市场冲突和市场竞争。因此，便占有某些安适的市场，借专业化来提供有效的服务，而且这些市场常常可能被主要的厂商所忽视。市场补缺战术的主要策略是专业化，厂商必须随着市场、客户、产品、价格、渠道、推广、品牌来实行专业化。

［案例 3-5］

日本 7—11 连锁店的特色服务

小百货商店经营的竞争激烈程度是众所周知的。小小的 7—11 硬是在这个领域里闯出了名堂。

7—11 的每间店面都很小，出售的产品大多是一些小件日用品和冷热速食品。它的宣传标语是：“店还开着，很好！”相当成功地传达出了企业对社会的存在意义——“都市化”的生活方式。

首先，许多现代日本人的早上、下午、晚上的作息形态是不严格划分的。有些人把早上当作下午，而把中午当成下午 5 点，也有人在晚上 11 点才吃晚餐。由于从事服务性、新闻资讯工作或娱乐业的人越来越多，这类人的队伍在快速扩大。

再者，7—11 还考虑到，现代社会中的小家庭和单身生活的人在不断增加，这些人士的生活形态的个性化更加明显。而百货公司或超级市场，总是以大众的观点衡量顾客层，并未考虑到个人之间的差异，忽略了现代市场的特性。

另外，大多家庭都有轿车，不受时间、距离限制而能自由活动的顾客越来越多，半夜到商店购物的人并不稀奇。

最后，家庭主妇的就业率逐渐上升，利用下班时间购物、买菜的也多了起来。7—11 就是针对这种特征而设计的，这是细分市场寻位战略。

“店还开着，很好！”7—11 以其特有的方式，满足了现代日本社会的需求，获得了成功。

任务5 饲料市场出现的新特点和存在的问题

一、我国饲料行业特点

(一)饲料业的工业化率较低

中国饲料业虽然形成了较大的生产能力,但与中国养殖业巨大的饲料消耗量相比较,工业饲料仅占所有饲料用量的30%左右,其余为农家饲料。占有养殖业绝大多数份额的一般养殖户使用工业饲料的比例较低,而是较多地使用青饲料和自配饲料。这一方面表明中国养殖业的饲料供应具有明显的半自然经济特征,另一方面也表明中国工业饲料仍有很大的拓展空间。

(二)饲料业的民营化程度高,产业竞争激烈

饲料工业是一个新兴行业,受计划经济环境的影响较小,其市场观念、竞争意识和应变能力相对较强,能够适应市场经济环境的考验。同时,产业进入的政策壁垒、技术壁垒和投资壁垒较低,有利于民营资本和外资的进入,从而形成了以民营资本(含外资)为主的产业资本结构。从数量上看,中国目前已有300多家外资饲料企业,90%的饲料企业都是民营企业。这种产业资本结构决定了较为开放的产业政策,并形成了竞争激烈的市场结构。

(三)相对于较大的总量规模,单个企业的平均规模较小

这与世界状况和美国情况相比可看出:世界饲料业的现状是,约3 800家大型饲料企业生产的配合饲料占全球总量80%,单个企业的平均生产规模为12.5万t/年左右。美国300家饲料加工企业生产了1.2亿~1.4亿t饲料,单个企业的平均生产规模为40万t/年左右。

(四)产业结构不合理

一是饲料添加剂工业严重滞后,氨基酸、部分维生素、药物添加剂等,不仅品种少,而且产量低,仍然依赖进口;二是饲料加工能力相对过剩,企业普遍开工不足,全国平均开工率为50%,相当一部分企业规模小,设备陈旧,工艺落后,技术水平低,缺乏市场竞争能力;三是玉米等原料价格波动影响较大。

二、我国饲料行业存在的主要问题

(一)饲料安全问题

尽管目前我国饲料安全状况总体上是好的,但近年来我国少数饲料和养殖企业违法使用多种违禁药品,如盐酸克伦特罗、镇静类药物如安眠药等,以及超量、超范围使用药物饲料添加剂和兽药等,严重影响着我国养殖业产品相对优势的发挥和饲料工业的持续健康发展。我国政府关注食品安全,加强了对饲料中激素和抗生素监测和控制,加强对市场的管理。饲料安全

不仅关系到饲料业本身，还关系到我国畜牧产品的出口，关系到人们的健康，是当前我国饲料业亟待解决的问题。

(二)饲料质量问题

表 3-4　饲料抽检结果

时间	抽查对象	合格数	合格率/%	增长比率/%
2011 年上半年	6 146 个企业	5 053 个	82.22	
	9 535 批次产品	8 198 批次	85.98	
2011 年下半年	11 290 个企业	9 924 个	87.9	5.68
	18 342 批次产品	16 577 批次	90.4	4.42

数据来源:《关于 2010 年上半年全国饲料和饲料加剂质量监督抽查检测结果的报告》

两次抽检存在的普遍问题是，当前饲料生产经营和使用环节上，产品卫生指标超标问题和违禁添加药物现象依然存在。下半年抽检中共有 258 批次样品检出了违禁药物和违规添加的药物。经营企业的产品质量合格率普遍低于生产企业的同类产品合格率，如维生素预混合饲料产品合格率为 66.67%，比生产企业合格率低 30.97%。

(三)饲料标准问题

1. 我国的饲料工业标准化体系不健全

一是标准老化，特别是饲料产品标准严重老化。二是现有标准不配套。一些标准中的某些内容标明引用某某标准，然而被引用的标准中实际上没有此项内容。

2. 企业标准水平较低

主要体现在以下几个方面：一是标准中指标不全，不能完全体现产品所应具有的功能特性；二是产品指标定得过低，降低了产品中营养物质的含量；三是企业制定标准人员水平较低，标准的结构、文字、术语等较为混乱。目前相当一部分企业所制定的企业标准水平较低，使用这样低水平企业标准的企业，必然生产出档次低、质量差的产品。因此，加强饲料产品质量标准化体系的建设、规范企业标准，已成为亟待解决的问题。

三、饲料行业发展新趋势

(一)产业政策调整，中小企业大量退市

中小企业较多是行业进入成熟期之前的表现，近些年，随着行业发展水平明显提升，中小企业的盈利空间正在受到全方位挤压，生存环境日趋严峻。数据显示，2009 年全国共有饲料加工企业 12 291 家，同比减少 1 321 家，下降幅度为 9.7%；2010 年企业数量为 10 843 家，同比减少 1 448 家，下降幅度为 11.8%。

当前我国饲料行业正处于产业调整期，据了解，“十二五”期间，我国将加快推进现代饲料产业体系建设。按照“提高门槛、减少数量，转变方式、增加效益，加强监管、保证安全”的原则，将大力发展优质安全高效环保饲料产品；鼓励饲料生产企业竞合，建立饲料行业诚信体系，推行生产全过程质量安全管理制度；统筹国际国内两个市场，加强饲料资源开发利用，着力构建

安全、优质、高效的现代饲料产业体系。产业政策调整的影响以及产业环境的变化，导致行业门槛提高，进而一批企业会被淘汰。预计今后一段时间，中小饲料企业倒闭潮将会更大，有专家预测：今后5年内，30%以上的饲料企业将主动或被动退出市场竞争。

(二)生产成本高，利润空间受到挤压

我国饲料原料市场已经逐步与国际接轨，受自然灾害、资源减少和国际贸易等因素的影响，这两年饲料原料价格居高不下，直接推动饲料产品进入高成本时代，由于饲料行业下游是养殖业，成本的增加直接会拉升畜禽产品的市场价格，而畜禽产品价格变动关系到广大民众的生活，因此，饲料价格的上涨空间不可能有大的增长，否则会引起社会不稳定。

与此同时，随着中国步入高劳动力成本时代，饲料行业的人工成本也逐年抬高。尤其是当下国内外通胀形势严峻，更助推了饲料企业的人力、原料、资金等一系列成本的全面上升。由于大多数规模化经营的一条龙企业为了减少生产成本，自己建饲料厂，受此影响，现在的饲料产品利润率与20世纪八九十年代相比明显下降，而且这种趋势并未减弱。随着养殖业规模化程度的大幅提升，饲料产品利润率的下降回归是个客观规律，这个过程将一直延续到产业的整合基本完成。

(三)资本运作加速，社会资源更加集中

当前我国饲料企业生产规模稳步增加，企业的竞争力显著增强，企业数量明显下降，社会资源逐步集中在大企业手中。2010年，全国共有年产50万t以上的饲料企业或企业集团30家，饲料产量占全国总产量42%，分别比2005年增加13家和17%。

随着企业生产规模的扩大和社会化功能的增强，一些处于行业引领地位的企业纷纷寻求上市，饲料企业的资本运作也成为资本市场上值得关注的力量。从新希望、通威、中牧、正虹这些老牌的上市饲料企业，到近年的天康、天邦、正邦、大北农、海大、金新农、唐人神等新上市的饲料企业，再加上禾丰、双胞胎等将要上市的饲料企业，其数量处于畜牧行业领先地位。随着饲料行业成熟度的提升，其劳动密集型和资本密集型的产业特点逐渐显现并占据主导，饲料行业已进入资本时代。可以预期，随着行业的发展，会有更多的饲料企业谋求上市，企业的社会资源也将更加集中，这有利于行业整体升级。

(四)养殖精细管理，专业化水平彰显企业竞争力

近年来，养殖规模化精细化趋势拐点的出现，为行业带来了加速整合的机会，饲料行业联合、重组、兼并步伐明显加快，伴随散户退出的规模化养殖进程，在目前还很分散的饲料行业内，竞争优势使优秀企业展现出持续成长的能力。

规模化养殖企业目前普遍采取更有效率、更加精细的多阶段饲喂方式，多阶段饲喂方式要求有专业化生产的饲料，这就对饲料企业在动物营养研究、配方技术、生产工艺、质量控制、技术服务上都提出了更高的要求，中小饲料企业一是不具备集中采购、规模化生产的低成本优势，二是不具备多阶段饲料研发生产的相关技术能力，三是不能支持多阶段饲料销售要求的服务营销网络和团队建设需要，在新一轮市场竞争中它们将加速退出，这就给优秀企业留出充足的市场空间。在这一机会中，专业化生产水平较高、服务营销模式成熟、精细化渠道管理有力的企业集团，在稳定获取超越行业增长带来的回报的同时，将逐步实现净利润率水平的小幅提升。

(五)饲料资源短缺,开发非常规饲料空间较大

我国是饲料资源并不丰富的国家,豆粕生产主要依靠进口大豆,对进口的依存度达75%左右,鱼粉进口依存度也在70%以上,饲用玉米用量已超过1.1亿t,占国内玉米年产量的64%,玉米供应日趋紧张。从长远来看,随着养殖业和饲料工业持续发展,大宗饲料原料的供求矛盾将进一步加剧,饲料原料价格不断上涨、波动更加频繁是必然趋势。目前我国玉米-豆粕型为主的日粮结构,在玉米、豆粕价格高和饲料产品利润率下降的形势下,正受到市场的冲击。

今后,杂粮、杂粕型日粮将会更多的出现在市场上,目前饲料行业中普遍应用DDGS(玉米酒糟蛋白)、秸秆发酵养鹅、秸秆青贮养畜等,就是非常规饲料利用的典型案例。据了解,"十二五"期间我国秸秆饲用量将增加1 000万t,饲用秸秆利用率将达到50%,杂粕、糟渣、食品加工副产品等存量较大的非粮饲料资源优质化处理水平会明显提高。下一步国家将推动建设利用动物加工副产品生产优质蛋白的示范基地,利用食品工业糟渣废液经微生物发酵生产优质蛋白的示范基地等,这对于非常规饲料的开发利用是一大商机,可以一定程度上缓解饲料资源短缺。

(六)倡导节能减排,生产低碳环保饲料前景广阔

目前我国饲料生产中普遍存在资源浪费的问题,有的厂家为了达到特殊效果,往往采取不科学的饲料配制方法,如刻意提高蛋白质水平、钙磷水平等,由于畜禽不能完全消化和吸收利用,不仅不会起到有效作用,还会造成资源浪费、环境污染,不利于节能减排。

新时期我国饲料工业发展将实现以下目标:低氮、低磷等环保型饲料产品研发与推广取得明显进展,饲料产品中矿物质、微量元素和药物饲料添加剂使用更加规范,饲料工业单位产值能耗稳步下降。为此,有关部门正在计划选择一批大型饲料生产企业,建设蛋白质饲料资源高效利用示范基地,结合氨基酸平衡技术,开展低豆粕、低鱼粉、低氮饲料产品的生产和示范推广。由此可见,在全社会致力于推进节能减排的大环境下,开发低磷低氮、低碳环保的新型饲料,具有广阔的市场空间。

(七)生产形式变化,散装饲料将会实现快速发展

我国饲料生产与国际先进水平很接近,也是专业化水平较高的行业。随着社会分工的进一步明确,饲料产品的专业化配送将是未来发展的方向。在一些发达国家和中国台湾地区,专业化的散装配料车已经普遍应用,我国大陆地区虽然也有这种形式,但是主要用于肉鸡饲料的配送,很多是在大企业内部使用,真正商业化经营的并不多。这种经营模式不仅能提高饲料加工、饲养管理的自动化水平,还可以节省包装成本、人力成本,缩短饲料贮存时间,一定程度上提高饲料利用率,同时带动设备制造企业发展。

据悉,今后国家会加大支持饲料行业技术改造,采用先进生产设备与工艺,降低加工损耗,提高加工效率,鼓励饲料生产企业推进"厂场对接"销售模式,推广配合饲料散装运输和储存技术,降低包装和销售中间环节费用,走循环经济发展道路。这是一个大的技术体系,尽管现在没有大量推开,但是研究领域正在做这方面的准备,从袋装饲料转变成罐装车运输,设计一些标准,从饲料厂的细节标准、运输车的标准直到养殖场、饲料传送的设备标准,都有一整套的技

术体系的构建问题，这也将是未来发展趋势。

（八）重视食品安全，饲料产品被赋予新的内涵

近年来，我国食品安全问题多发，其中与饲料质量有关的问题也时有发生，如含有三聚氰胺的牛奶、鸡蛋、含有瘦肉精的猪肉等，这些食品安全问题都出在饲料生产与使用环节，再加上一些消费者误认为鸡肉中含有激素，更有不负责的媒体指出鸡肉中的激素源自于饲料中添加。以上种种错误认识，使得饲料行业的生产经营行为受到社会各界的普遍关注。

新时期的饲料生产已经超越了畜牧业范畴，变成与广大民众的生活息息相关。从2012年5月1日开始，新的《饲料和饲料添加剂管理条例》将实施，随着饲料和饲料添加剂管理新规的正式生效，以及消费者对食品安全的日益关注，饲料企业在选用添加剂产品时会越来越理性和现实，在研发方向紧贴实际的前提下，生产微生态制剂等抗生素替代品，减少甚至不使用抗生素以及一些公众敏感的添加剂，提高食品安全水平，将是饲料企业重点需要突破的方向，发展空间广阔。

（九）经营方式转变，延伸产业链分散市场风险

专业化地把饲料产业做精、做细、做大、做强是我们的传统，现在这一传统首先在肉鸡产业遇到挑战，全世界认同的趋势是，今后很难有单一的商业化肉鸡饲料生产者，必须实行从育种到孵化、饲料供应到防疫灭病、养殖到屠宰加工的一体化经营，才能分散企业的生产经营风险，目前很多企业认识到了这一点。

近些年，饲料行业生产经营方式转变呈现新格局，一批大型饲料企业向养殖、屠宰、加工等环节延伸产业链，成为养殖业产业化发展的骨干力量，如新希望打造了猪禽养殖、饲料生产、食品加工等完整的产业链，正邦、艾格菲等近年大举进入养猪领域，建设猪产业链，其他一些企业或是涉足畜禽养殖，或是涉足兽药、疫苗生产和食品加工领域。今后一段时期内，饲料行业经营方式转变将更为突出，因为只有延伸产业链才能更好地提高抗风险能力，预计延伸产业链将成为一线饲料企业下一步的主流选择。

（十）买方市场到来，提供增值服务取胜行业终端

在卖方市场时期，只要是市场上缺少的饲料，无论质量如何，都可以销售出去，即使养殖过程中出现问题、造成一定的损失，也不一定会想到是饲料质量原因，展会、产品推广会、订货会都成为企业推销产品的有效渠道。在饲料行业完成从卖方市场向买方市场转变的过程中，养殖终端的客户也越来越“挑剔”，这种“挑剔”其实是养殖终端成熟的表现之一，同时也能提升饲料企业的竞争力。

新时期的养殖场不仅要求饲料质量合格、价格低廉，还需要饲料企业提供有效的售后服务，甚至是全程保姆式服务。他们除了关注如何养好家禽外，还希望获取更多有价值的市场信息，提升自己的生产经营水平。由于他们获取信息的渠道有限，饲料企业如果能在提供优质饲料产品的基础上，提供企业经营方面的分析和预测、投资与赢利分析、市场风险分析等有价值的信息，做到真正意义上的增值服务，就会主动赢得用户的信任。因此，饲料企业必须做到销售与服务的有效结合，在把产品销售给养殖场的同时，也要打包售后服务，以实现及时、便利、全方位的技术服务。

项目小结

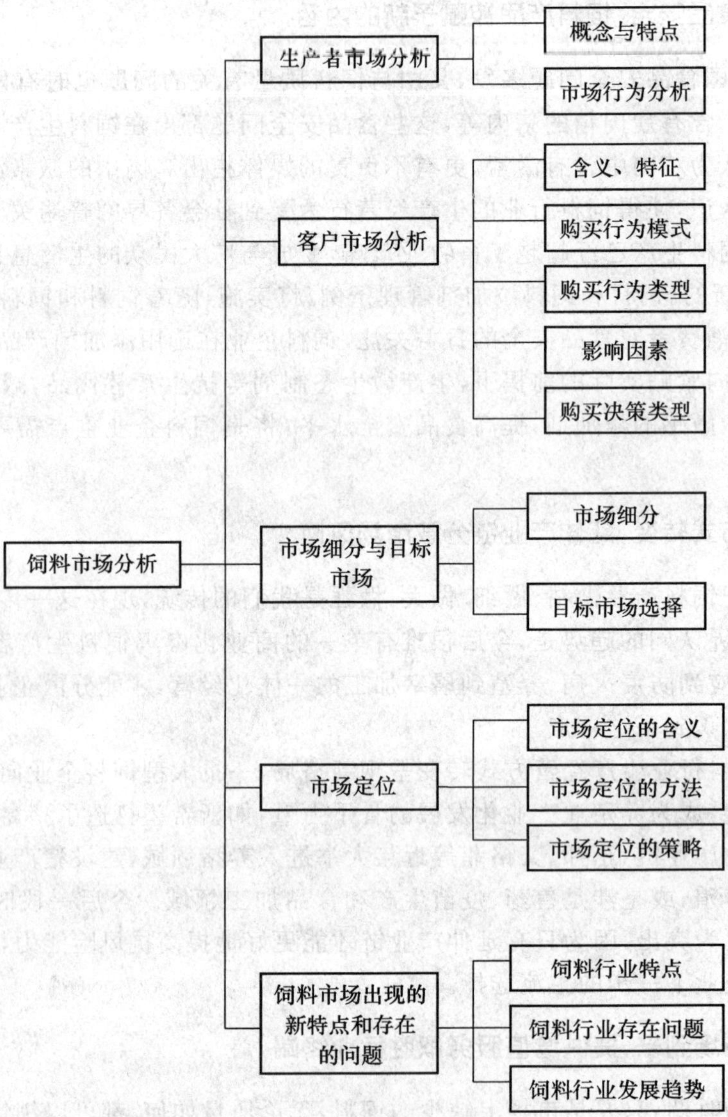

职业能力和职业资格测试

一、名词解释

生产者市场、客户市场、市场细分、市场定位

二、简答题

1. 生产者市场的需求特点有哪些？
2. 画图说明产业购买者的购买过程。
3. 消费者市场的基本特征有哪些？
4. 影响客户购买行为的因素有哪些？
5. 简述市场细分的步骤和方法。
6. 简述饲料市场的新特点。

项目4

饲料市场调研

项目设置描述

本项目主要对生产者市场分析、客户市场分析、市场细分与目标市场、市场定位、饲料市场新特点等方面的内容进行了阐述。通过本项目的学习，可以帮助大家掌握饲料市场的新特点以及如何有效开展饲料市场的分析与正确定位。

学习目标

1. 能够准确表述市场信息的概念及特征。
2. 能准确阐述市场营销调研的概念、描述市场营销调研的程序和方法。
3. 能够应用所学知识，熟练运用适当的方法开展市场调研工作。
4. 掌握市场预测的概念和应遵循的原则，概述常用的市场预测方法。
5. 熟练应用相关知识，进行常规的市场预测。

任务1　市场调查

一、市场营销信息系统

(一)市场信息

市场信息是一种特定信息，是企业所处的宏观环境和微观环境的各种要素发展变化和特征的真实反应，是反映它们的实际状况、特性、相关关系的各种消息、资料、数据、情报等的统称。市场信息是社会信息的重要组成部分，它反映市场动态，表现市场供求、消费心理、竞争及市场营销活动，并不断扩散。它是企业了解市场、掌握市场供求发展趋势，了解用户、为用户提供产品和服务的重要资源。

在现代社会化大生产和市场经济条件下，有三大趋势使得现代比以往任何时期都更需要市场信息。

首先，许多企业从地区性市场营销转变为全国性和国际性市场营销，企业与产品销售地点之间的距离在不断扩大，因此，企业管理人员在制定重大决策时，就更需要以准确、及时的信息为基础。

其次，企业市场营销工作的中心，已从购买者需要的满足转变为购买者欲望的满足。在社会经济日趋繁荣、社会成员的生存需要依次得到满足的情况下，购物已成为一种高度显示个人特性的行为。所以，作为卖主的企业界更需要了解购买者的现有欲望和潜在欲望。

最后，现代企业已从价格竞争转变为非价格竞争，企业运用品牌差异、产品差异、广告、促销等竞争方式，也更加需要信息。

信息是一个有效营销的决定性因素，是企业管理的重要资源，是决策的重要依据，是组织和控制生产经营活动的重要手段。在工业社会里，战略资源主要是资本，而在现代社会里，信息成了主要战略资源。为此，及时掌握全面、可靠的市场信息是一切市场营销者的第一要务。

(二)市场营销信息系统

市场营销信息系统是一个由人员、机器和程序组成的具有相互影响的机构，它收集、挑选、分析、评估和分配适当的、及时的和准确的信息，以用于营销决策者对他们的营销计划的制定、改进、执行和控制。

营销信息系统由四个子系统组成：内部会计系统、营销情报系统、营销调研系统和营销分析系统。营销信息系统见图 4-1。

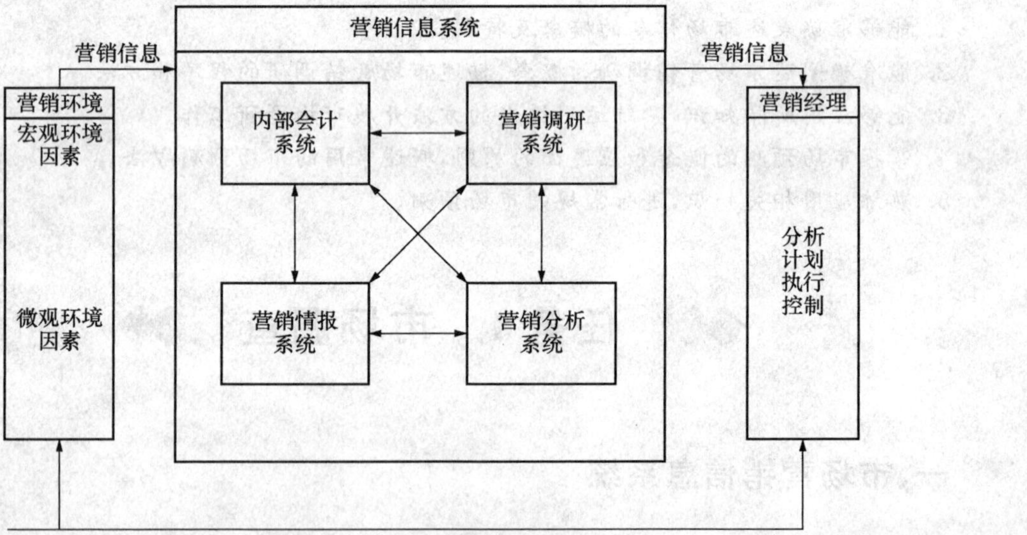

图 4-1　营销信息系统

(1)内部会计系统　内部会计系统的主要任务是向营销人员提供有关销售、成本、存货、现金流程、应付款、应收账款等各种反映企业经营现状的信息。通过分析这些信息，营销人员可及时发现问题和机会。这一系统的建立可借助计算机等现代技术工具，以达到内部信息传递的及时性、有效性。

(2)市场营销情报系统　该系统的任务是为管理人员提供有关营销环境发展变化的数据。这一系统要发挥作用，需要主管人员有意识地建立信息来源渠道和明确收集信息的要求。信息来源可多样化：销售人员，中间商，外界情报系统，企业的信息部门等。对销售人员和经销商应规定情报收集的具体要求。

(3)市场营销调研系统　该系统的任务是搜集、分析、提出评价某个特定问题的结果供管理人员决策时参考。营销人员除了了解内部和外部的有关信息外,还需要经常对特定问题和机会进行深入的研究。这就需要借助营销调研部门为他们提供原始的数据及对其的分析与研究的结果供他们决策时参考。

(4)市场营销分析系统　营销分析系统是由分析市场营销数据和问题的先进技术所组成。它包括统计程序和模型,借助这些程序和模型,可以从信息中找到更精确的调研结果。

二、市场营销调研

所谓营销调研,是指系统地设计、收集、分析并报告与公司所面临的特定问题有关的资料和调研结果。企业的营销经理经常会面临一些特定的问题需要深入分析,以希望能做出正确的决策。营销调研是更好地了解、分析营销问题的保证。

理解市场调研的概念要掌握以下三点:

第一,市场调研是一项市场营销活动,其目的是要了解市场(包括现实市场和潜在市场)。

第二,市场调研要求客观性和广泛性。客观性是市场调研的本质,但客观性是建立在广泛性基础上的。没有市场调研的广泛性,就谈不上市场调研的客观性。

第三,市场调研的手段是系统性地收集、记录、分析有关情报资料和数据。没有系统性就很难避免主观、片面,甚至有可能给企业决策者带来完全错误的市场信息。

(一)市场调研的类型

1. 探测性调研

探测性调研指对企业或市场上存在的不明确问题进行的调研。通过探测性调研可以弄清情况,找出问题的关键,探讨解决问题的办法或为进一步深入调研做好准备。如某汽车厂为了解顾客对汽车的满意程度,任意选择100名顾客进行问卷调查,分析被调查者的意见和要求,以确定产品质量的改进方案。

2. 描述性调研

描述性调研指对市场上存在的客观情况如实地加以叙述与反映,从中找出各种因素的内在联系。如调查了解本企业产品的销售量、成本、顾客类型、年龄结构、收入水平,以及竞争者数目、竞争者产品的特色、竞争手段、分销渠道的配置等情况。

描述性调研与探测性调研既有联系又有区别。探测性调研的答案是对某一问题的不确定因素确定"是"与"非",而描述性调研是对某一问题的客观情况进行说明,在说明中也包含着"是"与"非"的问题。

描述性调研所取得的市场信息十分重要,它是进行因果性调研和预测性调研的基础性工作。由于描述性调研注重事实资料的记录,因此,一般可采用询问法、观察法进行调查。

3. 因果性调研

因果性调研指在描述性调研的基础上,为了解市场中出现的有关现象之间的因果关系而进行的调研。因果性调研一般采用实验法收集有关市场变化的实际资料,并运用统计分析和逻辑推理,找出现象之间的因果联系。分析何种因素是因,何种因素是果,其相互影响程度如何?还要分析哪一个因素是主要的,哪一个因素是次要的?例如,某电视机厂销售量逐渐下降，什么原因造成的呢？是价格过高，质量下降，或是竞争产品有了改进？等等。通过因果性调研，找出原因，选择解决办法。

4. 预测性调研

预测性调研指通过收集、分析、研究过去的和现在的各种市场情报资料，估计未来一段时间内市场变化趋势的调研活动。预测性调研所运用的资料是由前三种调研所提供的。预测分析方法分为定性分析和定量分析。预测性调研的目的是要估计潜在需求，把握销售机会，以便制定切实可行的营销计划。

(二)市场调研的要求

市场调研的内容很广泛，又存在一定的偶然性，要确保取得的信息资料符合客观实际情况，在进行市场调研时必须坚持以下要求：

1. 准确性

即如实反映客观情况。准确的市场信息是做出正确营销决策的前提条件。要达到准确性的要求，首先要做到科学性，这是保证调查资料准确性的关键。这就要求在市场调研中既要有科学的态度，实事求是地反映市场情况，又要运用科学的方法，以免被市场活动中非主要因素所迷惑。其次要做到系统性。只有做到系统地收集、整理信息资料，才能避免因材料不全或不客观而造成判断的失误。因此，市场调研必须坚持科学的态度，求实的精神，如实地反映客观情况，认真鉴别信息资料的真实性和可信度，要求做到获取的信息有充分的根据，推理严谨，准确可靠。

2. 及时性

即最迅速最灵敏地反映市场发展各方面的最新动态。它要求做到两点：一是及时地记录已发生的各种市场情况和问题；二是及时地传递给决策部门和管理中心。市场信息的价值在于它的时效性，时间延误将会使信息的价值消失。只有及时地收集、分析与传递信息，才有可能抓住市场机会，做出正确的决策。

3. 适用性

即向企业各级管理层和领导者提供的市场信息都是有用的。市场信息很多，但不一定对企业都有用，企业没有必要去收集那些没有用处的信息。这里首先要明确市场调研的目的，根据目的去有针对性地收集市场信息。其次，对已收集到的信息要进行加工、筛选和整理，提炼出符合调研目的需要的有用的信息，这样才能收到事半功倍的效果。

(三)市场调研的范围

营销调研活动涉及营销管理领域之内，一般而言，营销调研的范围如下所述。

(1)市场与销售研究　市场潜量的衡量，各地区市场，市场份额分析，市场特征的确认，销售分析。

(2)广告研究　广告稿调研，媒体调研，广告效果分析，广告预算的拟定。

(3)产品研究　新产品的评估，竞争产品研究，现行产品测试，产品的用途、特征、包装、生命周期的分析。

(4)价格研究　消费者对价格变动的反应，新产品价格的决定，现有产品价格的调整。

(5)渠道研究　中间商状况分析，物流分析，分销商行为和管理研究。

(6)经济和竞争研究　短期预测和长期预测竞争者动态，以分析公司销售造成的影响，宏观环境对公司的威胁和机遇。

(7)消费者行为研究　消费者购买动机、购买习惯，不同细分市场的特征，品牌偏好。

可以说，营销研究所涉及的范围主要体现在上述活动中，通过对以上问题进行重点研究，可帮助营销人员做出正确决定。

(四)市场营销调研过程

营销调研过程包括以下几个步骤：确定问题，拟定调研计划，实施调研计划，分析调查结果，提出结论。

1. 确定问题

营销调研的主要目的是通过收集与分析资料以帮助管理人员解决有关营销决策的问题，因此，应首先明确问题所在和要研究的目标。任何一个问题上都存在着许多可以调研的问题，除非对该问题做出清晰的定义，否则会造成收集信息资料的成本过高。俗语说："对一个问题进行恰当定义等于问题解决了一半"。

例如，某公司发现其产品销售量持续下降达半年之久，管理者们想知道原因在哪？是经济衰退？广告投入少？顾客偏好转移？还是经销商推销不力？营销研究者可先分析有关资料，然后确定问题所在。比如，管理者们认为问题是顾客偏好转移，然后就可以针对其做出研究目标：①顾客对本公司产品和竞争品牌的态度；②顾客对本公司和竞争品牌的产品要素的评价；③顾客对产品偏好的变化趋势。

确定问题和研究目标是为了限定调研范围，以尽可能短的时间和尽可能少的费用达到解决问题的目的。

2. 拟定调研计划

营销调研的第二步是制定一个收集信息的有效的计划。在设计一个调研计划时，需要做出如下决定：资料来源，调研方法，调研工具，抽样计划，接触方法。

(1)资料来源　资料有两种，第一手资料和第二手资料。第一手资料就是需要企业首次亲自收集的原始资料。第二手资料是已经存在的资料。

研究人员通常从收集第二手资料开始他们的研究工作，以此判断资料的欠缺程度。收集第二手资料有时间快、成本低的优点。但大多数情况下，研究人员所需的资料可能不存在，或现有资料可能过时，不正确。在这种情况下，研究人员就要去收集更恰当的第一手资料。

第一手资料的收集成本高，但取得的数据常常更适合于正在处理的问题。研究人员在收集第一手资料时会面临各种方法的选择，这就要求在调研计划中确定调查方法。

(2)调研方法　收集第一手资料的方法有三种：观察法，调查法，实验法。这些方法各有其特点，可分别在不同类型的调研中使用，以帮助收集相关资料。对这些方法将在调查法中进一步说明。

(3)调研工具　营销研究人员在收集第一手资料时，可以使用调查问卷和机械装置两种工具。

(4)抽样计划　营销调研是一种抽样调查，要决定抽样对象是谁，采用何种抽样方法，抽取样本数量。

(5)接触方法　这是决定如何接触调研对象的问题。有方法可供选择：电话、邮寄和面谈。

3. 实施调研计划

在制定了调研计划后，调研人员就要落实调研主体，拟定调查问卷，统计计划，预算明细，调查实施控制，以使资料收集工作按计划正常开展。

4. 分析调查结果

(1)资料汇总与整理　研究者应将调查资料进行汇总和整理，以便进行分析。资料尽可能图表化，以方便查阅者了解分析结果。

(2)资料分析和解释　研究人员应运用一些先进的统计技术和决策模型，以期从数据中提炼出恰当的调查结果。

5. 提出结论

写出调研报告，调研报告应包括下述要点：①研究结果的摘要；②调研目的；③调研项目说明；④研究方法；⑤资料分析；⑥结论与建议；⑦附录。

(五)市场调研的方法

1. 市场调研的基本方法

(1)普查法　普查是以调研项目的市场总体为对象，是一种专门组织的全面调研。它的优点是所取得的资料全面可靠，缺点是费用较大、时间较长。这种方法适用于调研对象不多或者调研对象集中的情况，但一般来说不宜过多采用。

(2)抽样法　这是一种采用随机的方法抽取若干样本从而推算全体的方法。它按照随机的原则从调研对象总体中抽取一部分个体单位作为调研对象。这种方法较节省费用和时间，能获得与全面调研相接近的结果。当调研对象总体较大或无法进行全面调研时，往往采用这种方法。

(3)消费者固定样本连续调研　消费者固定样本连续调研是对被选出来的人或户，逐年累月地连续调研。由于每次调研的样本不变，调研反复进行，所以称为消费者固定样本连续调查。采用这种调研方法，可以迅速准确地得到消费者市场各种动向的信息。消费者固定样本连续调研，可以提供相当广泛的市场营销资料，企业就好像在市场上有了一个庞大的情报网。于是，新产品渗透情况、广告投资与购买的关系、消费者对品牌忠诚度、消费者购买路线；购买方法、购买日期和购买率等信息，将源源不断地传输到企业中来。

消费者固定样本调研，容易得到被调研者的支持。因为调研的次数不是一次，而企业只要将调研费用编入预算，对被调研人送些样品，交往时间长了以后，调研人与被调研人之间就会逐渐地建立起人际关系，故调研获得的资料也较可靠。

2. 市场调研的具体方法

根据调研的形式不同，可分为以下几种调研方法。

(1)市场询问调研法　这是一种用提出问题征求答案的形式，向消费者和有关人员搜集资料的方法，是进行市场调研时较常用的方法。询问调研分为访问调研、电话调研、邮寄调研和留置问卷调研等形式。

①访问调研　当面索取被调研者的意见，观察其对问题的反应。这种方法比问卷回收率高，但调研结果正确与否，受调研人员的技术熟练程度影响较大。

②电话调研　根据抽样规定或样本范围，以电话询问对方意见。这种方法可在短时间内调研多个样本，但不易获得对方的合作，无法询问较为复杂的问题。

③邮寄调研　将设计好的问卷邮寄给被调研者，请他们填答好寄回。这种方法调研区域广，被调研者有充分的时间考虑答案，但回收时间长，回收率较低，被调研者还会因误解问卷的意思而出现答非所问的情况。

④留置问卷调研　将问卷由调研员当面交给被调研者，说明回答方法后，留在被调研者家中填写，最后由调研员定期收回。这是一种介于访问调研和邮寄调研之间的一种方法。

(2)市场研究观察法　这是一种由调研员直接观察或间接观察被调研者的行为或现场事实而搜集资料的方法。采用这种方法，多数被调研者并不知道自己处于被调研中，有利于真实地观察他们的行为，但对于影响行为的心理因素较难观察。这种方法多用于商标、店面、橱窗设计、零售活动、广告效果及消费者购买习惯等方面的调研。

(3)市场研究实验法　这种方法是在实验市场中先进行一项推销的小规模实验，然后观察、分析这种实验性的推销方法是否值得大规模进行。实验法应用范围很广，凡是一种商品在改变品质、包装、设计、价格、广告、陈列方法等因素时，都可应用实验法调研顾客的反应。这种方法较科学、客观，但实验时间过长，费用高。

(4)统计分析法　这种方法是通过利用企业内外的现成资料，根据统计原理，分析市场及销售变化情况的方法。根据处理资料的不同，有趋势分析和相关分析两种方法。

进行趋势分析是将过去资料加以整理，找出其变化趋势方向，再按此方向予以合理地延伸，以推测变化方向。进行相关分析是判断、分析统计资料中各变量彼此间有无相关关系以及相关程度的大小，根据变量的关系，推测某一变量的状况。

3. 调查问卷的设计

调查问卷是市场调查的一种重要工具，用以记载和反映调查内容和调查项目的表式。

询问表的功能是：能正确反映调查目的，问题具体，重点突出，能使被调查者乐意合作，协助达到调查目的；能正确记录和反映被调查者回答的事实，提供正确的情报；统一的询问表还便于资料的统计和整理。

询问表的设计是市场调查的重要一环。询问表设计得好坏对调查结果影响很大。设计一份完美的询问表，调查人员不能闭门造车，应事先作一些访问，拟订一个初稿，经过事前调查试验，再修改成正式问卷。

(1)询问问题的类型　按照调查人员对调查问题所要求的深度和广度不同，询问表询问问题的类型和内容的设计也不同。询问问题的类型主要可分为如下几类：

①自由回答题　所提问题可由被调查者自由回答，不作任何限制，询问表上没有已拟订好的答案。

例如：您对《反不正当竞争法》有何看法和意见？

自由回答题的优点是：可使被调查者尽量发表自己的意见，制造一种活跃的调查气氛，消除调查者与被调查者之间的隔阂，可收集到一些为调查者所忽略或想不到的答案、资料或建设性的意见。缺点是：答案由调查者当场记录，由于理解不同，记录可能失实，出现偏差；同时因是自由回答，答案很多，且不相同，给资料的整理分类和分析工作造成很大困难。

②是非题　是非题又称二项选择题，就是要求对某个问题用"是"或"否"，"有"或"无"，"喜欢"或"不喜欢"来回答。

例如：您家里有彩色电视机吗？

有□　　无□

是非题的优点是：可以在短时间内得到明确的回答。缺点是：不能表示意见的程度差别。

③多项选择题　事先拟定好几个答案，让被调查者从中选择其中一个或数个。

例如：您所使用的手机是什么品牌？请将选择的答案在□中打√。

①摩托罗拉□　②诺基亚□　③三星□　④波导□　⑤其他(请注明)。

这种多项选择题可避免是非题的强制选择的缺点，统计时也比较简单。

使用多项选择题时，应注意将拟定的答案编上号；被选择的答案不宜过多，最多不超过10个；所拟答案要避免重复。

④顺位题　顺位题又称品等题，是让被调查者依自己的爱好和认识程度对题中所列答案定出先后次序。顺位题一般分为两种，一种是预先给出答案，由被调查者定出先后顺序；一种是不预先给出答案，而由被调查者按先后顺序自己填写。

例如：根据您使用的经验，您认为哪种牙膏质量最好，哪种次之。请按1—4排出顺序来，1为最好，2次之，其余类推。

(　　)中华药物牙膏　(　　)两面针牙膏　(　　)高露洁　(　　)佳洁士

使用顺位题时，要求选定的顺序数目不宜过多，选定到第几位由调查目的决定，可要求全部顺位，也可从中选择几个顺位。

⑤程度评定题　又叫评判题。要求被调查者表示其对某个问题的态度和认识程度。

例如：您对饭堂的饭菜质量的看法是(在□中打√号)

□很好　□好　□一般　□不好　□很糟糕

顺位题和程度评定题均可用来测量被调查者的态度和意见，其应用比较广泛。

⑥配对比较题　配对比较题又称对比题。是测量同类产品的各种不同牌子在被调查者心目中的地位。

例如：下列三种牌子的电视机，请比较左边和右边的哪一种好，并在你认为好的□中打√。

长虹□　　熊猫□

熊猫□　　TCL□

TCL□　　康佳□

(2)询问表设计应注意事项

①问卷上所列问题应该都是必要的，可要可不要的问题不要列入。

②所问问题力求避免被调查者不了解或难以答复的问题。回答问题所用时间最多不超过30 min。

③问卷上所拟答案要有穷尽性，避免重复和相互交叉。问卷拟定的答案要编号。

④注意询问语句的措辞和语气。一般应注意以下几点：

a. 问题要提得清楚、明确、具体。

例如，您单位对解放牌汽车是否满意？

这样的问题不够具体明确，也不易达到所要调查的目的。若需调查资料是涉及质量或售后服务，则可分别询问：

您单位对解放牌汽车的质量是否满意？为什么？

您单位对解放牌汽车的售后服务是否满意？为什么？

b. 要明确问题的界限与范围，问句的字义(词义)要清楚，否则容易误解，影响调查结果。

例如：您的月收入是多少？

这个问题的界限不清楚,"收入"是指的基本工资收入或包括一切其他收入,故在提问时应加以注明。

c. 避免用引导性问题或带有暗示性的问题。

例如:您喜欢苹果手机吗?

这样的问句容易将答案引向喜欢,而造成偏差。故应改为"您的手机是什么牌子的"?

⑤对属于年龄、收入等私人生活问题最好采用间接提问的方法,不要直接询问"您今年多大年纪?"而是在给出的范围内21～30岁、31～40岁中选择。

⑥注意问题排列程序,首先在问卷上应有说明词,说明询问人代表的单位,调查目的或意图,问卷的填写方法,以及谢谢合作等内容。也可注明给一些赠品等。主要调查的问题可排在问卷中间部分,这是调查的核心。被调查者的收入、年龄、职业、单位等背景材料,一般可排在最后。若所作调查与收入、年龄无关,则尽量不列入。

⑦问卷纸张质地要良好,不易破,字迹印刷清晰,填写说明处的空白处要大,页数较多时要装订成册。

任务2 市场预测

预测,就是对未来的预计和推测。市场预测,就是运用预测技术,对商品市场的供求趋势、影响因素和变化状况,做出分析和推断,从而为制定营销计划、进行营销决策提供依据。

进行市场预测,应该借助于调研研究和科学分析。我们把在调研研究和科学分析基础上的预测称为预测分析,以区别于其他预测活动。

预测分析是一种科学活动,依赖于科学的理论和方法、可靠的资料、先进的计算手段。预测分析还是一门艺术,因为成功的预测还依赖预测者提出假设、选择方案、利用资料的技巧和运用有关知识、工作经验及判断能力等。我们从事市场预测应该是科学的预测分析。

科学的预测分析,包括一系列程序和方法,并在一定的理论指导下进行。首先要确定预测什么,即预测的目标;然后根据已确定了的预测目标和有关影响因素去调研与该预测有关的资料,再将资料加工整理成预测信息,对预测信息进行处理和判断,概括出能反映未来情况的演变规律。这种规律常常利用模型表示出来,最后再根据规律预测未来。

一、市场预测的步骤

市场预测的步骤是根据市场的特点、预测目的和一般所采用的方法决定的。一般包括以下几个步骤:

(一)明确预测的目的

当预测人员接受一项预测任务后,首先要弄清预测的目的。明确预测目的可以使预测人员在工作中能主动地、全面地考虑各种相关因素,摒弃无关的或关系不大的因素。这样往往能在组织安排人员、确定具体方法、步骤上做到心中有数。

(二)搜集整理资料

明确了预测的目的,就可以根据预测的需求去搜集整理有关的资料。资料来源大体上要分为两大类型:一种是企业内部的资料;一种是从市场调研中获得的材料。资料是包含着大量的反映未来事物发展变化的信息,这便是预测赖以建立的依据。

企业内部的资料包括统计资料、会计资料以及生产、销售和经营的各种历史记录,各种账本、发票、报表、订货卡片、合同、收支账、计划单等。这些资料搜集整理的结果,使预测人员能够看出或通过整理分析出某种趋势,这就向预测人员提供了信息。

市场调研获得的资料中,包含大量反映近期内市场发展趋势的重要信息。还可以告诉人们目前正在发生什么样的变化,如对消费者购买欲望调研就可能发现对商品效用标准正在发生变化。

企业外部的资料,如政府、机关、研究所、图书馆等发表的各种资料,常常对预测也有所帮助。

调研搜集到的资料,还不能立即被预测所用,主要原因是资料包含的信息量不一定相同,有的一个资料包含各种信息,有的几个资料才包含一个信息,与此无关的应予剔除。因此,应对资料有一个整理的过程,以求去伪存真,抓住本质。只有这样,才能为预测提供真实可靠的信息,并得出正确的结论。

(三)选择预测方法

选择预测方法,对预测的成败关系极大。一般地说,选择预测方法的依据是:管理部门的要求、问题的性质、资料数据的类型或样式、预测期的长短等。如果对一种预测方法的效果没有十分把握,那就应多采用几种方法,利用历史数据来对预测方法和准确性进行分析,从而选用较为满意的一种。

(四)进行预测值的计算和判断

定量分析,是利用具体历史数据建立起一个合适的数学模型进行预测。由于定量预测所要用到的历史数据较多,有许多定量预测,其模型的建立和预测值的计算可通过计算机来进行。定性预测,则主要是凭经验进行直观判断。

(五)写出预测报告

预测人员在完成一项预测工作后,应该向管理部门提交一份预测报告,详细说明预测的组织、方法步骤以及所开支的费用等。重点汇报预测的结果和对预测值的分析论证。

二、市场预测的方法

市场发展变化是复杂的,制约市场变化的因素和反映市场变量趋势的情况是多种多样的。为了适应各种预测情况的需要,必须选择与预测背景资料相适应的预测方法。一般可以将预测方法分为两大类:定性预测和定量预测。

(一)定性预测

定性预测是以经验为主的预测方法,是一种在科学分析基础上的主观估计。进行市场预测,可采用主观概率法、综合意见法和德尔菲法三种预测方法。

1. 主观概率法

主观概率法是调研人员通过对未来事件发生的可能性做出主观估计,并将这“主观估计”予以概率确定,然后进行市场预测的一种经验判断法。人们在实际工作中,总会积累和总结出一些经验。因此,人们对某些事件发生的可能性都会持有个人的看法和一定的信念程度,也就是人们常说的“心中有数”。个人对某事件的信念可以用数字(0～1)来衡量。

例如,某人对某事件发生的可能性估计为0.5,即这件事发生的可能性为50%,主观概率是50%。所以对于某一事件发生或不发生的程度的信念称为主观概率。

实际工作中,对同一事件,即使在完全相同的情况下,不同的人也可能提出不同的概率,甚至完全相反的意见。由于每个人的估计不同,所以需要广泛寻找对未来事件发生的可能性进行合理或最佳的估计的方法。

主观概率法正是基于个人信念程度的基础上,用来寻找对未来事件发生的可能性进行合理或最佳估计的一种有效方法。主观概率法中采用的概率是人们凭个人经验估计的主观概率,而不是客观概率或统计概率,但主观概率同样要遵循概率论的基本原理。

(1)任何随机事件的概率都在0(不可能事件)与1(必然事件)之间出现。

用公式表示即 $$0 \leqslant P(E_i) \leqslant 1$$

(2)样本空间中所有事件的概率之和必须等于或小于1。

用公式表示即 $$\sum P(E_i) \leqslant 1$$

以上两个公式中:P 表示概率;$E_i(i=1,2,3,\cdots,n)$表示经验样本空间的某件事。

因此,如果预测某一事件发生机会的可能性,就可用一组调研人员的主观概率相加起来,然后求出其平均值,就可求出该事件发生的可能性。

用公式表示即

$$P=\sum P_i/n$$

式中:P——预测概率的平均值;

P_i——每个调研人员的主观概率;

n——调研人数。

2. 综合意见法

综合意见法是将市场预测人员以预测水平的不同分为若干组,分别进行预测,然后再根据预测水平定出预测值的权数,最后予以综合。

例如,某企业由3个营业员组成一个小组,由正副经理也组成一个小组,对下属的商品销售进行分析:

设销售员甲的估计平均销售量=600(单位)

设销售员乙的估计平均销售量=700(单位)

设销售员丙的估计平均销售量=780(单位)

假定甲、乙、丙预测水平相同，而给予相同的权数，则销售方面做出的预测值是：(600＋700＋780)/3＝693。

运用上述方法，假设经理方面的预测值是775。

最后，综合售货员和经理两方面的预测值，设经理方面的权数为2，售货员方面的权数为1，则正式预测值为：

$$(1\times693+2\times775)/(1+2)=747.7(单位)$$

3. 德尔菲法

利用德尔菲法进行预测，必须邀请数位熟悉市场的专家，按规定的程序，一对一地征询专家对市场问题的看法，然后由各专家背对背地进行预测，在缺乏客观数据的情况下，可采用这种方法进行预测。

这种方法的程序是：①确定课题。②选择专家。按照课题需要的专业范围，选择有关市场问题专家。专家的类别和人数，可根据预测课题大小和涉及面的宽窄而定。③设计咨询表。围绕预测课题，从不同侧面以表格形式提出若干个有针对性的问题，发出咨询表，向专家征询意见。咨询表简明扼要，明确意图，不带附加条件，尽量为专家提供方便。④逐轮咨询和信息反馈。这是德尔菲法的主要环节。每次收回咨询表后，要将专家们的预测意见加以整理、综合，然后反馈给各个专家，再次征求意见，再加以整理、综合，如此反复进行三至四轮，以求得出比较集中和一致的意见。⑤对预测结果进行评价和表述。函询调研结束后，得到的大量数据必须再加以适当处理，找出反映市场变化的可能性及达到某一状态的可能时间，用明确的语言表述出来。

(二)定量预测

定量预测方法是依据市场调查所得的比较完备的统计资料，运用数学特别是数理统计方法，建立数学模型，用以预测经济现象未来数量表现的方法的总称。

运用定量预测方法，一般需具有大量的统计资料和先进的计算手段。定量预测方法大致可分为两大类，即时间序列预测方法和因果分析预测方法。定量预测方法的共同特点是各种方法的预测值几乎都是根据历史数据得出的。运用定量预测方法基于以下两点科学假设：

一是历史数据中存在着某种模式，这就意味着可利用有关的历史数据，发现该模式的存在并将其外推至未来，得出预测结果；

二是假设历史数据中存在着两个或两个以上变量之间的某种相关形式，通过找出它们的相关关系，从若干个影响因素的变化中去发现目标变量未来的变化值。

1. 时间序列预测法

时间序列预测法，这是把长期积累的同一经济变量(或称特征值)的实际记录排成时间数列，运用统计分析或建立数学模型，找出其中的发展趋势的变化规律的一种定量分析预测术。这种方法考虑的影响因素只是时间，而不问变化的因果关系，力求寻找和区分特性值随时间变化的长期趋势、季节性变化及周期波动的规律。

时间序列预测方法很多，但可归纳为“确定性时序预测法”和“随机性时序预测法”两大类。前者指利用反映事物具有确定性时间序列进行预测的方法，包括平均法、指数平滑法、趋势外推法、季节指数预测法等；后者指利用反映事物具有随机的时间数列进行预测的方法，包括马尔可夫时序预测法、平稳时序预测法、非平衡预算法等。本章只着重介绍确定性时序预测法中的“指数平滑法”和随机性时序预测法中的“马尔可夫预测法”。

(1)指数平滑法　这种方法是利用过去资料(包括预测值和实际值)进行预测的一种应用方法。以 X_{t-1},表示上月实际销售量,Y_{t-1}表示上月预测值,Y_t 表示本月预测值。其计算公式如下:

$$Y_t = Y_{t-1} + a(X_{t-1} - Y_{t-1}) = aX_{t-1} + (1-a)Y_{t-1}$$

式中:a 表示加权因素或平滑系数。a 取值范围为 $0<a<1$,指数平滑法所取各期平滑系数分别为:

$$a, a(1-a)2, a(1-a)3, \cdots a(1-a)n\text{-}1$$

(2)马尔可夫链预测法　这是一种概率预测法,它的分析研究对象是一个运行系统的“状态”和“状态转移”。所谓状态是指某个时点上的某种情况,比如畅销还是滞销、盈利还是亏损、正常还是异常等。各种状态出现的可能性大小由“状态概率”表示。

所谓状态转移为另一种状态的转移,比如由畅变滞,又由滞转变为畅等。状态转移的可能大小,用“转移概率”表示。一个系统(某类事物)随着时间的推移,由一种状态转移到另一种状态的过程,称为马尔可夫过程。当时间参数是离散数值(如月、季、年等)时,一个系统(某类事物)状态演变的一系列转移过程的整体(即各种转移状态的集合),一环接着一环,像一根链条一样,所以被称为马尔可夫链,或叫时间和状态都离散的马尔可夫过程。这类事物的变化过程与事物的近期状态有关,而与事物的过去状态无关。这种特征称为无后效性。即事物的第 n 次试验结果仅取决于第 $n-1$ 次试验结果,第 $n-1$ 次试验结果仅取决于 $n-2$ 次试验结果。

例如,某商品五年来销售状态的畅滞情况:第一年畅,第二年畅,第三年滞,第四年滞,第五年畅。第五年畅的状况只是同第四年的状态有关,而同第三年以前的状态无直接关系。马尔可夫链预测法就是对某预测目标的马尔可夫过程或马尔可夫链的过去演变状态进行研究分析,从而对预测目标的未来状态和变化趋向做出预测。商品市场占有率的演变转移过程可以看成是一个时间离散马尔可夫过程,所以,可用马尔可夫分析法来进行预测。

2. 因果关系预测法

因果关系预测法是一类从分析事物变化的因果关系入手,通过统计分析和建立数学模型,揭示预测目标与其他有关经济变量之间的数量变动关系,并据此进行预测的方法。

市场行情的变化是由许多因素决定的。各种市场变量之间客观上存在着错综复杂的因果关系。其中有一类相互关系是确定的,如价格确定后,销售额就等于单价乘销售数量,这就叫函数关系;另一类互相关系是非确定的,如人口越多销售量越大,但不能从一个变量的确定值去求出另一个变量的确定值,而只能运用数理统计方法找到变量间的非确定性关系,这叫作相关关系。回归分析就是分析相关关系的一种方法,是因果预测的主要方法,这里将着重介绍这一预测方法。当然,因果关系预测方法另外还有经济计量模式法、投入产出法等。

(1)一元回归法　回归法是处理已知数据,寻求这些数据因果规律的一种数理统计方法。回归法也称回归分析。回归法根据有关因素的多少而分为一元线性回归法、多元线性回归法与非线性回归法。一元线性回归法是指一个变量 x 对因变量 y 的影响,只是一个因素的影响。这个方法是找出一条倾向性的回归直线。

其方程式为:　$y = a + bx$

直线回归法主要是找出一条倾向性的回归直线。该直线到实际资料各点之间的偏差平方和为最小，最能代表实际各点的变动倾向。因此，以该直线作为预测的依据。根据最小二乘法原理，当 $\sum x=0$ 时，求得直线方程（$y=a+bx$）中两个回归参数 a、b 为：

$$a=\sum y/n \qquad b=\sum xy/x^2$$

例如，某商场前 7 个月的销售额为：1 月 16 万元、2 月 17 万元、3 月 16 万元、4 月 18 万元、5 月 20 万元、6 月 18 万元、7 月 16 万元。用直线回归法来预测 8、9 月份的销售额。

表 4-1　直线回归法预测事例

月份	时间序数（期数）	销售实绩（万元）	实绩与期数乘积	期数的平方
n	x	y	xy	x^2
1	−3	16	−48	9
2	−2	17	−34	4
3	−1	16	−16	1
4	0	18	0	0
5	1	20	20	1
6	2	18	36	4
7	3	16	48	9
合计 $n=7$	$\sum x=0$	$\sum y=121$	$\sum xy=6$	$\sum x^2=28$

根据以上计算，$\sum x=0$，$\sum y=121$，$\sum xy=6$，$\sum x^2=28$。代入公式，则

$$a=121/7=17.28 \qquad b=6/28=0.214$$

方程式 $y=a+bx$，求 8 月份的预测销售额，$x=8$，则 $y_8=17.28+0.214\times 4=18.136$（万元）

如测 9 月份销售额，$x=5$，则 $y_9=17.28+0.214\times 5=18.35$（万元）

（2）多元线性回归法　多元线性回归法是指多自变量因素同时对因变量的影响。

其基本公式为：

$$y=a+b_1x_1+b_2x_2+\cdots+b_nx_n$$

式中：　y——因变量（预测目标）；

x_l、$x_2\cdots x_n$——自变量（影响因素）；

a、b_1、$b_2\cdots b_n$——回归参数。

任务 3　案例分析

一、通威的营销与发展之路

企业发展的核心前提是战略。当通威选择了一个最符合中国国情的项目，它就只需要坚

持住一种最低调的战略姿态，不必去哗众取宠，不必去为生存的技巧殚精竭虑。正因为它只注重战略，所以它是平常的，所以它总是可以挥洒自如地在自己的空间里达成自己的意志，可以游刃有余地思考自己的未来，思考怎样用一种哲学的高度，去理解自己的这种生存姿态，所以，它又是神奇的。因为平常而神奇。一个优秀企业的价值在于，除了为社会创造物质财富，它同时为别的企业提供可资学习的精神内涵。尤其是，当“无故事”成为当前每一个企业梦寐以求的生存状态之时，通威就更加值得探究。所以理解通威、研究通威，就有了它最现实的意义。

2001 年，籍籍无名的通威开始浮出水面。

这个拥有 3 000 多名员工的大型私营企业在长达 19 年的发展史中，始终游离于公众视线之外。因此，当它的老板刘汉元突然间以 11 亿元资产被《福布斯》评为 2000 年大陆富豪第 21 名时，舆论为之惊诧。

2002 年，传闻刘汉元在上海与英国人胡润偶遇并共进午餐之后，刘汉元的《福布斯》排名猛然蹿升 10 位，以 27 亿元的身家排名大陆富豪第 11 位！多少有些戏剧性的变化更是让媒体一片哗然，“财富黑马”之声不绝于耳……

通威开始变得像一个谜。

当记者带着种种疑问深入通威，才发现通威无故事，才发现通威之所以默默无闻，之所以“一夜暴富”，是因为它一直用一种异常低调的姿态匍匐在大地上，支撑着中国农民最质朴的致富愿望。这是一种对理想的坚持，也是一种生存的哲学。

通威因此而强大。

走出通威，记者想到了八个字：沧桑历练，生命不语。

偶然的错误改变行业命运

一个人的一次偶然错误改变了一个行业的命运。

1983 年秋天，四川眉山县永寿镇。一个年仅 19 岁的孩子捏着一份报纸站在永光电站尾水渠边发愣。望着粼粼波光，联想到报纸上说的日本的集约化养鱼技术，他在想，能不能利用家门前这条小河沟用网箱来试一试？

孩子叫刘汉元，从水产技术学校毕业不到两年。至今刘汉元对此仍耿耿于怀：“从小酷爱电子技术却阴差阳错地选择了水产，这是个极其偶然的错误。”那时，刘汉元一如既往地醉心于电子，但他从站在水渠边发愣那天开始，便挡不住关于鱼的财富梦想了。

那时，物质极度匮乏。吃鱼是全国人民节日里的奢望，市场总是供不应求，价格也高出猪肉数倍。谁拥有先进的养鱼技术谁就会拥有财富。

他决心做一回试验，测算之后需要 500 元“巨款”用来制造网箱。他以个人名义向政府申请财政拨款，却一次次被驳回。乡长闻言，一脸嘲讽：“电站沟里搞网箱养鱼？简直是妄想吃汤圆！”刘汉元的努力竹篮打水一场空。

政府不支持，刘汉元只好向父母求助。父母流着泪，将家里仅有的 500 元钱交给儿子。那一瞬间，一种对失败的恐惧感突然压在了刘汉元心中；同时他隐隐意识到，也许这份沉重就是自己终生的事业了。

1984 年春天，他建起了一个 64 m^2 的金属网箱，投入了 185 kg 鱼苗。为了确保鱼苗长势良好，他没日没夜地观察、记录，把主要精力放在改进鱼饲料营养配方上……

那是一个不断失败的过程，也是一个不断惊喜的过程。

秋收季节专家验收，刘汉元的网箱产鱼 1 390 kg，折合亩产 1.5 万 kg，创造了四川历史上单位面积养鱼的最高纪录，并且盈利 1 950 元!

第二年秋天，刘汉元发明的“渠道金属网箱式流水养鱼技术”中试验收之时，方圆十多千米早已对刘汉元寄予厚望的农民闻讯而来，将四周的山坡站得人山人海，上千双眼睛齐刷刷盯着水中的网箱。网箱渐渐收起来，一条、两条……越来越多的密密麻麻的鱼在水面翻腾跳跃，人群中开始发出惊叹声。最后结果，又是一个创纪录的数字，亩产达到史无前例的 3 万 kg! 四川省水产局长、南下干部杨全成从未见过这么多鱼，激动得跳了起来:“我们要将这个技术像老母鸡带小鸡那样，在全省推广，带出一窝，带出一片!”

原来将信将疑的农民们更是激动不已，山坡上一阵骚动，人们踩着庄稼奔涌而下，围着刘汉元要求传授技术。

至今，谈到这段往事，刘汉元仍然充满自豪:“农民们终于找到一条致富之路，人们吃鱼将不再是难事。”

当年，该技术获得“四川省水产科技进步一等奖”，并向全省推广;1986—1988 年，均被列为国家级计划，向全国推广。“星星之火，可以燎原”，从那以后，每年有 5 万～8 万全国各地的农民、技术员、官员来此参观学习……

年纪轻轻的刘汉元就这样成功了。

其实，刘汉元成功的理由很简单，因为他一直在满足人们最基本最现实的物质需求。从他试验成功的第一天起，他就有理由赚得眉开眼笑。

角色转换:刘氏快速致富法则

生命就像我们头上的苍天，一样无限的伟大，一样无穷的深邃。我们只能通过“个人存在”这个细小的锁孔去探视它。但是有少数人，他们找到了那把开启自己锁孔的钥匙，生命就会像天空那样，向他敞开无限的怀抱。

刘汉元找到了那把开启生命之门的钥匙——

“为什么没有成为养鱼大户?”面对记者的提问，刘汉元眼中闪过一丝睿智的微笑。

1985 年底《专利法》开始实施，而此时刘汉元的技术在川西几乎已是家喻户晓，如果刘汉元申请专利，他将无法在广袤无比、难以控制的农村获取专利的效益;其次，刘汉元去养鱼，他将很快淹没在千千万万养鱼户中，最终必然“泯然众人矣”。那么，如果能控制生产链条中的前端(或者是利润最大最集中的一环)，所有养鱼户都将成为自己的利润源。

早已把这一切想得清清楚楚的刘汉元，唯一的秘密和唯一的选择是——为农民提供他们无法生产的饲料。就这样，聪明的刘汉元及时进行了产业转型:“就让所有的农户都用我的方法去养鱼吧。这不也是‘放水养鱼’吗?”

从某种意义上说，刘汉元的养鱼技术是一个催化剂，一个噱头。他用长达三年的时间成功激发了市场的热情，然后相机抽身而退，去为整个市场提供必不可少的营养。刘汉元说:“占领资源就占领了市场。”

——这看上去有点像个阴谋，但市场的选择必然如此。

1986 年，22 岁的刘汉元利用几年来养鱼和手工生产鱼饲料积累的资金，建起了西南地区第一家集约化鱼饲料加工厂，取名“科力”。工厂一投产，市场立即出现供不应求的旺销景象，远近养鱼户蜂拥而至。

小小少年成了当地巨富，恍然间刘汉元有一种不真实的感觉。他只有将自己埋在技术和车间里时才感到亲切和踏实。这种与生俱来的偏好，让刘汉元总是在技术上对自己百般挑剔，精益求精。

从1986年起，刘汉元开始将工作重点转移到对饲料转化效率的研究和对动物生物化学的研究上。

当时，每3.0～3.5 kg饲料能长1 kg鱼，刘汉元认为这是浪费。他和他的技术人员投入了大量的精力进行研究，到1990年，每千克鱼的饲料转化降低到1.1～1.5 kg!

到1990年，刘汉元喂出的成品鱼的品质与自然鱼已相差无几，体脂比重从1986年的15%～30%降到10%，干物质也在原来的基础上提高了17%～33%。

整整4年时间，刘汉元没做其他任何事情，但饲料的科技含量在国内已是遥遥领先。

鱼的商品品质一提高，养鱼户对此种饲料的需求就与日俱增，而成本的降低更使刘汉元的利润飞速提高。双重利好乘数叠加，令刘汉元财富暴增。

1991年，不到30岁，长着一张娃娃脸的刘汉元已成为名动遐迩的千万富翁了。

1992年，刘汉元顺势而上，在眉山县建起另一座现代化饲料工厂，取名通威饲料有限公司。开工那天，刘汉元邀请远近父老乡亲前来参观，他们亲眼看到一袋袋鱼饲料像河水一样源源不断地流下生产线，流进大卡车和拖拉机车厢里。有个老人从早数到晚，他惊喜地告诉别人："那一天饲料装了足足100多辆汽车和拖拉机!"

自此人们再也不用排队买饲料了，仅眉山一县就有10多万人走上了养鱼致富的道路。

同年，全国各地上门参观者络绎不绝，结果往往是强烈要求刘汉元前往合作办厂，有国营、有集体、有私营，永川、绵阳、涪陵、山东淄博……刘汉元又惊又喜又哭笑不得，他不得不在这一年的9月29日成立了通威集团公司。

1994年，全国市场在通货膨胀的拉抬下更是如火如荼，鱼价再次暴涨。刘汉元看准机会挥师北上，将集团公司迁至成都高新区，然后将成都水产业的人才悉数招至麾下，进行了现代企业制度的改造，企业素质开始提高。

这一年，集团营业额激增至4亿元。

但是，这时的通威仍然是低层次的、粗放的。通威面临着危机。

强化管理：0.9的10次方是多少?

刘汉元有一句惊人之语："国企是等死的，民企是干死的。"

企业的疯狂往往源于老板的幼稚和不知疲倦的冲动，而疯狂之后必是死亡。刘汉元是年轻的，通威也渐渐开始浮躁。

通威已经从少年进入成长的青春期，它积蓄多年来的爆发力在市场的呼唤下已经快要喷薄而出。此时，没有任何人能阻挡通威高速扩张的步伐，除了刘汉元本人。

事实正是如此，是刘汉元强行放慢了通威成长的步伐。

促使刘汉元冷静思考的，有一个至今鲜为人知的原因——

1995年，从无败绩的刘汉元捏着数亿资金，产生了多元化冲动，心灵深处对电子技术的痴迷，最终使他相中了东德一家处于停产状态的电脑芯片制造厂，投资5亿元，可实现控股。就在刘汉元殚精竭虑、鞍前马后调动资金之时，前方发来消息：国际政治风云突变，东德表示停止合作。

多年的夙愿不得不以失败告终，刘汉元痛苦得脸都变了形。他躲在家里反思，究竟该怎样看待这件事，应该从中吸取怎样的经验教训？善于思考的刘汉元渐渐清醒过来：其实，走出国门，才发现自己原来是井底之蛙，与全球企业相比，自己弱小得简直不足挂齿；而国际大企业的多元化一定是建立在主业做到行业领先的基础上，不光是行业领先，而且经营管理做得无可挑剔。再看看自己，在国内虽已是行业第一，但还有绝大部分市场尚未进入，企业的经营管理还有相当多的缺陷和漏洞……

国内尚未做好，谈何跨国经营？刘汉元突然意识到自己差点走到了一个深不可测的悬崖边缘。此时，他感到庆幸，塞翁失马，焉知非福？芯片计划的意外失败，及时对自己的贸然多元化敲响了警钟。

刘汉元长长吁了口气。刚刚浮出水面的通威再次潜入深海。

怎样才能将国内市场做得更好？刘汉元决定暂缓扩张，完善管理。

1996 年，通威开始追求一种"积极稳妥的安全经营策略"。刘汉元对员工们分析道：1996 年通胀被抑制，全行业有转跌之势，此时放慢速度降低运作成本是最好的自我保护；同时前两年扩张太快，管理亟待完善。因此，我们最大的发展问题不是资金，而是是否有足够完备的管理体系、管理团队和规章制度，对跨地区集团化经营形成有效的管理。

"犹如举重运动员，他要举起相当大的重量时，自己必须有足够的重量；又如射击比赛，决定胜负的是运动员的心理素质而不是技术。与之相对应的，是企业的管理水平与文化内涵必须在下一次全国扩张之前百炼成钢。"

而且集团公司刚迁到成都，人才全是新鲜血液。"企业刚刚脱胎换骨，就要让它承担全国市场扩张的重压，这无疑是揠苗助长，自寻死路！"

1996 年，刘汉元拒绝了所有扩张的诱惑，潜下心来着手企业管理和文化思想建设。

这一年，通威在全国饲料行业第一个通过了 ISO 9002 质量认证体系；

这一年，刘汉元开始对企业的 CIS 形象进行全面推广；

这一年，刘汉元总结出了自己的企业文化：通威为最贫穷人群的致富理想而奋斗，所以要"诚、信、正、一"。要真正地去热爱我们的农民，所以要真诚；企业要做大，所以要讲信用；通威承担着社会责任，所以要有一股凛然正气；而"一"是对工作精益求精的追求。对此，刘汉元有着精彩论述：

0.9 的 10 次方是多少？他在大会上对员工出过这样一道算术题。他进一步阐述道：大公司处理一件事或解决一个问题时，往往不少于 10 个环节，假如每个环节都做到了 0.9 分，表面看不错，但企业运作不是环节的简单相加，而是复杂的乘积关系，最后结果是连格都及不了的 0.35 分！如此一来企业运作必然面临困境。大企业运作漏洞百出，从理论上说就是这个原因。

所以，面对这个触目惊心的数字，通威在尽一切努力追求"一"。事实上满分不可能，那么就砍掉中间环节，以团队为作战小组和学习小组，进行扁平化管理……

19 年来，通威就这样坚持"诚信正一"的文化理念，将企业踏踏实实做到了今天。

到 1998 年，蛰伏了整整 3 年，刘汉元清楚地感觉到自己已把握住了市场经济的脉搏；低层次粗放经营的通威也渐次被打造得具有大企业气象——思想水平提高，管理相对完善，员工充满激情，具有强烈社会责任感。

——扩张时刻已然到来。

这一年，刘汉元再一次抬起头，开始向全国市场眺望。

全国扩张："吃一个，挟一个，看一个"

曾经有人问一位登山家，为什么要登山？登山家想了想回答，因为山在那里。

如果问通威为什么要扩张，刘汉元会回答，因为市场在那里。

扩张是每一个企业的本能，曾经停止扩张是为了将来更好地扩张。1998年，中国经济在过剩中徘徊，全国13 000多家饲料企业多数陷入困境，小企业战死沙场，中型企业退守防线，大片大片的市场被吐了出来。刘汉元认为，这正是低成本扩张的大好时机。

刘汉元确定了由内向外的辐射式扩张战略："吃一个，挟一个，看一个。"

"吃一个"，就是将已经设立了子公司和生产厂的成熟区域市场精耕细作，做成牢不可破的根据地；同时要"挟一个"，新开辟的市场初步成功之后，迅速跟进设立子公司建厂，实现本地化生产，强化并扩大销售，稳步向"吃一个"转变；与此同时，还要"看一个"，对将要开辟的市场着手规划，一边铺点销售一边调查研究，再稳步向"挟一个"发展。

三条腿同时走路，轻重缓急各不相同，却能层层递进转化，进可攻，退可守，相互倚重又相互补充。

1998年4月，通威迈出了扩张战役的第一步：沿长江流域挥师东进，出三峡，下宜昌，直逼武汉。但刚进入湖北水乡，就遭遇到了来自农户和竞争对手两方面的抵制。

农户说："我祖祖辈辈都在养鱼，我养鱼的时间比你的岁数还长，难道我还要你来教吗？"通威立即采取对策，制定了快速反应的"步兵行动计划"（刘汉元对此的解释是：一个在区域市场作战的团队，其核心竞争力是有没有一个机制使它能够对外部环境特别是市场变化进行快速准确的反应）。

——一夜之间，通威营销大军就散布在了千里水乡的各个角落，他们每个人都是工兵，挨家挨户地对农户像堡垒一样进行攻打：耐心讲解什么鱼喂什么饲料，什么时候喂哪种饲料，在怎样的条件下如何搭配饲料，以及驯鱼等；他们不但对农户进行售前、售中、售后服务，还进行外延服务，对农户进行不间断的素质培训：讲解商品经济的信息和知识、鱼种的信息和推广、养殖业的未来……

同时进行免费的"试喂示范"，试喂的突出效果让农户惊叹不已。就这样，当易于感恩的农民们明白通威人的真诚不是表演之时，便勇敢地掏出了自己质朴的心。

面对记者，通威营销人员对此感慨连连："这就是通威文化中'诚'字的体现，它是一种真正为人民服务的'社会化大营销'。这是真正的大公司必须具备的素质，也是其长盛不衰的秘诀。"

解决了农户问题，但通威却遭到了各种竞争对手一次比一次猛烈的狙击：全国性品牌、地方品牌、游击队。

针对不同的竞争对手，通威采取了不同的战术对策。针对正大等全国性品牌，通威进行优势比较。作为全国水产饲料龙头企业，通威每月要改进10种产品的质量，新投产10～15种新产品，而且技术储备已到2010年，显然通威的专业优势无人能望其项背。同时，在刘汉元"同等质量比价格，同等价格比质量"的理论指导下，市场自然发生逆转。

针对地方品牌，通威采取了因时、因地、因人而异的特色营销。开发出适合当地气候、水质、鱼种的产品专供销售，人员、销售实现本土化之后，先进养殖方法的传授带来的立竿见影的效果，便成为一把刺穿地方品牌胸膛的利剑……

通威大军所及，无不所向披靡。不久，湖北沙市公司成立，苏州公司成立，市场成功地由"看一个"进入建厂投产的"挟一个"阶段。接着，沅江公司、武汉公司、北京公司、长春公司、广西公司等纷纷成立。

——到1999年，通威在保持淡水料扩张势头的同时，又开始关注广东沿海的海水料市场。通威扩张的第二步由此拉开帷幕。

1999年，已开发出海水料的通威在刘汉元的亲自统率下挥师广东。刘汉元知道，广东是全国饲料工业最发达的省份，需求量占全国的1/4，谁占领了广东，谁就占据了最大的利润增长点，其中，南海和顺德又是广东的制高点。“伤其十指不如断其一指”，刘汉元决心集中优势兵力打歼灭战，猛攻南海、顺德市场。由于竞争异常激烈，买方市场的形成使全国上百厂家为了进入广东，无不以赊销方式入市。

通威决心一分钱不赊，现款现货！

“你们不赊，就一定会垮掉！”广东商人急得跳了起来，他们想得到通威却又不愿就范于通威，双方斗智斗勇，但决定胜负的却是实力。就在广东商人集体拒绝通威之时，通威以其世界领先的质量取得试喂示范的成功。随后，功能广告铺天盖地而来，电视、墙体、POP小旗、宣讲单让当地小学生都耳熟能详，难以招架的广东人最后不得不就范，市场终于被撕开缺口。

2000年，广东营业额达了3亿元；当年8月，全行业最大的50万t饲料厂在南海投产；2001年，广东营业额高达5亿元！在近百种品牌各有份额的市场中，拥有了20%的最高占有率。

2002年，通威在全国各省市都建立了子公司，市场布局大功告成。

市场挖潜：让通威强大起来

通威是怎样强大起来的？

刘汉元并没想到过，前方将士的摧城拔寨并未让通威变得强大；而自己在没有硝烟的后方对根据地的深入巩固，才使通威真正变得难以撼动——

“整个通威的扩张，是建立在理性思考和相互协调的基础之上。”随着各地子公司的增加，每一个子公司的辐射范围将大幅缩小。现在，子公司面临的最大任务是什么？

刘汉元认为，是精耕细作，是以追求“一”的精神将市场潜力全部挖掘出来。

1999年，刘汉元决定在眉山母厂下辖的33个县内进行试点。

首先，将过去单一的从总经销商通过二、三级经销商再到零售商的销售渠道进行扁平化改造，减少中间环节，提高利润率。让区域代理商＋用户、厂家＋大型养殖场、厂家＋农户等方式与过去层级经销方式并存发展。在这样的销售过程中，通威控制终端价格，但承诺商家利益，体现出品牌和规模的强势力量。这是一般中小企业做不到的，通威抓住优势并强化优势，利用差别扩大差别。

其次，细分市场。将过去由一个总代理包销，细化为上百个区域代理，网点自然做得更加精细深入。

再次，对市场饱和的“度”进行研判运用。比如四川邛崃，1998年的销售量为1 200 t，表面看量并不小，但营销经理根据该县农村人口、养殖户数、经济水平、城镇人口等综合指标判断出该县容量为3万～5万t/年，并根据市场需求和大品牌的进入程度的比较分析，判断出通威还有巨大潜力可挖。

于是在渠道改造、市场细分和精耕细作之后，2000年销量做到了4 900 t，占当地市场10%以上的份额。此时通威根据饲料行业的规律，认为自己在邛崃已经达到市场饱和的上限，再行投入将是事倍功半了。

就这样，通威像挖金矿一样，把各个市场的最大可能性做出来，然后维持效益的最佳水平。

第四，致力于将现代营销理念与乡土文化相结合。刘汉元总是不停地告诫员工，“搞市场营销要像做科研报告一样精细和理性”。那么饲料可不可以做专卖店,可不可以像可口可乐、宝洁那样做多品牌战略?将不同行业进行可比性分析,可以发现营销真的是魅力无穷。

以上各种操作并非孤立行事,而是交叉融合成为一个相互作用的有机整体,在融合中调整,在调整中进步……

1999 年开始试点,2000 年磨合,到 2001 年,眉山母厂下辖 33 个县的销售收入竟比 1998 年前做全国市场时还大!市场在缩小,销量却在增加。“这是通威质的飞跃,是通威真正强大起来的开始!”试点的成功令集团高层欢欣鼓舞,刘汉元眼前又出现了一幅波澜壮阔的画卷——又一场在全国市场层层推广的、没有硝烟的战役即将拉开帷幕……

刘汉元说,通威有很多方法和措施的制定、营销策略的提出、销售渠道的研究,都是根据市场的具体变化而来,因此,营销的过程就是研究的过程,是科研的过程,是一个理性的过程。

因此,刘汉元告诉记者,通威做事从不乱来,它最大的特点是两个字:稳健。

因此,通威才能在 2001 年将营业额做到 30 亿元!

通威越来越强大了。

资源控制:强者通威,智者通威

颇有意思的是,别的企业做市场营销只是轰轰烈烈,而通威在轰轰烈烈下面却有大量绣花一般的精工细活;别的企业生产管理平淡无奇,而通威却把它做得波澜壮阔。

也许这正是通威的魅力。

也许这同国际原料市场总是大起大落有关。

记者在四川眉山参观了通威母厂。企业同任何一个能看到的工厂并无两样,货车进进出出,生产井然有序。但就是这样一个看似平淡无奇的企业却成为通威集团的典范,主导着整个水产行业的方方面面。

眉山厂有三大例会。一是每星期两次的生产经营例会,及时协调解决各车间在生产过程中出现的种种问题;二是每星期一次的原料例会,分析原料合同执行情况,制订下一步原料采购计划;三是每月一次的经济分析例会,对当月销售量、成本、国家经济走势和市场状况作综合分析,然后根据原料例会的分析做出最后的采购计划。

按照刘汉元与对手进行“同等质量比价格,同等价格比质量”的要求,在原料采购的过程中降低成本成为打败竞争对手的关键,而且这原本就是通威的传统优势。现在,竞争日益激烈,刘汉元需要再次巩固这种优势。

2001 年 4 月,眉山厂对各种信息综合研究后认为,世界水产饲料的主要原料鱼粉的出口国南美洲秘鲁,其海洋渔业捕捞量减少;同时国内沿海也进入新一轮禁渔期。那么不久后,国内鱼粉价格必然随着国际市场的供应不足而价格上涨。就在其他企业争论不休犹豫不决之际,眉山厂大胆决策,当即向集团申请趁国际市价尚未上涨,立即从秘鲁巨量购进 12 000 t 鱼粉,价格为平时的到厂价,4 000 元/t。

风险是巨大的,一旦失误,流动资金积压将造成巨大损失;而一旦成功,眉山厂将再次睥睨市场。订单已下,决策者们只好静静等待着命运的判决。

果然,到 7 月份,货到上海港时,鱼粉价格开始上涨,并迅速蹿升到 4 500 元/t,8 月份又涨至 4 800 元/t,到 2002 年至今,已不可思议地涨至 6 600 元/t!

眉山厂上下欣喜若狂,在 2002 年使用这批原料,意味着每 t 比竞争对手降低了超过 1/3 的成本!通威将得到一个让竞争对手惭愧汗颜的巨大利润空间。而这批原料,足以让眉山厂使用9个月之久!

这就是通威原料采购策略中的“储备策略”:低价时购进,高价时使用。其间的价差就是同期竞争对手不可能获得的利润。

显然,这一招其他中小企业不可能做到,它们没有足够的资金和信用在国际市场上进行交易。于是通威的规模效应再次显现出来:强者愈强,弱者愈弱。

通威在国内原料市场运用的另一种截然相反的做法更加聪明:“高价采购”。假如市价为1 000元/t的原料,眉山厂采购时却常常主动支付对方1 020元/t或1 050元/t的价格,而且是现款。这里面有一个玄机:操纵市场。比如眉山厂对四川各饲料厂、供应关系深入研判之后,主动以高价进货,必然使原料商们趋之若鹜对通威倾仓供货;通威吃断所有货源之后,则必然导致供求关系失衡而使原料价格猛涨,而且必然涨到通威采购价之上!

此时与竞争对手的高额成本相比,通威就成功地实现了降低成本的目的。通威出此狠招的最大目的是——操纵原料市场,在需要的时候控制竞争对手的成本,对其实施打击。

一升一降,通威的强大和睿智展现得淋漓尽致。

而且,通威的采购策略还有一种“机会成本策略”:什么时候该储备多少原料?资金的积压使企业付出的机会成本有多大?当期银行利息是多少?是存银行更赚钱还是买原料囤积更划算?

经济师和高层管理人员不断地收集研究国家政策和行业信息,不断进行研究判断。就这样,通威在不断变化的市场中游刃有余地施展自己卓越的才华,渐渐地做成了中国最强大的水产饲料企业。

此时,对通威而言,信息的把握是成功的关键,而上到国家,下到厂家,各级市场的风吹草动都会成为通威的信息,甚至是周边的同行饲料厂,都主动向通威提供自己的采购计划,他们对通威说,目的是维护共同的原料市场,从而获得双赢。其实,背后另有隐情——他们都害怕自己成为孤独的斗士,都害怕自己成为通威强大的原料调控能力的牺牲品。

他们知道,跟紧通威,就死不了。

未来:这里的黎明静静悄悄

没有喧哗,没有浮躁,刘汉元就这样一步一个脚印静悄悄地做着自己的企业。他知道,这种匍匐在大地上的姿势,就是自己应有的生存方式和生存技巧。刘汉元说,这更是一种生存哲学。

于是,通威更加成为一个没有故事的企业。

但是没有故事的企业,最大的风险来自战略决策。

所以,在国内已经没有竞争对手的刘汉元,仍然感到一种隐隐的不安,他感到一种压力和紧张,尤其是中国加入WTO之后。

目前中国是世界上唯一一个水产养殖产量大于捕捞量的国家,刘汉元知道,这意味着水产饲料厂众多的国外农产品原料供应商早已对中国市场虎视眈眈。加入WTO后,他们的原料必然一拥而入,而且更多的国际饲料生产巨头将把战场摆到中国。

关键是,外国低廉的原料价格将把中国原料市场冲得落花流水,虽然通威将获得更低的成本,但同时对竞争对手也极为有利。通威的原料控制优势将受到威胁甚至丧失!

所以,为了将来自己不至于被动,现在通威必须利用行业龙头身份和成本优势,加速兼并扩张实现全国布局,吃掉尽量多的竞争对手,届时外国原料的最大受益者就是自己。通威将实现强者恒强。

将外企的优势转化为自己的优势，通威才有更强的实力同外企对决。

因此，通威必须调整产业结构，构筑进可攻，退可守的军事工事。

第一，进行多元化建设。通威控股了两家软件公司新锐和西辰，进行企业管理软件和政府办公软件的开发；在北京中关村组建了生物基因工程公司。

2002 年 4 月 8 日，四川媒体曝出消息：通威集团将投资 20 亿元与德国 MTC 公司联手打造“四川 IT 一号项目”：生产用于 3G 手机和蓝牙技术的芯片，从而中国西部没有大规模集成电路生产线和芯片高端产品完全依赖进口的历史！

第二，围绕饲料主业发展相关多元化。通威开发出了宠物食品，将投巨资建成中国西部最大的集鱼类基因研究、繁育、工厂化养鱼、饲料生产于一体的巨型水产科技园区。

第三，通威制定了水产饲料业的中长期(2001—2010 年)发展战略“阳光计划”：

自 2001 年始，加速兼并扩张步伐，2002 年将有 8 家子公司建厂投产；为养殖户提供“业内平均价值之上的价值”，强化全心全意全方面为人民服务的社会化大营销；实现通威股份上市。通威上市的梦想由来已久，进入金融市场将使企业资产结构和现代企业制度更加完善，并使全国兼并更加高速有效。

到 2010 年，通威鱼、禽、畜饲料要从现在的 200 多万 t 上升到 1 000 万 t。集团销售收入将达到 300 亿元……

一切谋定而后动，刘汉元已是成竹在胸。

此时的战略布局和工事构筑，将是未来能否战而胜之的关键。

“现在的通威，表面看欣欣向荣，但我认为，它与整个行业一样，已进入了黎明前最寒冷最平静的时候。外资企业与中国企业的决战已是山雨欲来，加入 WTO 规定的 5 年农业保护期一过，一切就只剩刀兵相见。

“趁现在一切静悄悄，我们开始思考一些形而上的哲学问题，这将提高我们对企业生存和经营的认识。哲人说，世界上让人感动的事情有两种，一是大悲大喜，二是默然坚韧。我们却发现，更具有生命力、更让人心灵震撼的是大悲大喜悟透人生之后，用一种不言不语和干练平常坚持着自己早已坚持的理想。如果这种坚持符合规律，那么就是一种自由畅快的飞翔。

“我们发现，19 年的坚持已经使通威成为这样的企业。我们为通威而骄傲！”

这时，记者从刘汉元眼中读出了另一种异乎寻常的平静和坦然：“但是，每一个人的生命深处都有一份历史的厚重感；每一个生命的天空都有一面英雄主义的大旗在飘扬。5 年之后，如果该来的一切都会来，那么，就先让我的肩膀去承担吧……”

谁是顶天立地的英雄？

刘汉元等着决战的那一天。

分析和讨论参考题：

通威的创业与成长大致经历了哪几个成长阶段？

刘汉元在通威创业与成长的各阶段采取了哪些主要的策略和措施？这些策略和措施对通威的成功创业和成长发挥了什么作用？

怎样认识创新在通威创业和成长过程中的作用？

通威的成功之路在企业创业与成长方面为我们提供了哪些经验和教训？

二、六和饲料服务营销分析

山东六和集团有限公司成立于1995年，总部位于美丽的海滨城市青岛，主营业务涉及饲料生产、食品加工、种畜禽繁育、进出口贸易、养殖担保等产业。目前，六和集团有下属企业近300家，员工5万多人。2009年集团实现销售收入402亿元，饲料销量达到1 010万t，肉食销量125万t，种禽销量2.16亿只。饲料与禽肉销量均居国内领先位置。

2010年集团名列中国企业500强第157位，中国制造业500强第72位，山东省百强企业第8位，青岛市十强企业第3位。先后荣获农业产业化国家重点龙头企业、全国食品放心企业、中国肉类工业最具影响力品牌、中国肉类产业最具价值品牌等荣誉称号。2005年六和商标荣获“中国驰名商标”，2006年、2007年六和牌禽饲料、水产饲料先后被评为“中国名牌”。

六和集团产业结构以肉鸡、肉鸭两大产业链为主要构架，致力于构建可追溯的全产业链，为消费者提供安全放心食品。各公司相继通过了“ISO 9001质量管理认证”和“ISO 22000食品安全认证”、“ISO 14001环境认证”、“GAP良好农业规范认证”、“18001职业健康安全认证”和“标准化良好行为企业认证”。

(一)营销分析

1. 宏观环境分析

(1)Political(政治)　在国家大力推进(农业，农村，农民)“三农政策”的影响下，各项促进饲料行业发展的法律，法规相继出台，为饲料行业的发展提供了良好的政策和法律环境，大大促进了饲料行业的发展。

(2)Economic(经济)　近年石油价格飞涨，对饲料业产生了极大的冲击，其一是谷物及甘蔗被用来生产酒精加到汽油中，导致玉米、小麦、砂糖价格节节上涨。其二是籽实类原料被用来生产生物柴油，所以油脂原料价格高涨，产生的粕类副产品对市场也有巨大的影响。饲料原料玉米、小麦等价格出现上涨，以及上半年国家多次冻猪肉收储，也是促使猪价上涨的因素。根据统计，当前饲料用玉米价格已经突破2元/kg，玉米、小麦麸价格均已经创出近10年来的新高。中国饲料行业的发展对世界饲粮供求影响深远。

(3)Social(社会)　市场需求旺盛，但是市场上的饲料生产企业参差不齐，一般的饲料企业仅能提供简单的饲料产品，无法形成完整的产业链模式；因此也就无法在当前宏观经济不太景气的情况下很难实现广大经销商及养殖户的利益。因此也就更谈不上为广大养殖户及经销商提供贴心的服务。真正能够形成以饲料生产、食品加工、种畜禽繁育、进出口贸易、养殖担保这种具有自身完整产业链的饲料企业寥寥无几。因此客观上需要饲料生产企业改善经营管理，转变传统经营模式，实现新时代下的质的飞跃以适应新时代的要求。

(4)Technological(科技)　现代网络技术的不断发展，网络已不只是一个销售渠道，也不只是一种广告媒体而已。而逐渐成为一种工具，彻底改变了企业做生意的方式和从顾客处接收订单的方式．并且为顾客提供更具价值的服务。

另外由于前通信技术和互联网的普及，为饲料企业的远程管理和控制提供了方便，同时推动了饲料企业网络营销活动的开展；也使饲料的连锁经营更加便捷，厂家能够更方便对经销商进行监督、控制，确保厂家对养殖户普及养殖知识等服务的贯彻落实。

2. SWOT 分析

(1)Strengths(优势) 品牌鲜明,六和饲料经过近十几年的发展在同行业中处于领先的地位,形成了自己的品牌。同时通过最新开发的"担保鸡"项目,为广大养殖户扩大生产规模,进行标准化生产提供了实实在在的服务;在客户心目中树立了良好的品牌形象。通过品牌运作,在消费者心中形成了鲜明的品牌优势。

另外在技术方面六和饲料技术中心以现代生物技术为核心,以绿色、安全为方向,以提高产业链经济和生态效益为目标,不断贴近市场、贴近顾客、贴近农牧业前沿,实施新技术、新工艺、新装备的研究开发和技术创新,先后承担了国家"十一五"支撑计划"猪禽配合饲料工业化生产配套技术研究与产业化示范"等 200 多项国家和省市级重点项目,获得国家省市级技术奖励 30 多项。技术中心还与多家高校、科研机构共建研发机构,采用产学研联合开发的模式,借助科研院校完善的软硬件条件,致力于国内外先进饲料、养殖业以及肉食品加工等产业的研究和开发,不仅为企业发展提供了有力的技术支撑,也为集团培养高端技术带头人提供了良好平台。

(2)Weaknesses(劣势) 扩张速度过快管理有待进一步完善;处于由传统"饲料生产行业"向现代"养殖服务行业"的转型期,缺乏借鉴经验,尚处于探索之中;因此容易走弯路,出现偏差。

(3)Opportunities(机会) 2010 年 12 月 15 日,在青岛工业经济超万亿企业发展峰会上,青岛市企业联合会、青岛市企业家协会发布了 2010 年青岛企业 100 强榜单,六和位列青岛百强第三名,较 2009 年上升一名,海尔、海信继续稳居前两名。本次排名按照国际惯例,以企业 2009 年度销售收入或营业收入指标作为最终排序指标。2010 年百强企业的营业收入总额达到 6 146.5 亿元,同比增长 13.2%。这对于六和提高知名度,扩大进一步发展提供了契机。

(4)Threats(威胁) 饲料行业存在正大饲料,鲲鹏饲料等强有力的对手;同时小企业大量存在,虽然竞争力远不及六和饲料的实力,但小企业也有价格低等优势;正如积水程川,大量小企业存在也在一定程度上挤占很大的市场份额,对六和的发展来说是相当不利的。

3. STP 分析

(1)Segmenting(市场细分) 将整个饲料市场细分为鸡料市场、鸭料市场、猪料市场、水产等各类饲料市场,按种类则划分为配合料、浓缩料、预混料等 100 多个品种市场。

(2)Targeting(目标市场) 采取全面扩张战略,通过提供多样化的产品满足不同消费群体的需求。针对经销商,养殖户等不同消费量的消费群体采取不同的营销策略。

(3)Positioning(市场定位) 成为国内饲料行业的领军企业,目标是跻身国内大型贸易公司行列,拥有自己的贮备体系、物流中心、信息平台等。

①饲料定位为畜牧价值链优质资源的组织者。正由生产型转变为可提供全程服务的综合性公司。积极推进服务转型,整合价值链优质资源,聚合产业力量,巩固优势,为全产业链发展提供经验和系统支持,实现对消费者更好的服务。

②肉食定位为以食品价值链转型拉动畜牧价值链的龙头。将由以屠宰为主,转型为以深加工熟食为主的食品公司。正加强精细化管理能力,并与终端市场实现良好沟通,建立与消费者更为紧密的关系。

③养殖定位为畜牧价值链的助力器。正不断打造育种研发能力,推进商品养殖模式创新。为肉食一条龙的食品加工提供标准化养殖基地。使饲料行业实现真正的由传统饲料生产企业

转变为以客户利益为导向的养殖服务行业。

④原料定位为畜牧价值链的资源保障。

(二)各阶段营销策略

1. 微利时代

20世纪90年代，六和集团在行业内率先提出“微利经营、服务营销、密集开发”的三大策略。微利经营的实施，一方面让利用户，调动了农户发展养殖的积极性，促进了养殖产业的快速发展；另一方面迫使企业眼睛向内，提高生产效率，降低生产成本，加快了企业管理升级。“服务营销、密集开发”，使企业直接服务于农户，企业的业务员由空降兵到在自己的责任田里精耕细作，对农户的服务业更加到位。

2. 产业链构建时代

是走专业化，还是走产业化？当行业内还在讨论时，六和已经开始用自身实践进行产业化的探索，收购了第一家涵盖饲料、食品、种畜禽的一条龙企业。经过实践探索，六和通过自身产业链内部协同，开展服务转型，为养殖户提供从种苗、兽药、饲料，到技术服务、合同销售等一条龙式的养殖整体解决方案，并展现出培育价值用户、服务终端客户的能力。随着食品加工厂、种畜禽饲养场的不断增加，六和产业链已具雏形。

3. 聚合成长时代

经过在部分地区的前期探索，集团积累了丰富的产业化运作经验，加快了饲料、食品、种畜禽、兽药等产业的发展，产业布局日趋完善，协同能力日渐增强。六和通过与行业内外优秀企业的合作发展，加快了产业化发展步伐，合资合作企业发展到120多家。通过产业化发展，六和具备了从产业链源头保障食品安全的能力，并通过产业链内部的创新、协作进一步增强了企业在产业链层面的综合竞争实力。

4. 全产业链时代

在畜牧业向现代化转型的大形势下，集团加快推动标准化、现代化养殖发展的同时，业务进一步向产业链两端延伸，与世界500强企业共建原料基地和销售终端，学习和借鉴国外先进的经营模式、营销方式和消费理念，构建完善的食品可追溯体系，通过全产业链建设，对产品质量进行全程控制，保障食品的安全、营养、风味、方便。

(三)7P策略分析

1. Product(产品)

饲料产业是六和集团的核心产业之一，现有饲料企业130多家。生产鸡、鸭、猪、水产等各类饲料十几大系列，配合料、浓缩料、预混料等100多个品种。

2. Price(s)(价格)

产品各个系列采取差别定价法，根据不同型号不同类型产品进行定价；形成各种策略组合，满足广大养殖户的多样化需求，促进产品销售。

3. Promotion(促销)

开展“养殖科技下乡”等活动，对养殖户进行养殖专业知识的普及宣传；另外由于现代网络技术的不断发展，网络已不只是一个销售渠道，也不只是一种广告媒体而已，而逐渐成为一种工具，彻底改变了企业做生意的方式和从顾客处接收订单的方式，并且为顾客提供价值。

4. Place(地点)

借助丰富的产业化运作经验,加快饲料、食品、种畜禽、兽药等产业的发展,六和通过与行业内外优秀企业的合作发展,加快产业化发展步伐,发展合资合作企业。通过产业化发展,从产业链源头保障食品安全的能力,并通过产业链内部的创新、协作进一步增强了企业在产业链层面的综合竞争实力。

5. People(人员)

建立一支懂技术,懂营销,服务意识一流的营销队伍(图 4-2),借着"服务营销、密集开发"的理念,使企业直接服务于农户;企业的业务员由空降兵到在自己的责任田里精耕细作,对农户的服务业更加到位。

图 4-2 塑造一流终端销售团队

6. Physical Evidence(有形展示)

通过开展"工业旅游"、"工业参观"的形式向经销商及养殖户展示饲料生产流程,增进客户对六和饲料的了解及信息;同时通过建立一支优秀的业务员队伍来开阔前沿市场,以优质的服务展现六和饲料的良好企业形象。从而巩固现有客户并为开发新的客户奠定基础。

7. Process(过程)

以完善的物流体系,为广大客户(养殖户,经销商)提供便捷的送货服务;并通过义务技术咨询服务为用户免费提供养殖等有关知识,帮助养殖户致富的同时实现良好的广告宣传作用;激发潜在客户转变为现实客户,最终达到扩大销售量的目的。

作为饲料行业的领军企业,六和饲料在进行营销过程中应坚持全新的理念,加强服务意识,全心全意地为客户提供最实在的服务。同时在现代饲料行业的服务营销中,应注意一些全新的营销理念;树立全心全意为客户服务意识的同时不能迷信客户,要注意把握一个度,不能将对客户视为"上帝"而应当"像佛一样敬、像贼一样防"。因为饲料企业的客户分为经销商客户、养殖户客户和终端消费者客户。只有终端消费者客户才是真正的上帝。经销商客户、养殖户客户则是饲料厂家的合作伙伴,三方共同开发饲料市场、管理饲料市场、规范饲料市场,为人类提供最好的肉蛋奶产品,从而实现社会多赢。三方的平等伙伴关系意味着双方都有自己的责任、义务和权力,都要为对方负责。只有平等,才会有合作;只有合作,才有共享。所以要把客户当亲人,要围着共同的战略目标转。饲料企业要明确客户的责任,对客户提出符合双方共同利益的要求,强化双方的合同意识,定期地对客户进行评价,对不能适应企业发展要求的客户要坚决淘汰。这样才能从根本上建立起现代"养殖服务"。

另外要认识到的一个理念是大客户不一定是好客户,适合您的客户(全力卖您饲料的客户)才是好客户。事实上,大客户有较强的销售能力是一回事,但他愿不愿全力销售您的饲料、能不能将您的饲料销售出去则是另一回事。而且大客户会向你提出许多您无法接受的条件,使您进退两难;大客户一般都有一些畅销饲料或名牌饲料,您的饲料对他而言是"年三十捡个包子有它过年,没它也过年",经销商不会拿出大部分人力、物力、财力去推广您的饲料,因此您也就无法保证他会去为您的终端消费客户提供周到,细致的服务。更重要的是,大经销商经常串货和降价倾销，扰乱您的市场秩序。对于经销商，千万不能“养猫成虎”，也不能“追虎弃猫”。

饲料企业应处理好量与利的关系（俗称扩面与拔高），达到量与利的最佳均衡。事实上，以低价格换来的市场是水中月、梦中人，并不意味着这个市场永远归您所有，一旦您价格提升，还会迅速失去已经得到的市场。除非您永远低价倾销，而这又与企业的盈利宗旨相去甚远。宁要市场，不要利润，老是低价格倾销占领市场，结果可能是既没有赚到钱，又没有占领市场。因此饲料企业应该坚持去新的理念，处理好量与利的关系，这样才能实现新时代服务市场营销的要求。

饲料企业应该向最优秀的人才倾斜，各部门最优秀的人才都是第一线，而不仅仅是营销人员。饲料的服务营销是一个系统工程，靠的是团队合作、整体协调。它绝不是单靠营销人员就能搞好的，还要依靠管理科学、产品开发、生产质量、策划宣传、技术创新以及财务、保卫、服务等，只有这些环节综合水平都提高了，饲料的服务营销工作才能搞好，企业才能腾飞。

对经销商的激励，既要重视销量激励，更要重视过程激励和质量激励。返利是奖励经销商的办法，但不是唯一办法，也不是最好的办法，很多饲料企业对经销商的销售政策是以销量为目的，返利为手段，销售量越大，返利越高。这一政策的目的是通过大量返利来调动经销商的积极性，让经销商多出货。经销商销售量的高低确是其销售业绩高低的重要标准，尤其是在产品进入市场初期，这一政策的作用不可低估。但是，当企业的产品占领市场后开始逐渐向服务营销的阶段发展，企业销售工作的重点则要转向稳定市场。这时，销量返利政策缺点就表现得越来越明显：企业以“利”来刺激经销商扩大销售，结果经销商把做大销售量作为唯一的目标，导致销售的服务质量不高：串货和乱价倾销严重，销量上去了但市场乱了，结果又影响了销售量的进一步提高；企业只考虑给经销商返利，没有考虑如何积极支持、支援经销商搞好销售，没能很好地为经销商提供进一步的服务；客户管理工作的弱化，导致后患无穷。并且销售量越来越大返利越多，中小型经销商拿不到厂家的优惠，这对中小经销商而言，既不公平也不利于竞争。

现代服务型饲料企业的发展要造局，不要盲目跟局！我们要引导市场，而不要一味地被动地跟着市场走。我们市场营销教科书中一般强调企业要跟着市场走，但具体到饲料企业就要认真反思。目前大经销商争夺战、价格大战和以赊欠为主要特征的恶性竞争，加上因迁就养殖户好卖产品而乱放添加剂，这就是饲料企业的市场特征。饲料企业如果跟着这样的市场走，就会越走越不会走！弄不好就会付出惨痛代价，甚至难逃被淘汰的厄运。事实上，“市场”是一种相对稳定的状态，这种状态一般是在别人提出游戏规则大家纷纷跟进而逐步形成的。我们如果跟着“市场”走，正好往别人设计好的圈套里钻，结果总是“赶末班车”。这就是营销上讲的“买单”现象：大家都去饭馆吃饭，边吃边走，最后剩下的那个人要买所有人的单。

现今饲料的销售不仅仅是做买卖，而是全方位服务营销。许多饲料企业业务员认为销售就是做买卖，在把饲料卖给经销商后，他们认为销售工作就告结束，只等着跟企业要回扣了。事实上，把产品卖出去，并不是销售工作的全部内涵。这主要因为：一是没有销售网络意识，不重视销售网络的开发。现在还有许多饲料企业没有认识到网络的重要性，不知道如何建立和管理销售网络。尤其是一些中小型饲料企业，以为销售就是拿回订单，从不去做销售网络的维护和管理。二是在把饲料卖给经销商后，认为料已卖出、款已收回，销售工作已经完成，不给经销商提供支持和服务。要知道，产品是企业的立身之本、销售网络则是企业的立命之本。企业只有在目标市场建立一个能够覆盖整个目标市场的销售网络，才能够使饲料销售到整个目标市场上。产品卖给经销商只是仓库转移而已，一定要帮助经销商把料卖给养殖户并且协助收回料款，做到真正的饲料服务营销。

【结束语】 在饲料业向现代化转型的大形势下，六和饲料只有采用先进的经营模式、营销方式和消费理念，构建完善的饲料产销产业链体系，通过全产业链建设及饲料行业服务规范的建立；对产品及服务质量进行全程控制，保障产品的质量和服务水平的提高，才能适应现代化饲料发展的客观要求。

项目小结

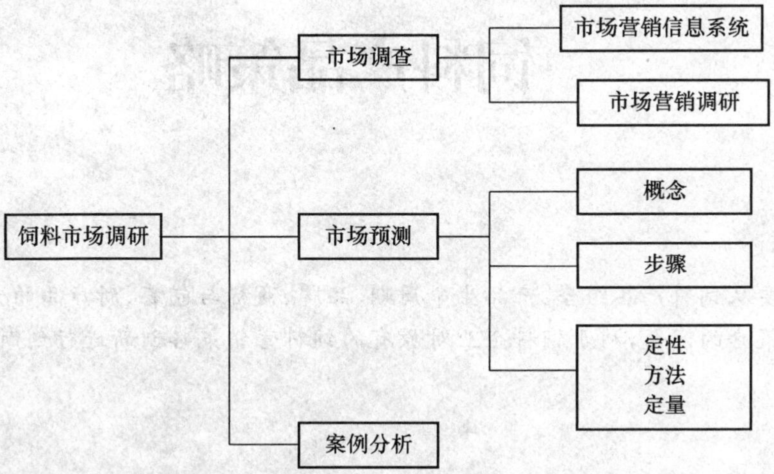

职业能力和职业资格测试

一、名词解释

市场信息、营销信息系统、市场调研、普查法、抽样法

二、简答题

1. 市场信息的作用。
2. 营销信息系统的构成。
3. 营销调研的范围。
4. 营销调研的过程。
5. 市场预测的步骤。

三、实践题

1. 设计一份调查问卷，调查您所在学校的大学生拥有手机、电脑、上网、饮食、服装、就业或其他方面的情况，并撰写一份调查报告。

2. 对某地区某品牌饲料销售情况进行预测，并撰写一份预测报告。

项目5

饲料产品策略

项目设置描述

本项目主要从饲料产品组合、产品生命周期、品牌、商标与包装、新产品的开发等几个方面介绍饲料产品策略的问题，利于饲料企业对原有的饲料营销策略创新进行创新，更有利于企业的发展。

学习目标

1. 阐述产品整体概念的内涵及其对实际工作的意义。
2. 了解新产品的概念。
3. 说明产品组合的含义及产品组合的方法。
4. 描述产品生命周期的含义、阶段、特征及各阶段的策略。
5. 了解新产品开发与推广策略的主要内容。
6. 能够根据产品不同生命周期阶段进行营销方案策划。
7. 掌握产品品牌化(产品商标、产品包装)的常用策略。
8. 具备新产品开发创意及设计能力。

任务1 产品的整体概念

一、产品的整体概念

(一)产品的基本含义

产品是指“能够提供给市场以引起人们注意、获得、使用或消费，从而满足人的某种欲望或需要的一切东西。”

产品＝产品本体＋服务

(二)产品整体概念的5个层次

顾客购买一件产品时，得到该产品本身的同时，可能还通过这一产品获得某种额外的利益的满足。例如，消费者购买一件外衣，不仅为了保暖，还希望这件衣服舒适、美观，以及高档、名牌给他带来的心理上的满足。因此，顾客不但要挑选衣服的质地、款式、颜色等，还要考虑档次和商标。对有些产品，特别是耐用品还希望卖方提供售前售后服务。产品是一个包含多层次内容的整体概念，而不单是指某种具体的、有形的东西。所以，从市场营销观点来看，整体产品是指人们通过购买产品所获得的需要的满足，包括一切能满足顾客某种需求和利益的物质产品和非物质形态的服务。

一般认为，产品整体包含5个层次：核心产品、形式产品、期望产品、延伸产品和潜在产品(图5-1)。

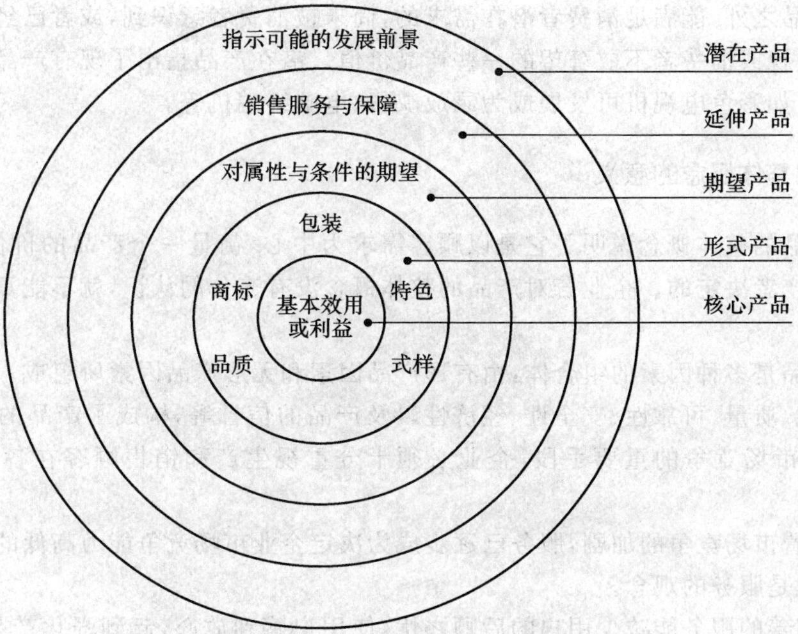

图5-1 整体产品的含义

1. 核心产品

核心产品，是指顾客在购买某种产品时所追求的最基本的效用和利益。因而是购买者"真正"购买产品的"原因"，它满足了顾客最基本的需求。它是产品整体概念中最核心、最基本、最重要的一个层次。因此，我们必须明白，人们购买产品不是为了占有产品本身，而是为了满足某种需要。

例如，购买冰箱目的不是要买一台冷冻机和一个铁的外壳，而是为了贮藏食物；购买口红不是要购买一根"小红棒"，而是想让自己美丽。作为营销人员，必须要注意了解和关心消费者的需求和基本利益，时刻想着自己是向消费者提供核心产品，满足消费者需求的人。

2. 有形产品

有形产品，是指向市场上提供的产品(实体、服务)的形状和外观。它通常包括：①包装；②产品的质量；③产品的款式；④产品的品牌；⑤产品的特征等5个方面。

此时，营销人员就应注意到消费者的实际利益的外观表现，原因在于它是消费者选择产品的重要依据。因此，在设计包装、款式、确定质量（档次）、特征时，要迎合消费者的心理需求，达到销售的目的。

3. 期望产品

即购买者在购买产品时通常期望或默认的一组属性和条件。如旅馆——干净的床，新的毛巾，清洁的厕所，相对安静的环境。

4. 附加产品

附加产品是指消费者购买核心产品时所获得的全部附加服务和利益。它主要包括：①安装；②送货；③信贷；④售后服务；⑤保证；⑥技术培训；⑦优惠条件等。

5. 潜在产品

潜在产品是指产品最终可能的所有增加和改变的利益。它是在核心产品、形式产品、期望产品、附加产品之外，能满足消费者潜在需求的，尚未被消费者意识到，或者已经被意识到但尚未被消费者重视或消费者不敢奢望的一些产品价值。潜在产品指出了现有产品的可能的演变趋势和前景。如彩色电视机可发展成为录放映机、电脑终端机等。

（三）产品整体概念的意义

第一，产品的整体概念说明了它是以顾客需求为中心，衡量一个产品的价值，是由顾客决定，不是由生产者决定的。企业若对产品的整体概念没有充分的认识，就不能真正贯彻现代市场营销观念。

第二，产品是多种因素的组合体，由有形产品因素和无形产品因素所组成。这些因素关系到产品的功能、质量、可靠性、安全性、经济性以及产品的信誉等，构成了产品的有形价值和无形价值，成为市场竞争的重要手段，企业必须十分重视生产和销售顾客在各方面都满意的产品。

第三，随着市场竞争的加剧，服务已逐步成为决定企业市场竞争能力高低的关键。企业必须树立产品就是服务的观念。

优质和完善的服务能减少用户的后顾之忧，使用户感到放心，起到强化产品信誉的作用，有助于企业形象的树立；优质和完善的服务是拓展市场的前提，是扩大市场的促进因素，它比广告起着更有效的宣传作用。

二、产品的分类

1. 根据产品的有形性和消费上的耐久性不同划分为非耐用品、耐用品、服务

非耐用品是指消费用期很短、容易消耗的有形产品，如啤酒、肥皂等。这类产品消费时间短、购买频繁。耐用品是指能够长期使用的、价值较高的有形物品，如冰箱、家具等。这类产品通常需要销售者提供较多的保证条件。服务则是指供出售的活动、利益或享受，如理发、修理、文艺演出、娱乐活动等。服务需要更多的质量控制，要求有信誉作保证。

2. 按消费者的购买习惯不同划分为便利品、选购品、特殊品和非寻求品

便利品是指顾客时常购买或立即决定购买，并在购买前几乎不作商品比较和购买努力的商品，如香烟、报纸等。选购品是指品种规格复杂、挑选性强、在质量、价格、花色、款式等方面

需要反复挑选和比较才能决定购买的物品。特殊品是指特定品牌或具有特色的、为特定顾客群专门购买的物品，如名牌钟表、高档乐器、驰名风味食品等消费者愿意花费较多时间和精力去购买的共种特定产品。非寻求品指消费者从未听说或者即使听说一般情况下也不想购买的产品。如上市不久的新产品、人寿保险、百科全书等。

任务 2 产品组合

一、产品组合概念

产品组合是指一个企业生产经营的全部产品的有机构成和量的比例关系。产品组合由各种各样的产品线组成，每条产品线又由许多产品项目构成。

产品线，它是指密切相关的满足同类需求的一组产品。一个企业可以生产经营一条或几条不同的产品线。

产品项目，凡企业在其产品目录上列出的每一个产品，就是每个产品项目。

1. 产品组合包含三个因素：宽度、深度和关联性(图 5-2)

(1)产品组合的宽度　指一个企业拥有多少条不同的产品线。产品线越多，说明该企业的产品组合的宽度越广。它反映了一个企业市场服务面的宽窄程度和承担投资风险的分散能力。

(2)产品组合的深度　指每条产品线上的产品项目数，也就是每条产品线有多少个品种。

产品线中包含的产品项目愈多，产品组合深度愈深。产品组合深度反映了一个企业在同类细分市场中，满足顾客不同需求的程度。通过计算每一条产品线中的产品项目数，可得出企业产品组合的平均深度。

(3)产品组合的关联性(或一致性)　指每条产品线之间在最终用途、生产条件、销售渠道以及其他方面相互关联的程度。其关联程度愈密切，说明企业各产品线之间具有一致性，反之，则缺乏一致性。

深度（→）　宽度（↓）

	产品项目				
产品线1	1a	1b	1c	1d	
产品线2	2a	2b			
产品线3	3a				
产品线4	4a	4b	4c	4d	4e
产品线5	5a	5b	5c		

产品线总数：5；产品项目总数：15；平均深度：3

图 5-2　产品组合示意图

2. 产品组合的 3 个因素，对促进销售和增加企业的总利润有十分密切的关系

(1)拓展产品组合的宽度，可以充分发挥企业特长，充分利用企业资源，开拓新市场，拓展服务面，分散投资风险，提高经济效益。

(2)增加产品组合的深度,可使各产品线有更多的花色品种,适应顾客的不同需要,扩大总销售量。

(3)增加产品组合的关联性,可充分发挥企业现有的生产、技术、分销渠道和其他方面的能力,提高企业的竞争力,增强市场地位,提高经营的安全性。

二、产品组合决策

(一)扩大产品组合决策

由于有些产品的销售形势很好,企业可以采取扩大产品组合的策略,满足市场需求。

这种策略是扩大产品组合的广度和深度,也就是增加产品线和产品项目,增添生产经营产品品种、扩大经营范围,提高经济效益。

1. 垂直多样化策略

这种策略不增加产品线,只是向产品线的深度发展,增加产品线的长度。

(1)向上延伸　即在定位于只生产经营低档产品的产品线中增加生产和经营高档产品,其目的是高档产品销售形势好,利润高;或是为了发展成为生产经营高低档产品俱全的企业,更好地为顾客服务。

缺点是顾客可能不相信企业能生产高档产品,竞争者也可能反过来进入低档产品市场,以进行反击;企业尚需培训人员为高档商品市场服务。

(2)向下延伸　在定位于只生产经营高档产品的产品线中增加生产和经营低档产品。其原因是高档商品市场增长缓慢或受到激烈的竞争;利用高档商品的声誉,吸引低档商品需求者,扩大市场范围;或是填补市场空隙,增加低档产品。

值得注意的是,采取这种策略,可能会损坏高档产品的声誉,给企业经营带来风险。

[案例 5-1]

早年,美国的"派克"钢笔质优价贵,是身份和体面的标志,社会上许多上层人物都喜欢带一支派克笔。

然而,1982 年新总经理上任后,把派克品牌向下延伸用于生产每支售价仅 3 美元的低档笔上。

结果,派克公司非但没有顺利打入低档笔市场,反而丧失了一部分高档笔的市场。其市场占有率大幅下降,销售额只及其竞争对手克罗斯公司的一半。

盲目向下延伸品牌,毁坏了派克在消费者心目中的高贵形象,而其竞争对手则趁机侵入高档笔市场。

(3)双向延伸　在定位于生产经营中等质量中等价格的产品线上,增加高低档产品项目。企业向产品线的上下两个方向延伸,主要是为了扩大市场范围,开拓新市场,为更多的顾客服务,获取更大的利润。

2. 相关系列多样化

这是根据产品组合的关联性原则,增加相关的产品线。如在肥皂产品线外,增加洗衣粉、清洁剂两条产品线;汽车制造厂除生产卡车外,增加小轿车、旅游客车的生产等。以扩大市场范围,满足顾客的不同需求,争取更大的利润。

3. 无关联多样化

是指拓展产品线时，不考虑关联性原则，增加与原产品线无关的产品，开拓新市场，创造新需求。例如美国一公司的产品组合主要由化妆品、珠宝首饰以及家常用品三条产品线组成。

(二)缩减产品组合决策

这种策略是企业随着科学技术的发展，市场需求的变化，以及企业内部条件，主动合并、减少一些销售困难，不能为企业创造利润的产品线和产品项目，集中优势兵力生产经营市场需求较大，能为企业获取预期利润的产品。如美国无线电公司将彩电由 69 个型号，削减为 44 个型号。

(三)淘汰产品决策

对一些已经确认进入衰退期的老化的产品线和产品项目采取淘汰的策略。

1. 立即放弃策略

采用这种策略的主要原因：

①确认该产品已进入衰退期，无发展前途。

②该产品如果继续存在，将危害其他有发展前途的产品。

③该产品的售价已不能补偿成本。

2. 逐步放弃策略

主要考虑立即放弃对企业将会造成很大损失，并给顾客造成被突然抛弃的印象。所以采取逐步放弃策略，有计划地逐步减产直到淘汰，使顾客的使用习惯能逐步适应，企业的资源有计划地逐步转移，在生产和财务管理上能平稳过渡，不致造成大起大落。

3. 自然淘汰策略

企业不主动放弃产品，而是留在市场上，直至产品销售完全衰竭被市场淘汰为止。企业鉴于对竞争形势的分析，利用部分企业退出市场之机，决定留在市场继续满足部分顾客的需要。采取这种策略，在短时期内企业仍可获得一定的销售量和利润，但是也面临着丧失市场机会，蒙受损失的风险。

任务 3 产品生命周期

一、产品生命周期

(一)产品生命周期概念

产品生命周期是指产品从试制成功投入市场开始，直到最后被淘汰退出市场为止所经历的全部时间。这段时间称为产品生命周期。

产品生命周期一般可分为 4 个阶段，即①投入期（导入期）；②成长期（畅销期）；③成熟期（或饱和期）；④衰退期（图 5-3）。

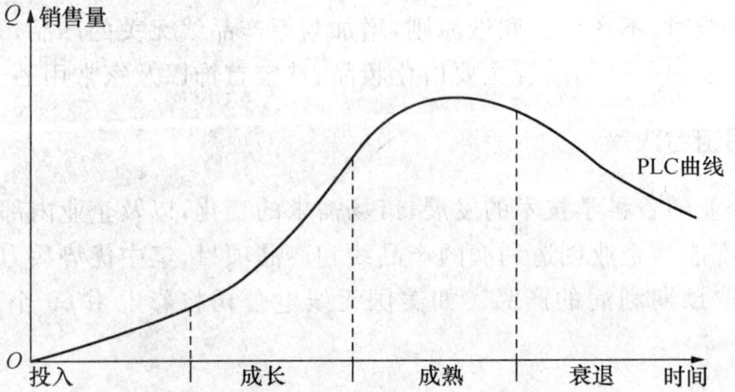

图 5-3　产品生命周期曲线

对产品生命周期概念的理解请注意以下几点：

(1)产品生命周期与产品的使用寿命不是一回事。产品使用寿命是指产品实体的自然寿命。如一包香烟的使用寿命可能只有一两天。而产品生命周期指的是产品的经济寿命，即某一品牌产品在市场中的经济寿命。使用寿命短的产品，不等于其市场生命周期也短；反之，使用寿命长的产品，也不等于其市场生命周期长。

(2)产品生命周期与产品行业生命周期不是一回事。产品生命周期指的是某一具体品牌产品的产品生命周期，不是指某一类产品的产品生命周期，更不是指某一行业产品的产品生命周期。如红塔山牌香烟的产品生命周期，是指该品牌香烟在市场中所经历的过程，不是指所有香烟的市场生命周期，更不是指烟草行业的生命周期。

(3)产品生命周期曲线是一条理论曲线。生命周期曲线是一条理论曲线一般呈 S 形，与正态分布曲线相近。但在实际生活中，产品生命周期的曲线是多种多样的，见图 5-4。

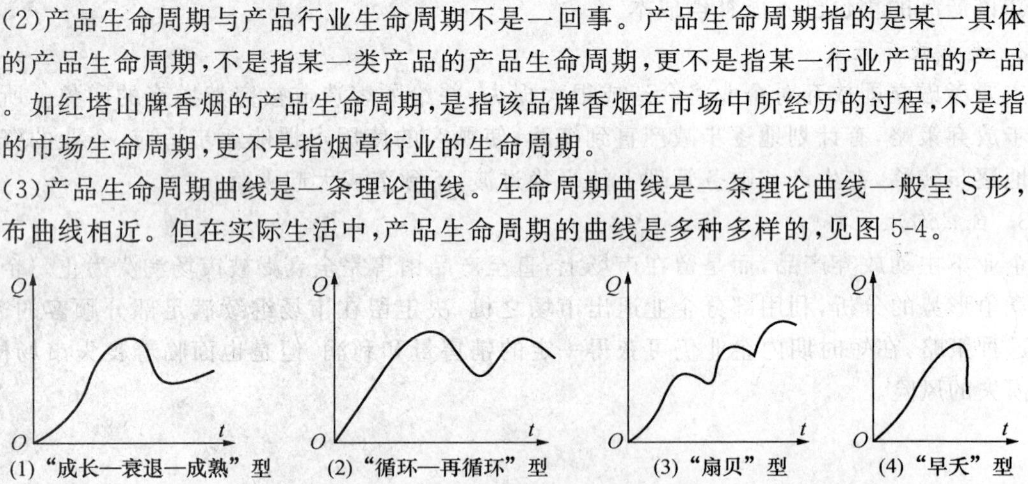

图 5-4　常见产品生命周期的曲线

(二)产品生命周期各阶段的划分

1. 类比法

即根据类似产品的发展情况，进行对比分析判断。如参照黑白电视机的销售资料来判断彩色电视机的发展趋势。

2. 销售增长率比值法

这是以某一时期(通常为 1 年)的销售增长率的数据($\Delta Y/Y$)制定出定量标准，来划分产品市场寿命周期的各个阶段。销售增长率可用下列公式计算：

$$D=\Delta Y/Y=(Y_2-Y_1)/Y_1$$

式中：D 为计算期销售量增长率；Y_1 为期初销售量；Y_2 为期末销售量。

根据经验数据，①当 $D<0.1$ 时产品处于导入期；②当 $D>0.1$ 时产品处于成长期；③当 $0<D<0.1$ 时或 $D>-0.1$ 时，产品处于成熟期；④当 $D<-0.1$ 时，产品进入衰退期。

(三)产品生命周期与成本、价格及利润的关系

当产品处于投入期时，正处于试产试销或小批量生产阶段，成本很高，因而企业的利润很小或是负值；

产品进入成长期特别是成熟期以后，由于技术熟练，成批生产，产品成本大大降低，利润大幅度增加；

产品进入衰退期时，由于市场需求下降，竞争激烈，代用品增加，为了维持该产品在市场上的地位，企业必须改进产品并大力促销，因而生产成本尤其是销售成本增加，致使利润下降甚至亏损。详见图 5-5。

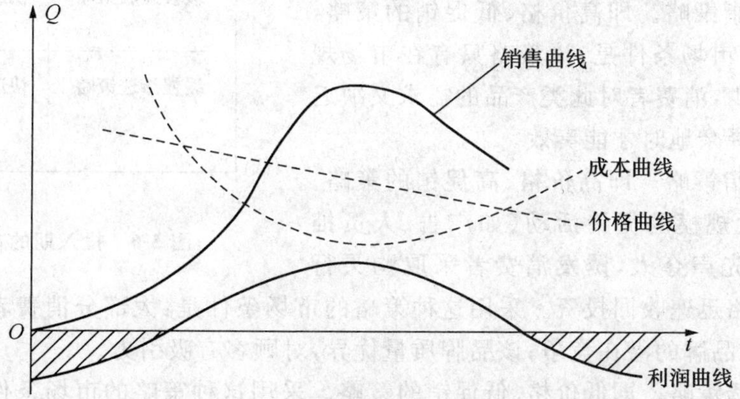

图 5-5　产品生命周期成本、价格、利润关系图

从图 5-5 可知，企业获利的最佳区域是成长期和成熟期。由此可见，延长产品生命周期，即延长成长期和成熟期，就是延长高利润的时间范围。

通常延长产品生命周期的方法：①对产品进行改良；②增加服务；③增加功能；④改进款式。

二、产品生命周期各阶段的特点及相应策略

产品生命周期各阶段都有其不同的特点，企业可根据其特点，制订和采取相应的市场营销组合策略。

(一)投入期的市场特征及其策略

1. 投入期的市场特征

(1)产品刚开始投放市场，消费者对产品不很了解。

(2)销售量增长缓慢，一般无利润可言，甚至要亏损。

(3)由于新产品性能、质量、价格、分销渠道和服务等不能适应广大消费者的需求，因而在竞争中易失败。

形成上述3个方面特征的原因很多，一般包括：①成本高；②设计尚未定型；③分销渠道尚未沟通；④新产品在市场上有一个被认识的过程；⑤促销手段不力等。

2. 投入期的市场策略

(1)注重产品的品质和产品给消费者的"第一印象"。实践证明，在投入期，产品品质较高，销售量会有明显增长；反之，如果产品给消费者的"第一印象"不良，轻则使产品投入期延长，重则使产品不得不被迫退出市场。

(2)借助现有产品提携支持。如将新产品与原有产品一起出售；随同现有的受消费者欢迎的相关产品免费赠送；或将新老产品合并陈列。

(3)建立有效的分销渠道，搞好试销工作。

(4)利用各种促销手段宣传产品，千方百计地打开销路。

3. 投入期的价格和促销组合

投入期的市场策略见图5-6。

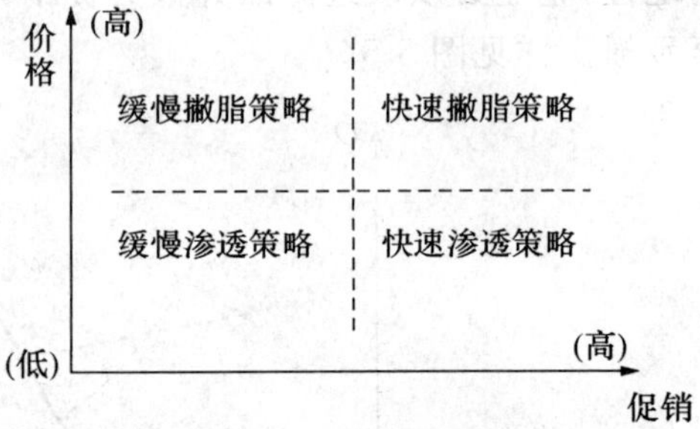

图5-6　投入期的市场策略

(1)缓慢撇脂策略。即高价格、低促销的策略。采用这种策略的市场条件是：该策略只有在市场规模不大，竞争者少，消费者对此类产品的需求又缺乏弹性，无较大选择余地时才能奏效。

(2)快速撇脂策略。即高价格、高促销的策略。其特点是开展大规模的促销活动(如广告、人员推销、展销会等)，先声夺人，诱发消费者采取购买行动，并利用高价格迅速收回投资。采用这种策略的市场条件是：大部分消费者不了解该品牌；市场面临着其他品牌的潜在竞争；该品牌质量优异，对顾客有吸引力。

(3)缓慢渗透策略。即低价格、低促销的策略。采用这种策略的市场条件是：消费者非常了解这类产品；市场容量较大；替代品较多，需求价格弹性较大。采用这一策略的客观原因是此类产品在市场上的知名度已经很高，促销弹性因而降低，加之产品的价格弹性很大，此时以低价多销最为有利，无须大量支出促销费用。

(4)快速渗透策略。即低价格、高促销的策略。是以低价配合大规模的促销活动，达到最快的市场渗透，提高市场占有率。采用这种策略的市场条件是：市场容量大；消费者对新产品缺乏了解；大部分消费者对价格敏感；替代品较多，消费者有较大的选择余地；产品的单位成本可随大批量生产而降低。这是一种大刀阔斧和放长线、钓大鱼的做法。该策略如获成功，企业会迅速发展，但风险较大，一旦失败，亏损难以弥补。

(二)成长期的市场特征及其策略

1. 成长期的市场特征

(1)产品已被消费者广泛接受，销售量迅速增加。

(2)产品已基本定型，已形成规模生产能力，单位产品成本迅速下降，利润增加。

(3)分销渠道已经建立，有利的营销局面已经打开。

(4)市场竞争日趋激烈，但激烈的程度尚未最大。

2. 成长期的市场策略

(1)改良产品品质。对产品质量、性能、式样、色彩及包装都应该有相应的改进，以满足和适应消费者的要求，增强竞争力。狠抓产品质量，在“好”字上下功夫，完善质量保证体系，并以良好的包装装潢与完善的服务与之配合，争创优质名牌产品。

(2)加强营销调研，不断开发新的市场。

(3)完善分销系统。向中间商提供促销支援，积极开发新的营销渠道和新的市场，努力扩大产品在市场上的覆盖面。

(4)强化品牌认知。促销重点应由建立产品知名度转向增强产品信任感，具体做法是宣传公司名称和品牌，培养消费者的选择性偏好。

加强广告宣传，并从介绍产品转向树立产品形象，进一步扩大产品知名度，争创名牌，加强销售服务。

(三)成熟期的市场特征及其策略

1. 成熟期的市场特征

(1)销售量和利润额都达到最高峰。由于规模化、集约化生产全面形成，产品供应量进一步增加，单位产品生产成本较低，销售量和利润额都达到高峰。

(2)市场竞争最为激烈，达到了白热化程度。企业与企业之间的价格战、广告战层出不穷，愈演愈烈。

(3)单位产品利润减少，利润额趋于下降。

(4)相对其他阶段而言，成熟期的延续时间较长。

2. 成熟期的市场策略

(1)进一步开辟新市场或扩充原有市场。从广度和深度上进一步开辟新市场或扩充原有市场。从广度上看，即把市场从城市拓展到农村，从国内拓展到国外；从深度上看，即将产品原来只适应顾客一般要求，有针对性地转变为能够适应顾客的特殊要求，还可以发掘产品新的用途。

(2)进行产品改革，使产品多样化、差异化。例如，改善产品的耐用性、可靠性、安全性和方便性，或者改变产品的性能、规格、款式、设计和材料等。其目的在于使消费者感受到产品新出现的吸引力，以突破销售量增长减缓或停滞不前的困境。

(3)调整市场营销组合手段。即调整某种营销组合的因素。如改进包装、降低价格、加强服务、改进广告宣传等，以刺激销售量的增加。

(4)以劝告性广告为主。即在促销过程中，要强调品牌差异和产品给消费者带来的利益和好处。

(四)衰退期的市场特征及其策略

1. 衰退期的市场特征

(1)销售量、利润急剧下降甚至亏损。

(2)促销手段开始失灵。由于新产品和优良产品的出现，原有产品将被取代，转向销售萎缩阶段。特别是新一代产品出现以后，增加售后服务、让利销售等促销手段已毫无吸引力，促销手段开始失灵。

(3)竞争者数量开始并迅速减少。

2. 衰退期的市场策略

(1)有计划地逐步淘汰疲软产品　即减产、转产或将产品转让给别的企业生产。

(2)促销减至最低水平　即减少到保持坚定忠诚者需求的水平。

(3)对分销系统进行选择,逐步淘汰无盈利的分销网点。

三、产品生命周期理论的作用

研究分析产品生命周期,正确把握产品在市场上的寿命,对企业经营有着非常重要的意义(表 5-1)。

表 5-1　产品生命周期各阶段特点及策略

周期	企业情况	市场环境	营销策略
导入期	①生产不稳定 ②成本高 ③销售费用高 ④利润低	①熟悉产品者少 ②需求有限 ③销售渠道不畅 ④竞争者少	①加强促销宣传 ②提高产品价格 ③鼓励消费者试用 ④吸引中间商
成长期	①产品基本定型 ②生产批量化 ③成本降低 ④利润提高	①营销渠道增多 ②市场占有率提高 ③涌入竞争者 ④价格开始下降	①产品差异化 ②市场细分化 ③树立产品形象 ④调整产品价格
成熟期	①产品定型 ②销售增长率下降 ③促销费用上升 ④利润下降	①需求多样化、个性化 ②营销渠道基本定型 ③竞争激烈 ④价格低	①改进产品 ②开拓新市场 ③调整营销组合 ④劝告性广告为主
衰退期	①产量降低 ②成本回升 ③经营出现亏损	①消费需求减少 ②竞争者退出 ③促销作用不显著 ④价格最低	①维护微利经营 ②缩减营销渠道 ③削价处理存货 ④停产退出市场

(一)揭示了产品生命的变化规律

产品生命周期理论揭示了任何产品都和生命有机体一样,有一个从诞生、成长、成熟、衰亡的过程,也就是世界上没有一个企业的产品在市场上能永远畅销,永久获利,它迟早是要被市场淘汰的。因此企业要居安思危,不断创新,开发新产品,做到生产一批,储备一批,试制一批,设想一批,使企业更好地生存和发展。

(二)有利于企业增强竞争力,提高经济效益

借助产品生命周期理论,企业可分析判断产品处于生命周期的什么阶段,推测产品今后发展的趋势,正确把握产品的市场寿命,并根据不同阶段的特点,采取相应的市场营销组合策略,增强企业竞争力,提高企业的经济效益。

(三)通过营销的努力,延长产品生命周期

从产品生命周期理论可知,由于科学技术迅猛发展,人们需求变化加快,未来产品生命周期的发展趋势将会越来越短。但是通过企业的市场营销努力,产品生命周期是可以延长的。

四、延长产品生命周期策略

(一)对产品进行改良

1. 产品重新定位

当产品处于成熟期时,由于消费者需求的个性化日益突出,消费者的偏好已经改变,加之市场竞争的激烈,企业有必要考虑产品重新定位问题,以适应市场环境的变化。

2. 实行产品的差别化

为配合产品重新定位,企业必须实行产品的差别化。

方法有:①改变产品特征;②提高品牌形象;③改变产品包装。从而延长产品成熟期,使企业连续不断地获得较高利润。

3. 增加产品功能,改进产品款式

企业可通过增加产品功能,改进产品款式等手段吸引更多的消费者购买,从而维持和提高产品的销售额,以达到延长产品生命周期的目的。

(二)进行市场渗透

进行市场渗透:①要维持一定水准的广告量,不断地"说服"潜在顾客购买。②要不断地扩大销售渠道,使渠道"密集化"。③及时降低产品价格,刺激消费需求。④开展营业推广及公关活动,吸引消费者购买。

(三)开辟新的市场

开辟新市场包括两方面的含义:①开辟新的市场或增设新的销售网点或开辟新的销售渠道。如产品从国内拓展到国外,从城市拓展到农村。②寻找新的顾客或挖掘原有消费者新的需求。

任务4 品牌、商标与包装

一、品牌决策

(一)品牌及相关概念

品牌是企业为了与竞争者的同类产品或服务相区别,而给自己的产品或服务所使用的一个名称、术语、符号、设计或以上四种的组合。

品牌包括品牌名称(简称品名)和品牌标志(简称品标)两部分。

1. 品牌名称

品牌中可以用语言文字表达的部分。如海尔、长虹、娃哈哈等。通过文字形式表现出来。

2. 品牌标志

品牌中不能用语言文字表达,而是借助于图案、符号、记号、印字、明显的色彩表现的部分。

例如,海尔中的海尔兄弟两个小男孩、奥迪车的连环、可口可乐的独特字体,麦当劳的特殊颜色等。

3. 商标

商标是指经过注册登记受法律保护的品牌。从这里不难看出,所有的商标都是品牌,但所有的品牌并不一定都是商标。可见,品牌和商标是两个既有区别又有联系的不同的概念。品牌与商标,都是企业的无形资产。

(二)品牌与商标的关系

品牌与商标的区别:品牌是一个商业名称,其主要作用是宣传商品;商标也可以宣传商品,但重要的是,它是一个法律名称,受法律保护。

品牌与商标的联系:品牌的全部或部分作为商标经注册后,这一品牌便具有法律效力;品牌与商标是总体与部分的关系,所有商标都是品牌,但品牌不一定都是商标。

[案例 5-2]

孔府家酒先投巨资在中央电视台做广告,使孔府家酒家喻户晓,1994 年在全国酒类市场独占鳌头,出口创汇第一。

1995 年山东又出了个孔府宴酒,宴酒家酒,一字之差,叫人难分伯仲,莫辨你我,而且 1995 年宴酒压倒了家酒。

又如,海南有"椰树牌"椰奶,牌子老,靠"世界首创,中国一绝"的广告而名冠中华。

1995 年,电视广告中又冒出了个"椰风"牌,凭着一句"椰风挡不住"同样风靡神州,这两种椰奶也是一字之差:叫人难以区分。这种类似的商标、品名,只要一家做广告,另一家也会受益;一家出名,另一家也跟着沾光。

因此,如何防止别人的商标因你的知名度和你投入的广告宣传费而出名、搭你的便车、分享你的无形资产,是企业必须关注的问题。而防止他人搭便车的有效手段就是防御性商标注册。所谓防御性商标注册,即注册与使用相同或相似的一系列商标。具体地说就是注册一系列文字、读音、图案相同或相似的商标,保证正在使用的商标或以后备用。

[案例 5-3]

红豆集团的商标决策是把与"红豆"中文发音相同的、含义相近的文字注册,如"虹豆"、"相思豆"。结果,1994 年在与某旅游工艺品厂申请注册"思豆"的商标纠纷中,经国家工商局商标评审委员会裁定,"红豆"获胜,同时红豆集团还在国外 54 个国家和地区申请了商标注册。

又如"娃哈哈"注册了"哈哈娃"、"哈娃娃"等一系列保护性商标。

防御性商标注册的另一种方法就是同一商标运用于完全不同种类的产品或不同行业,防止他人在不同种类的产品或不同行业使用你的商标。因为同一商标使用的商品类别有一定限制,产品跨行业、跨种类时,就必须分别注册。

三九集团的“999”系列注册商标价逾7.3亿元，注册商标应用范围涉及三九集团八大产业。甚至将来准备涉足的领域，均以“999”注册了商标，就连深圳市首批注册颁布的服务商标，也有“999”。再如前文提及的红豆集团，在国内34类商品上全部注册了“红豆”商标。

(三)品牌的功能

1. 从消费者的角度

(1)便于识别、辨认产品。通过品牌，可以较快地在复杂多样的产品中发现或寻找自己所要的产品，借助醒目的图案或色彩，既可节约时间，提高效率，又便于消费者重复购买。

(2)传递企业及产品的相关信息。通过品牌来介绍企业或企业生产的产品，是传递生产企业与消费之间信息的桥梁。

(3)创造产品个性。品牌能为产品创造个性，也使消费者对产品产生兴趣，帮助企业评价产品的适应性。

(4)便于为消费者服务。品牌便于消费者在购买使用产品出现问题后，按品牌寻找到生产企业，及时解决问题。这对企业来讲，也是一种重要的信息反馈途径。

(5)减少消费者购买风险。品牌意味着给消费者产品质量、销售服务的承诺。

2. 从生产者的角度

(1)品牌有利于提高消费者对企业产品的忠诚度。品牌突出生产产品的企业，保证产品质量、让消费者熟悉自己的品牌，导致最后忠诚于自己的品牌。

(2)抵御竞争。基于建立对品牌的忠诚，让消费者产生重复购买的行为，扩大市场份额，加强竞争能力，不让同类产品挤入市场，减弱竞争程度。

(3)有利于创造差别优势。品牌可以创造差别优势，帮助企业在市场上定位，提高企业的经济效益；企业通过创造名牌，取得消费者的信赖，以便获得理想的经济效益(名牌效应)。

(4)品牌可以允许维持一定程度的溢价。

(5)品牌可以为企业树立良好的形象。

(四)品牌的设计原则

1. 合法性原则

设计品牌的内容不得与国家的法令法规规定的内容相抵触，国家禁止使用的图案、标记不得使用。例如国徽、国旗、军旗、勋章。

2. 美观、新颖性原则

设计品牌要美观大方，新颖，构思精巧，以此来刺激消费者产生购买欲望。

3. 简明、通俗性原则

设计品牌要简单明快，易于消费者辨认，易于记忆，能在较短的时间范围内给消费者较深的印象。切忌复杂冗长，烦琐，图案模糊不清。

4. 寓意深刻性原则

设计品牌应该能反映企业本身产品的特色和风格，使消费者很容易将企业与品牌标志联系在一起。

例如，人们常常把玫瑰和爱情联系在一起，皇冠与荣誉联系在一起，把圆圈和永久团结联系在一起(像奥运会的五环旗,就象征着团结奋进,勇于拼搏的奥运精神)。

5. 适用性原则

设计品牌应注意目标市场上的消费者所处的社会文化环境。不同的国家、民族、不同宗教信仰的人,喜好和禁忌是不同的。就同一字词或图案在不同的国家、不同民族、不同人面前所代表的含义也不同。因此,在设计品牌时一定注意这些方面的差异,尽量避免造成误解,产生误会。

(五)品牌决策

1. 品牌类型

(1)生产者品牌　生产企业可以决定使用自己的品牌,这种品牌叫作企业品牌、生产者品牌。企业的产品一经投入市场,便要决定是否给其产品规定品牌名称。世界各国的大多数产品都规定有品牌。

品牌可使卖主得到以下好处:

①规定品牌名称可以使卖主易于管理订货;

②注册商标可使企业的产品特色得到法律保护,防止别人模仿、抄袭;

③品牌化使卖主有可能吸引更多的品牌忠诚者;

④品牌化有助于企业细分市场;

⑤良好的品牌有助于树立良好的企业形象。

[案例 5-4]

以一只小钩子图案为商标的耐克牌运动鞋,是世界上最大的体育用品公司的产品。在1991—1992年度,营业额达34亿美元,其中3/4属旅游鞋的销售,纯利润超过3亿美元。而在1985年时,它的纯利润仅1 300万元。7年之中竟增长了24倍,令人赞叹不已;但是,说来却令人难以置信,那就是耐克公司从总裁到一般雇员,整个系统内的7 800名员工,几乎没有一个人会做鞋。耐克公司的诀窍在于,不设厂、不雇用工人、不购置生产设备。总之,耐克公司不直接生产一双鞋。

耐克公司的经理们所要做的,就是跑遍世界各地,去物色优秀的承包商,耐克公司只是负责包销一定数量甚至全部的产品。由此看来,耐克公司与其说是生产商,还不如说是一位著名的中间商。

(2)销售者品牌　以销售商的名义(或品牌)销售产品的决策,称之为销售者品牌决策。其运作方式是,生产企业将其产品大批量地卖给中间商,中间商再用自己的品牌将货物转卖出去。实质上是生产企业用销售商的品牌进行“定做”。如沃尔玛是个销售商,其销售的“沃尔玛”牌产品,并非沃尔玛自己生产,而是由别的生产企业生产,沃尔玛负责对产品质量进行监控。

[案例 5-5]

美国最大的零售商Sears公司在1979年开发了第一个以自己名字命名的轮胎,在美国商业界掀起了轩然大波。在当时制造商品牌一统天下的局面下,Sears第一个向制造商品牌发起了挑战,打响了美国中间商与制造商品牌争夺战的第一枪。目前,Sears 90%以上的商品都以自己的品牌出售,这一成功做法很快又被其他越来越多的中间商所仿效。在这场美国生产商与中间商大战中，除了少数著名品牌如可口可乐、七喜、亨氏、万宝路等之外，大多数企业都处于下风。

(3)混合品牌　即生产企业一部分产品使用生产者品牌进行销售；另一部分产品使用销售商品牌进行销售。需要注意的是，如果在同一市场上使用这种决策，就会有可能引起生产企业与销售商之间的“品牌战”。

(4)无品牌　20世纪70年代以来，西方国家的许多企业对某些消费品和某些药品不规定品牌名称和品牌标志，也不向政府注册登记，实行非品牌化。这种产品叫无品牌产品。所谓无品牌产品是指在超级市场上出售的无品牌、包装简易且价格便宜的普通产品。

企业推出无品牌产品的主要目的是节省包装、广告等费用，降低价格，扩大销售。一般来讲，未注册品牌使用质量较低的原料，而且其包装、广告、标贴的费用都较低。

2. 品牌使用决策

企业在营销过程中常用的品牌策略包括：

(1)统一品牌策略　统一品牌策略是指企业无论生产多少种产品，均统一使用一个品牌。例如，海尔公司生产的冰箱、洗衣机、空调、冰柜、手机等都采用统一的一个海尔品牌。

采用统一品牌策略可以借助原有产品在市场上的声誉推出新产品，节省大量的广告宣传和促销费用，降低新产品成本，加深这一品牌在人们头脑中的印象，为企业大造声势，增强竞争能力。此策略适合于本企业所有产品是同一质量的。

(2)多品牌策略　多品牌策略是指企业生产同一种产品使用两种或两种以上的不同品牌。采用这一策略可为企业节省开发研制新产品费用，能吸引更多的顾客，增加销量，增强市场竞争能力，但广告宣传费用增加，生产资源配置分散，影响企业开发新产品。

[案例5-6]

宝洁公司大都是一种产品多个牌子。洗衣粉就有汰渍、洗好、欧喜朵、波特、世纪等9种品牌。在中国市场上，仅洗发精就有“飘柔”、“潘婷”、“海飞丝”3种品牌。

它们的多品牌决策追求每个品牌的鲜明个性，使每个品牌都有自己的发展空间。如“海飞丝”的个性在于去头屑，“潘婷”的个性在于对头发的营养保健，而“飘柔”的个性则是使头发光滑柔顺。

(3)个别品牌策略　个别品牌策略是指企业生产不同产品分别使用不同品牌的策略。

采用此策略企业可以大造声势，刺激吸引不同层次的消费者，将单个产品的成败与企业的声誉分开，不因某个产品的成败影响企业整体形象，因此分散风险。

但开发新产品、新品牌，所需的各种费用增高。此策略适合资金实力强的大中型企业。

(4)新品牌策略　新品牌策略是企业为新推出产品设计的新品牌。采取新品牌策略的原因是现有品牌没有合适的，旧品牌的影响力逐渐降低；或通过企业兼并和收购均能产生新品牌。

采用这一策略需要注意创立品牌给企业带来的风险如何，新品牌的寿命周期怎样，投入与产出的比例如何，是否能提高企业的声誉，为企业增加利润收入。因此，决策者应该慎重使用此策略。

3. 品牌扩展决策

品牌扩展决策是指企业利用其成功品牌名称的声誉来推出改良产品或新产品，包括推出新的包装规格、香味和式样等。

［案例 5-7］

三九集团以“999”胃泰起家，企业的品牌经营如此成功，以致消费者把“999”视为胃泰这种药物的代名词，这正是品牌定位所追求的最高境界。

然而，三九集团随后进行了品牌扩张。如果说，企业把“999”延伸到感冒灵，消费者尚可以接受的话，那么把“999”延伸到啤酒可就让消费者不知所措了。虽然广告上说的是“九九九冰啤酒，四季伴君好享受”，但是消费者一拿起九九九啤酒，第一个潜意识的反应恐怕是联想起“999”胃泰这种药，喝带有“心理药味”的酒自然不是一种享受。如果进一步联想到饮酒过量会伤胃，九九九冰啤还会有好的销路吗？换另一角度考虑，“999”分明在劝人喝酒，还算是“胃泰”吗？完全是自损形象。

4. 品牌重新定位决策

对品牌重新定位的原因：

(1)竞争者的干扰。竞争者推出一个品牌，把它定位于本企业的品牌旁边，侵占了本企业的品牌的一部分市场，使本企业的品牌的市场占有率下降。

(2)有些消费者的偏好发生了变化。

［案例 5-8］

“维他奶”原来定位为健康饮料，“饮维他奶，更高、更强、更健美”的广告语用了 10 年，这种定位，曾创造了辉煌的纪录。

然而，随着时间的推移，各种新的、不同品牌的饮料相继粉墨登场。它们纷纷抓住年轻人的心理，突出其产品的时代感，相形之下，“维他奶”形象显得落伍了，市场占有率不断萎缩。后来其进行了重新定位，塑造品牌时髦、健康、受欢迎的新形象。

新的定位通过富有时代气息的广告表现，广告语非常有生气，特别是一句“点只汽水真简单。”既突出了产品优势又深切地把握了年轻人的心理，很快成为社会流行的口头语。维他奶因此成为受年轻人欢迎的饮品，在激烈的市场竞争中稳固、扩大了市场。

(六)名牌战略和企业形象识别系统

名牌战略是指企业从经济发展的全局出发，根据企业自身条件和名牌形成的客观规律，制定的发展名牌的全局性指导方针计划。

1. 企业形象识别系统的含义

企业形象识别系统是指将企业经营理念与精神文化，运用整体传播系统(特别是视觉传达设计)，传达给企业周围的关系或团体(包括企业内部与社会大众)，并促使其对企业产生一致的认同与价值观。

换言之，也就是结合现代设计观念与企业管理理论的整体性运作，以刻画企业个性，突出企业精神，使消费者产生深刻的认同感，从而达到促销的目的。

2. 企业形象识别系统的构成

它的构成因素由以下三个方面组成：经营理念识别、经营活动识别和整体视觉识别。

企业形象识别系统对于树立企业形象，创立品牌，搞好品牌定位具有重要意义。

二、包装策略

产品包装的基本功能是保护商品。在现代经济生活中,包装的重要性已远远超过作为容器、保护商品、方便运输的作用,而是促进和扩大产品销售的重要因素。特别是消费品的包装,能体现广告所宣传塑造的产品形象。两种相同的消费品,不同的包装,就会产生两种不同的销售效果。

(一)包装的含义和作用

1. 包装的含义

包装是产品整体的又一重要组成部分,通常指产品的容器或包装物及其设计装潢。产品包装一般分三个层次:

(1)内包装　是产品的直接容器或包装物,如牙膏的软管、酒类的瓶子、香烟的小纸盒等;

(2)中层包装　如每条香烟的包装物;

(3)储运包装　也称外包装,如装运香烟的纸板箱等。

2. 包装的作用

包装设计的好坏直接关系到产品的价值和销路,设计良好的包装能为消费者创造方便价值,为生产者创造促销价值。具体地说,产品的包装有以下三个方面的作用:

(1)保护产品　这是包装的原始功能。在产品从生产者转移到消费者手中,被消费者消耗的过程中,良好的包装可以防止产品的毁损、变质、散落、被窃等。

(2)便于储运　不少产品没有固定的形状或形状特殊,不包装则难以进行储存和运输。有些产品则有一定的危险性,如易燃、易爆、有毒等,必须有严密良好的包装才能储运。此外整齐的包装可以方便储运时的点检等管理工作。

(3)促进销售　包装已被越来越多的厂家用做产品促销的一种工具。通过包装,可以改进产品的外观形象,提高顾客的视觉兴趣,增加顾客的方便,促进消费者的购买。同时利用包装上的说明,可以增进顾客对产品知识的了解。包装同时也是一种不花钱的广告媒体。

[案例 5-9]

四川人在销售其"拳头"产品——榨菜时,一开始是用大坛子、大篓子将其商品卖给上海人;精明的上海人将榨菜倒装在小坛子后,出口日本,在销路不好的情况下,日本商人又将从上海进口的榨菜原封不动地卖给了香港商人:而爱动脑子、富于创新精神的香港商人,以块、片、丝的形式把榨菜分成真空小袋包装后,再返销日本。从榨菜的"旅行"过程中,不难看出各方商人都赚了钱。但是靠包装赚"大钱"的还是香港商人。

[案例 5-10]

众所周知,人参是名贵的稀有药材,价格昂贵。但是在改革开放以前,我国的有关单位在出口人参时,像捆萝卜干似地将人参捆扎起来,用麻袋或木箱包装。可想而知,这种"稻草包珍珠"的包装方式,不能不让人对其商品的真实性表示怀疑,同时也极大地降低了人参的身价。在这种情况下,尽管价格很低,但是销路仍然不佳。

在市场给我们上了一堂生动的"营销学"课程和外商赚取大笔利润后,我们的有关单位终于明智地采用了小包装(1～2 支),配上了绸缎锦盒,或使用木盒外套玻璃纸罩。这样的"装束”雅致大方，使人参的稀有名贵充分表现出来了，结果是不仅销路打开，而且每吨的售价比过去增加了 2.3 万元，使商品利润倍增。

[案例 5-11]

苏州檀香扇在未更新包装前，在香港市场上每把售价 65 港元，而用 5 港元成本的锦盒加以包装后，身价增到 165 港元，且销量看好。

又如，一坛价值不足 10 元的 1 kg 装绍兴黄酒，经过“文化包装”，便诞生出“太白醉酒”、“贵妃出浴”、“八仙过海”、“武松打虎”等 100 多种艺术形象，显露其不同凡响的文化品位，被中国香港、日本和东南亚等地的消费者誉为“东方酒文化的瑰宝”。在香港市场上标价 650 港元，在日本标价为 1 万日元，而且畅销不衰。包装对产品的价格和销售的影响，由此可见一斑。

(二)包装设计的基本要求

1. 新颖感

包装应力求新颖别致，美观大方，使人耳目一新，不应流俗模仿。一味模仿名牌，毫无创意与特色，应予以摒弃。

2. 高贵感

包装应与产品的档次和价值相一致，贵重的高档产品或礼品包装，要华丽高雅，增加产品的价值感。

3. 便利感

包装应便利消费者选购、携带、使用和保存，适应不同消费者的需要，应有不同规格和分量的包装。

4. 直观感

挑选性强的产品，如衬衣、丝袜等，应使顾客通过包装的透明部分看到产品花色、款式、质地等特色。

5. 信任感

包装的外形、规格、分量等必须与产品实际相一致，不应使顾客产生误解。包装的促销作用应建立在真实性的基础上，欺骗性的包装同现代营销观念是水火不相容的。此外，还应在包装上注明产品成分、用法、分量、有效期限等。

6. 安全感

包装要注意保护消费者的安全和卫生。如国外许多药品包装瓶均采用安全型，防止儿童误食；还有杀虫剂、消毒液等喷雾剂也趋向安全型包装。

7. 艺术感

包装设计应力求赏心悦目，增加产品美感和魅力。包装的造型、色彩、图案和文字等要符合当地的风俗习惯和宗教信仰，切勿触犯禁忌。

(三)常用的包装方法和包装技术

1. 包装的大小

主要受消费者的购买使用习惯及购买力的影响。一般地说，日用消费品小包装使用比较方便。随着小家庭的增加,对小包装产品的需求将会不断增加。

2. 包装的形状

主要取决于产品形状和性质。一般地说,产品的包装要有利于产品的存放、搬运、运输,能美化产品,吸引顾客的注意。特别是食品,顾客购买后往往要存放在冰箱里,因此,食品包装的形状应与冰箱内部结构相符合。

3. 包装的构造

包装的构造应能突出产品的特点,体现产品的功能,同时应开启方便。有些产品还需要特殊的保护性包装,如对危险性的药品的包装,应使儿童不能轻易打开。

4. 包装的颜色

根据研究表明,颜色能影响人们的情绪,进而影响人们的行为。不同的颜色能给人以不同的感觉,如红色的热烈,黄色的宁静,黑色的凝重,紫色的高雅等等。因此,应针对产品的不同,采用不同颜色的包装与之相配。同时,也应考虑到不同的民族对颜色的偏好与禁忌,以免影响产品的国际市场营销。

5. 包装的材料

包装材料的选用除了能有效地保护产品外,还应该考虑材料与环境保护的关系,所使用的材料不能损坏生态环境。此外,还应考虑包装材料与产品的价值比例,既不能"金玉其外,败絮其中",也不能"稻草包珍珠",再现过去那种"一等产品,二等包装,三等价格"的局面。

包装设计还要注意以下几个法律和道德方面的问题:

一是注意节约包装成本,减少消费者不必要的负担和节约社会资源。如易拉罐包装应予控制,液体食品应大力发展纸盒无菌包装。

二是严格控制废弃包装物对环境的污染。如德国自 1991 年 12 月 1 日起,即已禁止使用一切由聚氯乙烯或聚苯乙烯泡沫塑料制成的包装物,德国首创的绿色标志产品即不污染环境的产品,在许多国家已获推广。

三是包装设计好后,必须进行一些试验。①进行工程测试的目的是保证包装在正常情况下经得起磨损;②进行视觉测试的目的是保证字迹清楚和色彩协调;③进行经销商测试的目的是保证经销商发现包装具有的吸引力,并且能够便于处理;④进行消费者测试的目的是保证赢得有利的消费者反应。

(四)包装的基本策略

常言道:好马配好鞍。企业要根据实际情况,结合产品的特点,从市场营销的角度,考虑采用不同的包装策略。

1. 统一包装

企业对自己生产经营的产品采用统一的包装模式,即在颜色、图案、造型等方面具有类似特征,使人一见即知是某家企业的产品。这也是"CI 系统"内容之一。这样,可加强企业形象,有利于推出新产品和节省促销等费用。

2. 配套包装

即把几种消费上相关联的产品放在一个特制的包装物中销售,如化妆品系列套装、礼品套装等,既可便利消费,又可扩大销路。但要防止引起顾客反感的硬性搭配。

3. 分档包装

为了适应顾客不同的购买力水平或不同的购买目的，对同一种产品采取不同档次的包装，如对糖果可采用盒装、袋装、散装等多种形式。

4. 再使用包装

即原包装的商品用完以后，其包装物可以再用，具有多种用途。如设计精美的酒瓶可用做花瓶，水果罐头瓶、饮料瓶用做茶杯等。这一包装策略，一方面能够以包装物的精美引起消费者的好感，引起购买欲望，达到销售目的；另一方面包装物有广告宣传的作用，能够引起消费者重复购买。

5. 附赠品包装

即企业在包装容器中附加一些赠品，以吸引消费者购买。这是目前市场上比较流行的包装策略，如易拉罐饮料盖上印有中奖号码，儿童食品包装里附有动画卡片、小型玩具、人物画等，这对产品促销起很大作用。

6. 错觉包装

即利用人们对外界事物的观察错觉，进行产品的包装。如两个容量相同的饮料包装，扁形的看起来就比圆形的大些、多些。笨重物体的包装采用浅淡的颜色会使人感到轻巧一些。这是利用人们的视觉误差设计包装的心理策略之一。

7. 改进包装

这种策略不改变产品本身，仅改变产品包装。有的是重新改进包装设计，以适应新市场的需要；有的是更换新型的包装材料，使包装更具有时代气息，更适合消费者需要，促进销售。

8. 不同容器不同包装

这是根据消费者的使用习惯，按照产品的重量、数量设计不同的包装。例如，20 kg、40 kg等不同重量饲料的包装，分别适用不同生长阶段的猪使用。

(五)包装中应注意的问题

1. 合规问题

产品包装上的文字、图案、色彩等要适应不同国家和地区消费者的审美情趣和心理要求，避免触犯忌讳，与当地的民族习俗、宗教信仰相冲突。

2. 不要过度包装

现在，我国某些企业在包装设计上又走向了另一个极端，即过度包装。在国外也存在过度包装的问题。

过度包装有两种形式：一是过多地使用包装材料。如一些体积较小的产品如补品等大量使用发泡塑料作为填充物，将8粒蛇胆胶囊包装成字典大小，而两瓶燕窝精的包装就像一个手提箱。另一种形式是进行奢华的包装，致使包装成本远远超过产品的价值。按国际上通行的标准，包装成本一般不得超过产品成本的15%，最多不得超过20%，否则就是过度包装。而据调查，在国内市场上，部分轻工产品的包装成本占总成本的50%左右，少数竟高达90%～95%。过度包装不但造成资源的浪费和废弃物的增加，也是对消费者利益的损害。在我国消费者大多以追求实用为购买动机的情况下，过度包装也会影响企业产品的销售。

3. 遵循与时俱进原则，适时改变包装

包装一旦确定，就要长期稳定，以便于消费者的认知，但这并不等于说包装不能改变。

随着人们文化观念、社会风尚的变化，企业也必须遵循与时俱进的原则，按照消费者新的文化观念，适时改变产品的包装，它能使顾客产生一种新奇的感觉，从而刺激需求，促进销售。这已被许多企业的实践证明是行之有效的一种策略。

［案例 5-12］

1991 年，意大利加尔巴尼公司花费 10 万英镑，请英国泰特斯菲尔德设计公司为其生产的 10 种有不同包装的干酪重新设计了一个统一的包装。

新包装上市后的半年内，企业未做任何广告宣传，但干酪的销量在英国上升了 22%，在德国上升了 33%，在法国上升了 50%。该公司的董事长认为，销量增长的 65%～70%与新包装有关。

任务 5 新产品的开发

创新是企业的生命，任何经营成功的企业，首先都是由于产品开发的成功，产品开发成败决定着企业的兴衰存亡。

一、新产品的概念

市场营销学中的所谓新产品，是指与旧产品相比，具有新的功能、新的特征、新的结构和新的用途，能满足顾客新的需求的产品。包括以下几种类型：

(一)全新产品

全新产品是指应用科学技术的新发明研制成功的，具有新的原理结构、新的技术、新的材料等特征、市场上从未有过的新产品。如蒸汽机、电灯、收音机、电视机、计算机、抗生素、塑料、原子能等。

(二)换代型新产品

换代型新产品是对原有产品采用或部分采用新技术、新材料、新结构而制造出来的新产品。这种换代产品比原有产品增添了新的功能，给顾客带来了新的利益。如彩色电视机是黑白电视机的换代产品；数码相机是机械相机的换代产品；数控机床是自动机床的换代产品。

(三)改进型新产品

改进型新产品是对现有产品的结构、造型、质量、性能、特点、花色、款式、规格进行改进的产品，或是由基本型派生出来的产品。

如各种不同型号的电冰箱，二合一洗发香波等，或是只对原有产品作很小改进，突出了产品的某一个特点，使用一种新牌子、新包装的新产品，如××牌水果香型牙膏。

二、新产品开发的原则

(一)满足需求原则

顾客的需要是开发新产品的源泉。新产品开发要符合国家政策,适应国内外目标市场的国情、消费习惯、社会心理、产品价值观等,这样才能加速产品的推广使用,有利于新产品在市场上扩散。

(二)创新原则

新产品必须具有新的性能、新的用途、新的特征和新的服务。也就是说,新产品与旧产品相比,要有新颖奇特之处。如果新旧产品没有多大差别,或虽然有些差别但不足以吸引消费者,这样的新产品是毫无意义的。

(三)适销对路原则

新产品开发前,要扎扎实实地做好市场调查和预测,力争产销对路,适应市场需要。

(四)量力而行原则

开发新产品必须具备一定的人力、物力、财力,特别是技术力量和资金。否则,开发费用过高,企业难以承受,招致半途而废,前功尽弃。

(五)效益原则

企业开发新产品的目的,在于获得预期的利润。一方面,企业应充分利用原有生产能力,降低成本;另一方面,还要为新产品进入市场制定出合理的价格,既要能被消费者接受,又要能达到预期的利润目标。

三、新产品开发的方式

(一)独立研制

有实力的大企业利用自己的技术力量和技术优势,独立进行新产品的全部开发工作。

(二)联合开发或协作开发

企业与高等院校或科研机构利用各自在经济、技术、设备、人力等方面的优势互相协作联合开发新产品。这种方式能较快地研制开发出先进的优质的新产品,使科研成果很快地转化为商品,故实际应用非常广泛。

(三)技术引进

通过引进国内外先进技术,或技术转让,或购买专利等方式来开发新产品。这种方式能使企业的新产品迅速赶上国内外先进水平,提高产品的技术水平、质量水平和产品的档次,缩短差距,节约研制费用和时间,有助于新产品进入国内外市场。

以上几种方式可以单独使用，也可根据企业的实际情况结合使用。

四、新产品开发组织与程序

(一)新产品开发组织

为使新产品在开发过程中减少风险，必须要有一个行之有效的新产品开发组织，对新产品开发的各个环节进行管理。现介绍三种组织形式如下：

1. 新产品开发委员会

其成员来自企业内部各主要职能部门，它由技术、质量、生产、销售、财务、供应等部门的负责人或代表组成，共同担负新产品开发工作。该组织对新产品开发负有组织领导的责任，但不直接从事新产品开发的研制、设计、生产、销售等工作。其职责主要是讨论确定新产品开发方案和计划，组织并审批成立新产品开发小组，核算新产品开发预算，组织鉴定、验收等。该委员会便于协调各部门意见，使各部门构想和经验融为一体。但有时由于各自职责不清等问题也会带来一些不利因素。

2. 新产品开发部

由厂长或总经理亲自领导组织职能部门的有关人员，成立新产品开发部，专门全面负责新产品的研制、设计、生产、调研、销售、预算、质量、供应、鉴定、验收等各项工作。一旦新产品开发成功转为正常生产，这项新产品开发工作即告结束，再进行其他新产品开发工作。

3. 新产品开发小组

由有关技术人员组织成立新产品开发小组，摆脱生产、销售和其他部门日常工作的影响，专心致志地开展新产品研制、设计、开发工作，但在开发过程中要得到其他职能部门的配合，如生产部门要配合制造出样品；财务部门要配合制订各项预算，销售部门要配合做好调研和试销工作，供应部门要配合做好新产品的物资供应等。新产品试制成功，转入正常生产，新产品开发小组即行解散。

(二)新产品开发的实施过程

新产品开发程序一般可分为7个步骤：

构想 → 筛选 → 概念形成与验证 → 可行性分析 → 产品研制 → 市场试销 → 正式投放市场

1. 构想

构想是指对拟开发的新产品的构思与设想。一个好的构想等于新产品成功的一半。新产品构思的来源有：

(1)企业内部　包括设计开发人员、销售人员、生产人员及其他人员。据国外的一项调查表明，在新产品的开发构想中，有55%来自企业内部。内部渠道来的构想，其特点是了解企业的实际情况和能力，使构想与企业实际情况不致严重脱节。

(2)顾客　顾客是新产品开发的源泉和动力，所以顾客是征集新产品开发构想的主要来源。据国外的一项不完全统计，消费者提出的产品构想，被企业采纳的占28%。

(3)竞争者　企业在开发新产品时，应密切注视竞争者的动向。据统计，企业有27%的产品开发构想是在对竞争对手的产品加以分析后萌发的。

方法是：①收集竞争者的产品目录、使用说明书、广告宣传品；②购买竞争者产品，剖析其性能及优缺点；③向购买竞争者产品的用户和销售竞争产品的经销商收集其对产品的意见和看法等，以便研究或改进本企业新产品的开发构想。

(4)经销商　向经销商了解顾客对现有产品的意见和想法以及对未来产品的要求等。

(5)其他　包括政府机关、大专院校、科研机构、市场调研机构、广告公司、学术会议、技术鉴定会议、展销会、报纸杂志、文献资料专利及国外的样品等。

此外，还可从现有产品所存在的问题中得到构想，对现有产品结构作进一步分析，如结构是否可以改变，大的能否变成小的，重量能否减轻，上下左右能否颠倒，或是两个部件能否分开，或是组合在一起等等，从中得到新的构想。例如组合音响、微型步话机、游戏机等。

2. 筛选

对从各个渠道收集得来的开发构想，进行筛选。在筛选过程中要注意避免两种失误。一种是误舍，将一些具有开发前景的产品构想筛选掉；一种是误用，将一个没有发展前景的产品构想盲目上马付诸实现，结果投入市场后遭到失败，造成人力、物力、财力和时间上的损失。

为避免出现以上失误，要求企业领导干部和有经验的专家对每一项新产品构想的性能、质量、技术先进程度、市场需求、市场竞争能力、原材料供应、设备和劳动力利用、开发周期、开发费用、制造成本以及经济效益等因素进行评定审核，做出最终抉择。

3. 产品概念的形成及验证

筛选后的产品设想仍需进一步形成完整的产品概念。例如某葡萄酒厂提出拟利用葡萄为原料开发葡萄饮料的新产品构想，这种构想可衍生出许多具体的产品概念，如葡萄汁汽酒、葡萄可乐等。

因为顾客要购买的不是产品构想（葡萄饮料）而是葡萄汁、汽酒等产品概念，企业要开发的也是具体的产品。

所以要把产品构想转化形成产品概念。企业对几种产品概念从销售量、生产条件、产品质量、产品价格、销售对象、市场地位、收益率等方面加以评估比较，再把选定的可行产品概念提交给一组消费者，请他们验证，听取和收集他们的意见。

方法是可用文字描绘或制作实体模型，说明产品的特性、用途、外观、包装、价格等，请消费者针对此概念回答有关问题，如与同类产品相比，该产品有何特点？这种产品能否满足其需求，对产品的外观、品质、性能、价格、包装等方面有何改进的建议，估计哪些顾客会购买本产品等。

通过产品概念的验证，有助于完善产品概念，并选出最佳产品概念作为新产品开发目标。

4. 可行性分析

对已拟定的新产品开发方案进行生产、技术、财务、安全、环保及社会制约、市场环境等可行性分析，经比较分析，评价是否应该开发这一新产品，从多种开发方案中选择一个最佳方案。

5. 产品研制

由产品研制部门将抽象的产品概念研制成实体产品。实体产品研制出来后，才能正式评价产品在技术上，经济上是否真正可行。

若通过鉴定发现结构性能上有缺陷，必须立即改进完善产品性能和质量。如果被否定，整个过程应立即中止。

6. 市场试销

产品试生产出来后，为检验产品是否真正能受到消费者的欢迎，企业可进行市场试销。

试销的目的是了解消费者对产品的意见和建议，了解市场的需求情况；收集资料，为选择有效的市场营销策略提供依据；发现产品缺陷，及时反馈，改进产品。

7. 正式投放市场

试销成功后，即可将新产品正式投放市场。

为此，企业应采取有效的市场营销组合策略，使新产品顺利地进入市场，并尽可能缩短投入期，早日进入成长期。

五、新产品开发失败的原因

根据国外的一项调查，新产品开发的成功率：消费品为40%，工业产品仅为20%，服务类产品为18%。而据对国外700个工业企业的调查，新产品开发综合成功率仅为65%。新产品开发所以失败，风险较大，其原因是很多的。

(一)客观上的原因

(1)国内外竞争对手抢先进入市场，推出新产品，市场竞争加剧。

(2)银行贷款利率升高，投资风险增大。

(3)科学技术发展速度较快，新产品开发步伐赶不上科技发展速度，使新产品在开发过程中就夭折。

(4)市场需求变化加快和市场趋于分散，迫使企业的新产品面向范围更小的目标市场。

(二)主观上的原因

(1)对市场调研不细，没能掌握顾客的实际需求。

(2)市场调研对新产品的市场规模估计过高。

(3)开发成本过高，超过预算，资金短缺。

(4)新产品投放市场后，企业没能熟练运用促销手段进行宣传，定价过高或过低，缺少配件，售后服务跟不上。

(5)没能掌握好产品推出时机等。

不论企业在开发新产品时面临何种困难和不利因素，企业必须不断推出新产品，这是企业生存和发展的唯一途径，是增强企业活力的重要条件。

岗位操作任务

(1)展开市场调查，找出2家有代表性的饲料公司，比如双胞胎或者通威等，分别找出各自产品的组合特点。

(2)了解大北农饲料公司，了解其开发新产品的周期，目前有多少主打产品？分别如何包装？

项目小结

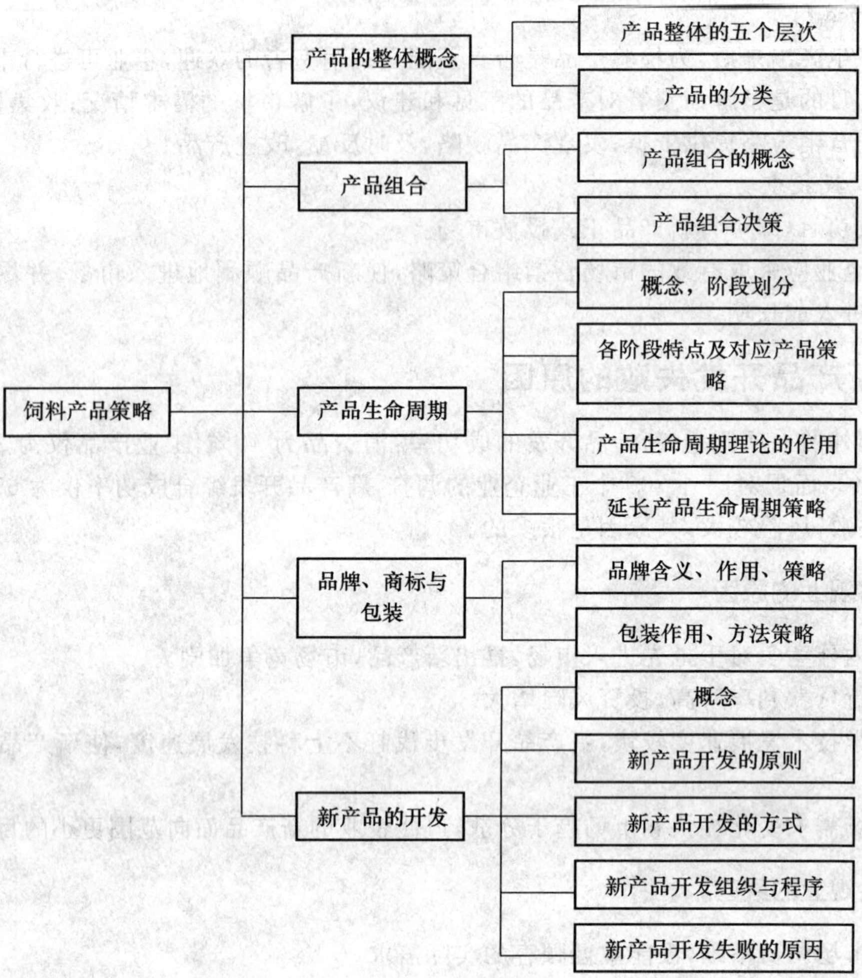

职业能力和职业资格测试

一、名词解释

品牌、商标、整体产品、附加产品、包装

二、简述题

1. 企业认识整体产品概念的意义何在？
2. 饲料产品组合的优势有哪些？
3. 简述产品生命周期理论对企业市场营销的意义。
4. 企业为什么要创名牌？如何创名牌？
5. 简述开发新产品的重要意义。
6. 常用的品牌策略有哪些？
7. 包装的作用是什么？
8. 为什么说包装已成为越来越重要的营销手段？
9. 包装设计的基本要求是什么？

10. 包装的基本策略有哪些?

11. 开发新产品的程序包括哪几个阶段?

三、论述题

1. 试述成长期的市场特征及应采取的营销策略。

2. 试述成熟期的市场特征及应采取的营销策略。

项目6

价格策略

项目设置描述

价格是企业促进销售、获取效益的关键因素。同时，价格也是企业最难于确定的因素，它在很大程度上影响着市场需求和购买者的购买行为。企业制定的价格适当，就有利于巩固和扩大市场，扩大销售和增加盈利，增强企业的竞争能力。项目6主要介绍影响产品定价的主要因素、定价的目标与定价方法、定价策略和技巧等内容，企业在未来竞争中选择适合自己的定价方法和定价策略，才能使自己的产品在竞争中保持畅销局面。

学习目标

1. 理解企业制定价格应考虑哪些因素。
2. 掌握企业定价的基本知识和方法。
3. 掌握企业定价的主要策略。
4. 能运用价格策略的方法和技巧。
5. 能为企业的产品确定合适的价格。

任务1　影响定价的主要因素

价格是消费者愿意并且能够为商品和服务支付的金额，它由四个部分构成，即生产成本、流通费用、国家税金和经营者利润，这是产品定价需要考虑的基本因素。除此之外，当企业在市场上发生的商品交换，还会受到其他多种外部因素的影响和制约，如供求关系及其变动、竞争状况及政府干预等。

一、构成价格的因素

价格通常由四部分构成，即生产成本、流通费用、国家税金、企业利润。

(一)生产成本

指生产某种产品所耗费的物质资料的货币价值和支付给劳动者的报酬。在构成价格的各因素中，生产成本是最主要的因素，是制定价格的基础。

(二)流通费用

指商品从生产领域到消费领域转移过程中所发生的劳动耗费的货币表现，包括企业的经营管理费用、利息运杂费和损耗等。在其他因素不变的情况下，流通费用增加，价格提高；流通费用减少，价格就降低。

(三)国家税金

税金是国家按规定的税率征收的货币。企业应交纳的税种，按其与价格的关系分为价外税和价内税。价外税如所得税，是直接由企业利润负担的，企业不能把这些税再加入价格中转嫁给消费者。价内税如增值税，可加入到价格中去，随饲料出售而转嫁出去。可见价内税率的高低与产品价格成正比。

(四)企业利润

反映企业一定期限内的经营成果。由营业利润、投资净收益和营业外收支净额三部分构成。它是企业生产经营中追求的最终目标。价格构成的四个因素是互相联系和制约的，其中任何一个因素发生变化，都会引起价格的变化。

二、影响价格高低的因素

(一)外部因素

影响价格的外部因素包括：国家政策、饲料市场状况和消费者行为。

1. 国家政策

国家通过制定方针政策来影响商品价格，目的是平衡供求，指导消费。饲料市场的发展，价值规律和竞争等的自发作用，会产生某些弊端，政府制定了有关的政策、法规和措施，对饲料市场价格进行管理。这些政策、法规和措施有监督性的、有保护性的、也有限制性的。它们在市场经济活动中影响着价格的形成，企业制定价格时不能违背，并且在定价时首先要考虑国家政策。

2. 饲料市场状况

一是供求状况。供大于求引起价格下降，供不应求引起价格上升。价格下降，引起供给量减少或需求量增加；价格上升，会引起供给量增加或需求量减少。所以生产企业定价时务必考察该产品的市场供求状况。

二是需求的价格弹性。指需求量对价格变动的反映程度，是需求量变动的百分比与价格变动的百分比的比值，用公式表示如下：

$$\text{需求的价格弹性}=\frac{\text{需求量变动的百分比}}{\text{价格变动的百分比}}$$

企业设定的每一种价格都会导致不同层次的需求变化，从而影响其营销目标。在正常情况下，需求与价格呈反方向运动，即价格越低，产品的需求量越高。企业在制定价格时，要考虑产品需求的价格弹性。对弹性大的产品可用降价来刺激需求，扩大销售；反之，弹性小的产品即使降价对需求也没有多大的刺激作用，但在供不应求时可较大幅度提价。值得注意的是，同一产品在不同的时间、不同的地区、对不同的顾客，其需求弹性也是变化的。因此在实施价格策略时，应尽力判断弹性的大小，避免决策的失误。

三是市场竞争。按竞争程度不同分为完全竞争市场、垄断竞争市场、寡头垄断市场和完全垄断市场四种类型。

完全竞争市场中的价格由整个行业的供求关系自发决定，任何卖者只能是既定价格的接受者，没有所谓的定价问题。完全垄断市场中的垄断者可根据其营销目标在法律允许限度内自由定价。垄断竞争市场是一种既有垄断又有竞争的市场，在这种市场中每个企业都有一定的定价自由，都是其产品价格的制定者。介于完全垄断与垄断竞争之间的寡头市场，其价格往往由少数寡头垄断者协商操纵形成"操纵价格"，价格竞争趋于缓和。目前我国的饲料市场是垄断竞争市场，即不完全竞争市场，因此，每个企业都要给自己的产品进行合理的定价。

3. 消费者行为

消费者行为尤其是心理行为对价格的影响，主要表现在人们对商品的期望价格上。实际价格高于或低于期望价格，消费者都会拒绝购买。一般来说，对于必需品，如普通饲料，人们的期望价格较低，对名特优的产品则期望价格较高。

(二)内部因素

内部因素包括成本、企业目标和其他内部因素。

1. 成本

如果说，某种产品的最高价格取决于市场需求，则最低价格取决于这种产品的成本费用。从长远看，任何产品的销售价格都必须高于成本费用，才能以销售收入来抵偿生产成本和经营费用，否则就无法经营。因此，企业制定价格时必须估算成本。

根据饲料定价策略的不同，对饲料成本可以从不同的角度进行分类和计算。

(1)固定成本、变动成本与总成本　按成本是否随产量的变化而发生变化，可分成固定成本和变动成本两类。固定成本指不随产量的变化而变化的成本，如租金、折旧费；变动成本则指随产量的变化而发生变化的成本，如原材料、工资等。固定成本和变动成本的划分，重要作用之一就是可以确定企业盈亏平衡时的规模(即保本点，可以用利润为零时的产品生产量、价格、变动成本等分别来表示保本点)和安全幅度(实际生产能力与盈亏平衡点产量的差)生产一定量产品所花费的固定成本和变动成本之和为总成本。

(2)平均固定成本、平均变动成本与平均成本　平均固定成本是总固定成本除以产量的商。固定成本不随产量的变动而变动，但是平均固定成本则随着产量的增加而下降；反之则增加。平均变动成本是总变动成本除以产量的商。变动成本会随产量的变动而变动，而平均变动成本一般不会随产量的变动而变动。平均成本是总成本除以产量的商。因为单位固定成本和单位变动成本随生产效率的提高、规模经济效益而下降，因而平均成本呈递减趋势。

(3)边际成本与机会成本　边际成本是指每增加或减少一单位产量所引起的总成本变动量。企业可以根据边际成本等于边际收益(增加单位产量所引起的收益变动量)的原则，寻求最大利润的均衡产量。机会成本是指将一种具有多种用途的资源置于特定用途时所放弃的次佳机会收益。分析机会成本，目的在于使企业在经营中正确选择经营项目，其依据是实际收益必须大于机会成本，从而使有限的资源得到最佳配置。

2. 营销目标

在定价之前，公司必须决定推出产品的目标是什么？假如公司已谨慎地选定目标市场及确定产品的市场定位，则营销组合政策(包括价格在内)，可以说已相当明确了。例如，假定通用汽车公司决定针对富有的顾客群推出新的跑车与欧洲制造的跑车一较高下，就必须选择高价位；红屋顶客栈将自己定位成为重视预算的旅客提供经济客房的汽车旅馆，这种定位需收费低廉才行得通。所以在决定市场定位过程中，定价策略已大致决定了。当然，公司也有其他定价目标。目标愈清楚，定价就愈容易。

3. 其他因素

具体有：

(1)产品的内在因素。考虑产品的各种特性，如质量、信誉、生命周期、流性竞争地位等。

(2)分销渠道。考虑中间商的利润来定价。

(3)促销费用的多少。

【案例 6-1】

“天天平价”沃尔玛

世界最大的零售商沃尔玛在全球拥有 4 000 多家连锁店，员工总数达 100 多万人，其中国际员工 25 万多人，其在零售业辉煌的业绩有目共睹。1996 年，沃尔玛在深圳开设第一家购物广场和山姆会员店，引起当地业界一片震动，“狼来了”的呼声不绝于耳。当时有十几家企业联手，希望政府干预。是什么造就了沃尔玛如此大的威力，能够让竞争者谈其色变？

沃尔玛能够迅速发展，除了正确的战略定位以外，也得益于其首创的“天天平价”策略。每家沃尔玛商店都贴有“天天平价”的大标语。同一种商品在沃尔玛比其他商店要便宜。在沃尔玛的商店里，我们很少见到 2.99 美元或者 5.95 美元等接近整数的标价，更多看到的是诸如 2.73 美元或 5.22 美元的价格牌。沃尔玛提倡的是低成本、低费用结构、低价格的经营思想，主张把更多的利益让给消费者，“为顾客节省每一美元”是他们的目标。沃尔玛的利润通常在 30%左右，而其他零售商的利润率都在 45%左右。公司每星期六早上举行经理人员会议，如果有分店报告某商品在其他商店比沃尔玛低，可立即决定降价。沃尔玛之所以能够始终保持“天天平价”的低价策略，是因为其采取了一系列的措施来尽可能地降低自己的成本。

采购本土化。“采购中国”是沃尔玛中国发展战略的一部分。沃尔玛商店销售 95%商品都是“中国造”，这样，既节约成本，又适应当地顾客的消费习惯。本土化采购还能促进与当地政府、商界的关系，可谓一举多得。2000 年，沃尔玛在中国直接采购和通过供应商间接采购的中国产品总额，超过了任何一家外贸出口企业的业绩。如果按照每个工业职工年均产品销售收入 10 万元人民币计算，沃尔玛公司的采购额相当于解决了我国 80 多万人的就业问题。

尽可能降低产品的进价。在阿肯色州本特维拉市沃尔玛的总部，各个部门的采购人员每天都在与供货商口干舌燥地谈判，艰难地砍价。有时换来的结果只是比竞争对手的定价少了几分钱。但对消费者来说，每一分钱的差价决定了消费者是在沃尔玛购物而不是到其他商店购物。

降低营业成本。沃尔玛明文规定，职员因公外出时，需两人住一间汽车游客旅馆；而商店里诸如照明设施、空调设备等出于节约能源和降低成本的考虑，也实行统一管理。大型削减成本的措施和上百条削减成本的小技巧相辅相成，使得沃尔玛的经营成本大大低于其他同行业竞争者。

运用先进的信息技术。沃尔玛的信息系统是最先进的，其主要特点是：投入大、功能全、速度快、智能化和全球联网。沃尔玛在信息技术方面的投资不遗余力，公司专门负责软件设计的工程师就有 2 000 多名。沃尔玛投资 4 亿美元由美国休斯公司发射了一颗商用卫星，实现了全球联网。目前，沃尔玛中国公司与美国总部之间的联系都是通过卫星来传送的。先进的信息技术使得沃尔玛拥有先进的存货管理系统、物流配送系统、决策支持系统、管理报告工具以及扫描销售点记录系统等，从而大大降低了沃尔玛的运营成本。

讨论题：

(1)沃尔玛是如何取得经营成功的？

(2)沃尔玛价格策略的最大特点是什么？

(3)结合本案例，讨论沃尔玛实施“天天平价”策略的基础。

任务 2　定价目标与定价方法

饲料定价的方法有多种，不同的定价法反映着企业不同的定价指导思想和企业目标。因此，选择正确的方法，有利于企业正确地制定价格，为实现企业的营销目标服务。

一、饲料的定价目标

饲料定价目标是饲料生产经营目的的具体化和数量化。企业为产品定价时，首先必须有明确的目标。不同的企业、不同的饲料、不同的市场有不同的营销目标，即使是同一企业在不同时期也可能有不同的营销目标，因而也就需要采取不同的定价策略。与企业定价有关的营销目标主要有：维持生存、争取当期利润最大化、保持或扩大市场占有率、保持产品质量最优、抑制或应付竞争。

1. 以维持生存为目标

在激烈的市场竞争中，当企业由于生产能力过剩，或由于市场竞争激烈，顾客需求偏好突然变化等原因，造成饲料销路不畅，大量积压时，企业应制定较低的价格，以迅速清出存货，维持企业的生存。

如果企业经营者将维持生存作为自己的主要目标，这时利润对他来说就显得次要得多了。这时经营者会降低产品价格，即价格只要能弥补可变成本和部分固定成本，就能生存。当然，这种定价方法不可能是长期的，因为企业不可能将维持生存作为长期目标来追求，否则在激烈的市场竞争中，将没有其立足之地。

2. 以利润最大化为目标

当企业的产品声誉卓著，在目标市场上占有竞争优势地位时，可以以争取当期利润最大化作为定价目标。企业将几种不同的价格与其相应的需求量进行比较，并结合饲料成本进行综合考虑，从中选择一个适当的价格，使当期利润、现金流量(现金流量是现金流入和流出的统称，二者的差为净现金流量）和投资收益最大。需要注意的是，本期最大利润并不一定与最高价格相对应，利润的确定还受价格外的多因素影响。在竞争市场上，任何企业都难以长期维持不合理的高价。从长远看企业不应追求短期内最大利润，而应以未来的长期利润为目标。

3. 以市场占有率为目标

在竞争性市场上，市场占有率可以综合反映企业经营和产品竞争状况。一个企业只有在产品市场逐渐扩大和销售额逐渐增加的情况下，才能生存和发展。因此，企业以保持和增加市场占有率作为定价目标，有利于参与竞争。

$$市场占有率=\frac{本产品一定时期销售额}{同行业一定时期销售总额}$$

市场占有率并不一定与资金利润率相一致。有时候为了在竞争中扩大市场份额，企业必须在价格上做出一定牺牲，从而导致资金利润率的下降，但在市场扩大情况下，总的盈利水平可能提高；相反，为了保持一定水平的资金利润率，可能导致市场份额的下降，总的盈利水平会降低。

4. 以产品高质量来提高产品价格

现实生活中，一些名牌产品质量过硬，售后服务完善，其价格也确实比一般产品高出一截，但对消费者仍有巨大的吸引力，经营者也获得了很好的经济效益。因此，有些企业以保持产品质量最优为目标。这就需要实行“优质优价”的策略，以高价来保证高质量产品的研究开发成本和生产成本。产品“优质优价”的同时，还应辅以相应的优质服务。

5. 抑制或应付竞争为目标

大多数企业对于竞争者的价格都十分敏感，在定价之前广泛收集资料，将产品品质、规格与竞争者类似产品作认真的比较，并主要以对市场有决定影响的竞争者的价格作为定价基础进行产品定价。有些企业为了阻止竞争者进入自己的目标市场，故意将产品价格定得很低。这种定价目标一般适用于实力雄厚的大企业。还有些中小企业在激烈的市场竞争情况下，以市场主导企业的价格为基础，随行就市定价，从而缓和竞争，稳定市场。

二、定价方法

企业产品价格的高低要受市场需求、成本费用和竞争情况等因素的影响和制约。企业制定价格时理应全面考虑到这些因素。但是，在实际定价工作中往往只侧重某一个方面的因素。大体上，企业定价有三种导向，即成本导向、需求导向和竞争导向。

（一）成本导向定价法

成本导向定价法是一种按卖方意图定价的方法，它是以产品的全部成本为定价基础，在成本的基础上加上企业的目标利润或规定利润。这里介绍三种具体方法。

1. 成本加成定价法

成本加成定价法方法简单易行，只要饲料能达到预期的销售量，就能实现预期的利润。缺点是只考虑饲料成本，忽略了市场的供求情况、竞争因素、季节性和产品在不同生命周期阶段的影响不同。

（1）顺加法。指企业按照单位成本加上一定百分比的加成来制定产品销售价格。加成的含义就是一定比率的利润。其计算公式为：

单位产品价格＝单位产品成本×(1＋成本加成率)

【案例 6-2】

某企业饲料产品的产量为 5 000 kg，固定成本为 15 000 元，变动成本为 10 000 元，总成本为 25 000 元，预期利润率为总成本的 20％，则该产品的单位售价为：

单价＝单位成本(1＋预期利润率)＝25 000/5 000×(1＋20％)＝6(元)

(2)倒扣法。有的饲料经营者(如零售商)往往以销售额中的预计利润率为加成率来定价。其计算公式为：

单位产品价格＝单位成本÷(1－销售额中的预计利润率)

【案例 6-3】

假设某零售商的单位进货成本为 160 元，该企业想要在销售额中有 20％的利润，其加成价格的计算如下：单位产品价格＝160÷(1－20％)＝200(元)

这种方法有一个缺陷，即经营者是根据测算销售量倒过来推算价格的，而价格又是影响销售量的一个因素。因此，经营者必须要有较强的计划能力，必须测算好销售价格与预期销售量之间的关系，避免确定了价格而销售量达不到预期目标的被动情况。

2. 目标利润定价法

目标利润定价法即根据估计的总销售收入和估计的产(销)量制定价格的方法。其计算公式为：

销售价格＝(总成本＋目标总利润)÷预计产(销)量

【案例 6-4】

某企业生产某种饲料产品的总成本为 180 万元，预计销售量为 2 万袋，企业计划实现的目标利润为 40 万元，则该种饲料的售价为：

单位产品价格＝(180＋40)÷2＝110(元)

目标利润定价法的优点是可以保证实现既定的目标利润。但是，由于利用预计销售量来确定价格，而价格恰恰是影响销售量的重要因素，所以采用此种方法计算出来的价格，不一定能保证预计销售量的实现。因此，目标利润定价法一般只适用于产品市场占有率很高或具有垄断性质的企业。

3. 盈亏平衡定价法

盈亏平衡定价法确定的价格是使收支相抵，利润为 0 时的价格。在这个价格水平下，企业既不盈利，也不亏损，仅仅保本。但是，种子企业从事生产经营活动的目的不仅仅是保本，而是为了获利。因此，通过盈亏平衡法企业测定的保本价格，可以作为确定实际价格的依据，也可以把保本价格与实际售价相比较，分析企业的抗风险能力。

由利润为 0 入手，可以推导出盈亏平衡时的价格。

收入－成本＝销售量×单价－(固定成本＋单位变动成本×销售量)＝0

单价＝固定成本/销售量＋单位变动成本

(二)需求导向定价法

需求导向定价以消费者的需求强度及对价格的承受能力作为定价依据，是伴随营销观念更新而产生的新型定价方法。主要包括理解价值定价法、需求差异定价法和反向定价法。

1. 理解价值定价法

理解价值定价法认为，某一商品在市场上的价格和该产品性能、质量、服务水平等，在消费者心目中都有特定的价值。企业销售商品的价格和消费者的认知价值是否一致，是商品能否销售出去的关键。因此，运用这种方法要做到以下两点：

第一，商品的价格尽可能地靠拢消费者的认知价值。这需要运用各种市场调研手段及实销试验手段，尽可能全面地收集消费者对商品的价值评价，从而为制定消费者可以接受的价格提供客观依据。

第二，改变消费者的主观价值评价。这需要运用各种市场宣传手段，改变消费者既定的价值评价，而对企业制定的现行价格认可。

为了加深消费者对商品价值的理解程度，从而提高其愿意支付的价格限度，企业在定价时首先要搞好产品的市场定位，拉开本企业产品与市场上同类产品的差异，突出产品的特征，并综合运用各种营销手段，加深消费者对产品的印象。使消费者感到购买这些产品能获取更多的相对利益，从而提高他们接受价格的限度。企业则据此提出一个可销价格，进而估算在此价格水平下产品的销量、成本及盈利状况，最后确定实际价格。

【案例 6-5】

美国凯特皮勒公司运用理解价值定价法以每台拖拉机高出竞争者同型产品 4 000 美元的价格，成功地推销了它的产品。该公司在宣传推销中影响用户价值观念的主要内容如下。

①本企业产品与竞争者产品一般质量相同，应定价 20 000 美元；

②耐用性高于竞争者产品，应加价 3 000 美元；

③可靠性高于竞争者产品，应加价 2 000 美元；

④维修服务措施周到，应加价 2 000 美元；

⑤零部件供应期较长，应加价 1 000 美元；

⑥此外，为顾客提供价格折扣，企业减利 4 000 美元；

⑦所以，拖拉机实际售价为 24 000 美元。

这样一算，加深了客户对该公司产品价格性能比的理解，使众多消费者宁愿多付出 4 000 美元也不愿放弃购买，结果是凯特皮勒公司的拖拉机在市场上十分畅销。

2. 需求差异定价法

需求差异定价法指企业根据市场需求的时间差、数量差、地区差、消费水平及心理差异等来制定价格。如在市场需求大的时期高定价，反之则低定价；在消费水平高的地区高定价，反之则低定价。

3. 反向定价法

所谓反向定价法，是指企业依据消费者能够接受的最终销售价格，计算自己从事经营的成本和利润后，逆向推算出产品的批发价和零售价。这种定价方法不以实际成本为主要依据，而是以市场需求为定价出发点，力求使价格为消费者所接受。分销渠道中的批发商和零售商多采取这种定价方法。

(三)竞争导向定价法

以市场上竞争对手的同类价格为定价依据的一种定价方法。对一些市场竞争十分激烈的产品，其价格的制定，不能依据成本和需求，只能以竞争对手的价格水平为基础定价。采用这种方法制定的价格可以与竞争者的价格完全相同，也可以高于或低于竞争者价格。这种方法的特点是：只要竞争者价格不变，即使自己的成本或需求有所变化，价格也不变；而一旦竞争者价格有了变动，即使自己的成本或需求并未发生变化，也要随之调整价格。竞争导向定价法这里主要讲以下两种。

1. 随行就市定价法

也称流行水准定价法，是指企业按照行业的平均现行价格水平来制定价格的方法。在以下情况下往往采取这种定价方法：①成本难以估算；②企业有意与同行和平共处；③如果另行定价，很难了解购买者和竞争者对本企业价格的反应。

采用随行就市定价法的优点是：①价格容易为消费者所接受，因为平均价格水平在人们观念中常被认为是“合理价格”；②可以为企业带来合理、适度的盈利；③可以避免挑起同行业竞争者之间的价格大战，造成两败俱伤。

2. 投标定价法

即当企业为饲料集中采购投标时，对竞争对手的报价进行预测，在此基础上制定自己价格的一种定价法。一般由采购人或发包方发表招标公告，卖主和承包方根据招标公告内容，对招标项目提出报价。这种投标价格是密封的，由招标者从价格中择优选定。

企业参加投标的竞争是为了中标，因此它的报价应低于竞争者的报价，但为了保证企业的利润，企业的报价又要尽可能地高于成本。一般来说，报价高，利润大，但中标机会小；反之，报价低，虽然中标机会大，但利润小。因此，企业须同时考虑生产成本、目标利润和中标概率，以确定投标的最佳报价。

任务3 定价策略和技巧

饲料定价策略就是指饲料经营者在特定的情况下，依据确定的定价目标，所采取的定价方针和价格竞争方式，是指导经营者正确定价的行为准则，它是直接为实现企业定价目标服务的。在根据适当的定价方法确定基本价格以后，运用灵活的定价技巧对饲料的基本价格进行修正，是保证企业价格策略取得成功的重要手段。灵活的定价技巧是在具体场合将定价的科学性与艺术性相结合的体现。

一、新产品定价策略

新产品的定价对于其能否顺利进入市场、占领市场，给企业带来预期效益有很大关系。一般来讲，新产品定价有以下三种策略。

1. 撇脂定价策略

企业研制出的新产品，开始推出时以尽可能高的价格投入市场，以求得最大收益，尽快收回投资。采用这种定价战略的条件是：产品的质量和形象必须能够支持产品的高价格；要有足够的产品用户能接受这种高价并愿意购买；竞争者在短期内不易打入该产品市场。该定价策略的主要优点：一是新产品在试销期和畅销期之初，需求强度小，市场竞争不激烈，适当的高价符合农民求新的心理；二是价格开始定高些，有较大回旋余地，可使企业在价格上掌握主动权，根据市场竞争的需要随时调价；三是企业可根据自己的生产供应能力，用价格调节需求量，避免新产品断档脱销，供不应求；四是可提高新产品的身价，树立高档产品的形象。

【案例 6-6】

爱普丽卡是日本专门生产童车的一家小公司，其产品在日本国内很畅销，1980 年公司将这种产品拿到美国去推销。当时美国市场上也有各种各样的童车，价格最贵的仅为 58 美元一辆，而爱普丽卡童车到美国后，每辆定价高达 200 美元，这一昂贵的价格简直把人给吓住了，美国商人拒绝经销。

爱普丽卡公司没有被严峻的形势所吓倒，他们相信自己童车的质量，坚持不降价竞争，力争在美国市场上树立自己童车的"优质、高档、名牌"的产品形象，以高价高质给美国的消费者造成良好的第一印象。他们坚信美国的消费者终会喜欢他们的产品的，且有能力接受这一价格。为此，他们广为宣传，派推销员向消费者介绍产品的优良质地。经过努力，爱普丽卡童车终于在美国市场上打开销路，1981 年爱普丽卡童车在美国市场上销出 5 万辆，以后销量年年上升，1985 年售出 20 万辆，获利润 1 800 万美元。

不仅如此，爱普丽卡公司还由于童车质量好，使公司在美国获得了好名声。目前在美国许多州和大城市，爱普丽卡这家小公司已经和丰田等大公司一样为人们所熟悉，爱普丽卡童车已进入美国许多著名的连锁商场。

2. 渗透定价策略

在新产品开始推出时设定较低价格，以吸引大量顾客，迅速占领市场，取得较大的市场份额。采用市场渗透定价法的条件是：产品需求的价格弹性大，目标市场对价格的变化敏感；产品生产成本和分销成本会随销售量的扩大而不断降低；低价不会引起实际和潜在的竞争。该定价方法的优点是：通过大批量生产，降低单位成本，通过薄利多销占领市场，打开销路，击败竞争对手。但是，因该定价法价低利微，需较长时间才能收回投资，如果需求的价格弹性不大，扩大生产和降低成本的可能性很小，则不宜采取这种策略。

3. 温和定价策略

温和定价就是为新上市的产品确定一个适中的价格，使消费者比较满意，经营者也能获得适当的利润。该策略兼顾经营者和顾客的利益，使两者均能满意，故又称满意定价策略。温和定价策略既可避免高价带来的竞争风险，又可防止低价带来的损失。其不足之处是有可能造成高不成、低不就的状况，对经营者缺少吸引力，难以在短期内打开销路。

温和定价策略适用于产销形势比较稳定的产品。

二、折扣定价策略

为了刺激消费者的购买欲望，鼓励及时付款、批量购买、淡季购买等，企业通常都要对 基本价格作适当的调整，实行折扣和折让价格。常见的折扣和折让方式有：

1. 数量折扣

这是一种典型的弹性营销策略。顾客购买产品达到一定的数量或金额，可以免费获得一定数量的饲料或减免一定数量的金额。购买数量越多或金额越大，折扣率越高，以鼓励顾客大量购买或一次性集中购买多种产品，吸引顾客长期购买本企业的产品。数量折扣分为累计数量折扣和一次性数量折扣两种。

①累计数量折扣　即在规定时间内按照购货累计达到的数量和金额的大小给予不同的折扣。这种方法有利于鼓励顾客长期购买，使之成为自己的老顾客。购买者为了获得较高的折扣率，常在规定时间的期满之际大批进货。企业掌握的这类顾客越多，越容易掌握自己产品的销售规律，以便进行合理安排。

②一次性数量折扣　当每次购买的产品达到一定数量时给予一定的折扣优惠，购买的数量或金额越大，折扣也越多。如规定一次购买某种饲料 50 包以上，给予折扣 2%，100 包以上，给予折扣 5%。也可以规定当购买多种产品的金额达到一定数目时给予折扣优惠。采用这种策略的目的在于鼓励顾客大批量购买，一些企业实行的批量作价、批量优惠即属于这种策略。它可以刺激销售量的迅速增加，经营效果极为显著。

综上所述，数量折扣策略能使购买者集中批量购买，而对于企业也会降低贮运等环节的费用。但要注意折扣不应超过大批量销售所节约的销售、贮运等费用。

2. 现金折扣

为鼓励赊购者能及时或提前交回货款，在规定期限内给予一定的折扣。例如，企业赊销的饲料，约定 3 个月内付款，对 1 个月内付清货款者给予 2%的折扣；对 2 个月内付清货款者给予 1%的折扣；对到期才能付款者则按发票上的价格收取货款。这种策略能加速企业的资金周转，降低坏账。

3. 功能折扣

功能折扣也称贸易折扣。这种折扣策略是产品生产者和加工者向中间商提供的折扣。根据中间商的不同类型和不同的分销渠道所提供的不同服务，给予不同的折扣。一般给予批发商的折扣较大，给予零售商的折扣较小，使批发商愿意大批量的购买本企业的饲料。采用功能折扣的目的是刺激各类中间商更充分地发挥组织市场营销活动的功能，有效地推销企业的产品。

4. 折扣定价策略

折扣营销定价策略是通过减少一部分价格以争取顾客的策略，在现实生活中应用十分广泛，用折让手法定价就是用降低定价或打折扣等方式来争取顾客购货的一种售货方式。

【案例 6-7】

日本东京银座美佳西服店为了销售商品采用了一种折扣销售方法，颇获成功。具体方法是这样：先发一公告，介绍某商品品质性能等一般情况，再宣布打折扣的销售天数及具体日期，最后说明打折方法：第一天打 9 折，第二天打 8 折，第三、四天打 7 折，第五、六天打 6 折，依此类推，到第十五、十六天打 1 折，这个销售方法的实践结果是，第一、二天顾客不多，来者多半是来探听虚实和看热闹的。第三、四天人渐渐多起来，第五、六天打 6 折时，顾客像洪水般地拥向柜台争购。以后连日爆满，没到 1 折售货日期，商品早已售缺。这是一则成功的折扣定价策略。妙在准确地抓住顾客购买心理,有效地运用折扣售货方法销售。人们当然希望买质量好又便宜的货,最好能买到2折、1折价格出售的货,但是有谁能保证到你想买时还有货呢?于是出现了头几天顾客犹豫,中间几天抢购,最后几天买不着者惋惜的情景。

三、心理定价策略

即根据产品消费者的不同心理,采用不同定价技巧的策略。常见的心理定价策略有以下四种。

1. 尾数定价策略

尾数定价策略又称非整数定价策略,即企业给商品定一个接近整数,以零头尾数结尾的价格。如把某种单位价值接近10元的饲料定价为9.8元。尾数定价,一方面给人以便宜感,迎合了消费者的求廉心理;另一方面可使消费者觉得企业定价认真、准确、合理,对企业定价产生信任感。根据经济学家的调查表明:价格尾数的微小差别,往往会给人以不同的效果。顾客通常认为199元的商品比200元钱的商品便宜很多,而201元的商品太贵,实际上只差1元钱。

尾数定价策略之所以能取得较好的实践效果,主要因为其具有如下两种心理功能:第一,它能给消费者造成价格偏低的感觉,如果某种商品定价为98元,虽然比100元只少了2元钱,但人们会习惯地认为这是几十元钱的开支,比较便宜。而同一商品若是价格定为100元,人们就会认为是上百元的开支,贵了很多。第二,它容易给消费者留下一种数字中意的感觉,在不同的国家、地区或不同的消费群体中,由于民族风俗习惯、文化传统和信仰的影响,往往存在对某些数字的偏爱或忌讳,例如我国人民一般喜欢“8”和“6”,认为“8”代表发财,“6”代表六六大顺,吉祥如意;美国人则讨厌“5”和“13”,认为这些数字不吉利。

一般情况下,需求价格弹性较强的商品宜采用尾数定价策略。

2. 声望定价策略

声望定价策略即根据企业或品牌在消费者心目中所享有的声誉和威望,制定高于其他同类产品的价格。

声望定价往往采用整数定价方式,这更容易显示产品的档次。当然,声望定价策略切不可滥用,一般适用于名优产品,如果企业本身声誉不好、产品的质量也不过硬,采用这一策略反而容易失去市场。另外,为了是声望价格得以维持,有时还需要适当控制市场拥有量。

【案例6-8】

巴厘克是印度尼西亚久负盛名的服装,深受印度尼西亚和东南亚各国妇女的喜爱。随着社会的发展,人们对服饰的时代感也在增强,一位印度尼西亚青年企业家适应了消费者这一要求,将巴厘克的传统图案革新设计成现代图案,使巴厘克集精美、新潮于一身,化娟秀与华丽为一体,备受印度尼西亚和东南亚妇女的青睐。

一位日本人见到更新后的巴厘克赞叹不已,告诉这位年轻的企业家,如此迷人的服装在日本市场上一定有销路,而且必畅销,建议他到日本去推销这种服装。这位青年企业家经过精心准备,带着巴厘克及其模特来到日本,举办了一场十分壮观的服装展销。许多社会名流和高级贵妇应邀光临了这场服装展销。但遗憾的是,当展销结束时并没有多少人购买巴厘克,这简直令年轻的企业家大为不解,于是他请来了日本专家进行咨询。专家告诉他毛病出在了价格上。

定价太低，这种高雅的服装，消费者皆为社会上层的贵妇名流，这样低的价格上层妇女谁会买呢？因为如果买件便宜货穿在身上，她们会感到脸上无光，并遭人讥笑。听罢专家的诊断，年轻的企业家恍然大悟，回到国内后，再次改进设计，使巴厘克更加光彩照人。次年，当他第二次率领时装模特来到日本再度举办巴厘克时装展销时，巴厘克的定价比上次高出了3倍，果然这一价格使他所带去的巴厘克很快被抢购一空。

3. 习惯定价策略

习惯定价策略即按照消费者习惯的价格制定价格。经常性重复购买的饲料，往往易于在消费者心目中形成一种习惯性标准。企业给这类产品定价时，要尽量顺应消费者已经习惯了的价格，不能轻易改变，否则会引起他们的不满。即使生产成本大幅度提高或发生了通货膨胀，也不宜提价。但在这种情况下，企业可以采用改变包装或改变产品内在成分的办法变相提价。

4. 招徕定价策略

这是指为吸引消费者光顾而对少量产品制定的特别低的价格。企业将几种产品的价格标低，有时甚至低于成本，借低价来吸引顾客。消费者在求廉心理支配下必然光顾该店，当顾客吸引到企业购买廉价品时，企业还可继续运用连带推销，增加销售服务等手段，促使顾客购买其他产品。一些企业还根据季节和某些节日，举行"大减价"，即属于招徕定价的具体做法。实施招徕定价的企业必须是规模较大，品种繁多的，而且削价品必须是广大消费者常用的、价值不大的产品。这样，才可使企业取得一定效益。

【案例 6-9】

北京地铁有家每日商场，每逢节假日都要举办1元拍卖活动，所有拍卖商品均以1元起价，报价每次增加5元，直至最后定夺。但这种由每日商场举办的拍卖活动由于基价定得过低，最后的成交价就比市场价低得多，因此会给人们产生一种卖得越多，赔得越多的感觉。岂不知，该商场用的是招徕定价术，它以低廉的拍卖品活跃商场气氛，增大客流量，带动了整个商场的销售额上升，这里需要说明的是，应用此术所选的降价商品，必须是顾客都需要而且市场价为人们所熟知的才行。

【案例 6-10】

日本创意药房在将一瓶200元的补药以80元超低价出售时，每天都有大批人潮涌进店中抢购补药，按说如此下去肯定赔本，但财务账目显示出盈余逐月骤增，其原因就在于没有人来店里只买一种药。人们看到补药便宜，就会联想到其他药也一定便宜，促成了盲目的购买行动。

四、地区定价策略

这是针对饲料产品销地市场与产地市场存在空间差异而制定的价格策略。产品产销地区的不同，必然导致运费、装卸费的差异，基于不同的目的，企业应考虑是否安排地区差价。这可以有以下选择：

1. 产地交货价格

就是顾客(双方)按照厂价购买某种饲料产品，企业(卖方)只负责将这种产品运到产地某种运输工具(如卡车、火车、船舶、飞机等)上交货。交货后,从产地到目的地的一切风险和费用概由顾客承担。如果按产地某种运输工具上交货定价,那么每一个顾客都各自负担从产地到目的地的运费,这是很合理的。但是,这样定价对企业也有不利之处,即远地的顾客就可能不愿购买这个企业的产品,而购买其附近企业的产品。

2. 津贴运费价格

在产地价格基础上,为减轻远处顾客的负担,为其津贴一部分或全部运费的定价称为津贴运费价格。此种定价是对前述定价不足的弥补,在为了急于与远处顾客做生意或加强市场渗透时,企业常用此种定价。

3. 目的地交货价格

这是在产地价格基础上加到达卖方指定的目的地的一切风险和费用制定的价格。此种价格中卖方承担的各项费用,实际上买方在价格中支付给了卖方。所以,这种价格在形式上与产地价格相反,而实质上区别不大。

4. 统一交货价格

这是卖方对售与不同地区的饲料产品,均负责运送并统一按出厂价加到各地的平均运费制定的价格。这实际上是含运费的全国统一价格。这种定价的最大特点在于,它可以刺激远处的顾客购买,也便于企业广告的统一报价。

5. 分区交货价格

即对购买相同产品而处于不同价格区的买主实行有区别定价。企业先将广大的市场划分为若干区域,然后按出厂价加产地至每个区域的平均运费分别制定各个价格区的产品价格。距离企业远的价格区,价格定得较高;距离企业近的价格区,价格定得较低。在各个价格区范围内实行一个价。企业采用分区定价也有问题:

(1)在同一价格区内,有些顾客距离企业较近,有些顾客距离企业较远,前者就不合算。

(2)处在两个相邻价格区界两边的顾客,他们相距不远,但是要按高低不同的价格购买同一种产品。

6. 基点价格

这是在厂价的基础上加靠近卖主的基点至买主所在地的运费制定的价格。企业采用此策略,先选定某些城市为基点。基点可以是生产地,也可以是任何城市。买主可以任意向距其最近的基点订货,卖主负责从生产地代办托运并负担运费和风险。

岗位操作任务

1. 2013 年度受禽流感和生猪价格下跌的影响,我国饲料产量也在下降。据农业处饲料处数据显示,2014 年 1 季度饲料产量除了反刍饲料同比基本持平外,其他饲料品种均下降,其中猪饲料同比下降 2%,蛋鸡饲料下降 10%,肉鸡饲料下降 12%。饲料厂之间的竞争进一步加剧,有的国内著名的饲料厂为了挣脱销量,已经开始降价,作为一家大型饲料企业的营销总监,面对饲料销量下降的局面,你如何应对?

2. 下饲料企业调查研究,了解全国各地饲料行业的价格竞争环境。

项目小结

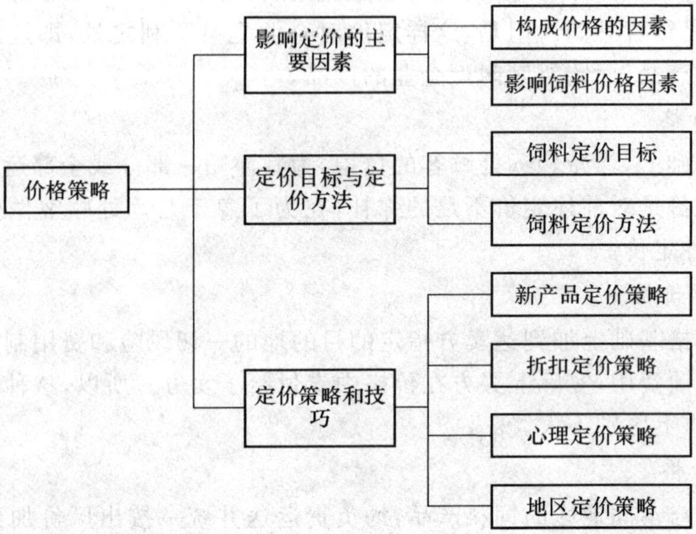

职业能力和职业资格测试

一、名词解释

成本导向定价法、需求导向定价法、竞争导向定价法、功能折扣、渗透定价

二、填空题

1. 市场营销学理论认为，产品的最高价格取决于产品的市场需求，最低价格则取决于产品的________。

2. 饲料产品的价格通常由生产成本、________、国家税金、企业利润四部分构成。

3. 影响饲料定价的外部因素主要有________、饲料市场状况、消费者行为。

4. 影响饲料定价的内部因素有产品成本、________、企业营销组合策略。

5. 饲料产品的成本包括____。

6. 企业定价有三种导向，它们是成本导向、需求导向和________定价法。

7. 如果企业产量过剩，或面临激烈竞争，或试图改变消费者需求，则需要把________作为定价目标。

8. 成本加成定价法的公式为________。

9. 为使消费者产生价格低廉和卖主经过认真的成本核算才定价的感觉，企业往往采用________定价心理策略。

10. ________是企业对于卖给不同地区顾客的某种产品，都按照相同的厂价加相同的运费定价。

11. 撇脂定价与渗透定价均适合于产品生命周期的________阶段。

三、单选题

1. 为鼓励顾客购买更多物品，企业给那些大量购买产品的顾客的一种减价称为________。

A. 功能折扣　　B. 数量折扣　　C. 季节折扣　　D. 现金折扣

2. 在产品系列定价中，企业出售一组产品的价格应________单独购买其中每一产品的费用总和。

A. 高于　　B. 等于　　C. 低于　　D. 不低于

3. 招徕定价指________利用部分顾客求廉的心理，特意将某几种商品的价格定得较低以吸引顾客。

A. 生产者　　B. 竞争者　　C. 批发商　　D. 零售商

4. 非整数定价一般适用于________的产品。

A. 价值较高　　B. 高档　　C. 价值较低　　D. 奢侈

5. ________是企业把全国分为若干价格区，对于卖给不同价格区顾客的饲料产品，分别制定不同的地区价格。

A. FOB 原产地定价　　B. 分区定价

C. 统一交货定价　　D. 基点定价

6. 如果企业按产地价出售饲料产品，那么产品从产地到目的地发生的一切短损都将由________承担。

A. 企业　　B. 顾客　　C. 承运人　　D. 保险公司

7. 企业利用消费者具有仰慕名牌商品或名店声望所产生的某种心理，对质量不易鉴别的商品的定价最适宜用________法。

A. 尾数定价　　B. 招徕定价　　C. 声望定价　　D. 反向定价

8. 在________条件下，个别企业无力影响整个市场的产品价格，因而不存在企业制定最优价格的问题。

A. 完全竞争　　B. 寡头竞争　　C. 垄断竞争　　D. 不完全竞争

9. 准确地计算产品所提供的全部市场认知价值是________的关键。

A. 反向定价法　　B. 认知价值定价法

C. 需求差异定价法　　D. 成本导向定价法

10. 按照单位成本加上一定百分比的加成来制定产品销售价格的定价方法称之为________定价法。

A. 成本加成　　B. 目标　　C. 认知价值　　D. 诊断

11. 投标过程中，投标商对其价格的确定主要是依据________制定的。

A. 市场需求　　B. 企业自身的成本费用

C. 对竞争者的报价估计　　D. 边际成本

四、简答题

1. 简述定价的主要方法。

2. 简述价格折扣的主要类型。

项目7

客户开拓与销售开启

项目设置描述

客户开拓是饲料企业生存和发展的核心，是从事饲料营销行业营销人员最基本的工作，同时也是本教材的重点和难点，本项目讲授的内容是从事饲料营销和售后服务工作的前提，主要介绍了寻找客户的原则和方法、拜访客户的方法和技巧以及如何进行客户的管理。需要学生具备基础的市场营销知识和概念，同时应有较强的语言表达能力，理解力和洞察力，还需要较强的应变能力和较快的反应能力。

学习目标

1. 了解寻找客户的原则和方法。
2. 掌握拜访客户的方法和技巧。
3. 理解管理客户的目的作用。
4. 能够在新市场顺利寻找到目标客户。
5. 能制定客户拜访计划。
6. 熟练建立客户档案。

任务1　客户开拓的方法与技巧

饲料营销是针对饲料目标市场运用营销策略的过程。饲料市场对于饲料企业来说是某一区域，比如华东市场，河北市场，石家庄市场等等。但对于饲料营销人员来讲，自己所在区域是饲料企业划定的，针对某一区域市场上的客观因素自己改变不了，饲料营销人员唯一能改变的就是选择与自己合作的经销商(客户)。由于饲料的主要市场-农村，具有分布广泛、相当分散、地形复杂等特征，加之其主要用户农民比较贫困，缺乏资金和养殖技术，这就需要饲料经销商提供饲料垫资、送货上门、技术服务等服务。而这一切，饲料厂家很难直接提供。大部分饲料厂家饲料的销售，都需要通过经销商去分销和推广。可以这么说，对于大多数的饲料厂家而言，没有经销商就没有销量，没有经销商的增长，就没有销量的增长。所以饲料营销对于饲料营销人员来讲也就等同于饲料客户的开拓，有了客户销售也就开始了。所以饲料营销员必须掌握好客户开拓的基本方法和技巧。

一、客户开拓的方法

(一)市场调查

饲料市场的调研与预测和市场开发客户开拓同等重要，只有正确进行调研与预测才能合理的开拓市场。饲料客户的开拓始于饲料市场的调研与预测。以泰国正大饲料进入中国市场为例，正大饲料1990—1992年在中国建厂前，对中国市场进行了全方位调研。如：经济快速发展导致社会商品要求迅速提高；中国人吃肉的习惯是猪肉；调查中国的单位市场商品——具体到猪的市场水平；调研了中国猪日粮结构，发现中国的猪出栏周期在10个月以上。根据这些，正大制定了在中国市场的专用猪饲料产品定位，并在中央电视台《正大综艺》做广告宣传，中国人都知道中国有了个正大，正大获得了利益。

一般市场调研和预测都包括以下内容：

①经济条件——决定养殖方式；

②生活习惯——决定动物产品类型；

③社会需求——决定动物产品需求和饲料产品需求；

④消费层次——决定食品档次和养殖模式、饲料定位；

⑤消费群体——决定市场份额是国外？国内？农村？城市？南北方；

⑥市场定位——决定产品定位；

⑦产品定位——决定营销活动。

区域市场依据公司的战略计划和战略步骤来确定。要考虑区域的经济发展水平和走势、市场环境、社会文化、市场容量、消费习性和整体购买力等因素，结合公司可调配资源情况，通过片区主管提出市场开发申请报告，报销售部批准，备案。

调研队伍一定由接受过培训的员工带队，组成拓展小分队，队长在调查开始前，拿出具体的整体调研计划，时间进程表和费用预算并报上级领导批准。拓展队开始工作前一定要进行培训，统一认识，统一标准。调研从第二手资料开始，以第一手资料为主，具体的方法要事先确定。

一般要先了解市场的养殖业状况，主要通过访问县主管畜牧，或农业的副县长，或者是畜牧局长，访谈具体情况，并尽量收集各种资料。对饲料销售，可访问主要的一级商，特别是公司的一级商，同时要收集其他的第二手资料，包括公司以前的销量变化，以及能收集到的其他资料。然后要选择首先切入的重点镇，并通过对镇主管畜牧的副镇长或其他领导的访问，对公司一级商、猪贩子等的访谈，形成对镇养殖业的基本认识，并找到该镇的养殖集中区，以便于展开村级调查。在访问村级终端之前，要对村干部，以及村里的兽医等进行访问，然后对养殖大户进行调查。最后，要把各村调查到的信息，汇总后，再结合前期对镇领导、猪贩子等的调查，撰写出镇市场调查报告。市场调研结果应该包括表7-1至表7-5的内容。

表 7-1　村养殖业资源调查

镇　　村　　填表人：　　　　填表日期：

基本状况	村干部姓名		职务		电话	
	村人口		户数		组数	
	经济来源	种植　养殖　经商　本地工业　外出打工　其他（　　）				
	交通状况	交通方便　闭塞		主导养殖品种	猪　鸡　鸭　鱼	
	养殖户比例	良种比例	去年出栏	现存栏	存栏母猪	
养殖户	大户姓名					
	饲养品种					
	存栏数量					
	所在组名					
	资金实力					
经销商	经销商姓名	第一：	第二：	第三：	第四：	
	主营品牌					
	资金实力					
	所在位置					
猪贩	姓　名	年　龄	年贩猪数	从业时间	活动区域	
兽医	姓　名	年　龄	专业水平	从医时间	服务区域	

表 7-2　饲料经销商信息备案

编号：　　　　填表人：　　　　填表日期：

基本情况	店面名称				经营者	
	地　址				电　话	
	年　龄		文化程度		营业面积	m²
	经营历史		投资额		上家铺底	
	加工设备		配送车辆		应收货款	
营业状况	市场区域：					
	经销品牌：　　年零售量：　t;其中主销品牌：　t					
	上月零售：　t，　其中主销品牌：　t					
	原料销量	玉米：　t/月;豆粕：　t/月;麦麸：　t/月;稻谷：　t/月				

续表 7-2

	品 牌	牌 号	零售价	上月销量	进货渠道	促销方式	备 注
竞品情况							

表 7-3 终端网络信息汇总

编号	店主	地址	店名	电话	资金状况				去年零售量	本公司零售量	主推品牌	主推品牌零售量	经营品牌
					自有投资	厂家铺底	农户赊欠	固定资产					

表 7-4　养殖大户登记

编码：　　　　　　　　　　　填表人：　　　　　　　　　　　填表日期：

<table>
<tr><td rowspan="3">简介</td><td>姓名</td><td colspan="2"></td><td>年龄</td><td></td><td>文化程度</td><td colspan="2"></td></tr>
<tr><td>地址</td><td colspan="4"></td><td>联系电话</td><td colspan="2"></td></tr>
<tr><td>业务人员</td><td colspan="7"></td></tr>
<tr><td rowspan="5">养殖
状况</td><td>上年出栏</td><td rowspan="2">存栏情况</td><td>小猪</td><td>中猪</td><td>肥猪</td><td>后备母猪</td><td colspan="2">经产母猪</td></tr>
<tr><td></td><td></td><td></td><td></td><td></td><td colspan="2"></td></tr>
<tr><td>饲养品种</td><td></td><td>引种来源</td><td colspan="2"></td><td>散户关系</td><td colspan="2"></td></tr>
<tr><td>养殖历史</td><td colspan="4"></td><td>上年养殖收入</td><td colspan="2"></td></tr>
<tr><td colspan="8">对品改认识：</td></tr>
<tr><td rowspan="3">资金</td><td colspan="2">养殖固定资产投入</td><td colspan="6">栏舍(　　元)粉碎机(　　元)其他(　　　)</td></tr>
<tr><td colspan="2">首要收入来源</td><td colspan="6">种植　养殖　做生意　打工　其他(　　)</td></tr>
<tr><td>资金来源</td><td colspan="7">饲料赊欠　　元　原料赊欠　　元　自己投入　　元</td></tr>
<tr><td rowspan="5">饲料</td><td></td><td>种猪料</td><td>乳猪料</td><td>肥育猪料</td><td rowspan="2">玉米</td><td rowspan="2">麸皮</td><td rowspan="2">豆粕</td><td rowspan="2">其他</td></tr>
<tr><td>品牌</td><td></td><td></td><td></td></tr>
<tr><td>进货价格</td><td></td><td></td><td></td><td></td><td></td><td></td><td></td></tr>
<tr><td>用料来源</td><td></td><td></td><td></td><td></td><td></td><td></td><td></td></tr>
<tr><td colspan="8">选择饲料的标准：</td></tr>
<tr><td rowspan="2">技术</td><td>防疫阉割</td><td colspan="2">自己　兽医</td><td>养殖技术</td><td colspan="4">高　　一般　　差</td></tr>
<tr><td>治　　病</td><td colspan="2">自己　　兽医</td><td>生猪流通</td><td colspan="4">不担心　　担心(　　)</td></tr>
</table>

渴望解决的问题：

评价与结论：

表 7-5 养殖大户汇总

村 组　　　　　　　　　　填表人：　　　　　　　　　　填表日期：

编号	户主	年龄	电话	养殖历史	养殖种类（ ）	存栏	日龄	体重	经济状况	欠账额	饲料品牌	经销商	购买原料

做好市场调研后要分析调研结果，应包括以下内容：

1. 营销环境分析

内容包括宏观环境分析如经济形势、历史人文、法律法规、行业动态等；微观环境分析如竞争对手分析、供应商分析、市场容量、市场结构、产品生命周期、经销商分析等。

2. 消费行为分析

详细了解消费者的需求以便针对性制订相应策略。内容有消费人群分析、消费心理分析、消费行为分析等。

3. SWOT 分析

了解饲料企业所处的位置、机会，饲料企业存在的问题，与竞品相比有什么优势、劣势等，越详细越实际越好。

根据分析结果制定相应的营销目标，通过市场细分、市场定位，锁定要占领的市场、人群，集中资源。按月度、市场、部门、人员、品种等分别制订销售计划，明确销售额、回款额、利润额、市场占有率、品牌知名度等制定营销目标。

第一步：制定工作目标。

目标决定行为，没有目标，就没有行动的纲领。因为你是新的品牌进入新的市场，而别的品牌有着这样的优势：进驻时间长；有固定的养殖户群体；有固定的市场份额；与别的品牌之间形成了一种默契，冉有别的品牌进驻大家都要排斥它，经销商之间也形成了联网，对新的代理都会产生挤对心理等等。这就给新品牌制造了一种无形的压力。只有制定了目标，划分出自己首先占有的市场区域，从一个点向一个面发展才能够获得胜利。这在兵法上讲为“步步为营”。

第二步：初步市场分析，选择终端销售点。

现在有了市场目标，那心里就有了纲。在此基础上，就要对市场进行初步分析。分析市场上的有用信息：何种畜禽料为主？是猪料（乳猪料、育肥猪料、母猪料等）、鸡料（肉鸡料、蛋鸡料等）、鸭料还是牛料（奶牛料、肉牛料）？这对自己有优势的成品料进驻非常有用。用“高档料比其中档料，中档料比其低档料”你就会胜利。经销商的经销模式？例如：亲戚帮亲戚；朋友帮朋友；靠自己的服务赢市场；靠卖增活动赢得市场；靠分设二级点增加销量；靠售后服务（提供鸡苗、仔猪；卖育肥猪等）获得市场等等。这些主要是为你分批有计划地杀进市场做准备，也为你选择有意向的经销商有了初步的了解分析。通过这些分析，你对下一步有计划地选择终端销售点有了目标，即以哪种为主设几级经销商。

第三步：进行营销环境论证并对竞争对手进行初步分析。

营销环境对于饲料营销通常指的是养殖模式和对手的信息。养殖模式如散养户饲养、大中小规模化养殖；公司＋农户，农户＋ 经销商，经销商自买自用；自配料，成品料、传统方式饲养。对手的信息主要指有多少品牌，是什么档次的料；饲喂效果怎么样？他们怎样进入市场？进驻时间多长？他们的经销商怎么样？经销商的经销模式是什么？农户的反映怎么样？农户对什么样的饲料最信任？这些都决定了市场环境适不适合你。你要知道：你的目的是适应，改变一个地方的饲养环境非常的难。对手已经进来了，当然有他的理由。它的成败经验是我们获得成功最好的资本。对对手的分析势在必行。那就要把所有的品牌进行调查，把它们分类，把它们对自己的影响写入计划之中，不怕花时间因为“磨刀不误砍柴工”。对他们的分析透彻，并做出应对策略。因为你一旦进入某一个市场，所有的品牌都要进行一定的营销公关，来确保自己的那份市场不被侵略。而很多厂家的业务员不进行此项，导致虽以低价或促销进入，但时间不长就被挤出市场。

第四步：制定公关策略且与公关对象接触。

任何一个成功的企业都离不开公关策略，做业务也是这样。请客、设定示范户、促销奖品、价位制定、选择有影响力的经销商等等，这是每个业务员必须做的事情。公关的对象主要指示范户和经销商。对于他们的选择主要是攻心为上，用心理战术来获得他们的支持。只是凭你的三寸不烂之舌把产品的优点说的再怎么天花乱坠，也是难成大事。一个精明的经销商加上几个示范户能抵百万兵。免费的试验，获得高效益，哪个养殖户不会替你说上一句好话？当更多人的眼光投入你的产品的效益上时，你的市场就会有了。

（二）寻找客户

做好了市场调查与预测并且正确地分析了调查结果制定了相应的营销目标和计划之后，下一步要做的就是开拓客户。如何找到并锁定目标客户或是潜在客户？

首先，最大限度地搜索经销商。搜索并找到经销商最原始的方法是区域销售员挨家挨户地去走访经销商，了解经销商姓名、电话、经营主要厂家、主销品种、销量、价格、网点数量、主销区域、送货方式、经营产品质量等等状况。也许有的区域销售员抱怨挨家挨户走访经销商效率很低，且工作量很大。确实这样，要花费很多的时间与精力。但是区域销售员应该明白：选择了饲料这个行业，就注定要比其他的行业的销售员多吃苦，因为你的客户大部分是农民，他们分布于广泛的农村。同时只有手头有充足的客户资源且掌握了他们大量的信息，才有可能从中找到符合企业发展需要的目标客户。寻找客户方法如下：

1. 老户盘活法

任何一个企业总有部分市场的客户在不断地调整，往往有很多老客户因为种种原因放弃了对公司产品的经销权。如果业务员能够详细地了解一下客户放弃经销的症结所在，并且做了改变的话，那么，该市场的老客户重新启动的可能性就较大，客户开发的成功率就很高。况且该客户在公司有具体的客户资料及历史销售数据，客户的相关信息不用再做重复调查，为客户开发节约了很多时间。

2. 客户介绍法

客户介绍法是目前业务人员开发新客户常用的方法之一。所有经销商在起步时都有一定的资源作为基础，必备的就是人脉，而且作为饲料经销商很多人都是同学，校友，以前公司的同事甚至是亲戚。利用现有客户对公司有了了解和其对公司的信任度，由其推荐介绍，就可以利用其相应的网络及人脉资源，无形之中增加新客户对公司的信任度，也相应地提高客户开发的速度及成功率。

3. 同行介绍法

任何一个业务人员，都会有相应的客户资源。如果一个人脉关系很好的业务人员，那么他就可以利用同行或同事之间有效的资源，获取相应的备选客户资料，并通过同行的介绍，亦能快速地进行客户的开发，提高客户开发的速度及成功率。饲料和兽药营销员经常可以构建交叉的客户群体。饲料营销人员可以借助兽药营销朋友的客户资源寻找目标客户。当然不同公司饲料营销人员也可互通有无扩大其客户资源。

4. 品牌效应法

所谓品牌效应法就是在行业内寻找市场上销售前 3 名品牌的饲料经销商，详细了解竞品经销商的经营状况。

当然寻找客户方法还有很多。例如可以从认识的人中发掘、生意往来、行业协会发现、从产品周期中寻找、利用顾客的名单或同质市场筛选、从报纸、资讯中寻找、了解产品服务和技术支持人员、与 1 m 距离的人交流、借助专业人士的帮助甚至可以通过饭店旅馆的客户服务员了解，等等。

（三）筛选客户

找到的客户要进行甄别，筛选符合企业发展需要的目标经销商。从所掌握的经销商当中，筛选最符合企业发展需要的目标经销商。筛选的方法通常可采取两种：感知法和科学评价法。感知法是区域销售员在拜访经销商时，通过与经销商的交流以及对其店面、仓库、经营厂家与产品等观察，感知该经销商与其他经销商有明显的优势。科学评价法是区域销售员依据设计的《经销商综合评价表》（表 7-6）进行分析，包括经销商资金实力、信誉、销量、销售网点、市场开拓能力、服务能力等内容，每项内容根据轻重设定分值，然后通过对经销商的调查实际对应打分。达到指定分值就认定该客户符合企业发展的需要。

表 7-6 经销商综合评价

区域			市场		客户名称	
序	评估项目		权重	评估标准	得分	备注
1	经营状况	经营年限	4%	□5 年以上(4 分)； □3 年以上(2 分)； □1 年以上(1 分)； □0 时间(0 分)		
		代理品牌	20%	□有 1～2 个一线品牌(20 分) □有 3 个(含)以上一线品牌(15 分) □有 2 个以上二线品牌(10 分) □有 1～2 个二线品牌(8 分) □有 1 个以上三线品牌(4 分) □无代理品牌(0 分)		有 1～2 个一线品牌目前来说是最适合我们的
2	渠道/网络状况(乡镇、批发渠道)		10%	□覆盖率 90%以上(10 分) □覆盖率 70%以上(7 分) □覆盖率 40%以上(4 分) □无渠道网络(0 分)		
3	拓展/推广能力	业务团队	8%	□5 名以上(8 分) □3 名以上(4 分) □1 名以上(2 分) □无业务人员(0 分)		
		厂家人员支持程度	4%	□严重依赖厂家人员支持(0 分) □依赖厂家人员支持(2 分) □基本不需厂家人员支持(4 分)		
		经营理念	5%	□有先进的市场操作思路(5 分) □有一定的市场操作思路(3 分) □基本无市场操作思路(0 分)		
4	硬件设施	车辆	8%	□5 辆以上(8 分) □3 辆以上(6 分) □1 辆以上(4 分) □无配送车辆(0 分)		
		库房	2%	□500 m^2 以上(3 分) □300 m^2 以上(2 分) □100 m^2 以上(1 分)		
5	内部管理水平	业务团队管理	6%	□对业务员有严格的计划管理与考核激励措施(6 分) □对业务员有基本的计划管理与考核激励措施(3 分) □对业务员无计划管理与考核激励措施(0 分)		
		财务制度	1%	□有严格的财务管理制度(1 分) □无财务管理制度(0 分)		
		库房管理	3%	□有规范的管理制度(3 分) □无规范管理制度(0 分)		
6	客户服务状况	客户送货频率	5%	□次/15 天以上(1 分) □次/10 天以上(3 分) □次/5 天以上(5 分)		
		退换货	2%	□对所有客户无条件退换货(2 分) □对重点客户退换货(1 分) □基本不予退换货(0 分)		

续表 7-6

区域		市场		客户名称	
序	评估项目	权 重	评估标准	得分	备注
7	合作意愿	20%	□非常看重本品牌(20 分) □比较看重本品牌(13 分) □观望本品牌的后期发展(6 分)		
8	企业目标规划	2%	□有明确的目标规划(3 分) □无明确目标规划(0 分)		
合 计					
经销商质量评定		□差(实际评估得分＜55 分) □一般(55 分≤实际评估得分≤65 分) □好(66 分≤实际评估得分≤84 分) □良好(实际评估得分≥85 分)			
核定人意见		签名:			
批准意见		签名:			

筛选的标准亦可分别参照以下内容:

1. 经营历史、经营产品

有 3 年以上饲料销售经验,成功经营一个以上的知名品牌,经营品种 2 个以上。

2. 销售队伍、零售推广

有能适应和满足当地市场零售推广、零售覆盖所需要的销售队伍。

3. 分销网络

有能适应和满足当地市场批发覆盖,产品流通所需的分销商、批发商网络。

4. 资金信用

有能确保按公司所设定的销售、回款目标达成的资金保障,并在当地具有良好商誉,经营历史中无不良的信用记录。

5. 合作意向、发展趋势

有较强的合作意向,愿将产品定位于重要合作伙伴,并致力于畜牧业的长期发展。

6. 仓储运输能力、内部管理系统

有能适应满足当地市场销售、推广系列产品的仓储运输能力,并应有一套与当地市场发展和经销商自身发展所配套的内部管理系统(财务、库存、销售队伍等方面)。

7. 家庭状况、个人背景

家庭成员关系和睦,团结。有良好的受教育经历并且没有不良嗜好,养殖户口碑好。

8. 经销商目前的获利能力

经销商能力、素质、年销量、每吨利润水平、养殖户数量和养殖户素质决定了经销商的获利能力。

9. 经销商的组织结构

经销商组织许多类型,例如夫妻店,加盟店,合伙经营店及连锁店等但不管是何种类型组织结构一定要得当。

10. 经销商现有的产品类型与本公司产品类型的关系

经销商现有的产品类型与本公司产品有搭配效果最理想。

11. 举办会议

经销商应该经常联合企业或独自举办疾病、饲养管理和产品使用会议。

12. 经营理念

经销商及其业务员要有现代化的营销观念。

13. 人员编制

经销商有否自己编制业务员，并且能承担业绩任务。

14. 经销商储运设备

经销商要有足够的运输车辆能在最短的时间内服务与养殖户。

15. 经销商通路

经销商要有良好的销售渠道，能便捷的将产品销售到养殖户手中。

在所有筛选项目中不论条目如何划分，通路、管理和经营理念最重要，其中通路的掌控能力表示经销商对外控制的能力和水平；管理表示了经销商对内部的控制能力和水平；而经营理念则决定了经销商今天及将来的发展。

根据各种方法找到既符合企业发展需要又可能与企业合作的目标经销商。不管是用感知法还是科学评价法筛选目标客户，最终要考虑二点：一是经销商是否有可能经营你的产品；二是经销商经营你的产品后他将把你的产品放在一个什么位置，每月能达到多少的销量。开发新的经销商就好比谈恋爱，要双方走到一起来，还得双方都中意。

做好了市场调研，准确进行市场分析，寻找客户，并锁定目标客户后下一步就是要把目标客户变为准客户。其中有很多技巧，每个公司甚至与每一个营销人员都有自己的独特技巧，这里列举一些常见技巧，以期抛砖引玉。

二、客户开拓的技巧

技巧是一个人在工作中的行为，而这种行为是在工作中自然流露的习惯行为。习惯行为的关键是习惯，而不是你是否知道，是否会做，培训习惯行为就必须反复演练，使它成为习惯。

客户开拓过程中，你给客户解决的困惑越多，客户销售你产品的可能就越大。当客户对推荐的产品有70%的认可的时候，可以通过某些促销技巧，力使客户尽快地做出决定。任何违背客户意愿，随意玩弄手法的行为必定会招到惩处。同样对销售技巧忌讳莫深，认为是洪水猛兽的想法也必定是可笑的。对技巧上面的要求，同样用一句话来表示："帮你的客户做出果断的选择。"体现在客户开拓行为中，便是缩小客户的选择范围，在感性的诱导下，帮助其迅速地做出最终的选择。至于具体的技巧操作，八仙过海，各显神通，每一个销售人员都可以依据自己的特质自由发挥。高水平的营销其实说白了就是："营销无技巧，完全是对服务水平和态度的把握，万事从心做起，不可技巧唯上！"

作为饲料销售行业的业务人员，在进行饲料销售时，适当运用营销技巧可有效提高营销成功率，提高工作效率。

（一）客户开拓基本原则

1. 知己

(1)熟知并相信自己的产品。营销人员应懂得饲料原料、饲料生产工艺及售后服务等知识，只有这样，营销人员在销售过程中才会对自己的产品有足够的信心，真心实意地帮助客户选择好的产品。

(2)了解并相信自己所代表的公司。公司应让营销人员更多地了解公司,用企业文化凝聚人心,提高战斗力,使营销人员有归属感和认同感,心情愉快地进行销售。同样,营销人员也应该让客户全面仔细地了解公司,让客户放心地选择公司产品。

(3)内省并相信自己的营销能力。营销人员要坚信自己的营销能力,因为在使别人树立信心之前,自己必须首先充满信心。要相信自己是最优秀的推销员,有能力把自己的公司和产品推销出去,这很重要。

2. 知彼

(1)拜访经销商,通过与经销商交流及观察经销商店内的饲料堆放,以此获得经销商销售规模、经营利润、主销厂家与品种、网点分布、经营历史、资信状况、对各厂家的评价、未来的想法等基本情况。

(2)了解竞争对手企业名称、所在地、企业性质、企业经营状况、产品结构与产品销量、产品价格、主导产品、销售员人数、素质与服务态度及服务水平、品牌知名度、主要的经销商、网络分布、产品包装与质量、经销商与养殖户评价等基本情况;与养殖户交流,了解养殖户是使用哪种饲料、价格如何、从哪里购买的、使用效果如何、使用厂家的服务态度如何等,以此间接了解竞争对手。

3. 知环境

通过向零售店/批发店客户询问、同行其他业务员询问,以及查阅资料等方法对当地市场基本情况建立概念,再通过实地走访观察建立初步的感性认识,掌握以下资讯:人口数,行政区划,收入水平,当地支柱产业;有多少个批发市场,分布在哪里,各个批发市场的货物流向所在。

(二)客户开拓技巧

1. 要保持良好的心态

饲料销售不同于其他产品销售,我们所接触和面对的都是广大老百姓,老百姓最讲实在,所以,营销人员应该有理有节,落落大方,坦率真诚,清楚明白地回答客户提出的各种问题,保持良好的心态,给客户留下美好的印象。

2. 价格与价值一并提出

一个优秀的营销人员应该在最短的时间内了解客户的需求并尽量满足他,让客户把注意力集中到产品的价值上,想方设法让客户认识到你推销的产品正是他所需要的,他就会将价格放在次要的位置上。

3. 谈判的结果应该是"双赢"

在饲料销售过程中,经常会遇到一些客户对产品进行"杀价",这样的客户往往最有买意,营销人员要让客户经历一个艰苦卓绝的谈判过程,让他感觉到所争取到的每一个优惠都来之不易,最终要让客户有一种"胜利"的感觉。这样,客户对努力得来的胜利果实才会倍加珍惜,从而成交。

4. 学会有效沟通

能和客户之间形成有效沟通是开拓客户的关键。沟通是指人与人之间的交流,它通过两个或更多人之间进行关于事实、思想、意见和感情等方面的交流,以取得相互之间的了解,形成良好的人际关系。这种沟通的特殊性在于,它不仅仅是单纯的消息的交流,还有情感、思想、态度和观点的交流。有效的沟通除了要靠信息的正确传递外，还要靠对信息的准确理解。

(1)有效的信息沟通包括4个步骤

①注意　是指沟通双方中接收信息的人专心倾听信息。要做到这一点就必须保证接收信息的人在沟通过程中专心致志，而不是三心二意。否则信息沟通就无从谈起。

②理解　是指接收信息的人能够掌握所收到的信息的真正含义。要做到这一点，发出信息时应以对方真正理解为准，而不应以自己是否发出为标准。

③接受　是指接收信息的人愿意按信息要求办事。对发出信息的人来说，应想办法排除接收信息人对信息的不信任感。

④行动　是指接收信息的接收信息者按接收的信息来执行。要做到这一点，发出信息的人要帮助接收信息的人克服在执行中遇到的各种困难，并给予必要的督促和检查。此外还有关于沟通效果的反馈过程。

(2)沟通渠道　营销员从事信息传递和接收，一般有正式渠道和非正式渠道两种。正式渠道，就是通过组织明文规定的渠道进行信息传递和交流。如组织规定的汇报制度，会议制度，上级的指示按组织系统逐级传达，下级情况逐级上报等。它包括自上而下的沟通、自下而上的沟通和平行沟通等形式。

①自上而下的沟通是由主管人员将组织目标、规章制度、工作程序传递给下级人员，沟通方式有：各种会议、报告、通告、公司手册、公司刊物等。这种沟通的作用有：为有关工作下指示；为了解工作任务与其他任务的关系，给下届人员提供有关资料；给下属反馈其工作绩效；对员工阐明组织目标，增强其任务感和责任心。此外，这种沟通方式还可以协调组织各层次之间的活动，进而增大各层次之间的联系。这种沟通形式的缺点是，易于形成命令支配型的文化氛围，影响士气。对于下属人员是一种负担；逐级传递信息有曲解、误解和搁置的现象，这种信息失真的现象会随着所涉及的人数的增加而增加。

②自下而上的沟通。是指下级的意见、信息向上级反映。它的信息传递方式包括：建议制度、员工接待制度、职工函件、委员会议等。这种沟通是营销者从下属人中得到信息的一条重要途径。

③平等沟通与斜向沟通。平等沟通是同处于一层上的个人或群体之间的沟通，比如一个公司经理下的几个副手之间的沟通就属此例。斜沟通是非属同一层级上的个体或群体之间的沟通，如营销员与经销商的沟通。

④非正式沟通，是正式沟通渠道之外进行的信息传递与交流。例如企业中员工的私下交换意见，议论某人某事等。实际上，在一个组织中非正式的沟通占了很大的比重。非正式渠道传播的信息虽有许多不确切的成分，但也不乏有价值的东西，有些甚至比正式渠道传递的信息更真实，更有效。因为它往往靠的是较为直接的渠道，没有经过过滤和曲解，是企业领导者了解企情民意的最好渠道。营销主管可以作为正式沟通渠道的补充，认真对待，充分利用。

(3)沟通方式　最常用的有书面沟通、口头沟通和网络沟通。在书面沟通中较常用的是报告书、墙报、公司手册、内部刊物。这种方式的优点是便于反复阅读、仔细推敲，利于长期保存和查询，并能够保持传递信息的准确性。缺点是需要一定的制作成本，不易随着客观环境的变化而及时修改。文字表达能力较差的信息发布者，可能使接收者难以理解，需要通过口头沟通的渠道加以补充。口头沟通就是人与人之间的言谈。它的优点是传递速度快，效率高、效果好。形式有会议讲话、面对面的晤谈、电话洽谈等。其中以面对面的交谈最为有效，沟通双方可以直接向对方传递信息，遇有不同意见可以协商，对方理解不透之处可以仔细切磋。更重要的是，或以用调动情感身体语言来正确传递自己所要传递的信息，同时还可以了解对方的态度和反映。与经销商沟通主要指口头沟通。

信息技术与电脑网络技术的发展，为人与人之间的沟通创造了一种新的形式。网络沟通的特点就在于超时间性、超地域性和沟通双方的互动性。通过互联网，一台电脑可以将任何地点需要沟通的双方联系起来，传递信息速度之快、方法之便是以往任何工具不能比拟的。互联网最拿手之处还在于，无论身在何处，沟通双方可以通过网络进行“面谈式”交流。它使得公司的专家营销员不论身在世界上任何一个地方，都能指导工作，为用户解决问题。

(4)有效沟通的原则和方法

一是要有明确的原则。当信息沟通所用的语言和传递方式能够被接收者所理解时，我们就认为它是明确的信息。明确的信息才能起到沟通的效果，所以，沟通过程中要运用通俗易懂的语言。对自己发布的信息用别人能够理解的文字、语言、口气来表达，是信息发布者的责任。它要求发布者有较高的语言表达和文字表达能力，并熟悉其对象所用的语言。在企业内，有各层次的管理人员，有普通工作和专业技术人员，在信息发布中就根据不同的对象采用不同的语言。营销员更要以让人听懂为目标，在讲话中故意卖弄学问高深，专拣一些时髦的、晦涩难懂的词句来唬人，这种沟通只能起到相反的作用。

二要提高信任度。信任是沟通的基础和前提，营销员能够取得经销商的信任，对保持企业内的良好沟通渠道和沟通效果具有重要影响。试想一个自身作风拖拉的人，在沟通中要求别人雷厉风行，有谁去听。一个贪污腐化的领导者，要求别人爱厂如家，岂不让人笑掉大牙。

三要创造良好的沟通氛围，其中构建适应时代要求的企业文化尤为重要。在有些企业里，管理者往往重硬件轻软件。一说信息沟通，就是要花钱购买计算机系统，建立电脑网络，实际上，创造利于沟通的氛围比硬件更重要。试想，在一个官僚机构林立，独断专行，盛气凌人风行的组织中，有谁愿意进行交流呢？从一些成功企业的实践来看，组织成员间的互相尊重，是有效沟通的基础。上级管理售货员放下架子，充分表达尊重的意愿，才能打消下级的顾虑，使之愿意进行交流。此外，对通过有效沟通，进行技术创新、管理创新的营销人员进行适当的鼓励，也是十分必要的。

四是沟通方法。①沟通前要把要领澄清。对一项信息能作一个系统的分析，沟通才能明确清楚。②发出信息的人确定沟通目标。③研究环境和人的性格等情况。④听取他人意见，计划沟通内容。⑤选择沟通时采取的态度、语言和表情等。⑥及时获取对方的反馈。⑦保持传递资料的准确可靠。⑧既要注意切合当前需要，又要注意长远目标的配合。⑨言行一致。⑩听取他人的意见要专心。要成为一名“好听众”，只有这样才能了解对方的原意。

[案例 7-1]

一家以研发、生产、销售高档浓乳料为主的大型饲料企业集团为了开拓某省的市场，决定在该省投资建厂，专推该集团的品牌高档浓缩料。集团公司总经理、营销副总驱车来到该省的乡镇市场，当向乡镇饲料经销商推广公司品牌饲料时，发现高档浓缩料在该省并不好销，阻力主要有二：一是饲料经销商抱怨产品价格太高，市场上平均猪浓缩料的零售价格为 75 元(20 kg)，而该品牌的浓缩料的价格为 100 元(20 kg)，担心该品牌的高档浓缩料卖不出去；二是饲料经销商要求垫底，或者产品卖出去才结账，而集团的现款现货结算政策显然无法满足饲料经销商的要求。总之一句话：对新的高档浓缩料没有信心。乡镇饲料经销商行不通，怎么办？集团公司的总经理、营销副总驱车深入到村子，到养殖户中，发现该省的养殖户主要以散养为主，存栏3～5头的比较多，而且他们的养殖方式很落后，饲养周期比较长，一般都要5～6个月才能出栏。养殖户所购买和使用的大部分均为低档浓缩料，产品价格很便宜。按正常的由县级经销商批发至乡镇级零售商，再由乡镇零售商将该品牌的高档浓缩料卖给农户去使用，这条路是行不通的，怎么办？于是，集团公司的高层决策：从终端村级市场开始做起，开发村级饲料零售商，并在目标村级市场寻找示范户，免费赠送饲料，要求示范户按集团公司提供的饲料方案进行饲养，待饲养取得明显效果后，再将村子里面的养殖户召集起来，邀请公司的技术服务人员进行科学养猪知识的培训。通过一年的运作，集团公司在该省的高档浓乳料销售从50 t/月、100 t/月、200 t/月，销量直线上升至2 500 t/月，一跃成为该省高档浓乳料第一品牌。

与该集团公司刚进入该省市场同样遭遇的饲料企业很多，虽然都有一流的产品品质，由于是新品牌，没有任何知名度，更谈不上美誉度，加之一般零售价格不低，养殖户不敢轻易使用，按照传统的销售模式：厂家在县级市场开发总经销商，总经销商将饲料批发给乡村级的饲料零售商，零售商将饲料再卖给养殖户，是很难让养殖户了解新品牌饲料的。新品牌饲料都会面临这个问题：如何以最快的速度让养殖户了解本企业的饲料，并且快速地对本企业的饲料产生信心，尝试购买和使用本企业的饲料产品呢？当然这其中的方法很多，但最有效快捷的方法：利用科技示范，以免费赠送饲料给当地的养殖带头者，并不断的跟踪饲养效果，直至示范成功，成功后，将示范的成果快速的推广与传播。

饲料厂家和销售代表如何将科技示范操作到位，快速地推广高档浓缩料，建立高档浓缩料在养殖户心目中的地位呢？现在多数饲料公司对于猪饲料市场的开拓采用了以下11个步骤。

第一步：建立"科技示范"的运行机制：并对销售代表予以培训，使销售代表知行合一。从销售政策开始，制定适合本企业的《科技示范运行和管理办法》，从适用市场、对象选定、审批程序、经费控制、任务目标、奖罚措施、操作细则等层面严格要求，有规定、有操作方法，并通过培训，树立销售代表人人要做，人人会做，人人愿做，人人去做的良好习惯，最终将科技示范作为企业的一种模式来运作与推广。

第二步：提前计划，事先申报：销售代表到村级市场，要打开村级市场，快速建立本企业品牌时，正式做科技示范之前，需要进行计划申报。饲料企业首先可以统一计划申报表格，内容包括区域、责任人、示范村庄、主要进口销量与份额、本品销量与份额、零售商、示范目的、示范户姓名、养殖规模、现用产品、使用效果、示范品种、拟达效果、示范成功后的策略等等；然后销售代表根据自己市场状况与自己工作安排，认真的填写示范计划申报表；销售代表填好后，交饲料企业营销副总或者总经理审批后，按计划执行。

第三步：说服零售商，取得零售商的支持：由厂家直接面向养殖户来销售自己生产的饲料。销售代表宜单独对村级市场做一下初步的调查，了解一下当地的饲料竞争状况（主要的饲料品牌、市场主导饲料产品及其特征、饲料产品的价格、每个饲料品牌的销量与市场份额），了解一下当地经销商的状况（资金实力、与养殖户的关系、当地的口碑、主要经销饲料品牌、每月的销量及价格、利润），当地的养殖状况（养殖结构、饲养方式、饲养水平、饲养周期）等等，然后回过头与零售商来分析与探讨市场，找出市场的机会点（市场具有很大潜力、本品牌的优势以及厂家的强势支持、竞争的劣势等），激发零售商的热情，找出市场的问题点（竞品低价、饲养水平、饲养方式、品牌知名度与美誉度低等），确定饲料厂家和零售商发力的方向，针对市场的特点与问题点，抛出“科技示范＋科技讲座”的方案，并与零售商一道商量具体的操作计划，哪些是厂家要做的，哪些是零售商要做的，哪些是厂商联合做的，让零售商明确自己的目标以及应该如何做，使零售商与饲料厂家一起操作时，不至于掉链子。

第四步：与零售商，寻找合格的示范户：科技示范，一定要找对示范户，提高成功的概率。示范成功，将使得高档饲料快速进入目标村级市场；示范失败，将使得高档饲料进入目标村级市场受阻。找到合适的示范户是关键。一是最好找到村子里有影响力的人物。二是饲养条件比较好。饲养的栏舍要通风，冬暖夏凉，干净卫生，拥有饮水设施。三是饲养畜禽的品种好，没有疾病。四是示范户养殖水平高或者愿意接受新的养殖观念。以上条件具备，与准示范户充分沟通，介绍本人及本企业和本企业的饲料产品，并提供有关的证件、证书、报告、资质证明等，建立准示范户的信任感，并向准示范户说明本次的来意：欣闻准示范户在当地的影响力，免费送一包价值××钱的饲料，并按本企业的饲养配方及饲养标准饲养，饲养状况改观后，请他帮本企业多宣传一下。以便准示范户知道饲料企业示范的意图，确保示范能按计划做下去。

第五步：确定示范猪群：做示范，除了选好示范户之处，还需要选好示范猪群。确定示范猪群，饲料产品要充分的调研与观察。一是示范户猪群的品种，是良种还是土种，一般良种比土种作示范的效果好一些；二是示范户猪是否有过疾病，一般犯过病的猪示范的效果不是很好。选择示范猪要以同批为单位，示范出来的数据才有说服力。

第六步：确定示范饲料：选择示范饲料，也是有技巧的，一般选择的饲料从质量上要高于养殖户现在所使用的饲料，因此，选择示范饲料之前，一定要了解示范户现在用的饲料厂家品牌和饲料蛋白含量高还是低，饲料质量如何等等。同时也要了解示范户现使用的饲料饲喂效果如何，毛色是否正常，生长速度是否快，一般出栏周期为多长，饲料的适口性如何，猪的睡眠是否正常等等。

第七步：量身定做，基于示范户现实，设计配方标准：很多饲料企业赠送一包饲料给养殖户后，就算完事了，最终的示范效果不明显，从而造成示范的失败。饲料企业在做示范之前，由饲料企业的销售代表和技术服务人员根据养殖户的实际条件，结合本企业饲料的特点，设计一个科学的配方给养殖户，并且现场指导养殖户按饲料企业所提供的配方标准对示范猪群进行饲喂。

第八步：赠送示范料，对示范猪群作示范前称重，并做好示范前记录：赠送示范料的方式可采取两种形式：一种为免费赠送一包，另一种是买一包送一包。前者相对来讲，进入会容易一点，不需要过多的解释工作，效率更高一点，但费用可能高一点；后者相对复杂，进入时需要做大量的解释工作，说服不到位，可能使示范户产生反感，最终前功尽弃，如果沟通到位，示范户愿意接受买赠方式，效果会更好一些，毕竟示范户花了钱，更加会珍惜和看重这包饲料，另外对饲料企业来讲，示范的成本会低一点。如果是饲料企业对自己的产品有充分信心，估计增重效果明显，建议对示范猪群作示范前称重，好处在于用数据说话，更具有说服力，为确保称重的效果，最好是未喂食之前称重。如果是估计示范饲料在增重方面没有明显效果，但对示范猪群的外观有所改善，没有必要作示范前称重。示范前，记录好示范猪群示范前的状态，包括均重（称或者目视判断）、毛色、皮肤、睡眠等。

第九步：定期回访，跟踪饲养方式与饲养效果：定期回访，有利于加强与示范户的客情联络，建立良好的客情关系，有利于快速了解示范户使用示范饲料后的真正效果。效果好，通过沟通，进一步增强示范户的信心，效果不理想，帮助示范户找原因，是否按标准配方进行饲喂，是否饲养条件有问题，猪群是否有疾病等等。

第十步:示范结束,填写示范表格,示范户签字认可:销售代表与示范户,在示范前确定示范周期,示范结束后,销售代表至示范户的猪舍处,首先目视示范猪群的饲喂效果,若目视示范猪群增重效果特别明显,可以对示范猪群进行示范后称重,并如实记录增重情况;若目标示范猪群增重效果不明显,没有必要进行称重,更多地从外观改善等方面寻找提升点,并将示范猪群饲喂后的效果在《示范跟踪表》上如实填写,并由示范户签字认可。

第十一步:将示范后的成功经验进行推广:示范的目的是向养殖户和经销商证明,本企业的饲料产品品质稳定且优良,增加养殖户购买使用和经销商经销本企业饲料的信心。示范成功后,应该将示范的成果最大化的推广,让更多的养殖户了解本企业饲料产品的品质,并来尝试购买和使用本企业的饲料产品。如何将示范后的成功经验进行推广呢?饲料厂家和销售代表可以尝试从以下方面进行努力:一是针对示范户本村市场,扩大宣传,利用红纸,以海报的形式,将示范的过程与结果写在海报上,并张贴在村委会、村级饲料经销商店外、人流量大的村级干道的墙上等等,以让更多的养殖户了解本企业饲料的使用效果;二是召集示范户所在村及附近的养殖户,召开科技养殖推广会,邀请饲料企业的技术服务人员为养殖户讲解科学养殖的知识,并邀请示范户现场向大家介绍和讲解使用本饲料企业的效果,让示范户现身说法;三是将科技示范的跟踪表整理好,编成小册子,在开发村级饲料经销商以及做另外的示范户时,作为成功案例演示,以增长新开发饲料经销商和示范户的信心;四是请专业的摄像人员将示范户使用本饲料企业产品的效果拍成短片,在当地的电视台进行播放,以扩大知名度和影响力。

(三)注意事项

饲料客户开拓过程中,在实施核心用户和养殖示范基地的建立、参观饲料企业的车间和生产流程、对比和示范试验等举措之后,还要从物质和信息层面的价值,升华到情感和精神层面的价值提供,建立系统的体验营销模式。在饲料企业的实践中,特别需要关注以下几点:

1. 建立真正的顾客导向

饲料营销中的顾客既是客户,这就需要饲料企业与客户建立一种伙伴关系,并提供系统的解决方案。这有助于客户理解企业的产品和服务。品牌是顾客在所有客户接触点上的总体体验。对饲料企业来说,需要满足的需求有 3 个层面,也就相应的有 3 种层面的体验:即客户、用户和养殖动物。本来饲料是给养殖动物吃的,满足了它们的需求就应当成功了。不过,事实上很多好的饲料是没有机会送到它们的面前的。因为,真正有决定权的其实是客户,我们的销售首先要过得了客户这一关,才有机会被它们的生长所验证。所以,我们的销售是从解决客户的需求着手的。我们需要有一个好的可以满足养殖动物的需求的产品作为后盾,而我们销售人员的精力则需要更多的满足客户的心理,我们满足客户心理的目的是:让客户放行、将饲料供应给养殖动物。

2. 建立价值链,作为体验营销的基础

饲料行业的发展方向,已经从产品与产品、服务与服务之间的竞争,上升到了价值链之间的竞争。在饲料行业的价值链中,又可以分为内部价值链流程和外部市场流程。饲料企业应该把自己的经营延伸到企业外部,而不能仅停留在内部,必须依据市场流程来决定企业自身内部流程的效率、成本、质量以及服务。不再局限于产品的调整和定价策略,让消费者去感受好的产品和服务,进而千方百计地改进产品和服务质量,这样最终会走向同质化。饲料企业需要给消费者生动、丰富、个性化的体验,利用多种媒体的吸引,传达一些超过产品和服务本身的东西,正是体验营销的高明之处。

3. 高效的消费者反应

用户是饲料企业重要的创新源。饲料企业需要高度重视核心用户和领先型用户群体的建设,在组织结构上需要贴近、再贴近顾客。在一些激烈竞争的市场,几个主要的厂家往往都会选一些重点用户来跟踪竞争对手的营销活动情况,并进而采取相应的措施,这是竞争者为导向的一种举措。真正的用户导向,表现在一些预混料企业敏感把握到了饲料行业的发展方向,及时向全价饲料领域转型,并取得了不俗的成绩。而最近一些预混料企业开始了第二轮的转型,在此过程中,固然机会还有很多,但不得不说,在对消费者反应的战略把握上,慢这一步,整个企业的后劲就要弱了很多。在实行体验营销的过程中,饲料企业需要关注与用户的互动与沟通,重视养殖户的体验,尊重养殖户的意见,关注他们的长远利益,刺激规模养殖户的潜在需求。同时注重与客户的互动交流,鼓励他们参与产品的设计,并提出合理化的建议,根据养殖户的需求重新改进和创造新产品。

4. 强调顾客主张,重建价值组合

饲料企业的产品与服务组合的出发点依然是产品和服务本身,没有回到顾客导向,至多只是解决了顾客的认知,而没有实现对于顾客需求的满足。这种新瓶装旧酒式的简单组合,是饲料行业产品、服务同质化的根本原因。饲料企业需要转换营销思维方式,从顾客价值出发,组合具有差异性的产品和服务价值,实现顾客价值。关注顾客价值满足的识别,寻求顾客需求的共同点,强调顾客的主张。对养殖户来说,他最终关注的还是养殖效益的实现,而怎么实现这种效益,还是要从他所养殖的动物对象来着手。这样一来,饲料企业也好,饲料经销商也好,养殖户也好,大家的目标都是一致的,都转移到了如何更好提高养殖动物的价值,围绕这个目标,重新确立自己的定位和价值提供物的组合。

5. 转换营销体系,实现顾客管理

今天的竞争环境是对营销系统提出的最大挑战。很多饲料企业客户和学者到美国参观其一流企业时,都感觉这些企业的寿命非常长,很多都超过 70 年。这些美国公司一直关注两个经营指标,就如同我们关注销售额和利润一样,他们关注的是用户数和用户价值的贡献率。最典型的例子是美国联合饲料公司,这个公司一直致力于提升猪的价值并为此不懈地努力,只用一个标准来衡量自己的能力,这个标准是养殖户的价值中联合饲料公司贡献率。饲料企业也应立刻着手客户培训计划,将客户纳入到企业员工体系的服务中。

正如本章开篇世界管理大师彼得·德鲁克所说的那样,饲料营销中不论是饲料企业还是饲料营销人员都必须以客户为中心,正确掌握客户开拓的方法和技巧,只有围绕客户做足工作才能使自己立于不败之地.

任务2 营销员的访前准备与计划

客户是整个营销活动的核心,饲料营销中客户的拜访至关重要,必须做好充分的准备设定好计划做到有的放矢,万无一失。饲料营销中客户分类的方法和种类很多,不同种类的客户拜访的方法也不尽相同,本节内容里只将客户分为新客户和老客户两种分别讲述。

一、访问前的准备

营销过程中，客户拜访可谓是最基础最日常的工作了：市场调查需要拜访客户、新品推广需要拜访客户、销售促进需要拜访客户、客户维护还是需要拜访客户。由此可见，客户拜访的重要性，也正是由于拜访客户非常重要，访问之前必须做好充分的准备。

（一）拜访客户前的硬件准备

1. 外表礼仪准备

良好的外表会给接见者产生良好的印象，作为饲料营销人员服饰要整洁朴素，皮鞋要光亮，适宜打领带的季节最好系领带；头发长短合适，胡须干净；随身带的背包要符合身份；挺胸抬头，行动、走姿、坐姿得当。

2. 产品说明书准备

要向用户介绍产品，用户更多是从产品说明书上获取产品信息。说明书的内容自己要熟悉，客户一旦需要知道哪一部分内容能马上帮助找到。产品说明书最好多备几份，以备客户留下。

3. 价格表

要熟悉自己公司产品的价格，价格表是给客户看的，客户只要报出产品名称营销员马上回答价格。如果价格上下有浮动一定要清楚是应该报高价还是报低价，一旦报错了后果不堪设想。

4. 地图

有一张你负责的市场区域的行政地图，上面专门注明客户分布、养殖分布、竞争态势、行走路线。

5. 手机与电话号码本

手机是最主要的通信工具，电池两块。虽然手机上有电话本，但仍要把重要电话记在电话号码本上，以防不测。

6. 企业信息

营业执照、产品检测报告、产品包装袋等等。饲料产品样品，以备经销商、养殖户要对饲料产品色、香、味进行了解。

7. 交通工具

有汽车方便，不怕风吹雨淋，也可携带一些产品。但一旦丢失损失就大了。最好有一辆摩托，至少自行车应有一辆。

8. 笔记本电脑

购一个笔记本电脑最好带无线网卡的，一是可以浏览行业信息，二是可以做记录、统计，三是可以配上养殖诊断软件搞售后服务。至少有一个纸笔记本。

9. 公文包或旅行包和一盒精美的名片

公文包要符合身份，名片如果是公司统一印发就要能突出个性，容易让别人记住。

10. 书籍

一本有关动物营养知识、畜禽防疫治病方面的书，一本关于饲料营销知识方面的书。

(二)访问客户前软件方面的准备

1. 未战先谋,策划先行

营销前的准备:包括必要的学习、计划工作,决不可疏忽轻视,有备而来才能胜券在握。准备好营销工具、开场白、该问的问题、该说的话以及可能的回答。事前的充分准备与现场的灵感所综合出来的力量,往往很容易瓦解坚强对手而获得成功。

2. 内部信息准备

对与公司产品有关的资料、说明书、广告等,均必须努力研讨、熟记。

3. 自我信息准备

把你的长处发挥到淋漓尽致,用白纸黑字把你可以做得更好的10个方面清清楚楚地写出来。对自己也要知己知彼,知道自己的长处就多用长处,知道自己的短处时就尽量回避短处。同时,思维创新能帮助你进入竞争最少的领域。创新是你战胜对手的最佳武器。

4. 相关信息准备也叫谈资准备、话题准备

饲料销售员必须多读些有关经济、销售方面的书籍、杂志,建立多渠道的灵感源;必须每天阅读报纸,了解国家、社会消息、财经、政治、军事、体育娱乐、名人轶事等,因只有这样拜访客户时才有双方都感兴趣的话说,这往往也是最好的话题,且不致孤陋寡闻、见识浅薄。

5. 相关人群信息准备

建立顾客群不如说建立熟人群。通过广结善缘,努力认识100人永远比只认识10个人机会多。从认识进一步成为顾客,顾客还能衍生顾客,从建立熟人群到逐步建立自己的客户群,业绩就会自然而然地增长。

6. 先找养殖户,后找经销商

从养殖户那里了解养殖情况、饲养习俗、对饲料哪些特点的接受偏好,尤其是饲料成本接受情况如何,潜在的期望有哪些?对售后服务的要求如何?哪些地方竞争对手做得好,而恰好是我的弱项,我要如何回避;哪些地方是他们做得不好的方面,而刚好是我公司的强项……当你把这些了如指掌后再去和经销商谈,那经销商会为你对这片市场的熟悉而折服。他会感到你的强势和不可抗拒。有许多业务员初到市场时容易因经销商好找,图方便地找经销商了解情况,而经销商在没有与你达成合作前,一般是不乐意告诉你真实情况的。告诉你的也是根据他经营所需加工过情况,那是“新闻”和“散文”的结合,虚假的水分较多。这还会造成经销商在心理上还处于优势,谈判很难达成合作。

7. 思想或观念准备

要让结果改变,首先自己改变。成功的人从善如流,失败的人抱残守缺。营销环境天天都在悄然变化,所以变化、应对是饲料销售员走向成功最短的道路,这也可使饲料销售人员得到认可的机会随时产生。

8. 时间规划准备

20/80法则:花80%的时间做20%的结果。80%的时间作搜集客户的资料工作、策划市场运作方案,设计说服执行理由。再20%的结果带动80%的层面。

9. 市场信息

要了解养殖产品的成本,当前盈亏情况,同时要搜集竞争对手的广告、宣传资料、说明书等,加以研究、分析,以便做到制胜的关键—“知己知彼”,采取相应对策。

最后饲料营销人员在拜访目标客户前，应该与拟拜访客户预约，确定预约的时间和洽谈多久的时间，安排一天的行程路线。只有这样，才能提高拜访效率。

二、访问前的计划

拜访客户前一定要根据客户种类做好计划。

(一)拜访老客户

首先要计划好拜访客户要做的工作有哪些。

1. 了解经销商对企业价格政策的执行情况

(1)不同客户销售价格比较　将当地市场上几个客户的价格情况进行一个横向比较，看不同客户的实际价格。或是对照公司的价格政策，看经销商是否按公司价格出货。

(2)同一客户不同时期价格比较　将同一个客户的价格情况进行纵向比较，了解价格变动情况。

(3)进货价与零售价格比较　由于企业的价格政策不统一，许多经销商的进货价不同，销售人员要看看经销商的进货价和零售价是多少。

(4)了解竞争品价格　竞争对手的价格如有变动，就要向公司反馈。

2. 了解客户库存

(1)库存产品占销售额的比例　了解自己的库存产品、销售额是多少？分析库存产品占销售额的比例是多大？以便发现问题。如果库存产品占销售额的比例太低，可能会缺货、断货；如果所占比例太大，说明产品有积压的倾向，销售人员就要和客户一起动脑筋，帮助客户消化库存。

(2)自己产品占库存产品比例　看看我们的产品在客户库存中所占的比例。占压经销商的库房和资金，是销售的铁律。

(3)看库存数量、品种有无明显变化　看哪些产品周转快、哪些慢，由于各地市场情况不同，公司的品种在各地的销售情况会不同。了解一下在客户处，哪些品种卖得快，哪些卖得慢，就可以指导客户做好销售。

3. 了解客户销售情况

只有了解客户销售的具体情况，才能发现问题，进行指导，做好销售。

(1)公司主销产品、盈利产品、滞销产品是什么，占客户总销售额的比例，竞品能销多少：目的是了解在当地市场上，我们的产品和竞品，哪些品种卖得好，哪些卖得不好？

(2)能否做到专柜专卖，样品是否按规定摆满、显眼、更换。

(3)公司标志、广告宣传资料是否齐全，环境是否整洁、清爽？

(4)导购员服务是否规范？

4. 核对客户账物

销售人员不仅要提高销售量，更要提高销售的含金量。降低货款风险，是提高含金量的重要方法。

(1)对照客户铺底额度，核对客户实际铺底数、抵押物及其数量。

(2)书面确认客户已付款未结算、预付款及应收款数。

(3)及时清理历史遗留问题，明确债权债务。

(4)定期与客户共同进行账款物核对,并做到降价时即时点库。

5. 检查售后服务及促销政策

了解总经销商对二批商、零售商提供服务的情况。客户是否按照企业的服务政策和制度为顾客提供服务?对二批商和零售商的促销政策,要通过经销商来落实,销售人员要了解经销商执行促销政策的情况,有没有问题,如侵吞促销品。

6. 收集市场信息

(1)了解准客户资料。企业的客户队伍是不断调整的,销售人员要了解在当地市场上潜在客户的资料。当企业调整客户时,有后备的客户资源可以使用。

(2)通过巡访客户和其他媒介,调查了解竞争对手的渠道、价格、产品、广告促销办法及市场占有率。

(3)了解并落实条幅广告、POP等,组织现场促销。

(4)调查客户资信及其变动情况。

7. 建议客户订货

销售人员在了解客户的销售、库存情况的基础上,向客户介绍产品及销售意图,如公司新的促销方案,回答客户提出的问题,根据安全库存数,建议客户订货要计划好如何处理处理老客户对上个月的投诉;处理投诉的同时巧妙地将本月公司销售政策向客户解释清楚,而不是无偿地给予他们好处,给他们好处的同时促其增量。计划好新产品推广的策略和老产品的上量方案。对于老客户,因为他们熟悉公司政策,所以如果按上月的销售政策就能合作起来,则没必要将新的好处给他,将新的好处留在自己心中作为退路——底牌。千万记住,要高开低走。如果该客户无法在上月的政策下成交,则将本月新的好处抛出一半,不要太快地抛出另一半,而且即使抛出了这一半也要退一步的同时进一步。将新的好处抛出一半之后仍然不能成交,则立即退出谈判,改天再来。退出时千万不要让他感到还有一半好处没有给他,而是让他感到你已经尽力了,退到墙角了。客户对他努力争取得到的好处才会珍惜,对于你拱手给他的好处,他一点也不会珍惜;3天之后再访这些潜在客户,观察他的反应,从谈话中、表情上、对你的态度上去观察,也许他嘴上很硬,但心里想做,那你就恰到好处地摆出高姿态,千万不要低三下四乐不可支。然后将新的一半好处留作今后的退路。

(二)拜访有合作意向的潜在客户

这样的客户至少是第二次拜访了,计划好如何说服客户同意合作。计划好客户可能拒绝的方面想好对策。尽可能解除客户疑虑,发现客户需求,争取让潜在客户变成准客户。

(三)刚成交的新客户

拜访前要计划好如何为他周到服务,帮助客户准备货款、订货、腾仓库、打款、找目标养殖户试喂、策划传播方案、准备传播执行……货到之后的几天后,最好不要离开这个经销商,尽量帮他把生意调整到良性循环。就像栽树苗,刚开始要多浇水,施肥、剪枝……直到她发出新芽,或活过来你就可以放心了,今后就可以多打电话联系、指导,少一点亲临现场也就无所谓了。

(四)新客户

新市场开发是从客户的寻找开始的,而新客户的发现是从寻找畜禽开始的。有经验的饲料销售员打开新产品销售的通路就是从寻找养殖户群——猪圈、鸡圈开始，是从鼻子嗅、用耳听开始的。饲料营销人员要计划好，每天拜访多少新客户，什么时间拜访哪个新客户，拜访新客户是说什么，拜访用多长时间，这些都要计划好。

三、访问目标的设定

饲料营销人员在拜访客户之前，就要为成功奠定良好的基础。首先要了解访问目标的目的是什么？然后根据不同的目的设定不同的拜访目标。

(一)拜访目的

一般可以把营销员拜访客户的目的分成以下几种。

1. 销售产品

这是拜访客户的主要任务。

2. 市场维护

没有维护的市场是昙花一现。销售人员要处理好市场运作中问题，解决客户之间的矛盾，理顺渠道间的关系，确保市场的稳定。

3. 建立感情

销售人员要在客户心中建立自己个人的品牌形象。这有助于你能赢得客户对你工作的配合和支持。

4. 信息收集

销售人员要随时了解市场情况，监控市场动态。

5. 指导客户

销售人员分为两种类型：一是只会向客户要订单的人，二是给客户出主意的人。前一类型的销售人员获得订单的道路将会很漫长，后一种类型的销售人员赢得了客户的尊敬。

作为公司营销人员必须要了解公司的当月的销售政策、价格政策和促销政策。尤其是在企业推出新的销售政策、价格政策和促销政策时，更要了解新的销售政策和促销政策的详细内容。当公司推出新产品时，销售人员要了解新产品的特点、卖点是什么，不了解新的销售政策，就无法用新的政策去吸引客户；不了解新产品，也就无法向客户推销新产品。营销人员要为实现目标而工作。销售的准则就是：制定销售计划，然后按照计划去销售。销售人员每次拜访客户，都要明白，自己拜访客户的目的是什么？如何去做才能实现目的？也可以将拜访目的分为销售目的和行政目的。销售目标包括要求老客户增加订货量或品种；向老客户推荐现有产品中尚未经营的产品；介绍新产品；要求新客户下订单等。行政目标包括收回账款、处理投诉、传达政策、情感建立等。

(二)访问目标的设定

饲料营销人员在了解了拜访客户的目的，并理解公司工作的重点后就很容易设定访问目标了。如果要推出新产品就要以拜访老客户为主，如果要增加市场占有率必须开发新客户，拜访的目标就只能是以新客户为主了。但是不论怎样饲料营销人员始终都要重视老客户的拜访。

任务3 直接拜访客户

营销与拜访客户密不可分。对于饲料营销人员来讲拜访客户并不陌生，几乎每天都在进行。不过，讲到直接拜访客户大多数营销人员都会有一些紧张，这就是营销学里讲的陌生拜访。陌生拜访等同于客户拜访里的新客户的拜访，只要做好充分的准备和计划，拜访成功的可能也很大。这里只介绍一下直接拜访的一些注意事项。

第一次拜访客户，凭什么让客户对业务感兴趣呢，营销员要依靠品牌的影响力，靠公司的实力，靠先进的营销模式，还可以靠优秀的销售团队，当然还有周边成功的案例，业务员也可以凭借出色的业务能力，高超的市场运作水平及人格魅力让客户对业务感兴趣。谈业务第一印象非常关键，如果第一次不能给客户留下好印象，以后的进展会遇到很大的阻力。如果营销人员初次接触没有把企业及品牌的优势传达给客户，让客户感觉到与公司合作没有希望，或者说没有激发客户合作的欲望就会导致营销失败。那么初次见面应该从那些方面着手呢？

一、谈公司背景

让客户了解公司的发展历程，通过资料画册以及业绩表现等方面展示，还要客户了解公司的发展战略、品牌规划、市场战略、市场营销模式及推广策略，一定要客户相信公司的产品品质优秀，服务完善，公司始终把客户利益放在首位。这样客户就会觉得公司很规范，品牌发展有希望。

二、谈产品怎样销售的问题

营销员要把公司产品的具体营销思路告诉客户，包括推广模式、开发方式、年度运作思路、市场运作、宣传方案、促销模式、开发终端、运作模式等等。要让客户看到企业有战略，有市场营销策略，新颖的营销模式，科学的市场推广，切实可行的顾客开发促销方案，真正能够帮助客户得到好处并有利于客户长久发展。

三、心细如水

拜访客户要细心，要用心，要善于观察，发现客户店铺存在的问题，见到客户以后，根据洽谈的情况，顺便提出店铺存在的问题引起客户的注意，然后阐述企业的优势可以解决这些问题，根据客户的需求谈业务，就会抓住客户的眼球，根据的客户问题谈业务，客户就会对业务产生极大的兴趣。

现在谈业务没有十次八次的接触难以促成，有些大客户需要跟踪一年以上的时间，业务员每次见到客户都要为下一次的拜访做好铺垫，每次都要有新的概念新的知识，不断加深客户的认识，期间要通过电话和信息来维持关系，不能让客户忘记。业务员遭到拒绝的时候，要掌握回旋的学问，不做生意不谈业务，作为私人拜访交朋友，客户就无法再拒绝了。

业务员要善于根据客户层次谈问题，言之无物客户当然不感兴趣。要客户感兴趣必须抓住店铺的弱点，找到客户的兴趣点及共同点，锁定客户的问题用灵活适当的方式谈出来，抓住客户的要害客户必然感兴趣。如果店铺的客户需要营销思路，让客户了解我们就是他的战略伙伴，完全可以帮助店铺做大做强，不论是现在还是未来都可以帮助他们发展；店铺需要促销方法提升业绩，就多谈企业的营销策划优势，拿出成功的案例来佐证，让客户感觉到与我们合作，不仅给他们提供好品牌，更为关键的是帮助店铺解决促销活动的大问题；如果店铺的营业员队伍需要提高，就突出企业在培训方面的优势，帮助店铺打造一流的销售团队，目前的情况所有店铺，都需要一支销售能力极强的营业员队伍，如果企业能够帮助店铺提升营业员水平，帮助店铺打造一支团队，客户一定非常感兴趣；如果客户自己善于学习，就多谈企业与高校的合作，合作以后可以参加名校高级研修班，例如在北大清华或者山大等名校的总裁研修班等，告诉客户不仅可以提升能力还可以接触成功的客户，并且和成功人士成为朋友；如果品牌不具备这些优势，就要创造一种营销模式来规避品牌的弱点，用崭新的营销模式吸引客户，如帮助店铺开发新顾客，用新型营销模式帮助店铺快速发展，用模式的力量来平衡品牌与店铺的差距；如果也无法创造营销模式，就着重突出品牌差异化特色，用差异化的特色弥补品牌的不足，具备和客户合作的基础，如果品牌也无特色，必须依靠人的力量来平衡，也就是优秀的营销团队，具备实力的营销人员以销售业绩来平衡品牌弱项，店铺最看重的是销售，如果迅速的产生销售客户就会感兴趣；如果以上的这些优势都不具备，那么就只有依靠个人力量来平衡品牌实力，就是无所不能的业务员，靠业务的实力及人格魅力来平衡品牌，让店铺的客户对品牌感兴趣来合作。

四、借力发力

拜访店铺客户，要学会借力发力，借力有四个层次，低级层次直接登门拜访，这样做失败的概率极高，初级层次冒充客户的朋友引见，中级层次是客户给你提供信息，高级层次是客户给客户打电话介绍，超级层次是客户和你一起去拜访客户。

客户熟悉的朋友给引见容易接待，如果实在找不到也没有关系，就说他的好朋友某某引见来拜访，这样就容易见面容易接待，因为中国人爱面子，即使不愿意接待你也要给朋友面子，否则以后见面以后不好说话。

拜访客户以后不要急于谈正题，应该先赞美客户在业界的影响，做人的成功，大家的推崇，自己是多么的崇拜，这样客户愿意和你多聊一会儿，只要给机会业务就好谈。

谈业务的初级层次是，见到客户就拿出政策，定多少货配送什么物资，按照几个档次来执行，当客户还没有了解品牌的时候这样做是不可取的。这样的方式仅仅适合于不入流的小客户而已。

中级层次，相互寒暄之后，告诉客户周围谁做得品牌，让客户有一个印象，通过客户案例影射品牌的力量，这样容易和客户进一步切磋。

高级层次，根据客户的情况，让客户先说，听客户的意思，根据客户的话题发现问题，在进行适当的引导，让客户认可接受企业的品牌。

超级层次，让客户首先对业务感兴趣，这就是人格魅力及营销实力，让客户一见就知道是高手，绝对不可小觑，客户对你感兴趣，业务当然好谈。

五、营销员和客户的关系

业务高手都是从客户感兴趣的入手，发现客户的问题并解决问题，通过发现客户的缺陷弥补客户缺陷，通过提供营销软件，总体帮助客户提升促成业务。和客户成为铁哥们，让客户离不开自己，这样合作会更加顺利，总之业务员一定要学会，根据客户的需求谈业务，而不是拿着产品和政策到处推销，是客户需要我们的帮助，绝对不是让客户进产品帮助我们。

聪明的业务总是能够找到让客户感兴趣的话题，能够找到合作的方法，能够找到继续洽谈的方法，总是能够找到促成的突破口，一流高手是做业务，这样的业务做超级大户，高手业务做大户，中级业务是靠跑成就业务，只能做成中级客户，初级业务拿着政策碰业务只能做成小小客户而已。

总之找到客户的兴趣点，是探讨业务的关键所在，如果业务员能够在各个方面让客户感兴趣，这样的业务绝对是超级大业务，也是无所不能的一流高手，这样的业务会成为任何品牌的操盘手，成为行业的高端人才，做什么业务都会顺风顺水，让客户感兴趣的秘诀是以客户为中心，抓住客户的弱点锁定客户的问题，解决客户的问题为目标促成双方的合作。

六、升华

营销员对饲料产品全面仔细地了解，了解你的产品的料肉比和钱肉比，了解你的饲料最突出的功能，与众不同的特点，并据此击败竞争对手的产品，让经销商或用户接受它，这是基本功。但对一些优秀的业务员来说，他们操的是优化版、提高版。希望集团董事长刘永行说："销售就是学习、培养、锻炼一个值得别人信赖的风格。客户不是购买商品，而是购买销售商品的人。"说服力不是靠强而有力的说词，而是仰仗销售人员言谈举止散发出来的人性与风格。

任务4 客户资料的建立与管理

客户对于企业发展的重要性是不言而喻的，因此必须对其进行有效的管理，进行客户管理的最终目的是通过对客户信息的详细了解、整理、分析，进行有效的客户筛选，进而通过规范的管理帮助客户在市场竞争中占据优势，从而使客户在未来的发展中更具潜力。我们所有的销售额都是通过客户来实现的，因而客户管理是销售管理的重要内容。客户管理主要有客户资料管理、客户拜访管理、积极性管理、市场串货管理等。客户资料管理就是将客户的基本资料、合同、销售计划、销售记录等进行统一归档管理。客户拜访管理是指对客户的访问次数及平均停留时间制定计划。积极性管理就是通过制订各种策略来提高经销商的积极性，客户的积极性直接影响销售工作的进展，这也是我们的一项基本营销策略。市场串货管理就是防止经销商跨区域销售，扰乱市场。防止串货一是完善经销权政策，二是控制好市场价格，三是监控货物走向。应将防止市场串货作为客户管理的一个重点，一旦出现串货，立即严格处理，不可姑息，谨防蔓延。

一、客户资料的管理

1. 建立完善的客户档案

完善的客户档案是对客户进行有效管理的前提，一份完善的客户档案应包含以下三个内容：

一是尽可能详尽了解客户的基本信息，包括客户姓名、性别、学历、年龄、详细通讯地址、联系方式、组织机构成员及家庭成员、经济状况、信誉、技术水平、在当地的影响力、从业经历、经营能力、合作企业、主销产品、当地的养殖量及养殖水平、客户近三年的经营增长率以及与企业的合作态度等。

二是要确保信息的真实性，如果信息不真实不但不能引导企业进行正确的管理，反而会误导企业向错误的方向发展，因此要掌握真实的信息就需要管理者对各种信息进行详细了解、分析、过滤，力争掌握的信息真实而有效。

三是对信息进行分类整理，分类整理的目的是把信息按照重要程度进行分类，管理者对客户的管理不可能做到面面俱到，这就需要把管理重点放在那些重要的信息上，对那些非重要的信息虽然也要关注但并不作为重点。

2. 对客户进行 SWOT 分析

SWOT 分析是经常用到的分析工具，S 代表 strength（优势），W 代表 weakness（弱势），O 代表 opportunity（机会），T 代表 threat（威胁）。SWOT 分析指的是企业应帮助客户分析其所具备的优势/劣势，面临的机会/威胁。其目的就是通过帮助客户进行客观的分析，再通过 SWOT 矩阵，找出客户的优、劣势，尽最大努力帮助客户发挥优势、弥补劣势；同时科学分析客户所面临的机会和威胁，尽力帮助客户抓住机会，解除威胁；如果条件允许的话，企业还要动用公司所拥有的资源帮助客户在竞争中处于积极主动的地位。

3. 对客户发展提出合理建议

对客户提出有益建议的前提是企业应客观真实的了解客户，并能够站在客户立场思考问题，在了解行业未来发展走势的前提下，能够前瞻性地为客户在现实竞争和未来发展中提出积极的建议，并竭尽全力帮助客户实施建议，制定发展战略。

企业对客户提出建议一般涉及 5 个方面：

一是认清“我是谁”，即从旁观者的立场帮助客户进行清晰的自我分析；

二是知道“我能做什么”，即客户到底拥有什么样的资源，他利用这些资源到底能做什么；

三是“我该怎么做”，即帮助客户设计战略及战术方法，正确运用竞争策略，做到“做正确的事”；

四是“我要做到什么程度”，即帮助客户设计最终发展的战略目标，要让客户清晰地认识到自己未来应该会发展到什么样；

五是“我应如何借力”，即客户在发展过程中需要企业提供什么样的帮助或支持，企业本身又能为客户提供什么样的帮助。

4. 根据客户资料对客户进行分类

建立经销商评价表（表 7-7）。

表 7-7　经销商评价

经营思路	经营市场的基本思路：
	终端客户销量占总销量的比重：
	是否与公司经营市场的思路一致：
	经营思路综合评价：

续表 7-7

经济实力	去年(或今年上半年)总营业额:
	去年(或今年上半年)糖果营业额:
	总成本:
	占用生产厂家资金:
	被下线客户占用资金:
	经济实力综合评价:
商业能力	商业能力辐射并控制区域:
	主要分销渠道:
	在目标市场同类经销商中的影响力:
	是否能在目标市场独家分销:
	主导产品的通路是否与本公司产品相同:
	商业能力综合评价:
配送能力	配送人员总数(不含专职司机):
	送货车辆(车型、数量):
	配送人员收入分配方式、平均月收入:
	低成本配送能力综合评价:
商业信用	与生产厂家的结算方式:
	赢利状况:
	生产厂家对经销商的信用评价:
	有无不良记录:
	商业信用综合评价:
对本产品的重视程度	经销产品种类:
	经销产品的品牌:
	赢利最大的前三种产品:
	销售额最大的前三种产品:
	所经销本公司的竞争品牌:
	拟对本公司产品的投入:
	对公司产品重视程度综合评价:
管理控制能力	对下线客户的控制方式和控制能力:
	下线客户对其忠诚度:
	企业化管理还是个体户式管理:
	对下线客户管理与控制能力综合评价:
综合评价	

所有已签订合同的经销商，公司根据其相关软、硬件条件，分为 A、B、C 三类。A 类经销商条件包括：本公司品牌为经销商本年度首推品牌；店内、店头按本公司品牌要求陈列；与公司签订合同年度销售额达到公司具体要求；良好的回款信誉；拥有良好的终端销售网络。B 类经销商条件包括：本公司品牌为经销商本年度主推品牌；店内、店头按本公司品牌要求陈列；需与公司签订 100 万元以上的合同；良好的回款信誉；拥有终端销售网络。剩下的就是 C 类客户。

另外要将客户的销售合同、销售计划、销售记录等进行统一归档管理。

二、客户拜访管理

客户拜访的目的如下：

(1)沟通情感关系，了解经销商基本情况及经营状况、本品销售情况，包括已销售量、库存品情况；

(2)检查价格、区域等市场规则执行情况，协调市场关系，指导执行既定的市场规则；

(3)配送结算货款，核定和发放各种返利和保量奖，核对双方账目；

(4)了解经销商和用户对公司产品的意见，了解经销商的需求和困难，并做出解答和解决；

(5)反映公司有关政策和信息的传达，宣传公司市场政策和产品信息；

(6)组织促销活动和技术服务讲座；走访和服务养殖示范户，了解养殖示范户的本品使用情况，现场指导和技术讲解；

(7)联系本区产品宣传员，检查和督导其工作情况；

(8)了解主要竞品的销售情况及市场策略的变化情况和其他方面市场的信息；

(9)指导经销商经营管理，帮助其管理下属客户，包括二级商或养殖户；

(10)指导经销商下一次进货的计划：品种、数量和时间。

客户拜访管理指对客户访问次数及停留时间制定计划。根据经销商分类，对不同的经销商需要不同的巡访次数、停留、时间和内容；建议按以下标准执行：

表 7-8　拜访客户内容

客户等别	每月访问次数	平均停留时间/min
A 类	4	120
B 类	2	60
C 类	2	30
新客户	3	30

在制定巡访标准时，应该结合区域市场特点、交通状况和养殖特点，核算出巡访每一类经销商所需的大致滞留时间和路程时间；由各类经销商的数量，核算出每月所需的总时间；再按一名业务员每月有效巡访时间 150～180 h 计算，如在业务员能完成的范围内即可。

三、客户积极性管理

积极性管理就是通过制订各种策略来提高经销商的积极性，客户的积极性直接影响销售工作的进展，这也是我们的一项基本营销策略。饲料营销人员可以根据客户不同情况，综合公司政策制定相应的营销政策，如返利、技术讲座，赠送样品或奖品，甚至送旅游、送培训等，通过不同方式提高客户的积极性。积极性管理包括计划管理和激励管理。

(一)计划管理

计划管理就是针对每个客户分别制定年计划、季度计划并且每月制订销售计划,计划分月度目标、品种目标、分销计划、促销活动、次级返利、时间进度、费用预算等,通过计划管理将客户的销售工作置于公司的控制之下。

每月底对客户进行综合评估,评估的主要因素为销售量完成情况、增长率、本品的份额、市场规则执行情况和工作配合情况等。

每季度对客户进行综合评价和总结,除月度评估的因素外,还应考虑客户的经营状况和发展潜力等,考察客户的能力能否与市场容量和发展相协调;评估结果存档保存。

客户年度评估,主要对其一年的销售业绩进行年度总结和评估,分析其市场地位和发展潜力,对完成目标任务的贡献率、维护成本以及促销效率等。

(二)客户激励

通过客户的月、季和年度综合考评,及时分析发现客户销售中的积极和不足的方面,同时检讨客户管理方面的经验和欠缺。

对于客户销售积极的方面应给予充分肯定,达到奖励标准的,应及时兑现奖励,业务员应加以总结,推广其他客户;对于须改进的方面,应及时分析原因,协助其改进。

每季度根据考评结果,对客户进行级别条件的重新认定和ABC分析,优升劣降;同时对出现以下情况的客户应及时淘汰,以维护市场秩序和网络质量:连续两次未完成目标季度销量,不遵守区域划分,经查实有严重的串货现象,造成市场混乱的,不执行市场零售价格,出现滥价、乱价,恶意竞争等现象,扰乱价格体系要撤销。对评估中优秀的客户,各片区应结合具体情况给予政策、促销和管理的倾斜,加大扶持力度和奖励。

四、客户串货管理

客户串货就是在销售过程中客户为一定利益的获取所采用的为达到增加销售额和赢利或其他目的的跨区域或渠道系统的销售行为。根据串货对企业的影响程度,可以分为恶性串货、自然性串货和良性串货三种。恶性串货,即经销商为了获取非正常利润,蓄意向自己辖区之外的市场倾销产品的行为。自然性串货,即客户在获取正常利润的同时,无意中向自己辖区之外销售产品的行为。良性串货,是指企业在市场开发初期,有意或无意地选中了流通性较强的客户,其产品流向非重要经营区域或空白市场的现象。应将防止市场串货作为客户管理的一个重点,一旦出现串货,立即严格处理,谨防蔓延。

为防止串货现象的发生应做好以下工作:

1. 在产品和发货源头上予以限制

为确保在产品的物流上不出现问题,公司的物流部门必须保证公司的生产按照客户的订单进行生产,每个客户给予一个代号,打在产品的包装上予以识别,这样每个客户所经销的产品代号不同,只要发生串货就特别容易识别。为防止客户篡改代号,对代码的设置要在不同的时期进行重新设定并做好记录,另对代码在客户之间保密。

2. 拟订严格的串货管理措施

为避免客户为逃避处罚而宁愿终止业务，厂家最好将合作方式定为先款后货而非给客户一定的铺底，对于如进场费等市场开发费用要由客户先垫付再给予报销或货补。这样在客户出现串货后就有一定的资金控制在厂家手中而不得不接受处罚。为此，客户对恶性串货就会避而远之。在制定的文件内容中如果加入给予被串货区域客户一定的补偿条款，则可以保证客户自己不串货，还可以发动其积极注意其他客户的串货行为。有他们的监管，公司市场部门对串货的调查工作可省却很多。

3. 合理控制客户库存

在上述两件措施控制很好的前提下，为促进客户的销售，给其一定的压力，合理压库是非常有必要的。但厂家一定要对客户的库存进行定期的统计和分析，以免出现不合理库存，而使客户因噎废食，为快速回流资金而发生串货行为。当然定期的库存整理和分析也可增进厂家对市场的了解，以制定针对性的政策促进销售。

4. 相关政策的变革，引导客户不去串货

对以销量为主导的厂家，客户更容易因为拿不到高的返利而出现抱怨，为此积压库存，发生串货更易发生，为避免之，厂家应该做如下的改革：一是产品的销售量应以市场的实际情况定，将客户从买卖关系向物流服务转化，市场是厂家的，客户就是做物流和服务的，市场的操作从强迫客户去做到引导客户如何去做。二是为避免业务人员向客户过量施压，对其的考核也应该从主要依据销售量考核向主要依据包括铺货率、陈列质量等在内的市场表现来考核。这对于以销量为导向的企业进行快速改变是有一定的难度，但我们也要引导自己的业务人员树立"市场有没有销量，关键点在于如铺货率、陈列质量、对零售客户的客情关系等因素的过程积累"的思想观点。在制度上对客户的串货，分管业务人员也要有一定的责任和承担处罚。三是将客户的返利政策进行细化，分解成销售奖励、市场开拓奖励、市场表现质量奖励、价格体系和区域销售体系维护奖励等，按照客户的表现进行逐项兑现，也可引导客户从单纯地追求销售量向以市场维护和精细化开发等市场操作为工作重点进行思想转移。

既然在许多的措施都实施以后，也难保客户的串货行为，在此情况下，企业的重要工作就是限制客户的串货行为，并将串货所带来的危害减少到最低限度，主要措施如下：

(1)限期整改。在客户发生串货后，立即以口头和厂家书面的形式责令客户的串货行为，并责令其限期回收串出的货物。

(2)减少客户的库存所有，使其无货可串。如果客户不同意整改，对情况比较恶劣的，为起到对其他客户的威慑作用，杀鸡儆猴是必需的，此时当断不断，必受其乱，厂家应该直接函告客户解除合作关系。为避免客户利用库存产品报复，厂家不妨直接将产品进行回收，这样就从源头上除却串货根源。同时，告知周边区域的客户相关事宜，一者可以警告，再者避免这些客户提供产品给该串货客户。

(3)拟订相关的策略，将串货合理消化。客户的串货，大多是小范围或特定渠道的跨区销售行为，其本身得不到厂家的物流服务，所以政策的享受范围受到比较大的限制，这是厂家应该根据串货量的多少，支持被串货区域客户制定更加优惠的营销政策，在局部区域内进行渠道整合和强力铺货，使零售客户认可从所属区域内客户处提货会得到更加优惠的政策，即使以后政策回复，零售客户也会认为厂家的政策是根据市场情况变化的，这是可以理解的；另外零售客户在得到厂家的串货回应后，也会认为厂家管理的到位，会树立销售的信心，促进以后的经营热情。

总之，要通过客户的管理使恶意串货现象消失，引导客户正常销售，实现客户和企业之间的双赢。

岗位操作任务

1. 作为一名饲料营销人员，去拜访一名公司老客户，写出拜访过程及结果。

2、去养殖场拜访一名新客户，了解其生产规模、存在问题及实际需求，写出与其打交道的过程。

项目小结

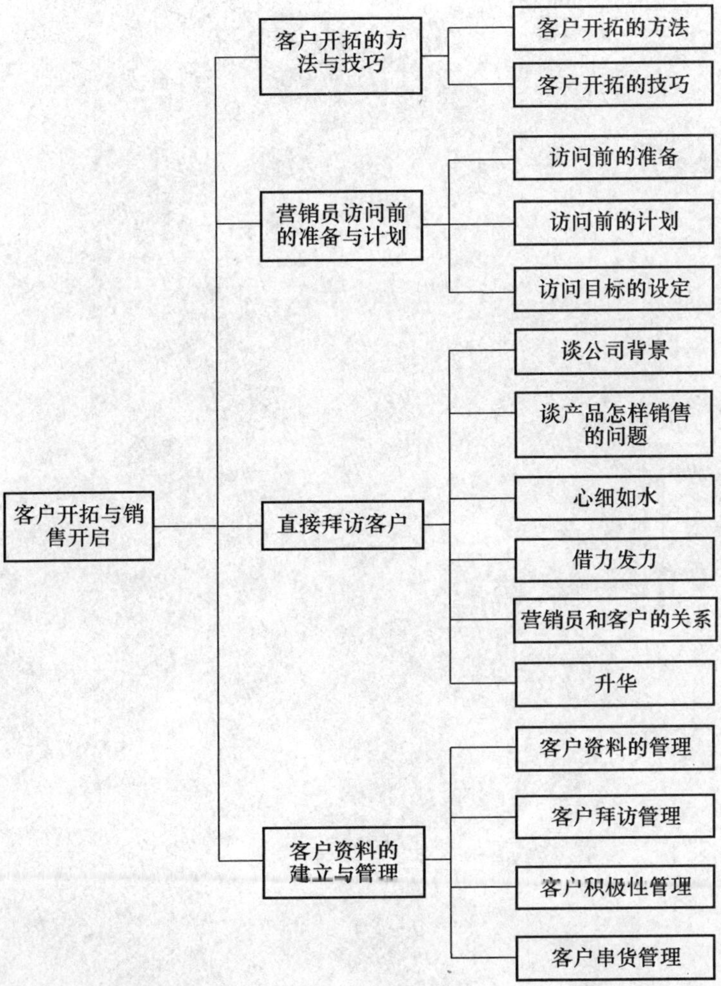

职业能力和职业资格测试

1. 你怎样看一个经销商的管理能力？
2. 如何筛选目标客户？
3. 经销商选择的指标哪个更重要？
4. 怎样对客户进行评估？

5. 你认为哪种方法对新市场客户开拓最有效？
6. 客户拜访前需要做哪些准备？
7. 新老客户拜访有哪些异同点？
8. 如何对客户进行分类？
9. 客户资料都包括哪些内容？
10. 客户管理都包括哪些内容？
11. 客户发生恶意串货应该怎样处理？

项目8

客户需求与业务缔结

项目设置描述

随着经济全球化、一体化和买方市场的到来，营销进入了一个新纪元。成交作为整个推销进程中最重要的步骤之一，直接关系到营销的成败。如何能够做到从容应对，如何成功收场，并缔结业务关系，是一个值得关注的问题。本项目介绍了探索客户需求、如何与客户沟通及产品介绍的方法与策略。遇到客户拒绝或异议时如何应对，并重点介绍了业务成交的方法与成交后的服务跟踪。

学习目标

1. 掌握探索客户需求的原则和方法。
2. 掌握销售说服的基本原则方法。
3. 掌握产品介绍的基本方法。
4. 掌握和理解处理客户拒绝及异议的方法和技巧。
5. 理解成功缔结业务关系的重要性。
6. 能够应用掌握的知识和技巧开展客户需求探索。
7. 能够充分理解销售说服和产品介绍的方法，对要销售的产品进行详细介绍。

任务1 探索客户需求

随着市场竞争的加剧，客户(经销商、养殖户)经营管理能力、养殖技术水平等不断提高，许多饲料企业感到客户的要求越来越多，条件越来越高，甚至有些苛刻。如果不能正确认识和妥善处理，很容易造成客户不满甚至流失。因此，饲料企业应正确对待这种变化，不断提高适应和满足这种需求变化的能力。

一、何为客户需求

客户的需求往往是多方面的、不确定的，需要我们去分析和引导，很少有客户，尤其是消费品的购买者对自己要购买的消费品形成了非常精确的描述，也就是说，当一位客户站在我们的面前时，他对我们的产品有了极大的兴趣但仍然不知道自己将要买回去的是什么样的。在这种情况下，需要增强与客户的沟通，对客户的需求做出定义。定义客户的需求就是指通过买卖双方的长期沟通，对客户购买产品的欲望、用途、功能、款式进行逐渐发掘，将客户心里模糊的认识以精确的方式描述并展示出来的过程。

二、探索客户需求的原则

1. 全面性原则

对于任何已被列入客户范畴的消费者，我们要全面地定义其几乎所有的需求，全面掌握客户在生活中对于各种产品的需求强度和满足状况。之所以要全面了解，是要让客户生活中的需要完整地体现在你的面前，而且根据客户的全面需要分析其生活习惯、消费偏好、购买能力等相关因素，更为重要的是这种“以全概偏”的了解往往会迷惑客户，刻画销售人员关心客户、爱护客户的经典形象。

2. 突出性原则

时刻不要忘记销售者的第一要务是为公司销售产品，帮助客户满足需求。所以，要突出产品和客户需求的结合点，清晰地定义出客户的需求，必要的时刻要给客户对本产品的需求形成一个“独特的名称”。假如你是一个竹躺椅的销售人员，尽可能让消费者形成对躺椅的独特认识，为它定义出一个别人都没有意识到的“提高生活舒适度需求”等。

3. 深入性原则

沟通不能肤浅，否则只能是空谈。对客户需求的定义同样如此，把客户需求的定义认为是简单的购买欲望，或者是单纯的购买过程明显囿于局限，只有深入地了解客户的生活、工作、交往的各个环节，你才会发现他对同一种产品拥有的真正需求。也就是说，要对客户的需求做出清晰的定义，事前工作的深入性是必不可少的。

4. 广泛性原则

广泛性原则不是对某一个特定客户需求定义时的要求，而是要求销售人员在与客户沟通时要了解所有接触客户的需求状况，学会对比分析，差异化地准备自己的相关工具和说服方法。

5. 建议性原则

客户不是我们的下属，所以命令他们是不会接受的，当然我们也不可能这么做。在客户需求的定义过程中同样如此，客户所认同的观念跟我们或多或少地存在一些差异，所以对客户的需求要进行定义只能是“我们认为您的需求是……，您认同吗？”

三、客户需求的类型

客户的需求虽然多种多样，但只要认真分析，就会找出其中的变化轨迹，客户与饲料企业合作中产生的需求，存在着与个人需求层次相类似的层次结构，人类的需求层次随经济收入、文化教育程度、社会地位、价值观等变化而不断变化，而客户的需求也随着销量的增加、规模的扩大、经济实力的增强而不断提升。客户在不同的发展阶段一般会有以下几种不同的需求表现。

1. 产品需求型

核心内容是得到合格的饲料产品，这类客户大多是刚刚起步的，销量少，规模小，他们对企业的需求一般是最基本的，价格适中，质量尚可即满足要求，对企业销售来讲也不可有大的增长点。

2. 安全需求型

核心内容是获得优质的养殖技术服务。客户的经营规模稍有扩大，他们的注意力不仅仅是盯在质量和价格上，要求相关的售后服务会逐渐凸显出来，销售人员、技术人员的上门服务以及企业定期举办技术讲座及短期培训已很有必要。

社会需求型，核心内容是渴望与企业开展双向沟通。当销量(养殖规模)达到了一定数量后，仅仅靠销售人员单向的联系是远远不够的，这时他们渴望与企业各方人员(特别是高层管理者)开展多种层面的沟通，他们很在意这种情感交流以及双方合作的关系，他们会对产品、服务和合作模式提出自己的见解和要求，希望企业能够听取他们的意见，并能够予以采纳或解决。

3. 尊重需求型

核心内容是得到更广泛、更高层次的优质服务，通过合作来取得社会的认同。随着客户规模的进一步扩大，经济实力的进一步增强，企业应主动整合各种资源，积极地改进产品和完善服务，使客户满意，这既是企业追求的目标，也是对客户的理解和尊重。客户也希望借助大企业的企业形象，来取得在同行业中的地位，以此开拓市场，提高形象。

4. 自我实现需求型

核心内容是建立相互依赖的伙伴关系，通过合作实现其自身更大的发展。这是最高层次的需求，交易关系、情结关系都变成了次要。通过这种合作关系，客户能够更多地得到企业的帮助(项目引进、资金筹措、经营管理、产品销售等)，能使自己在更广阔的领域寻求发展，企业也真正参与到他们发展的规划和实施中。

5. 回归需求型

核心内容是维持现状，追求利润最大化。若客户的上一层次需求得不到满足或受受自身能力、资金等影响，达到一定规模后，没有进一步发展的潜力，他们的需求往往呈现出气馁性回归现象，他们总是在价格、折让、返利等方面与企业纠缠不休。客户需求并不是因一种需求被满足而另一种需求随之消失，多种需求往往是一种叠加的关系，只是在不同阶段、不同层次上更为突出罢了。而客户经营规模达到什么程度，产生什么层次的需求，与其合作的企业综合实力密切相关。

四、探索客户需求的方法及步骤

1. 调查

调查是产品销售和需求定义的基础。充分的调查是掌握大量信息的可靠渠道，而调查工作一般都是事前开始，运用各种工具或用各种关系、采用各种方法具体详细地掌握消费者的静态和动态信息。我要强调的是，调查绝不要在正式接触之前就已经结束，或者说，调查到达一定的程度时我们就可以开始与客户沟通，在双向信息流动的同时继续丰富对消费者需求的把握。显然，我们的需求都在发生变化。调查工作是每个销售人员的必做之事，一般情况下可以自己对所在的区域进行直接了解，更可以充分地利用公司的资料和档案。现在有很多销售人员缺乏的不是主动去了解客户，而是不会使用公司已有的客户档案和相关资料，这样会浪费大量的资源。在一个较为成熟的企业里，笔者更强调使用和更新客户档案，重视调查的延续性。

2. 分析

分析研究所得既定资料和信息，是科学地界定需求定义的重要环节。其中的环节就是要我们去伪存真、去粗存精，并根据消费者的自身状况，包括工作性质、环境、同事关系、家庭环境、亲朋关系、事业发展状况等来科学地研究其需求的变化趋势。掌握趋势，在沟通时就能站在更高的角度和客户讨论。此时的我们是客户眼中的专家，使他发现并满足自身需要的顾问。注意分析的是客户需求的类型、规格、款式、色彩、数量等具体性的因素。

3. 沟通

沟通是定义客户需求的关键。所以我们必须重视这个环节，事前要设计好相关的沟通内容、沟通方式和引导客户的具体问题、手段等。其实，沟通的过程还要重视的是在什么样的环境下沟通的问题，如果是单纯地拜访客户，估计很难挖掘其真实的想法。因为在接受销售人员的拜访使客户都处在高度戒备的状况中，时刻提防掉进销售人员的圈套，所以一般很难敞开心扉。所以沟通的关键是环境，越是非正式的环境，对于定义客户的需求越有利。

4. 试探

试探是在有了对客户需求的基础性认识时进行的归纳总结，并形成一定的规律性话语和结论。对于销售人员来讲，主要的工作是要大胆地讲出来你为客户形成的定义，试探你对客户的分析和沟通结果是否充分掌握。所以，假如你是一名培训课程的销售人员，基于对客户需求的认识，你就应该试探性地总结客户的需要是什么，真正的销售人员往往这样打动人："李总，所以你的困难就是区域销售市场信息不太通畅、工作效率偏低，你是不是打算在本月中旬将其中三个销售经理送到我们的课堂上来？"

5. 重复

无论客户对于试探性的总结认同与否，我们都要重复客户自己的回答。这是表明对客户的尊重，更是为自己强化客户需求的印象，并根据最高的印象和继续的沟通修正自己的定义。重复一次，买卖双方就强化一次印象，就拉近一步距离，就明确一层需求，就取舍一份信息。对于上面的试探，如果对方否定，你应该重复："您是说没时间让他们来，对吧？"如果对方肯定，你也应该重复："您是说让李经理、王经理、宋经理三人15日一起来报到，是吧？"

6. 确定

销售人员不能永远跟着客户的思想走。所以，当你有充分的认识，已经基本克服了前述环节的障碍时，请大胆、无疑地确定下来，明确地告诉我们的客户"你现在所要的就是……"此时的犹豫和停滞只能是表明你不是专家，白白丧失了销售的大好机遇。

7. 展示

清晰的定义需要有清晰的认识，尤其是视觉化的形象出现。所以，客户在得到了自己需求的定义正是一件满足自己需要的产品时，展示我们的样品就成了顺理成章的步骤。注意，你所展示给客户的只是样品，要告诉客户如果满意就说明我们的定义是成功的，如果不满意需要的就是我们为他特别定制的产品。有很多人认为像培训课程这样的产品无法展示，事实上，客户却最希望看到这样的展示。我以前的一位同事往往在这个时候便向客户发一封电子邮件：现在已报名人数是21人，您所派出的3位经理我们分别安排在1号、4号和5号桌，方便和相关业务的人员接触。课程的大纲和注意事项请参看附件，请您对课程的内容在48 h内提出建议,以便我们的讲师做出修正。

8. 等待

耐心同样是一件重要的事情。客户的决策是需要时间的,我们可以刺激、鼓励,但是也要耐心地等待客户来承认自己的需要确实如此。客户的承认就是交易条件磋商的开始,就是讨论产品运输、货款交付具体问题的时候了。

任务2 销售说服与产品介绍

销售过程中的客户说服是以神经语言程式学(Neuro-Linguistic Programming,NLP)为理论架构基础。NLP 被认为是21世纪最先进的一门心理和行为科学。其理念已经被推广到全世界60多个国家和地区,广泛应用于企业经营管理、价值观的统和、商业谈判、销售等领域。同时,在家庭、婚姻的沟通,亲子教育,人与人之间的互动、潜能激发等各个领域,NLP 也发挥着越来越大的作用。

一、销售说服的理论基础

说服客户的过程,同时也是发挥人的沟通力与影响力的过程。人的沟通力和影响力并非与生俱来,它与其他的知识和技能一样,需要人们通过后天的努力培养取得。

NLP 有一个理念:人的生活与生命的质量取决于人的沟通力和影响力。销售的过程就是沟通和说服他人的过程。沟通和说服的过程无处不在。

沟通力、表达力影响人们生活的各方面,例如,领导要说服员工用心工作,父母要通过沟通说服、教育子女,在就业面试的交流过程中,面试官不仅仅看重面试者的经历,更看重面试者通过交流表达出的个人综合素质。

人的行动受自身思想和思维的影响,不断追求好的结果,也就是业绩。结果由什么而来?任何结果都是由人们所采取的行为而来的。例如,业务员的良好业绩来自于他每天在销售过程中的有效行动。但是,业务员在思想上如果形成了害怕被拒绝的障碍,那么即便他学习了再多的业务销售技巧的知识,也无法彻底运用于销售的行为中。沟通力的获得不能一蹴而就。沟通是一个互动的过程。如何达到说服客户成交的目的,源于如何安排与客户沟通的全过程。从这个意义上说,过程比结果更重要。

因此,NLP 强调的重点之一,就在于帮助一个人达到结果突破,而不是强调学习更多的技巧。

(一)思维的影响因素

1. 思维模式与信念相关

人的思维模式与人内心的信念相关。例如,被他人攻击,人的内心就会产生不被尊重的感受和信念。

2. 思维模式与价值观体系相关

人的思维模式还受到价值观的影响。例如,如果人奉行“以牙还牙,以眼还眼”的价值观,在受到他人攻击、侮辱后，就会以相同方式进行回报。为什么会有“一见如故”，为什么会有抗拒防备。对于业务员来说，有时，会与客户一见如故，有时则可能令客户当场拒绝。原因在于，每个人的头脑中有许多的软件程式，关键在于业务员启动了客户哪一个作用程式。

总之，NLP是一门结果学，而结果由行为产生，行为又由思维而来。也就是说，要达到良好的结果，就要从人的思维处着手。同样，业务员要通过提升自己的说服力、沟通力来达到提升业绩的结果，也必须从思维处着手改变。

3. 人的思维受习惯的控制

人的行为和思维最终都受到习惯的控制。这种习惯经过长时间的积累养成，不容易被改变。但是如果人们的习惯是错误的，那么只有改变错误的习惯才能提高沟通技巧。

(二)超级说服力的思维模式

业务员的信念是指引其心态的重要因素。信念对人的行为有重大的影响作用。培养超级说服力必须具备以下几个信念：

1. 没有人喜欢被说服

业务员不应当抱着说服他人的心态去沟通，因为人具有逆反心理，如果以强烈的说服心态与客户沟通，结果可能有两个：第一，客户避开不再继续交流；第二，客户产生心理抗拒。

2. 说服无所不在

在事业、家庭、婚姻、朋友、工作等多方面，都需要运用影响力和说服力。认识人，了解人，这个信念的含义并不是要求认识某一个具体的人，而是要求了解人类的整体特征。

3. 说服的目的在于双赢

沟通专家通常都具备一种强烈的信念，即永远都让沟通双方感受到双赢的结果。而满足对方需求的人才真正是赢家，说服过程不能单纯从满足自身需求出发，还要随时注意到，满足对方需求才是真正的目的。说服源于感性而不是理性，人的理性存在于意识当中，感性通常存在于潜意识当中。一般情况下，人在潜意识层面更容易被说服，即在感性层面上容易达到沟通说服的效果。

4. 价格永远不是最重要的因素

价格是销售沟通中双方都十分关心的问题。但真正有说服力的人有明确的理念，即价钱永远不应该是被考虑的最重要因素。客户在表达对价格的不满时，往往是对其他方面如品质、服务等不满的表现。

二、销售说服的障碍

1. 缺乏亲和力

从事销售工作，说服陌生客户，首先需要获得客户的信任、赢得客户的好感，信任度、接受度、好感等，可以用亲和力来概括。如果在沟通和说服的过程中缺乏亲和力，那么任何说服和沟通技巧都是无效的。神经语言程式学强调，提升沟通能力的第一步就是具备亲和力，这如同盖大楼之前要打地基一样。

学习销售说服的课程时，有人往往认为已经掌握了要领，但自身实践时，却没有收到预料的结果。可能的原因在于：对于相关话术不熟悉，正如演员应当熟悉剧本一样，销售人员熟练掌握销售的剧本也就是话术。因此，要解决这个问题就是迅速建立亲和力，而如何建立亲和力，就需要大家从以下几点展开工作：

(1)共同点是建立亲和力的基础　人与人之间的亲和力源于什么？怎么样才能够跟一个人有亲和力呢？物以类聚，人以群分。人与人之间能找出多少类似共同点，就能够在彼此间建立多大的亲和力。

[案例 8-1]

王先生在火车上与李先生邻座，彼此开始攀谈起来。经过短时间交谈，发现两人是同乡，亲切感立刻加强。再进一步深入了解，发现彼此有许多相同嗜好和观点，谈话越来越投机，从刚开始的陌生人很快变成了朋友。所以，共同点是建立亲和力的基础。

(2)迅速找出共同点的诀窍　迅速找出共同点，需要通过悉心观察。例如，谈话对象的外貌特征、气质、生日、籍贯等。一般地说，训练有素的业务员在跟客户处于比较陌生的阶段时，不会贸然介绍推销自己的产品，而是首先思考如何在彼此间建立亲和力。

2. 逆反心理

客户的逆反心理表现在不喜欢被说服，对于这种逆反心理，最好的方法不是由业务员说服他，而是应该让客户去说服他自己。通常，一个人可以不断地反驳、抗拒别人，而对于自己认可的观点不会反驳。一般来说，沟通和说服方面的专家都善于运用反逆反心理。

思考就是不断地问与答的过程，每个人在思考时，实际上是在进行与自己的对话，即是自问自答。而说服是不断地转换他人思考模式的过程，让客户从不接受到接受，即是转换客户思维模式的过程。例如，有的客户会认为，业务员是在进行欺骗夸大的描述，但如果通过业务员的努力，让客户感受到真诚，了解产品的优点，这样，客户的想法就逐渐改变了。

最好的说服方式是提问式说服与销售。业务员能够问出好问题，客户就会提出好答案。客户自己所讲出的答案同时正是业务员希望的答案，就能达成双赢的局面。

3. 听力障碍

销售沟通的听力障碍并不是通常意义上的器官的功能丧失。而是指缺乏聆听能力。在聆听别人讲话时，不能专心聆听，不能听出说话人的弦外之音，从而造成沟通障碍。

4. 不了解客户需求

不了解客户需求自然就无法满足客户需求，沟通的效果也无法达到。

5. 客户的疑问不能得到满意答复

客户可能因为业务员无法解答自身的疑问而不愿意购买产品。使客户满意的一个重要前提是业务员在短时间内，通过专业问题而了解客户的内心需求。

三、建立沟通策略

(一)沟通的目的

销售沟通的目的是什么？很多业务员认为销售的目的就是签单、获得利润。实际上，签单获取利润是结果而不是目的。目的与结果是两个不同的概念。例如，挣钱不是工作和人生的唯一目的，很多人看重工作的内容能否发挥专长，引起自身的兴趣，能否带来快乐。

沟通的目的有3个：一是要获取和提升正面的感觉，去除或摆脱负面的感觉。二是要改变事情或结果。例如，老板希望通过沟通，改变员工业绩不好的结果；情侣借由沟通，加深感情。

三是要双方感觉良好。业务员与客户沟通,无论是否成交,一定要让客户感觉良好,同时业务员本身也对沟通结果感到满意。

要达到沟通的目的,需要注意以下几方面的问题:

第一,不在自身情绪状态不佳时候与他人沟通。这需要业务员培养一种能力,即情绪管理能力。否则,处在一种不恰当的沟通心境下,就难以获得满意的沟通效果。

第二,纠正双方对事物的认知差距。沟通无所谓对与错,无论与客户、领导、朋友还是家人等,沟通双方只有认知的不同。例如,夫妻在教育孩子上有观念差距,父亲认为孩子太娇宠了,必须严加管束,但母亲认为,一定要用爱的教育方式。这是两人价值观的差距,而没有所谓对与错的区别。

第三,沟通始于障碍。这同时是沟通的一个信念。面对难以沟通的人,一些业务员的想法是逃避,这种做法是消极的。正确的理念应该是:正是因为彼此之间存在沟通障碍,才需要与对方沟通。

价值观与信念有差别的人,如同站在一条河的两岸,如果不能在彼此间搭建起沟通的桥梁,就无法建立联系。而谁搭起这座桥,谁就是赢家。

第四,存在淤塞的成见。所谓存在淤塞成见,换言之,就是缺乏客观性。有的人性格比较固执,只要自己认为对的想法就很难被别人改变,很难接受别人的观点。这类人往往容易对一些事情产生主观性成见。而固执己见的人需要的是换位思考。在沟通中,越主观的人越难沟通,因为这类人往往缺乏聆听能力。

(二)搭建沟通桥梁

沟通障碍需要沟通桥梁来跨越。谁有能力搭建这座桥梁,谁就是赢家。如何搭建沟通桥梁呢?

1. 换位思考

所谓换位思考,就是把自己放在别人的立场去思考问题,然后找出彼此间的共同点。但找出共同点不能停留于表面观察,因为人的表面行为并不代表他的最终想法。

如果不能换位思考,行为持续下去的结果只有与真正的目的背道而驰。例如,夫妻感情已经破裂,妻子通过哭闹吵架的方式,希望弥合双方的感情,但结果却往往是让丈夫更加冷漠,婚姻最后以失败告终。

业务员与客户的共同点在于,业务员希望将产品出售,而客户则希望买到合适的产品。销售者与购买者都希望达成交易。只有通过沟通,才能寻求到共性,从而促成交易的达成。

2. 价值同步

一般情况下,沟通障碍来源于沟通各方价值观的差异。因此,具有专业素养的业务员或沟通者都懂得,不应与沟通对方争论,更不应指责、批评沟通对象。在日常生活的沟通中,也有类似的问题。比如父母教育子女、领导批评下属等。过多的批评、指责,除了令对方失去自信之外,并无其他正面效果。

3. 暂时行为不等同于人格

无论是销售沟通还是日常生活,沟通说服中最大的毒药就是将人一时的行为等同于行为人的人格,或者说,通过一时的行为为行为人的人格定义。

一个好的沟通者,不能只凭偶尔的情况对一个人轻下断言。大凡是销售专家、沟通专家都会坚持一个原则:在被一个人拒绝5次之内都不算真正拒绝。在这样的信念支持下,就能一次次与他人主动沟通,最终达成目的。

换位思考的目的是使沟通双方彼此迅速找出共同点。业务员与客户的共同点在于,业务员希望将产品出售,而客户则希望买到合适的产品。销售者与购买者都希望达成交易,只有寻求到共性才能促成交易的达成。

4. 任何行为的背后都有特定的目标和出发点

人的行为背后,都有其自身坚持的目标和出发点。善于沟通的人正是善于发现行为背后的出发点。人们的行为背后都有特定的目的,所以,当他发现了更好的选择时,就一定会去做更正确的事情,放弃以前错误的做法。

在了解了人的头脑和行为的运作模式后,就会大幅度提升沟通和说服的能力。

[案例 8-2]

B总是在领导和同事面前过度积极表现,无法得到大家的认同。B的上司A并没有直接制止B的行为,而是与B积极沟通,通过专业性提问,得知B的行为背后,实际是希望达到提高业绩,获得大家认可的目的。A了解到这些情况后,帮助B找到了有效的工作方式,纠正了B的销售方式,B的销售业绩迅速提高,同事也开始慢慢认同了B。

与客户沟通,最有效的方式是找出他背后真正担心的是什么,对症下药地解除对方的内心障碍,从而改变客户原有的抗拒行为。总之,改变人的行为不能从表面现象着手,而应找出行为背后的正面含义。

而找出行为背后的目的,主要需把握以下三点:

(1)一般人最根本的目标是希望被对方接受、尊重、认可。

(2)常见的目的也包括希望得到帮助以解决问题。

(3)第三个常见目的是:表达内心的感觉或感受。

可以说,一个懂得沟通或说服的超级推销员,同时也是一个心理学家和行为学家。通过运用心理学和行为学的知识,了解人的思想,从而寻找出最终根源,对症下药。

(三)做好沟通五问

沟通五问并不是针对客户的五个问题,而是在与客户沟通过程中,需要业务员进行自身沟通的五个问题。

1. 沟通情绪是否得到很好的掌控

作为一个业务员,如果与客户沟通不顺利,他会把对方目前的方式态度定义成什么?恶劣?没素质?态度差?不懂得尊重他人?人品不好?一旦将对方的方式态度进行了负面定义,业务员自身的情绪也会随之恶劣,变得焦急、难以掌控。在这样的情绪下,沟通就难以继续了。

因此,业务员要控制好自身情绪,不急不躁。然后,仔细思考研究对客户对自身的态度定义是什么?可能是不信任,可能是不尊重。通过初步诊断,找出病源。

2. 是否已经彻底了解了客户传递的信息

在找出沟通的病源后,接下来的问题就是自己是否彻底了解了客户传递的信息。

[案例 8-3]

客户李先生从业务员小王处买了一块地毯,铺放在客厅里。一个月后,李先生找到小王。

李先生:小王,这个地毯有瑕疵啊。

小王:李先生,这个地毯有什么问题呢?

李先生:你的地毯中间有个洞啊?

小王:怎么可能,我们卖出去的地毯都绝对保证质量,不会有这样的问题的。

李先生:可它现在就是有个洞在那儿啊。

两个人开始争执起来。后来,公司老总知道了这件事情,对小王说:"你还没有完全了解李先生的具体情况,不要先和客户争论,先把问题搞清楚啊。"同时,公司老总对李先生说:"李先生,对不起,我们没有教育好员工,给您添麻烦了。您有没有带地毯的照片来?我们看一下问题出在哪里好吗?"

李先生说:"没什么,我只是来找你们业务员,请你们把地毯洞补上。"

最终,公司花很少的费用就替李先生将地毯洞补上了,李先生非常满意。而在此之前,业务员并没有真正了解客户李先生传达的信息,没有了解李先生的需求,从而导致了长时间的争执。

3. 如何转换负面的定位,保持自身的正确立场

有的业务员不能正确定位客户的立场,有时,客户只是希望业务员提供更多的信息,却被业务员理解为客户不尊重自己。业务员应当适时进行定义转换,从而让自己保持良好的情绪,把握高端的情商。

4. 为了获得更好的自我感觉,应当做些什么

沟通的目的在于双方感觉良好。为了达到这一目的,首先要转换自身的负面情绪。情绪是自身能量的表现,因而,情绪是可以传递的。当自身情绪愉快时,就很容易感染、带动周围的人快乐起来,反之亦然。所以,在影响别人之前先要影响自己。

5. 应该用什么方式与对方沟通

不同的沟通方式,会给对方不同的感觉。通过正确的沟通方式,才能使双方获得良好的感觉,有效解决双方的矛盾。

四、客户说服

(一)客户抗拒的类型

说服的前提是存在客户抗拒,因此,从一定意义上说,沟通始于障碍,说服源于抗拒。一个说服专家,必须是一个解除抗拒专家。销售过程中,最常见的抗拒主要为时间的抗拒、价格的抗拒、效果的抗拒等。

1. 沉默型抗拒

沉默型抗拒的客户通常表现为拒绝与业务员交流。这类抗拒的产生往往由于业务员的亲和力不够所致。

2. 借口型抗拒

这种类型的客户通常通过各种借口来推托业务员的说服。这类情形主要由于业务员没有找出客户借口背后真正的抗拒原因。

3. 批评型抗拒

这种类型的客户喜欢批评业务员和业务员销售的产品及其所在公司。这类抗拒的背后是客户希望获得业务员的认可与肯定。

4. 问题型抗拒

这种人可能受过专业培训，他特别善于提出大量的问题，这类客户希望能够把握主导权。

5. 表现型抗拒

这类客户喜欢自我表现在相关问题上的认识了解，从而希望获得尊重。

6. 主观型抗拒

这类客户容易坚持己见，不易被说服，不喜欢被人影响，而是希望影响他人。

7. 怀疑型抗拒

这类客户不容易对业务员产生信任，此时，业务员应当用亲和力去影响客户。

(二)抗拒解除方法

1. 深入了解法

在销售的开始，客户的诸多抗拒来源于对业务员和产品的不了解。因此，要解除客户的抗拒，首先应当接受客户的立场和态度。然后通过销售话术，让客户真正了解相关产品，从而解除其内心的抗拒。

2. 注意力转移法

注意力转移法，是将客户关注的焦点转移，从而解除客户的抗拒心理。

[案例 8-4]

业务员小李向客户张先生介绍自己的产品。

张先生：你这个产品太贵了。

小李：张先生，请问价格是您唯一考虑的因素吗?

张先生：当然，产品的质量和服务也是很重要的。

张先生的注意力被小李通过提问而转移了。

(三)说服客户的基本原则

1. 熟知并相信自己的产品

营销人员应懂得饲料原料、饲料生产工艺及售后服务等知识，只有这样，营销人员在销售过程中才会对自己的产品有足够的信心，真心实意地帮助客户选择好的产品。

2. 相信自己所代表的公司

公司应让营销人员更多地了解公司，用企业文化凝聚人心，提高战斗力，使营销人员有归属感和认同感，心情愉快地进行销售。同样，营销人员也应该让客户全面仔细地了解公司，让客户放心地选择公司产品。

3. 相信自己的营销能力

营销人员要坚信自己的营销能力，因为在使别人树立信心之前，自己必须首先充满信心。要相信自己是最优秀的推销员，有能力把自己的公司和产品推销出去，这很重要。

(四)说服客户的基本方法

1. 找到"兴奋点"

劝说对方时,先要和对方讲一些令其异常兴奋的事情,投其所好,这样,他会在意犹未尽的情况下,痛快地答应你提出的要求。这个"兴奋点"往往是他的爱好、兴趣以及他所关心的话题等。某厂商想同一家百货公司做一笔生意,几次交谈都未成功。一个偶然的机会,他听说该百货公司经理喜欢钓鱼。等到再次见面的时候,他们围绕钓鱼这个话题,交流了半天,结果奇迹出现了,没等厂商提醒,这位经理就答应进货做成这笔生意。

2. 赞美顾客

说服顾客,可以先从发现和巧妙赞美顾客的优点开始,使顾客得到一种心理上的满足,等他兴高采烈有良好的气氛时,你再向他推销,推出你的理由,这时,他会愉快地接受你的劝说。某推销员上门推销化妆品,女主人说:"这些化妆品我都有了,暂时还不需要。"这位推销员说:"噢,你长得很有气质,不化妆也很漂亮。"女主人听后心花怒放。这位推销员接着说:"但是,为了防止日晒,应该……"没等说完,女主人的钱包就已经打开了。

3. 反弹琵琶

俗话说:"王婆卖瓜,自卖自夸。"卖瓜的不说瓜苦。在一般情况下,营销员推销商品时讲话总是喜欢夸奖自己的商品和维护自己的利益,尽力不让自己受到贬低和损伤,这种常规的方法有时往往缺乏说服力,让人心里大打折扣,退避三舍。在劝说顾客的过程中,如果能反其道而行之,说出于自己不利的话,对方反而会在意外之余,油然而生一种信任,从而被你说服。

4. 设置悬念

顾客在固执己见、一意孤行的时候,往往听不进营销人员的话。这时候,设置一个悬念,就会打破这种不利于说服的局面。

5. 转换角度

就是当对方购买商品时,营销人员不要固执一端,而要找一个能让顾客看到买下商品对他有利的角度,从而让顾客转变态度。

6. 转化顾客异议

转化顾客异议,就是将顾客对商品的异议巧妙地转化为说服顾客的理由,达到说服顾客的目的。

[案例 8-5]

一位顾客对推销电子琴的营销员说:"我家孩子对电子琴不感兴趣,买了也没有多大用处。"营销员说:"啊呀!张女士,您知道小孩子为什么对电子琴不感兴趣吗?是因为他平时接触得太少。您的孩子天资不错,多让他接触电子琴,可以培养他的乐感、兴趣,这对儿童的智力发育和性情陶冶非常重要,接触多了,兴趣就来了……"本来,这位顾客以其儿子不喜欢电子琴为由拒绝购买,可营销员却将计就计,从关心其小孩的角度隐含了责备之意。顾客在惭愧自省之中,买下了这架电子琴。

五、产品介绍

终端销售离不开产品的介绍与说明,终端销售高手的高明之处就在于其产品介绍环节高人一筹，即能将产品特点、优点、利益点恰到好处告知顾客，并能准确把握顾客关注点，在谈笑间将顾客的异议化解于无形。产品介绍，关键在于怎么说、说什么、何时说，所以就存在很多技巧与方法。总结了常用的产品介绍方法，希望能举一反三，并能以绝招或组合拳制胜。

(一)顺序说

陈列在终端的产品，都有很多的卖点，这么多卖点并不需要全部讲解给顾客听，那么按照什么顺序来讲？在竞争激烈的手机卖场，优秀导购员接待顾客的开场方式大多采用“需求开场”：

(1)帅哥，想看个什么样子的机子？

(2)你好！你看看需要什么手机？

(3)想要翻盖、直板还是滑盖的？

(4)喜欢什么款式的手机？

(5)买来自己用还是送人？

(6)你是选一款男士用的还是女士用的呢？

⋮

销售的过程，是不断挖掘顾客的需求，然后满足顾客需求，最终成交的过程。因此，产品介绍是以顾客需求的先后顺序进行。在挖掘出顾客一个需求后，针对此需求进行详细讲解，这个需求点讲解清楚后再挖掘另外的需求，再根据需求展开针对性的介绍。简而言之：以顾客需求为主线，并加以控制引导，进行产品介绍。

[案例 8-6]

某款手机有以下卖点：

(1)2 块电池，每块电池 1 200 mA；

(2)最新输入法，汉字、拼音、英语、标点无须切换；

(3)待机桌面查找电话号码；

(4)双核，下载速度快。

情景模拟：

顾客：你这个手机几块电池？能用多久？

导购：先生，您这个问题问得太好了，看来您是真心实意想买。您这么关心这个问题，您是出差比较多吧？

顾客：是经常出差，所以要选电池耐用的手机。

导购：您说得太对了，像您这样生意繁忙的老板，买手机就要看电池配置。如果您经常出差的话，1 块电池绝对不够用，至少 2 块。我们这款手机是专为商务人士设计的，这款手机配 2 块原装电池，每块电池 1 200 mA，可以轮流使用，一个上班，一个休息。1 台顶 2 台。

(卸下电池，指电池标记给顾客看)

导购：电池您绝对放心。哦，对了，您平时是打电话比较多还是发短信比较多？

顾客：发短信比较多，有时打电话也比较多。

导购：那太好了，这款手机在写汉字的时候也可以输入英文，在写英文的时候也可以输入汉字。您看！您来试试……

(二)故事说

产品的卖点大多是由专业术语、数字等堆砌而成，过于冰冷，直接向顾客阐述，顾客及无法理解更无法接受。专业术语向通俗化、形象化的转化，最好的方式就是把产品卖点融入故事，顾客在被故事吸引的同时，也将产品的卖点灌输到顾客脑中。

[案例 8-7]

手机防盗功能

广州花都导购：(顾客担心手机被盗，导购讲解手机防盗功能)我老爸就是因为手机有防盗功能才把手机失而复得的。上周三，他的手机放办公室突然不见了，但他事前有打开手机的防盗功能，用绑定好了的手机号码，发送了一条短信给偷他手机的人："把我手机放饮水机上，否则让你好看"结果，手机真的回到了饮水机上。

[案例 8-8]

手机好用吗?

顾客问：你们的手机好不好用(耐用、实用的意思)?

湖北武汉导购：刚刚有个顾客来配电池，他的手机用五年了来配电池，我叫他换个手机，他感觉用习惯了，功能很好用，现在还舍不得换!

任务 3　客户拒绝处理

在专业化推销的整个流程中，从接触客户、商谈说明、缔结单子的每一个环节都会遇到客户的拒绝问题，对一个推销高手来说，拒绝问题是家常便饭、稀松平常之事，没有拒绝问题才不正常呢。因为没有拒绝就没有推销。因此，在处理客户的拒绝问题时，要把握以下几个观念：

客户的拒绝是正常的，有拒绝才有推销；拒绝的背后潜藏无限的商机，要善于发现和把握；化拒绝为接纳、化危机为转机正是每一个推销人员必须具备的素质；从客户的拒绝里，判断客户的需求、获取客户的资讯、体悟客户对我们的信任程度，并迅速调整推销策略。

一、导致客户拒绝的因素

1. 价格因素

客户认为商品价格过高，不能接受。讨价还价在推销中是经常碰到的。价格既会影响到购进企业的进货成本和利润，又时常影响到消费者的生活费用支出。因此这是大多客户所关注的，当客户提出价格异议时，往往表明他已有了购买该商品的意愿。

2. 商品因素

这是指客户认为推销的商品不符合要求，或者认为推销的商品不是客户所要购买的商品。商品异议是对需求异议的否定。

3. 服务因素

这是指客户对销售员答应的服务承诺不信任，或对其所代表的企业售后服务不满意，而不愿与之成交。

4. 货源因素

这是客户自认为不能买厂商销售员委托的产品，也即是客户对推销产品来自于哪个推销人员而产生的不同意见。

5. 购买时间

购买时间异议又称故意拖延，即客户认为购买时间未到而有意拖延购买时间的一种异议，一般而言，当客户提出购买时间异议时，往往预示着他想购买，只是想拖延时间罢了。

二、常见的拒绝词

“让我考虑一下”，“不需要，没钱，买不起，我们没有这笔预算”，甚至于客户会抱怨上次买你的东西不好，因为维修、售后服务、付款等几方面的问题，讲出一大堆的理由，或者找一些借口来拒绝销售员。

三、顾客拒绝的种类

拒绝其实是对销售的一种抗拒感。有些办公大楼门口都会贴着四个字“谢绝推销”。当你进去时，他只要看到销售人员一露面就有一种反感，这就是对销售人员的抗拒感。

1. 故意反对

“啊，你们这些销售员总是凭借三寸不烂之舌，说得好听，实际上绝对没有像你所说的那么好。”因为客户本身的主观性的抗拒，他不喜欢销售人员与他谈服务或产品，这是一种叫作主观性的抗拒。

2. 恶意抗拒

“对不起，我们上班时间，不希望有业务同仁来打扰。”这是恶意的抗拒。

3. 找借口

他会讲：“我很忙”，或者“我没有时间”。

4. 故意炫耀

你在与他介绍产品时，他会说出比你还懂、比你还了解的产品情况，他会说出一些更好的购买产品的方式来让你感觉到自愧不如，就是让销售人员下不了台，以此来衬托他自己了解得更多，这叫故意炫耀。

5. 不表态

不表态就是你无论怎么说他也不说话。

当然这都是客户拒绝的方式，另外一种也是比较强烈的，你怎么说他就是不要。这就叫作最后一道鸿沟。

四、处理客户拒绝的技巧

1. 兴趣十足

兴趣十足，要把每一件受挫折的不愉快的事情变成积极的解释方式。要让客户感觉到你很愿意接受他的一些反对意见，很喜欢听他说话。

2. 全神贯注

全神贯注地倾听客户的弦外之音，从而了解这个客户是不是真的不要，找出客户不要的理由。

3. 革除己见

当你到客户面前介绍产品时，他可能会说一些他的问题，虽然你已感觉他说的不对，但是千万不要去争辩，要给客户留足面子，千万不要固执己见。你要尊重客户，还要尽量地保留你的意见。

4. 赞同认同

你可以点头，表示非常专心地聆听客户的谈话，非常理解客户的意思。

5. 复诵问题

比如："刚才您说的是售后服务，就是送货的问题，如果这个送货的问题解决以后您该不会有问题了吧？"

6. 从容作答

要学会在客户说"我考虑一下"、"你改天再来"或者说一些更尖锐的词的时候，你答话的时候一定不要紧张，一定要分清问题的重要性之后再从容作答。

7. 实话实说

做不到的事情就不要逞能地说出来，就是不要对客户做多余承诺，这就叫实话实说。

8. 提出证据

客户的异议可能在数据上或者其他一些方面提出了一些不满意之处，你对客户异议要寻求另外一种解答，提出证据，顾客会进一步地相信你。

任务 4　客户异议处理

客户异议是对客户对推销品、推销人员、推销方式和交易条件发出的怀疑、抱怨，提出否定或者反面意见。顾客提出异议是正常现象，既是成交的障碍，也是成交的信号。推销人员必须妥善地处理顾客异议才有望取得推销的成功。为了高效而顺利地完成这一任务，推销人员在处理顾客异议时必须遵循一些基本原则，并灵活地运用一些基本的策略。处理顾客异议，首先就要求推销人员找准原因，对症下药，按照客户异议处理的基本原则来处理问题。

一、客户产生异议的原因

在推销洽谈过程中，来自顾客方面的异议是多方面的，也是复杂的。推销人员要想处理好这一环节，就应始终站在顾客的立场上，处处为顾客着想，方能达成交易。

(一) 产品方面的原因

1. 推销品的质量

推销品的质量包括：推销品的性能(适用性、有效性、可靠性、方便性等)、规格、颜色、型号、外观包装等。如果顾客对推销品的上述某一方面存在疑虑、不满，便会产生异议。当然，有些异议确实是推销品本身有质量问题,有的却是顾客对推销品的质量存在认识上的误区或成见,有的是顾客想获得价格或其他方面优惠的借口。所以,推销人员要耐心听取顾客的异议,去伪存真,发掘其真实的原因,对症下药,设法消除异议。

2. 推销品的价格

美国的一项调查显示:有75.1%推销人员在推销过程中遇到有价格异议的顾客。顾客产生价格异议的原因主要有:顾客主观上认为推销品价格太高,物非所值;顾客希望通过价格异议达到其他目的;顾客无购买能力;等等。要解决价格异议,推销人员必须加强学习,掌握丰富的商品知识、市场知识和一定的推销技巧,提高自身的业务素质。

3. 推销品的品牌及包装

商品的品牌一定程度上可以代表商品的质量和特色。在市场中,同类同质的商品就因为品牌不同,售价、销售量、美誉度都不同。一般来说,顾客为了保险起见,也就是顾客为了获得的心理安全度高些,通常在购买商品时都会挑选名牌产品。

商品的包装是商品的重要组成部分,具有保护和美化商品、利于消费者识别、促进产品销售的功能,是商品竞争的重要手段之一。一般顾客都喜欢购买包装精巧、大方、美观、环保的商品。

可见,无论是品牌还是包装,它们都是商品的有机组成部分。如果顾客对它们有什么不满,也可能引起顾客的异议。推销人员要能灵活处理,企业也应该重视商品的品牌创建和商品包装。

4. 推销品的销售服务

商品的销售服务包括商品的售前、售中和售后服务。在日益激烈的市场竞争中,顾客对销售服务的要求越来越高。销售服务的好坏直接影响到顾客的购买行为。

在实际推销过程中,顾客对推销品的服务异议主要有:推销人员未能向顾客提供足够的产品信息和企业信息;没能提供顾客满意的服务;对产品的售后服务不能提供一个明确的信息或不能得到顾客的认同等。

对企业来讲,商品的销售服务是现在乃至将来市场竞争中的最有效的手段,推销人员为减少顾客的异议,应尽其所能,为顾客提供一流的、全方位的服务,以赢得顾客,扩大销售。

(二)推销人员方面的原因

顾客的异议可能是由于推销人员素质低、能力差造成的。例如,推销人员的推销礼仪不当;不注重自己的仪表;对推销品的知识一知半解,缺乏信心;推销技巧不熟练等。因此,推销人员能力、素质的高低,直接关系到推销洽谈的成功与否,推销人员一定要重视自身修养,提高业务能力及水平。

(三)企业方面的原因

在推销洽谈中,顾客的异议有时还会来源于企业。例如,企业经营管理水平低,产品质量不好,不守信用,企业知名度不高等。这些都会影响到顾客的购买行为,顾客对企业没有好的印象,自然对企业所生产的商品就不会有好的评价,也就不会去购买。

二、处理客户异议的原则

1. 正视顾客异议

由于买卖双方的价值观、态度、利益、角度及其需要的不同,异议自然而然地产生了,并且异议是循序渐进的销售过程中必不可少的环节。推销障碍既然是一种客观的存在，推销人员就需要正确理解、正确对待。当顾客提出异议时，推销人员要认真听取，并表现出极大的关心和兴趣，这本身就是赢得顾客好感的有效方法，必要时还可以重述顾客异议，但要注意不要曲解顾客异议的内容。这一方面可以为自己明确异议的内容和根源，寻找有效的解决方法赢得时间；另一方面也会使顾客觉得受到了尊重。只有正确地对待顾客异议，才能促进推销成功。

2. 准确分析顾客异议

顾客既然提出异议，一定有他的理由。所以，对持有异议的顾客，要尊重、理解、体谅他，并找出异议的真正原因，然后帮助他、说服他。另外，推销人员还要学会洞察顾客的心理，认真分析顾客的各种异议，把握住到底有哪些是真实的异议，哪些是顾客拒绝购买的托词，并探寻其异议背后的"隐藏动机"。要弄清这一"隐藏动机"，需要推销人员向顾客提出问题，并细致地观察。只有认真准确地分析各种顾客异议，才能从中了解顾客的真实意图，才能在此基础上有针对性地处理各种异议，从而提高推销的成功率。

3. 正确回答顾客异议

回答顾客的异议应简明扼要，不要偏离正题。在回答问题时也不要过于集中讨论某一方面的异议，要学会适当地转换话题，分散顾客对某一方面异议的注意力。在回答顾客异议时，要尽量避免用你个人的看法去影响顾客，少说"如果我是你的话，我将……"，"我有过亲身体验……"之类的话，因为顾客并不那么相信你或试图征求你的意见，这样回答更容易引起顾客的疑虑或反感。要巧妙、正确地回答顾客异议，还必须对你的产品有全面的了解，特别是对产品的使用说明更要熟悉。要掌握顾客的情况和真实的感受，并对一切做好充分准备。这样，对顾客提出的异议才能应答如流，提高回答问题的可信度；同时还在注意你的回答对顾客可能产生的影响，要经常向顾客询问是否满意，不搪塞顾客的要求和异议，否则你的回答将达不到好的效果。

4. 尊重顾客异议

顾客对推销活动产生疑问、抱怨和否定态度，总是有一定原因的，即使是顾客物美价廉的产品和优惠的交易条件缺乏了解而提出异议，也正说明了推销活动还存在不足之处。同时，能否尊重顾客异议，也是推销人员是否具有良好素质与修养的一个体现。只有尊重顾客异议，才能在此基础上做好转化工作。要知道，顾客之所以购买推销品，并非完全是出于理智，在许多情况下是出于感情。尊重顾客异议应具体地体现在推销人员的言谈举止中。

[案例 8-9]

美国纽约电话公司曾遇到一个蛮不讲理的客户，他拒不付电话费，声称电信公司的记录是错的。对此，他暴跳如雷，破口大骂，甚至威胁要砸碎电话机，同时写信给各大报社，向公共服务委员会抱怨。为此，与电话公司打了好几场官司。公司派出好几个人去处理此事都失败了。后来，公司派了最有耐心的乔治去处理此事。在乔治面前，那位客户没完没了地大发脾气。第一次，乔治静静地听了 3 个小时，对客户所讲的每一点都表示同情。后来又去了 3 次，静听客户的抱怨。在第 4 次时，客户的态度渐渐地变得友好起来。最后，乔治说服了这位客户加入了他的"电话用户保持协会"，与此同时，客户付清了全部电话欠费账单，结束了他的投诉。

5. 适时处理顾客异议

对于顾客提出的异议，推销人员不一定立即答复，应选择适当的时机。有的异议是推销人员必须答复的，而且能够给消费者一个圆满的答复的，应立即处理，成为“热处理”；有的异议是推销人员不能自圆其说或是异议偏离主题，可不必马上答复，甚至不予理睬，称为“冷处理”；有的异议已在预料之中，推销人员应做好准备，先发制人，在顾客提出异议之前及时解答，消除顾客的疑虑，争取顾客的信任。

三、处理客户异议的方法

1. 忽视法

所谓“忽视法”，顾名思义，就是当客户提出一些反对意见，并不是真的想要获得解决或讨论时，这些意见和眼前的交易扯不上直接的关系，你只要面带笑容同意他就好了。对于一些“为反对而反对”或“只是想表现自己的看法高人一等”的客户意见，你如果认真地处理，不但费时，尚有旁生枝节的可能，因此，你只要让客户满足了表达的欲望，就可采用忽视法迅速引开话题。常用的“忽视法”有微笑点头（表示“同意”或表示“听了你的话”）、“你真幽默”、“嗯！高见！”等。

2. 补偿法

当客户提出异议且有事实依据时，你应该承认并欣然接受，强力否认事实是不明智的举动，但要设法给客户一些补偿，让他取得心理上的平衡，即让他产生二种感觉：产品的价格与售价一致；产品的优点对客户重要，产品没有的优点对客户而言较不重要。世界上没有一样十全十美的产品，人们会认为产品的优点越多越好，其实，真正影响客户购买决策的关键点并不多，补偿法能有效地弥补产品本身的弱点。补偿法的运用范围非常广泛，效果也很有实际。例如，美国艾维士汽车出租公司一句有名的广告“我们是第二位，因此我们更努力！”就是一种补偿法。再比如，客户嫌车身过短时，汽车销售人员可以告诉客户“车身短有助于你方便地停车”。

3. 太极法

太极法取自太极拳中的借力使力。太极法用在销售上的基本做法是当客户提出某些不购买的异议时，销售人员能立刻回复说：“这正是我认为你要购买的理由！”也就是销售人员能立即将客户的反对意见，直接转换成为什么他必须购买的理由。我们在日常生活上也经常碰到类似太极法的说辞。例如，主管劝酒时，你说不会喝，主管立刻回答说：“就是因为不会喝，才要多喝多练习。”你想邀请女朋友出去玩，女朋友推托心情不好，不想出去，你会说：“就是心情不好，所以才需要出去散散心！”这些异议处理的方式，都可归类于太极法。太极法能处理的异议多半是客户通常并不十分坚持的异议，特别是客户的一些借口，太极法最大的目的是让销售人员能借处理异议而迅速地陈述他能带给客户的利益，以引起客户的注意。

4. 询问法

询问法在处理异议中扮演着二个角色。首先，透过询问，可以把握住客户真正的异议点。销售人员在没有确认客户异议重点及程度前，直接回答客户的异议可能会引出更多的异议，从而使销售人员自困愁城。销售人员的字典中，有一个非常珍贵、价值无穷的字眼“为什么？”请不要轻易放弃这个利器，也不要过于自信，认为自己已能猜出客户为什么会这样或为什么会那样，要让客户自己说出来。当你问为什么的时候，客户必然会做出以下反应：他必须回答自己提出反对意见的理由，说出自己内心的想法；他必须再次地检视他提出的反对意见是否妥当。

此时，销售人员能听到客户真实的反对原因及明确地把握住反对的项目，他也能有较多的时间思考如何处理客户的反对意见。其次，透过询问，直接化解客户的反对意见。有时，销售人员也能透过各客户提出反问的技巧，直接化解客户的异议。

5."是的……如果"法

人有一个通性，不管有理没理，当自己的意见被别人直接反驳时，内心总会感到不快，甚至会很恼火，尤其是当他遭到一位素昧平生的销售人员的正面反驳时。屡次正面反驳客户会让客户恼羞成怒，就算你说得都对，而且也没有恶意，也会引起客户的反感，因此，销售人员最好不要开门见山地直接提出反对的意见。在表达不同意见时，尽量利用"是的……如果"的句法，软化不同意见的口语。"是的……如果……"源自"是的……但是……"的句法，因为"但是"的字眼在转折时过于强烈，很容易让客户感觉到你说的"是的"并没有含着多大诚意，你强调的是"但是"后面的诉求，因此，若你使用"但是"时，要多加留意，以免失去了处理客户异议的原意。

6. 直接反驳法

在"是的……如果"法的说明中，我们已强调不要直接反驳客户。直接反驳客户容易陷于与客户争辩而不自知，往往事后懊恼，但已很难挽回。但有些情况你必须直接反驳以纠正客户的错误观点。例如，当客户对企业的服务、诚信有所怀疑或当客户引用的资料不正确时，你就必须直接反驳，因为客户若对你企业的服务、诚信有所怀疑，你拿到订单的机会几乎是零。例如，当保险企业的理赔诚信被怀疑时，你还会去向这家企业投保吗？如果客户引用的资料不正确，你能以正确的资料佐证你的说法，客户会很容易接受，反而对你更信任。使用直接反驳技巧时，在遣词造句方面要特别留意，态度要诚恳，本着对事不对人的原则，切勿伤害客户的自尊心，要让客户感受到你的专业与敬业。熟悉上述异议处理技巧，你在面对客户的异议时会更自信。需要提醒的是，技巧固然能帮你提高效率，但前提是必须对异议持正确态度。只有正确、客观、积极地认识异议，你才能在面对客户异议时保持冷静、沉稳，也只有保持冷静、沉稳，你才可能辨别异议真伪，才可能从异议中发现客户需求，才能把异议转换成每一个销售机会。因此，销售人员不但要训练自己的异议处理技巧，也要培养面对客户异议的正确态度。

任务5　收场与成功缔结业务关系

收场与成功缔结业务关系，是推销工作的最重要的一步，也是最关键的一步，也被称为成交，它是推销员帮助购买做出使买卖双方都受益的购买决策的行动过程。成交是潜在顾客对推销员及其推销建议和推销品的积极响应，是顾客接受推销员推销建议的渐进过程，是顾客接受推销建议并立即购买推销品的行为。

[案例 8-10]

圣诞前夕，一对夫妇在服装商场的拐角处看到时装模特披着件非常好看的毛皮大衣，两人停下来在欣赏，摸弄着那漂亮的大衣毛皮，妻子还抓住袖口查看价格标签。这时，一位女推销员走过来凝望了一下那位妻子，很快说："夫人，这是一件非常好的大衣吧？"妻子说："当然了。"

推销员说："夫人一定只看了价格标签啊，我把看什么地方才好的方法教给你。"说罢已撩开大衣里子："请看这个埃利奥特商标，真正的名牌。这件大衣用料好，做工细，且款式很长时间都不会过时。它可是又美观、又暖和。"接着，她从时装模特身上取下那件大衣说；"请试穿一下，看看大小是否合适，其他尺码的我们也有，不过我看这种最适合夫人的身材。"妻子轻松地披上那件大衣，丈夫左瞧瞧右瞧瞧地审视着。推销员说："先生觉得怎么样？夫人穿上去显得华贵大方吧。这种大衣无论怎样说，高贵的夫人穿起来都很美观得体。"稍停顿了一下，她接着说："别以为这件毛皮大衣贵，比买呢大衣还合算。"说完，她表情充满微笑地望着做丈夫的，手在轻轻抚摸着大衣的毛皮。此时，妻子也把目光投向丈夫，丈夫连声说"不错、不错。"推销员又一边看着做妻子的，一边说："夫人，您真幸运，许多夫人们光顾这里都对这件大衣感兴趣，不幸的是她们的丈夫不像您那位那样与您和谐一致，没有人把这件非常漂亮的大衣给夫人买下来。"

结果可想而知，丈夫决定买下这件毛皮大衣给妻子作为圣诞礼物。

一、成交的信号

成交信号是指顾客在推销洽谈过程中所表现出的各种成交意图。成交活动是一种明示行为，而成交信号是一种行为暗示。业务员只有及时识别成交信号，抓住最佳成交时机，才能促成推销成交。

1. 表情信号

这是从顾客的面目表情和体态中所表现出来的一种成交信号。顾客的语言、行为、表情等将直接表明顾客的想法。这将直接传达顾客的需求。准确地观察了解顾客的感官、情绪等感性因素，也包含智力、思考等理性因素，并以顾客的需求为导向，了解顾客内心深处的想法，激发顾客内心深处存在的东西，得到他的回应。站在顾客的角度，去审视自己的产品和服务，震撼顾客和感动顾客，抓住顾客的表情信号是第一步。

2. 语言信号

顾客通过询问使用方法、价格、保养方法、使用注意事项、售后服务、交货期、交货手续、支付方式、新旧产品比较、竞争对手的产品及交货条件、市场评价后说出的"喜欢"或"的的确确能解决我的这个困扰"等就是语言信号。

语言信号要求推销员不是唱独角戏，客户也不是听众，而是要以客户为中心一切话题都围绕客户关心的问题，双向交流真诚沟通。推销员必须要弄清楚客户的真实意图，用最适合的方案组织最精练的语言解释客户的问题。有效的沟通必须形成良好的互动，语言的互动可以给消费者提供一种消费情境，在情境中通过消费者的参与、互动，给消费者留下一个独特、美好的回忆，最后达成购买的过程。

3. 行为信号

顾客经常会有意无意地从动作、行为上透露一些对成交比较有价值的信息，当有信号发生的时候，销售人员要立刻抓住时机，勇敢、果断地去试探、引导顾客签单。在顾客表现出购买欲望时，作为一个成熟的、优秀的推销员要趁热打铁，帮助顾客下定决心购买商品。比如：杨先生在买车的过程中觉得领取牌照与办理过户等手续相当麻烦而仍在犹豫，这时如果推销员趁热打铁对杨先生说："杨先生，现在你只要花几分钟就可以领取牌照，把过户的手续办好，再有半个小时，您就可以把新车开走了。如果您现在要去办事，那就把一切交给我们吧，我们一定会在最短的时间内为您办好。"如此一来，推销员的话肯定会打动杨先生的心，成交也就是十拿九稳的事了。此外，推销员要想达到推销目标还要创造安静舒适、适合单独洽谈的成交环境；保持积极乐观的心态，正确对待成败；克服担心失败、职业自卑感、成交期望过高、坐等顾客主动成交的心理障碍。

二、成交的方法

成交的方法是指推销人员在适当的时机，用以启发顾客做出购买决定，促成顾客购买推销产品的推销技巧。

1. 请求成交法

请求成交法也叫直接成交法，即推销人员用明确的语言直接向准顾客提出购买的建议。这种成交法适用于老顾客和已发出购买信号的顾客。例如：推销化妆品的小李针对某位对新产品很感兴趣的老顾客。可以传达假设您现在购买，可以获得××（外加礼品）。我们一个月才有一次促销活动（或现在商家搞活动），现在有许多人都想购买这种产品，如果您不及时决定，会…… 。"的信号。在这种顾客感到满意想购买的时刻，推销员可趁机采用请求成交法，无疑会取得很好的效果。

2. 假定成交法

假定成交法是指在尚未确定成交，对方仍持有疑问时，推销人员就假定顾客已接受销售建议而直接要求其购买的方法。假定成交法是成交过程中的一种推动力，销售人员要审时度势，正确把握时机。否则容易造成顾客过高的心理负担与反感，而造成成交失败。

3. 选择成交法

选择成交法是指推销人员向顾客提供两种或两种以上可供选择的购买方案来促成交易的成交方法。采用选择成交法，可以解决顾客难以抉择的问题，使顾客掌握一定的主动权，即选择权，从而比较容易做决定。但实际上成交主动权却仍然掌握在推销人员手中。推销员要主动当好顾客的购买参谋，比如顾客喜欢蓝色系的衣服，那么，销售人员可以选择不同款式的蓝色系服装供顾客选择，并根据穿衣的效果，向顾客提出自己的看法，帮助顾客选择最适合他的那款。这样的成交法不但可以减轻顾客的心理压力，创造良好的成交气氛，又有利于推销人员掌握主动权，留有一定的成交余地。

4. 总结利益成交法

总结利益成交法是指推销人员将顾客关注的产品的主要特色、优点和利益，在成交中以一种积极的方式来成功地加以概括总结，以得到顾客的认同并最终获取订单的成交方法。总结利益成交法由三个基本步骤组成：①推销洽谈中确定顾客关注的核心利益；②总结这些利益；③做出购买提议。比如：在为顾客介绍手机的过程中，根据顾客的选择，可以将此手机的特色优势介绍给顾客，如这款手机拥有超大内存、超高像素、清晰画面、超炫音质等优势功能逐一介绍给顾客，让顾客全面了解商品的优点，以激发顾客的购买欲望，最大限度地吸引顾客的注意力，提升顾客的满意度，让其在明确自己既得利益的基础上叙述做出购买决策。

5. 从众成交法

从众成交法是推销人员利用人们从众心理来促成准顾客购买推销品的成交方法。在生活中，人们或多或少的都由一些从众心理，在保留自己原有品味的同时，也会关注大多数人的消费行为以及社会流行风潮等。比如：顾客在选择一件新上市的产品时，销售人员可以抓住时机对顾客说："您真是太有眼光了！这是今年最流行的款式，样式新颖、美观大方、做工精致，配您真是太合适了。这件产品一经上市顾客就疯狂抢购,现在存货已经不多了。”如此采用从众成交法,可以用一部分顾客去吸引另一部分顾客,有利于销售人员提高销售效率。但是切忌盲目推销,一定要选择合适的对象,如果对着喜欢标新立异、与众不同的顾客如此推销,反而会制造成交障碍,错失成交机会,造成不必要的麻烦。

[案例 8-11]

计算机的推销员说:“这是今年最流行的机型,我们一天就卖一百多台,请问先生什么时候要货?”

如果商品的流行性差,号召力不强,又遇到自我意识较强的顾客,就不宜采用此种成交方法来达成交易。例如:一推销员对顾客说:“王经理,这种冷热饮水器目前在一些大城非常流行,特别适合大公司的办公室使用。既方便、实用,又能增添办公室的谨防豪华气派和现代感。像与贵公司齐名的大宇公司、中天公司等,办公室里都换上了这种饮水器。”

6. 小点成交法

小点成交法又称局部成交法,是推销人员利用局部成交来促成整体成交的方法。购买者对重大的购买决往往细微谨慎,心理压力比较大,担心风险会造成重大的损失,而摇摆不定、犹豫不决,不敢下定决心。这时销售人员可以化整为零、避重就轻,先从小处着手,在局部取得成功,以小胜为大胜,最后水到渠成,赢得成交胜利。典型的例子就是谈恋爱。男追女,不能一开口就说:“你嫁给我,做我的老婆吧。”那非把对方吓跑不可。你只能一步一步慢慢诱导:今天,我们去看场电影吧?好啊;明天,我们去逛逛商场,想买件衣服送给你。好啊;后天,我们去唱唱歌、跳跳舞?好啊。三个月后,你嫁给我吧?好啊。到手了。

7. 优惠成交费

优惠成交法是推销人员利用优惠的交易条件来促成顾客立即购买推销品的成交方法。利用顾客的“求利”动机,优惠成交法与最后机会成交法结合使用。这种方法适用于求利心切而又是在同行购买者中有影响的顾客,一般存在大批量生产可降低成本的产品,或者同竞争对手争夺顾客的特别时期,也可以在一些季节性消费和季节性购买的产品。这种方法的优缺点是有利于吸引大客户、扩大所推销产品的影响,可以较快结束推销并达成交易协定,可以在短时间内推销一些不容易推销的产品,加快推销资金回笼。但减少销售收入,降低企业经济效益,影响推销人员及所推销产品的市场定位及企业的整体形象,给顾客形成优惠心理定式,给以后的推销带来消极影响。当然,同时也要注意应服从企业的整体营销策略及企业的其他促销活动,不要随意滥用优惠法。应确定优惠条件。

8. 最后机会成交法

最后机会成交法指推销人员直接向顾客提示最后成交机会促使顾客立即购买推销品的一种成交技巧,又称“限制成交法”、“无选择成交法”、“唯一成交法”或“机会成交法”。这种方法可以造成很有利的成交气氛,使顾客有了一种内向式的成交压力;可以限制成交内容及成交条件,使顾客在一定范围内较快成交;可以形成交叉推销感染力,有时会促成大笔交易。但可能使推销最后机会散失;可能会使推销的威势散失。但是这个必须针对顾客惧怕散失机会的心理,选择好成交促成机会;运用最后机会促成时,应与其他促销活动相配合,使之具有可信性;应适当提出成交的内容与条件限制,使顾客感到适当的成交心理压力与紧迫感;开展重点推销,注重推销观念,增加推销的说服力。

三、成交的确定

1. 书面协议(书面合同)

买卖合同是出卖人转移标的物的所有权于买受人,买受人支付价款的合同。只有订立合同,签订书面形式的合同,才是真正意义上的成交,才具有法律效力,受到法律保护。

书面合同指合同书、信件和数据电文(包括电报、电传、传真、电子数据交换和电子邮件)等可以有形地表现所载内容的形式。它是有偿合同。两项让渡,互为等价;是双向合同,一方的权利,是他方的义务;是承诺性合同,不以标的物的交付为要件,也不以书面形式为要件。合同内容包括当事人的名称或者姓名和住所、标的、数量、价款、履行的期限、地点和方式、违约责任、解决争议的方法、包装方式、检验标准和方法等。

签订协议时还应该注意以下几项:

(1)推销成交的结果不能仅停留在口头上,应见诸文字。

(2)协议文字要简洁,内容要具体。

(3)不要轻易在对方拟订的协议上签字。

2. 预交定金

定金是指推销合同的一方当事人,在合同规定应当交付的数额内预先交付给对方一定数额的货币,它是证明推销合同成立,并保证推销合同履行的一种担保形式。它的作用是可以证明合同成立,是为了担保推销合同的履行而设立的,还可以起到预付款的作用。

四、成交后的服务与跟踪

1. 成交后服务与跟踪的意义

与顾客达成签约、完成履约也并不能标志完整的推销活动已经结束,企业和推销人员应该期望与顾客建立起长期的合作关系,这就需要妥善地处理好成交、签约、履约后的有关事宜,这些后续工作一般包括:与顾客保持密切的联系建立良好的关系、为顾客提供优质的售后服务,这就是大多数市场营销学课程介绍的“关系营销”和“顾客满意度”的有关内容;以及收回货款、市场需求的调研、建立顾客档案、推销工作总结。以便体现企业的服务差异化,在激烈的市场竞争中取得优势,为下一次交易夯实基础。

2. 与顾客保持密切的联系和建立良好的关系

我们知道推销成功绝不是签约或履约就万事大吉,与顾客签约后或购买后,推销人员应当根据双方的合作程度,寻找适当的理由、以适当的方式、在适当的时间持续向对方表示感谢和问候,这是常人在心理上所期待的回报,具体的表达方式可以采用:亲自拜访、信函问候、电话致意、节日礼品等。在表达谢意时一定要把握好分寸,要自然诚恳,不必过分讨好,因为推销活动是互惠互利的行为,推销人员不是感谢交易本身,而是感谢顾客的合作。同时,与顾客保持密切的联系还可以起到收集、分析和处理顾客的意见,进一步了解顾客的消费需求和消费心理的变化,搞好市场预测的作用。推销人员与顾客之间建立起良好的“鱼水情”关系,有利于收回货款和长期合作交往。类似的像购买折扣、以旧换新、积分卡、合理退货保障制度等,都是企业与顾客保持密切联系和建立良好关系的常用方法。成交并非意味着推销活动的结束,而仅是“关系推销”的开始。因此,在双方签订推销合同后,要根据合同的规定做好后续服务工作,定期与顾客联系,解决问题,保持友谊,真正使顾客满意,让顾客成为忠诚顾客。

岗位操作任务

作为一名饲料营销人员，在上次已经拜访过的基础上，带着公司产品说明书及饲料样品再去推销产品，写出推销过程及结果。

项目小结

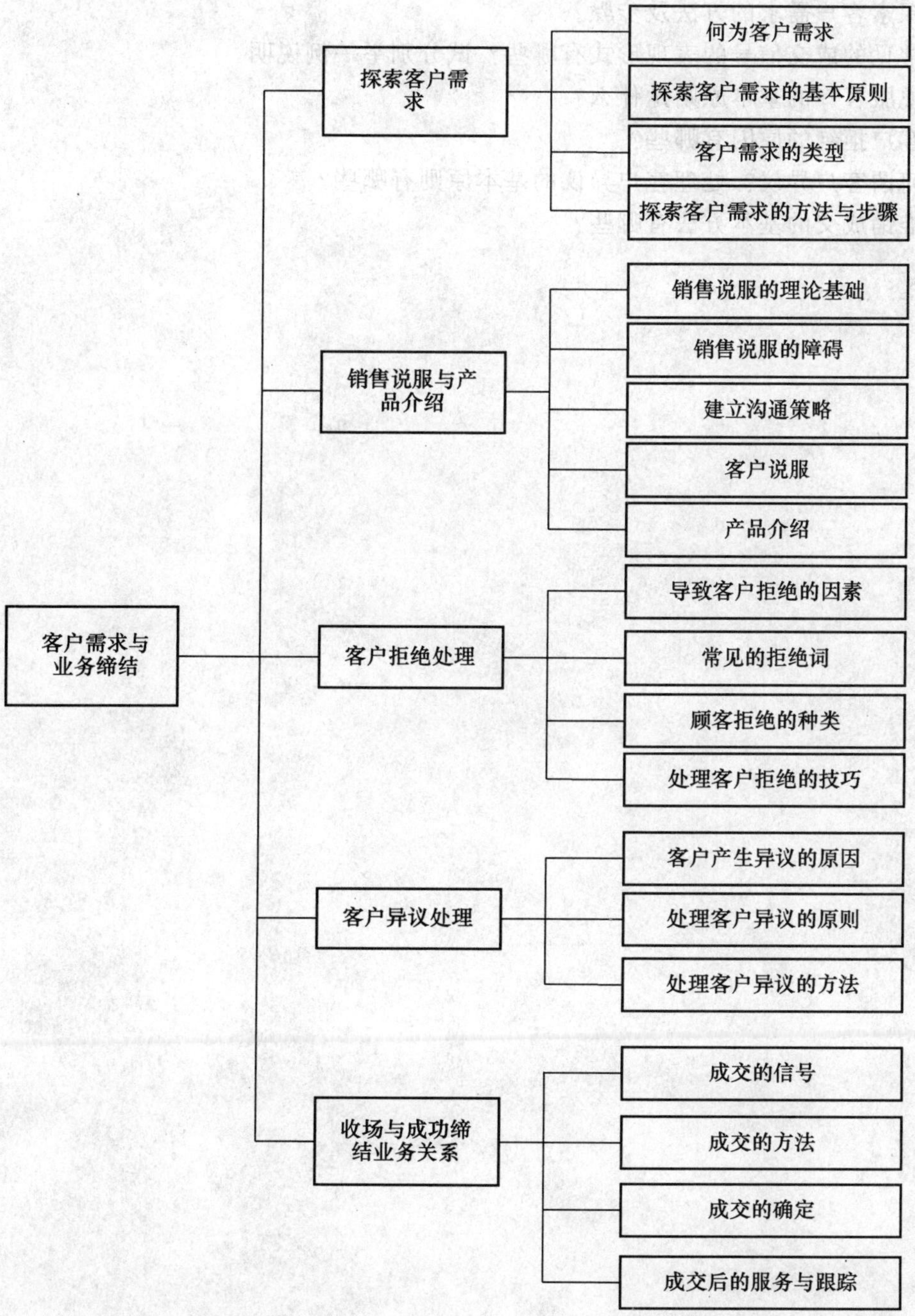

职业能力和职业资格测试

一、名词解释

客户需求、销售说服、成交信号、成交方法

二、简答题

1. 客户的类型有哪些,区别在哪里?
2. 探索客户需求的方法及步骤。
3. 常见的成交信号的表现形式有哪些?试分别举一例说明。
4. 说服客户的基本原则是什么?
5. 客户拒绝的原因有哪些?
6. 何谓客户异议?处理客户异议的基本原则有哪些?
7. 推销成交的基本方法有哪些?

项目9

客户与市场管理

项目设置描述

客户管理是指企业集合自身资源优势对其客户所进行的沟通、维护、培育、管理等工作，以便推动客户价值的提升和企业利润递增的这样一个双赢结果的过程。完善的客户关系管理是提高企业的核心竞争力、与国际最先进经营思想接轨的管理方式。本项目讲授的内容是客户心理及购买决策过程分析、饲料客户管理、饲料产品价格管理、饲料销售市场管理、饲料产品促销管理等。饲料企业有责任努力使客户与企业共同发展，建立长期的合作伙伴关系。

学习目标

1. 掌握客户心理及购买决策过程分析。
2. 学会饲料客户管理。
3. 学会饲料产品价格管理。
4. 学会饲料销售市场管理。
5. 学会饲料产品促销管理。

任务1　客户心理及购买决策过程分析

客户的心理与购买决策包括客户的需要、购买兴趣、动机、决策与行为，这些心理活动和行为直接关系着饲料企业的产品是否能够畅销，关系着饲料企业的生存和发展。饲料企业只有对客户心理活动和行为进行认真分析和研究，才能开发出适销对路的产品，满足客户的需要，饲料企业和客户才能共同实现双赢。

一、客户的需要

为什么有的人愿意购买昂贵的奢侈品，有的人即使一个字不看也要在家里摆上一个装满书的书柜，因为这些产品能够满足他们的某种需要，比如，奢侈品能够体现买主的身份和地位，装满书的书柜能够表明主人爱学习、有文化等特点。客户的每一起购买行为都是由一定的需要引起的，或者说，客户购买产品是为了满足自己的某种特定需要。

(一)什么是需要

需要是指人们在一定条件下，为延续和发展生命而产生的对客观事物的渴求或欲望。即感到缺少什么，从而想获得它们的状态。人们在其生存和发展过程中会有各种各样不同的需要，如饿的时候需要吃饭，渴的时候需要喝水，冷的时候需要穿衣，与人交往中需要获得友爱、被人尊重等。

客户的需要往往是多方面的、不确定的，必须去分析和引导。客户的需要是指通过买卖双方的长期沟通，对客户购买产品的欲望、用途、功能、款式进行逐步发掘，将客户心里模糊的认识以精确的方式描述并展示出来的过程。

(二)需要的层次理论

人类的需要一直是心理学家们研究的对象，因此产生了许多不同的理论。马斯洛的需要层次论被认为是目前最权威的理论。

美国心理学家马斯洛(A. Maslow)对人类的需要进行了系统的整理，他将人类的需要分为五大类，并按照它们发生的先后顺序分为五个等级(图 9-1)。

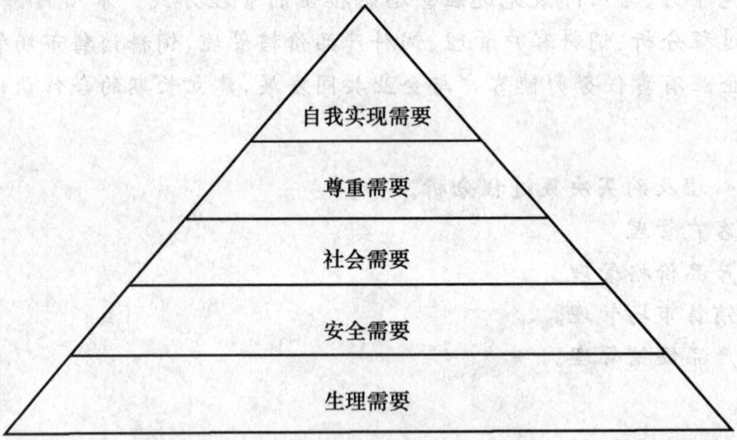

图 9-1　人类的需要等级

1. 生理需要

马斯洛认为生理需要是最重要的，是为了维持生命和延续后代而产生的最原始、最基本的需要，包括衣、食、住、行、性等生理机能的需要，它是人和动物所共有的，是推动人类行动的最强大的原动力。如果这一需要还没得到满足，就会无视其他需要或把其他的需要搁置一边。

2. 安全需要

当生理需要得到一定程度的满足后，就会出现安全需要，即生理及心理方面免受伤害，获得保护、照顾和安全感的需要，体现在生命和财产的安全、稳定的职业、避免职业病的侵袭、有序的环境、有保障的生活、避免意外事故的发生、身体和心理受到保护、免除恐惧等。这些需要在购买中也可以表现出来。比如，人们买电器时要看安全性能是否可靠，外出旅游希望有人身保险等。

3. 社会需要

社会需要含有两方面的内容。一是需要爱，即希望伙伴、同事之间的关系融洽、保持友谊和忠诚，希望得到爱情，人人渴望接受别人的爱。二是需要归属感，即有一种归属感，要求归属于群体的感情，希望成为其中的一员，得到关心和照顾。

4. 尊重需要

社会需要得到满足之后，还需要自我尊重和得到别人的尊重，即有稳定的社会地位，对名对利的欲望，希望个人能力、成就得到承认等。马斯洛认为，尊重需要得到满足，就能使自己充满信心，对社会满腔热情。如果尊重需要受到挫折，则使人产生自卑感、无能感、软弱感，使人失去生活的基本信心。

5. 自我实现需要

自我实现需要是指实现理想、抱负，发挥能力的需要。也就是说，希望干称职的工作，什么样的角色就干什么样的事，音乐家必须演奏音乐，诗人必须写诗，画家必须绘画，这样才会使人得到最大的满足。自我实现需要是指最大限度发挥一个人的潜能的需要。

马斯洛需求层次理论要注意以下几点：

(1)五种需要像阶梯一样从低到高，按层次逐级递升，但这样次序不是完全固定的，可以变化，也有种种例外情况。

(2)需要层次理论有两个基本出发点，一是人人都有需要，某层需要获得满足后，另一层需要才出现；二是在多种需要未获满足前，首先满足迫切需要；该需要满足后，后面的需要才显示出其激励作用。

(3)一般来说，某一层次的需要相对满足了，就会向高一层次发展，追求更高一层次的需要就成为驱使行为的动力。相应的，获得基本满足的需要就不再是一股激励力量。

(4)五种需要可以分为两级，其中生理上的需要、安全上的需要和社会上的需要都属于低一级的需要，这些需要通过外部条件就可以满足；而尊重的需要和自我实现的需要是高级需要，他们是通过内部因素才能满足的，而且一个人对尊重和自我实现的需要是无止境的。同一时期，一个人可能有几种需要，但每一时期总有一种需要占支配地位，对行为起决定作用。任何一种需要都不会因为更高层次需要的发展而消失。各层次的需要相互依赖和重叠，高层次的需要发展后，低层次的需要仍然存在，只是对行为影响的程度大大减小。

(三)需要对客户购买行为的影响

客户的购买行为活动往往是由不同的需要引起的。需要对客户购买行为的影响主要表现在以下三个方面。

1. 需要决定客户的购买行为

客户受内在或外在因素的影响，产生某种需要时，会形成一种紧张状态，成为其内在的驱动力，这就是购买动机。购买行为完成，需要得到了满足，动机自然消失。随着新的需要产生，形成新的购买动机。可见，客户的购买行为是在需要的驱使下进行的。从这个意义上说，需要决定着客户的购买行为。

2. 需要的强度决定客户购买行为实现的程度

需要越迫切越强烈，客户购买行为实现的可能性就越大。需要不迫切不强烈，客户的购买行为就可能推迟，甚至不发生。

例如，对一个刚开始养殖的客户来说，第一家饲料企业的产品对他的使用价值最大，也就是说，他对第一家饲料企业的产品需要性最强，也许碰见第一个饲料企业，只要是他适合的饲料就会买下来，而对饲料的品牌、价格、质量要求并不高。但当他已经使用了饲料之后，对饲料的需要就不那么迫切了。也许他还会产生换料的需要，但需要的迫切性已大大降低。这时，他就要考虑品牌、价格、质量等各方面的因素，对购买行为的阻力就很大，第二家饲料企业的购买行为就不易实现。

3. 需要层次不同影响客户的购买行为

在中小客户，养殖规模较小，客户购买饲料的时候考虑较多的可能就是价格；而大客户由于养殖规模很大，购买饲料的时候考虑较多的可能就是品牌、质量等。

二、客户的购买兴趣

抓住客户的购买兴趣，是销售的基础，是产品销售前提，只有了解到客户的喜怒哀乐，才能组织有效的推销，才能和客户进行顺畅沟通。抓住或创造客户的兴趣是成功推销第一步。没有人愿意做不感兴趣的事。客户只有在对你所说的话感兴趣时，才会给你时间讲，才会静下心听。

(一)什么是兴趣

兴趣是人们对某种事物关注、喜好、力求接触，从而认识的一种心理倾向，是激励人们认识事物和探索真理的一种动机，也是一种肯定的情绪体验。兴趣是一种特殊的需要形式，也是产生动机最活跃的因素。

当客户开始接触到某种产品时，营销人员应使尽浑身解数，引起客户的注意和兴趣。当客户购买某种产品的时候，营销人员应设法维持客户的兴趣。当客户重复购买某种产品的时候，营销人员应通过产品的改革和优化，以更为成熟的服务深化、发展客户的兴趣，要预防和克服“失去兴趣”的心理。

(二)兴趣对客户购买行为的影响

兴趣是人们在社会活动中非常重要的心理活动形式，反映人的心理特点、精神面貌，影响人们的购买心理和行为。兴趣广泛的人往往有多样的需求，例如有的女性将逛商场、购物作为日常生活的一种兴趣，经常逛商场，几天不逛心里就难受。兴趣较少的人会沉湎于自己的内心世界，不去关注客观世界的缤纷色彩，需要简单，购买欲望不强，这一类客户往往是营销工作的难点。

1. 兴趣有助于激发客户的购买动机

客户对某种产品有购买的欲望，会主动收集和积累有关这类产品的信息，加深认识，为将来的购买活动打下基础。客户情趣越浓厚，对产品了解的心情越迫切，购买动机的形成就越迅速。营销人员应广开信息渠道，通过多种形式，注意搜集信息和人群，予以跟踪，提供服务。

2. 兴趣有助于促使客户做出购买决策

客户在购买自己感兴趣的产品时，由于有一定的认识，同时情绪高涨，态度积极，精神愉快，所以能够缩短决策过程，促使购买行为完成，营销人员应适时调动客户的兴趣，使其迅速地做出购买决定。

3. 兴趣有助于促进客户形成购买偏好

客户的兴趣一旦稳定、持久，就会长期使用和重复购买某种产品，逐渐形成一种偏好，会导致客户重复地购买某种产品。

4. 兴趣有助于促进客户购买多元化

客户对产品的兴趣是不同的,即便同一种产品,兴趣也是有大有小之别、兴趣的角度也不一样。营销人员要善于运用调动兴趣的多种方法,诱导客户从某一种、某几种兴趣向多种兴趣转变,从短时的兴趣向长时的兴趣发展,源源不断地调动起客户浓厚的兴趣,从而持久地保有购买产品的兴趣。

(三)激发客户的购买兴趣

1. 引起注意

这是销售开始的铺垫阶段,有好的开始才会有好的结果,所以这个阶段是非常重要的第一步。只有引起了客户的注意,营销人员才能有机会进一步实施营销策略。

2. 注意观察客户的表情

营销人员在与客户打交道时,一定注意观察客户的表情、神态和动作,一旦有客户主动要求了解产品情况,这就是因为对产品感兴趣了。

具有良好观察能力的营销人员,不仅能从客户的言谈举止、面部表情和视线上准确判断客户的意图,由此了解到客户的气质特点和兴趣指向,并采取相应的营销策略,而且能透过事物本身的外部反映,迅速掌握客户的心理变化,灵活运用各种心理策略,对客户进行诱导或者满足其心理欲求。

3. 激发兴趣

在成功的引起了客户的注意后,就要进一步了解客户的需求,适时的推荐适合的产品来激发他的兴趣、满足他的需求。在营销过程中,为了激发客户的兴趣,营销人员应该投其所好地讨论客户感兴趣的话题,营销人员要学会观察,找出客户的所好。如果洞察力不好,不了解客户的兴趣,就会适得其反。营销人员要懂得多方面的知识,知识面一定要广,大俗大雅的话题都能够谈。

三、客户的购买动机

客户为什么购买某种产品,为什么对同一饲料企业的营销刺激有着不同反应,很大程度是和客户的购买动机密切联系的。购买动机研究就是探究购买行为的原因,以使企业营销人员深刻把握客户的行为,在此基础上做出有效的营销决策。实际上客户并不是在购买产品,而是使自身的需要得到满足。营销人员必须发现产品所能满足的需要和动机,并围绕这些动机去制定营销组合。

(一)什么是购买动机

动机这一概念是由伍德沃思(R. Wood worth)于 1918 年率先引入心理学的。他把动机视为决定行为的内在动力。一般认为,动机是推动人们去从事某种活动,达到某种目的,指引活动满足一定需要的意图、愿望和信念。动机是人们一切行为的内在动力,是人们从事某种活动的直接原因。引起动机有内外两类条件,内在条件是需要,外在条件是诱因。需要经唤醒会产生驱动力,驱动人们去追求需要的满足。例如,血液中水分的缺乏会使人产生对水的需要,从而引起唤醒或紧张的驱力状态,促使人们从事喝水这一行为。由此可见,需要可以直接引起动机,从而导致人向特定的目标行动。

在营销心理学中,购买动机是指直接驱使客户实现某种购买活动的内在推动力,它反映了客户生理、心理、精神和感情上的需要,是客户购买行为心理活动的重要阶段。购买动机是在需要的基础上产生的,当需要有明确的目标时,才转化为动机。动机作为一种内在的心理状态,不能被直接观察到和被测量出来,一般要根据客户的行为方式或自我陈述来了解动机。营销人员应认真研究并掌握客户购买动机的调查方法,明确客户购买行为的真正动因,有的放矢地做好营销工作。

(二)购买动机特点

1. 迫切性

购买动机的迫切性是由客户的高强度需求引起的。如有人本来对买车不感兴趣,但工作单位比较远,乘车又不方便,看到同事开车上下班很方便,就会产生迫切需要一辆汽车的想法。

2. 原发性

客户缺乏某种东西而产生需要,这种需要推动客户去寻找能满足需要的对象,购买动机就是这样产生的。也就是说,需要使客户产生购买动机,购买动机推动客户采取行动。从客户动机产生来看,购买动机具有原发性特征。对于客户而言,其内在的需要,促使其产生各种购买动机。

3. 可变性

客户的购买动机不是固定不变的。购买动机的形成决定于内在需要和外部环境两方面因素,当两种因素发生变化时,客户的购买动机自然会相应发生变化,所以购买动机具有可变性。根据购买动机的这个特点,我们可以通过一些营销策略来影响客户的购买动机,继而影响客户的购买行为。

4. 内隐性

内隐性是指客户出于某些原因不愿意让别人知道自己真正的购买动机。比如,客户拒绝某产品真正的动机可能是价位高,但当别人问起其目的时,却回答说其他原因。作为营销人员,应该识别这种内隐性,了解客户的真正购买动机,引导客户的兴趣,并进行相关的销售服务。

5. 矛盾性

当客户同时存在两种以上的需要时,且两种需要互相抵触、"鱼和熊掌不可兼得"时,所产生的内心矛盾现象叫冲突,也叫动机斗争。人们常常采用"两利相权取其重,两害相权取其轻"的原则来解决矛盾。这种动机冲突可分为三类:

(1)当客户遇到两个以上都想购买的目标而又不能同时都购买时所产生的动机斗争。比如,当客户挑选饲料时,面对两个厂家的合适产品但又不能同时都买,选其中的一个又舍不得另一个,难决取舍时,客户往往要对两个厂家的产品反复比较。这时,外界的因素可帮助其决策,如营销人员或其他客户的指点、说服、暗示,都可以起作用。

(2)当客户遇到两个以上不愉快的目标,但又必须选择其中一个时所发生的动机斗争。比如,某当地饲料厂,饲料质量一般,但是价位低、送货上门。到外地饲料厂去买,饲料质量相对较好,但价格比较贵、又要自己去拉。饲料又是客户每天必不可少的、用完就得及时补充的产品,在这种情况下,本地客户在购买饲料时既不想使用当地饲料厂的产品,又不愿多花钱、走许多路去外地饲料厂购买,因而发生动机斗争。结果是他们宁肯多花点钱、受点累,也比养殖效果差强，因而选择去外地饲料厂购买，冲突随即消除。

(3)当客户同时面临具有吸引力和具有排斥力的两种目标需要作选择时所产生的动机斗争。比如，客户想买品牌大饲料厂的产品，但其价格贵；小饲料厂价格虽便宜，但不够理想。这时，客户便在质量和价格两者中徘徊，最后，或是选择满意的产品，或是选择低廉的价格，这是购买决策和过程中常见的冲突。

6. 模糊性

购买动机是复杂的、多层次的，有关研究表明，客户购买的动机有几百种，在多种动机同时存在的情况下，很难辨认哪种是主导动机。有些动机是客户意识到的动机，有些动机连客户本人也不清楚。有些客户的购买行为有时甚至是在潜意识支配下进行的。因此，很难判断客户是出自哪一类动机，其中最普遍的是多种动机的组合作用，几种动机都兼而有之。

(三)购买动机与需要的关系

购买动机是在需要的基础之上产生的，一种需要转化为何种购买动机受到环境因素的影响。购买动机虽以需要为基础，但只有需要，并不一定产生购买动机。购买动机的产生至少应该具备两个条件，一是需要，二是具有满足需要的对象。当需要处于萌芽状态，缺乏满足需要的对象时，需要只表现为意愿或意向。只有需要被强化到一定的程度，又有满足的对象时，需要才转化为购买动机。

(四)客户的购买心理类型

古人云：上兵伐谋。意为最高之兵法在于谋略。“心战为上，兵战为下”已成为营销战争的“心经”，而攻心为上，对营销来说关键就是抓住客户的购买心理。

客户的购买心理类型一般有以下几种：

1. 从众心理

从众心理指个人的观念与行为受群体的引导或压力，而趋向与大多数人一致的现象。客户在许多购买决策上，都会表现出从众心理。比如，就餐时喜欢到人多的饭店；在选择产品时，偏向那些市场占有率高的品牌。

以上列举的是从众心理的外在表现，在实际工作中，我们还可以主动利用人们的从众心理。比如，超市在产品陈列时故意留有空位，给人以该产品畅销的印象；电脑卖场店员往往通过说某种价位以及某种配置已经卖出了好多套，从而促使客户尽快做出销售决策；饲料营销人员告诉客户产品供不应求，生产不及；这都是在主动的利用客户的从众心理。

从众心理，是人们普遍存在的，所谓“人云亦云”、“跟着感觉走”，就是这一心理的明显表现。比如，大街上有人朝天上看，马上就会引来几人、几十人、甚至上百人的观看，但谁也不知道究竟在看什么！从心理学角度分析，多数人愿意干的事准没错！跟着走就成了他们的自觉选择。

2. 面子心理

中国人有很强的面子情结，在面子心理的驱动下，中国人的消费会超过甚至大大超过自己的购买或者支付能力。营销人员可以利用客户的这种面子心理，找到市场、获取溢价、达成销售。

脑白金就是利用了国人在送礼时的面子心理，在城市甚至是广大农村找到了市场；当年的

TCL凭借在手机上镶嵌宝石，在高端手机市场获取了一席之地，从而获取了溢价收益。

3. 害怕后悔心理(购后冲突)

每一个人在做最后购买决定的时候，都会有恐惧感，生怕做错决定，生怕花的钱是冤枉的，这就是购后冲突。购后冲突是指：客户购买之后出现的不安、怀疑、后悔等不和谐的负面心理情绪，并引发不满的行为。

一般贵重的产品引发的购后冲突会比较严重。这就是说在销售的过程中，营销人员要不断地提出证明给客户，让他百分之百地相信你。同时营销人员必须时常问自己，当客户在购买我的产品的时候，我要如何做才能给他百分之百的安全感？

4. 爱占便宜心理

“便宜”与“占便宜”不一样。价值50元的东西，用50元买回来，那叫便宜；价值100元的东西，50元买回来，那叫占便宜。中国人喜欢讲“物美价廉”，实际上真正的物美价廉几乎是不存在的，都是心理感觉的物美价廉。

客户不仅想占便宜，还希望“独占”，这给商家有可乘之机。比如，购买服装，在客户不降价就不买的威胁之下，商家经常做出“妥协”：“今天刚开张，图个吉利，按进货价卖给你算了！”“这是最后一件，按清仓价卖给你！”“马上要下班了，一分钱不赚卖给你！”这些话隐含信息是只有你一人享受这样的低价，便宜让你一人独占了。面对如此情况，客户鲜有不成交的。

同时，我们应该看到客户这种占小便宜的心理。主要来源于其经济条件有限性和需求无限性的对立统一，期望用最优惠的价格，享受到最好的服务，或少花钱购买更多的产品。这也是一般客户的共同心理。

5. 推崇权威心理

客户推崇权威的心理，多表现为决策的情感成分远超理智的成分。这种对权威的推崇往往导致客户对权威所选购产品无理由的选用，进而把购买产品人格化，从而达成产品的畅销。

营销中对客户推崇权威心理的利用比较多见。比如，利用人们对名人或者明星的推崇，大量的企业在找名人或者明星代言、做广告；饲料行业中，饲料企业在成功案例中，都喜欢列举一些大的知名客户的应用；更大的范围内，许多企业都很期望得到行业协会、权威部门的认可，或者引用行业领袖对自己企业以及产品的正面评价。

6. 心理价位

客户对于任何一类产品都会有一个“心理价格”，高于“心理价格”就超出了大多数客户的预算范围，低于“心理价格”会让客户对产品的品质产生疑问。因此了解客户的心理价位，有助于企业为产品制定合适的价格，有助于营销人员达成产品的销售。

在营销过程中，如果你了解到你的下限售价高于客户的心理价位，那么关键的工作就是想法拉升客户的心理价位；相反则需要适度提升你的售价。心理价位在终端销售表现就更为明显，以饲料销售为例，客户在讨价还价之后，如果最后的价格还是高于其心理价位，可能还是不会达成交易，甚至客户在初次探询价格时，如果报价远高于其心理价位，就会懒得进一步交流。

7. 攀比心理

客户的攀比心理是基于客户对自己所处的阶层、身份以及地位的认同，从而选择所在阶层人群为参照而表现出来的购买行为。相比炫耀心理，客户的攀比心理更在乎“有”——你有我也有。

很多产品，客户的购买动机是谁谁都有了，我也要去买。对营销人员来说，我们可以利用客户的攀比心理,用其参照群体的对比,有意强调其参照群体的购买来达成销售。

8. 炫耀心理

客户炫耀心理,在购买产品上,多表现为产品带给客户的心理成分远远超过实用的成分。正是这种炫耀心理,在中国目前并不富裕的情况下,创造了奢侈品市场,这一点在时尚商品上表现得尤为明显。

比如一些非常有钱的女士为了炫耀其极强的支付能力,往往会买价值几千元甚至上万元的世界名牌手袋,一些男士会购买价值几万元甚至十几万元的世界名牌手表。因此,对这部分客户来说,炫耀重在拥有或者外表。

(五)客户具体的购买动机

实际购买活动中,客户购买产品或服务的心理是非常复杂的,因而形成了各种具体购买动机。

1. 求新购买动机

求新购买动机以追求产品的奇特、新颖、时尚为主要目的。求新购买动机的客户主要重视商品的款式、颜色、造型是否符合时尚或与众不同,而不太注意产品的实用程度和价格高低,经常发生冲动性购买。这种类型的心理,在经济条件较好的城市中的年轻男女中较为多见。

2. 求实购买动机

求实购买动机以追求购买产品或服务的使用价值为主要目的。它的核心是“实惠”、“实用”。具有求实购买动机的客户购买产品时,较为注意产品的效用和质量,不过分强调产品的包装、宣传等外在功效。这是客户普遍存在的心理动机。

3. 健康购买动机

健康身体是保证幸福生活的基本前提条件,每个人都有追求健康的动机,并因此而购买大量与人们的健康有关的产品。

4. 求美购买动机

求美购买动机以追求欣赏价值和艺术价值为主要目的。求美购买动机的客户重视产品本身的色彩美、艺术美、造型美,对人体的美化作用,对环境的装饰作用,对产品本身的实用价值不太重视。以中青年妇女和文化人士居多,在经济发达国家的顾客中也较为普遍。

5. 求便购买动机

求便购买形式很多,归纳起来可分为三种。一是产品或劳务可以减少或减轻客户的劳动程度,如家庭装修、家庭保姆服务等。二是产品具有一些方便客户使用的功能,减少操作使用中的麻烦,如方便面、电饭锅、各种电器上的遥控装置等。三是可以方便客户的购买,减少购买过程的麻烦。如自选超市,送货上门服务,网上购物等。随着人们的生活节奏变得越来越快,求便购买动机也越来越强烈。

6. 安全购买动机

安全购买动机是指购买产品是为了安全,或因为产品的安全性能而购买的现象越来越普遍。客户安全购买动机主要有两种表现形式:一是在使用产品的过程中,希望产品的性能安全可靠,如希望购买的饲料质量稳定、没有瘦肉精等。二是为了人身或财产的安全,客户需要购买一些产品来换取平安,防止具有危害性的事故发生,比如为养殖的动物购买保险、希望购买饲料以后能得到饲料企业技术人员服务等。

7. 从众购买动机

从众购买动机是指受众多客户影响，而盲目跟随的购买动机。从众购买动机客户以相关群体中大多数成员的行为为准则，以同大多数人一致作为追求的目标。他们往往缺乏市场信息和选购经验，认为从众可以避免个人决策失误。一些不法厂家利用"托儿"等不良手段屡屡得手，就是利用了人们的从众心理。有这种心理的客户，购买某种商品，往往不是由于急切的需要，而是为了赶上他人、超过他人，借以求得心理上的满足。

8. 求名购买动机

求名购买动机以追求名牌产品、高档产品或仰慕某种传统产品的名望，以显示自己的地位和声望为主要目的。求名购买动机的客户重视产品的商标、品牌、档次及象征意义，对价格低廉的产品不屑一顾，对名牌产品情有独钟，相信"一分钱一分货"，专门光顾出售名牌产品的商店，成为某种名牌的忠实顾客。具有这种心理的人，普遍存在于社会的各阶层，尤其是在现代社会中，由于名牌效应的影响，衣、食、住、行选用名牌，不仅提高了生活质量，更是一个人社会地位的体现。

9. 求廉购买动机

求廉购买动机是指客户追求产品低价格的一种购买心理。同样的牌子、同一类型产品或在产品功能外观质量相似的情况下，客户会尽量选择价格最低的那一种产品。求廉购买动机是较为普遍的一种动机类型，如果没有其他强大的动机类型影响客户行为的话(如纯粹的求名动机、习惯性动机等)，客户多少都有一种求廉的心理。正是因为求廉动机较为普遍，低价定位的营销策略一直是一种十分有效的策略。

10. 习惯购买动机

习惯购买动机是指客户出于长期形成的购买习惯等方面的原因而购买产品，是一种比较重要的购物动机。有的客户对于某一种牌子的产品有稳定的购买习惯，有的客户对于某一种口味或某一外形、某一色彩的产品有特定的购买习惯。客户的习惯是购买行为中较为重要的一种行为特点，带有很强的个性。

11. 好奇购买动机

好奇是每个人都会产生的一种心理，这种心理在一定的场合下会使人以购买产品来满足自己的好奇之心。当客户对于面前的事物不容易理解、觉得新鲜有趣奇怪的时候，客户想要了解它、尝试它的好奇之心就产生了。促使客户产生好奇之心并且激发购买愿望的产品都是外观新颖、功能奇特或给客户一些意想不到的产品。好奇购买动机虽然普遍，但对于该产品的购买来说却是不稳定的，客户的好奇心容易转移到别的更有新意的产品方面去。

12. 储备购买动机

储备购买动机是指客户主要出于储备产品的价值或储备产品使用价值的目的产生购买动机。第一种表现形式如一些客户购买金银首饰、名贵工艺品、收藏品等。由于这类产品的价值比较稳定，不仅能保持原来的价值，而且还能在收藏期间出现增值的情况，一般不会出现贬值的现象，客户正是基于产品的这些特点才产生购买动机的。第二种表现形式是投资于有价证券，虽然有价证券有一定的风险性，但客户还是认为这些有价证券会给他带来较高的收益和回报。第三种表现形式是市场上出现不正常的现象，供不应求的矛盾激化、社会出现动乱的时候，客户需要进行相应的储备，来应付这些非常情况。比如在饲料原料刚上涨时期，在饲料价格上涨以前，客户购入超出正常使用量的饲料作为储备，避免饲料价格上涨带来成本的增加。

13. 馈赠购买动机

购买的产品的目的不是自己使用而是为了馈赠他人，这种现象在人情观念浓厚的中国十分普遍。馈赠的目的是表达一种情感、增进双方的友谊，或出于一种风俗习惯，或为了纪念一件事情，或为了某种利益的交换等。

14. 留念购买动机

客户的目的是记住当时的情景、记下当时的气氛、留下回忆等。这种行为对于人们的生活意义重大，它延长了人们精神生活的空间，尤其是那些美好的纪念增添了人们乐观生活的情趣。如旅游场所中各种纪念照的拍摄服务、纪念品的销售等；生日、节假日纪念品的销售；日常生活中的结婚纪念照、家庭生活录像等服务。

上述十几种购买心理动机，是一些常见的、共同的心理现象。研究客户的购买心理动机，要注意从整体上把握这样3个问题：第一，客户购买心理动机非常具体、复杂、多样，同一个客户，往往存在几种购买心理动机，构成购买动机系统。在研究客户购买心理动机时，要注意他们的系统性和相互关联性。第二，同一个客户购买产品时，可能有几种购买心理动机同时存在，但必有一个主要的、起主导作用的购买心理动机，研究中要注意把握动机系统的主导性。第三，客户具体购买心理动机受许多因素影响，有时真实的购买动机处在内隐状态，或被假象所掩盖，在研究客户具体购买动机时，要善于揣摩客户的真正购买动机，把握心理动机的真实性。

四、客户的购买决策

(一)什么是购买决策

所谓决策，就是指人们为了达到某一预定目标，在两种以上备选方案中进行评价、选择、决定最优方案的过程。客户的购买决策是指为了完成某一特定的购买目标，在可供选择的多种购买方案中进行评价、选择、判断、决定最优购买方案的过程。

对于饲料企业来说，分析研究客户的购买决策，可以为企业正确地确定产品、价格、渠道、促销等策略提供依据。例如，一位饲料企业经过调研得知，生长速度对于养猪过程中某一阶段来说是最重要的因素，企业就可以通过设计合适产品来达到这一标准。

营销人员不仅要了解影响客户购买行为的各种因素，而且要确认谁在做出购买决策并了解客户实际的购买决策过程，比如为什么买、买什么、什么时候买、到哪买、怎样买以及买多少等。购买决策是客户为满足某种需要而实施的选择、评价、判断和决定的一系列心理活动，是客户在可供选择的若干种购买方案中确定最佳方案的心理过程。

(二)购买决策过程的角色

在购买产品过程中，不同的人可能扮演不同的角色。比如有人提建议，有人去购买，而有人使用等。随着社会的发展，产品所涉及的决策成员往往不止一人。比如养殖场准备采购一批饲料，可能涉及如下角色：首先是生产部门人员提出计划要求，其次是采购部门人员开始询价，然后是主管领导负责决定购买哪家的饲料，最后是财务部门人员负责付款。客户在购买活动过程中，可能扮演下列5种角色中的一种或几种。

1. 发起者

第一个提议或想到去购买某种产品的人。

2. 影响者

其观点或建议对购买决策有影响的人。

3. 决策者

最后决定整个购买意向的人。比如,买不买,怎么买,何时与何地买,等等。

4. 购买者

实际执行购买决策的人。

5. 使用者

实际使用产品的人。

客户以个人为购买单位时,5 种角色可能同时由一人担任;以企业为购买单位时,5 种角色往往由企业不同部门成员分别担任。

(三)购买决策过程

客户购买决策过程是购买动机转化为购买产品的过程。当客户购买产品时,通常经历以下过程:①确认需要;②信息收集;③方案评价;④购买决策;⑤购后行为。

1. 确认需要

确认需要是指客户确认自己的需要是什么?满足的需要到底是什么?希望用什么样的方式来进行满足?确认需要是购买决策的初始阶段,因为客户只有意识到其有待满足的需要到底是什么,驱使客户采取行动去满足,才会发生一系列的购买行为。这个需要可以有内在和外在的刺激所触发。内在刺激是人体内的驱动力,由生理所决定的,如饥、渴、冷等。人们已经学会如何应付这种驱动力,并会主动去寻找能满足这种驱动力的物品,如食物、饮料和服装等。外在刺激是外界的"触发诱因",一个人可能会羡慕邻居的新车或产品的广告激发购买欲望。具体能引起需要的因素有:

(1)不满意　需要确认产生于客户对正在使用的产品或服务不太满意。例如,客户也许认为他现在使用的饲料养殖效果不理想。

(2)缺货　当客户使用的一种产品必须补充,这时确认需要就出现了。此时的购买决策通常是简单和惯例的行为,经常选择一个熟悉的品牌或该客户忠于的某个品牌。

(3)新需要　客户生活的变化常常导致新需要。常见的是,生活方式或工作状态的变化可以创造出新的需要。比如,当你搬家时可能重新购置一些新的家具;当你职务提升时,可能买一些更高档的服装;当用户从一个小的散养户变为规模化养殖场时,可能会购买一些品牌化的饲料。

(4)新产品　新产品引起了客户的注意时,也能成为确认需要的诱因。营销人员介绍新产品,并且告诉客户解决问题的类型。比如,饲料营销人员会告诉客户为什么他们需要购买饲料并强调饲料的营养全面、效果、省时及安全等。

(5)相关产品的购买　确认需要也可以由购买一种产品而激发起来。比如,购买一套新西装后会产生领带的需要,电脑的购买会产生软件的需要,购买养殖动物后会产生饲料的需要等。

营销人员需要识别能引起客户某种需要的环境,在这个阶段的任务有两个,一是了解与产品有关的现实的和潜在的需要。在价格和质量等因素既定的条件下，产品如果能够满足多种需要或多层次需要就能吸引更多的客户。二是了解客户需要的规律性，设计诱因，增强刺激，唤起需要，最终使客户采取购买行动。

2. 信息收集

客户购买决策的第二步是信息收集，信息收集通俗地讲就是寻找和分析与满足需要有关的产品的资料。客户收集的信息主要有：产品的内容、价格、市场状况，购买时机、方式、地点等等。一般来说，客户接受信息的通道通常有四个方面：

(1)商业信息来源　即从广告、网站、营销人员、经销商、包装、展览等途径得到信息，这类信息比较广泛，信息量充足，一般起到通知、提醒、强化印象等作用。

(2)大众来源　即从大众传播媒体、消费者评价机构如电视、电台、报纸杂志等途径得到的信息。这类信息大多具有导向以及树立形象等作用。

(3)经验或阅历来源　即从产品的操作、使用、体验中得到经验、教训、阅历，这类信息来源比较直接、真实、可靠，是客户做出购买决策的直接支撑点。

(4)个人来源，即从家庭、朋友、邻居、熟人等途径得到信息，这类信息影响较大，由于来自于第三方。因此具有评价作用。

在客户的信息收集过程中，营销人员必须尽力将信息传递给客户。同时要求营销人员在向客户传递信息时，尽可能地生动重复，以加深客户的印象。

3. 方案评价

客户从不同的渠道收集很多信息后，便对可供选择的产品进行分析和比较，并对各种产品做出评价，最后做出决策，这就是方案评价。

客户对各种产品的评价主要从以下几个方面进行：

(1)分析产品属性　产品属性即产品能够满足客户需要的特性。客户一般将某种产品看成是一系列属性的集合。比如对一些熟知的产品，他们关心的属性是：

照相机：体积大小、照片清晰度、价格。

牙膏：洁齿、防治牙病、香型。

计算机 ：运行速度、储存能力、软件的适用性。

饲料：营养全面、饲料报酬高、性价比好。

客户不一定对产品的所有属性都视为同等重要。营销人员应分析本企业产品具备哪些属性？不同类型的客户对哪些属性感兴趣？以便进行市场细分，对不同需求的客户提供具有不同属性的产品，既满足客户的需求，又最大限度地减少因生产不必要的属性所造成的资金、劳动力和时间的耗费。

(2)确定品牌信念　客户会根据产品的属性及各属性的参数，建立起对产品的不同信念，比如确认哪种产品在什么属性上占优势，什么属性相对较差。

(3)形成“理想产品”　客户的需求只有通过购买才能得到满足，他们期望从产品中得到满足，是随产品属性的不同而变化的。

(4)做出最后评价　客户从众多可供选择的产品中，通过一定的评价方法，对各种产品进行评价，从而形成对它们的态度和对某种产品的偏好。在评价过程中，大多数的客户总是将实际产品与自己的理想产品进行比较。也就是说，偏好和购买意图并不总是导致实际购买，尽管二者对购买行为有直接影响。

营销人员要根据具体情况进行分析，在实际购买中，往往同时有多种因素影响客户对产品的评价，而且不同的客户认为产品的重要特性也可能不一样。进行评价后，客户可能决定购买，也可能决定放弃购买，若是决定购买，客户将进入下一阶段的行动过程。

针对客户的方案评价阶段，企业应该做些什么？在这个阶段，客户需要大量的能够打动他的信息。那么，能够打动他的信息是什么呢？经过对众多产品的比较，客户当然愿意接受性能和价格让他比较满意的产品，能给他带来更多利益的产品。所以，企业在宣传中，要注意突出产品的优点，尽量让客户多了解产品的优点，以便客户做出判断和选择。

4. 实际购买

实际购买是客户购买决策的第四步，当客户决定实际购买以后，还需要做出一些购买的子决策：卖主决策（到哪里去购买）、数量决策（要购买多少）、时间决策（什么时候去购买）、支付方式决策（现金、支票或分期付款）等。

客户经过产品评价后会形成购买意图，但不一定会实际购买，从购买意图到实际购买还受到一些因素的影响：

（1）他人的态度　客户的购买意图，会因他人的态度而增强或减弱。他人态度对客户购买意图影响力的强度，取决于两件事。一是他人对客户所喜好的产品态度的强度。他人态度越强烈，客户就越会调整其购买意图。二是客户对遵从他人期望的动机强度。他人与客户的关系越密切，客户就越会调整其购买意图。也就是说，他人的态度越强、他与客户的关系越密切，其影响就越大。例如丈夫想买这种饲料，而妻子坚决反对，丈夫就极有可能改变或放弃购买意图。

（2）意外的情况　客户购买意向的形成，是与预期收入、预期价格和期望从产品中得到的好处等因素密切相关的。在客户准备进行购买时所出现的一些意外变故也可能使客户改变或放弃购买决策。客户购买决策的改变、延迟或取消很大程度是由于感知风险导致的。

①感知风险　产品功能没有达到客户的期望。

②身体风险　产品的使用对于客户或其他人的身体健康的风险。

③金融风险　产品的价值与价格不符。

④社会风险　购买这项产品令人尴尬。

⑤心理风险　产品影响客户的心理状态。

⑥时间风险　产品的故障会导致客户必须承担寻找另一项使其满意的产品所付出的机会成本。

这个时候，营销人员应该注意，前期的工作尽管成功了，但在这个实际购买的阶段也一定要把握好。在这个实际购买的过程中，客户依然可能做出否定购买的决策。因此，必须按照客户接受的最佳状态、最佳时机来考虑销售策略。

5. 购后行为

将“购买”视为销售行为的终点，是一个极短视的观点。现代营销观念认为稳定的市场份额比高额的利润更为重要，所以认真对待客户购买后的态度和行为是营销活动中重要一环。满意还是不满意是客户购买产品之后最主要的感觉，并且会把他们的使用感受告诉亲朋好友，影响其他人的购买行为，同时也会影响自己以后的购买行为。对于企业来说，无论是从市场占有率的角度考虑，还是从重视客户为企业创造价值考虑，都应该而且必须关注客户的购后行为，关注其满意度。

客户满意还是不满意一方面取决于其所购买的产品是否同其预期的欲望(理想产品)相一致,若符合或接近其预期欲望,客户就会比较满意,否则就会感到不满意;另一方面则取决于他人对其购买产品的评价,若周围的人对其购买的产品持肯定意见的多,客户就会感到比较满意,持否定意见的多,即使他原来认为比较满意的,也可能转为不满意。感到满意的客户会重复购买,并向他人推荐;不满意的客户会舍弃该产品甚至退货,也可能寻找能够确认产品高价值的信息。它们会采取公开行动,比如向企业抱怨、向其他团体抱怨,或采取个人行动,包括停止购买该产品或告诫朋友。

事实上,即使出现客户不满意的情况,企业若能妥善处理,也是能够使客户转怒为喜的。如妥善处理好退换产品的工作,耐心听取客户意见并诚恳道歉,公开采取积极的改进措施,在必要的情况下,主动对客户进行赔偿,等等。营销人员必须监督客户满意和其购后产品使用情况、加强沟通,甚至要为客户投诉提供良好的沟通解决渠道。

综合以上分析,客户购买决策过程的五个阶段是循序进行的。但在实际购买行动中,并非所有客户的购买行为都要依次经历这五个步骤。在某些情况,可能只经历其中的几个步骤。因此,营销人员的任务就是认清每个阶段客户行为的特点,采取相应的措施,引导客户的购买行为,促成交易,赢得客户的重复购买和长期使用。

任务2 饲料客户管理

做好饲料营销主要有4个关键:组建英勇善战的营销队伍,这是根本;研发适销对路的饲料产品,这是基础;制定正确灵活的营销政策,这是关键;掌控忠诚稳定的客户资源,这是保证。毫无疑问,经销商、养殖户等客户资源是饲料切入市场的瓶颈。

研究表明:饲料企业的客户保持率提高5%,企业的利润可提高25%~85%;开发新客户的成本是维护老客户成本的5倍。客户管理的目的,就是培养巩固能给饲料企业带来价值的忠诚客户。通过对客户的帮助和支持,确保客户和饲料企业共同成长,建立长期甚至终生的战略合作伙伴关系,这是饲料企业义不容辞的责任和义务。

一、客户管理

客户管理,即客户关系管理(customer relationship management)的简称,也可以称作CRM。主要含义就是通过对客户详细资料的深入分析,来提高客户满意程度,从而提高企业的竞争力的一种手段。客户关系是指围绕客户生命周期发生、发展的信息归集。客户关系管理的核心是客户价值管理,通过"一对一"营销原则,满足不同价值客户的个性化需求,提高客户忠诚度和保有率,实现客户价值持续贡献,从而全面提升企业盈利能力。CRM还包括客户信用管理。

客户管理主要包含以下主要方面(简称7P):

客户概况分析(profiling)包括客户的层次、爱好、风险、习惯等;

客户忠诚度分析(persistency)指客户对某个产品或企业的忠实程度、持久性、变动情况等;

客户利润分析(profitability)指不同客户所购买的产品的边缘利润、总利润额、净利润等；

客户性能分析(performance)指不同客户所购买的产品按种类、渠道、销售地点等指标划分的销售额；

客户未来分析(prospecting)包括客户数量、类别等情况的未来发展趋势、争取客户的手段等；

客户产品分析(product)包括产品设计、关联性、供应链等；

客户促销分析(promotion)包括广告、宣传等促销活动的管理。

二、饲料客户的开发

世界管理大师彼得·德鲁克说："企业的使命，就是创造客户！"由此可见，客户才是企业经营的灵魂，客户开发才是企业营销的重点，而不是其他。下面，我们共同探讨一下饲料企业客户的开发模式。

(一)建立信任

建立信任是饲料营销的基础，也是饲料客户开发的起点。饲料经销商、养殖户刚开始对我们的饲料及企业一无所知或知之甚少，我们营销人员就成了客户认识企业和产品的桥梁。客户只有相信我们，才会相信我们所说的一切，才会相信我们的企业和饲料，才会相信我们的饲料及服务能给客户带来更大的经济效益。

1. 知彼知己

首先，要了解客户的基本情况：客户的姓名、价值观及家庭成员、在什么地方用、用什么饲料、用了多少时间、用的怎么样。这里需要特别强调客户的价值观及家庭成员的一些特别纪念日；客户曾经使用过的饲料品牌、品种及优缺点、使用时间的长短、客户发展的目标和方向，了解客户的真正需求，并找到满足的途径。

其次，就是盘点自己的资料和资源，做到心中有数。饲料企业的有关资料：工商营业执照、所获奖项荣誉等复印件；饲料产品的样品、说明书、示范户证明及相关宣传资料；自己个人的一些证明：身份证、名片、所获奖项荣誉等。这里特别强调的是客户附近的科技示范户的详细档案，姓名、地址、电话、示范数据等，都要真实、细致、全面，以备客户考察询问。

综合客户及企业和自己的有关资料，初步预测客户和企业的结合点，能为客户解决什么问题，能满足客户的什么需求，能给客户创造什么价值，并不断调整验证。

2. 建立信任

(1)第一印象　研究表明，80%的购买行为是信任营销人员，而不是因为公司的产品和价格，只有销售不出的人，没有销售不出的产品，给客户的第一印象决定着饲料营销的成败。因此，我们在饲料营销中必须注意：首先是守时，应按约定的时间提前10分钟到，过早则打扰客户，迟到则耽误客户的时间，也是对客户最大的不恭；其次是仪容，尊敬别人尊敬自己。我们应养成出发前照镜子的习惯；再次是仪表，这也是自己的门面。衣服不必每天西装革履，但必须大方、整洁、得体；最后是言行举止，基本的商务礼仪是营销人员综合素质的最好体现。第一印象如能一见钟情，则可能爱屋及乌，事半功倍。

(2)沟通内容　营销人员简单的自我介绍、寒暄后，不必单刀直入喋喋不休介绍自己的饲料产品和催促客户快做购买决定，否则，只会引起客户的反感和戒备心理，早早下逐客令。首先，我们应了解一下当地的市场情况、养殖情况、竞争对手等，客户的经营情况、创业经历及对行业的认识等，并随时请教经营之道；客户的家庭成员及重要纪念节日、当地的风土人情、客户不为人知的个人爱好等。在与客户不同内容的沟通过程中，要及时发现客户的迫切需求，引发客户的共振和共鸣，让客户有相见恨晚的知音感，突破建立信任的瓶颈。

(3)沟通方式　微笑是沟通的通行证，微笑是你愿意接近、接纳客户的表现，微笑才能开启我们与客户的良性互动；倾听是了解客户需求的最佳途径。在沟通的早期阶段，营销人员应以开放式的问题为主，如“是什么”、“如何”、“怎么样”等，打开客户的心扉和嘴巴，才能了解更多的信息。提问后，我们唯一需要的就是倾听，调动我们的耳、眼、心等各种器官，察言观色，发现客户的言外之意；赞美是取悦客户的有效方法，随时赞美客户的具体优点，必能收到良好的效果。特别是人的一些本性，如男人的负责、稳重、自信，女人的温柔、善良、体贴，老人的慈祥、健康、长寿，孩子的聪明、可爱、懂事等。在赞美客户优点的同时，不时请教客户在这方面的心得，满足人们好为人师的需求，也会让自己收获意外的知识和财富。

(二)发现需求

如果说建立信任是饲料客户开发的基础，发现需求则是饲料客户开发的关键，它为满足饲料客户需求、成功开发饲料客户找到了支点。

1. 需求分析

根据马斯洛的需求层次理论，人们一般有五个层次的需求：生理需求、安全需求、社交需求、自尊需求、自我实现，饲料客户也同样具有类似的需求。生理需求，通过质量适中、价格尚可的饲料产品，满足经销商、养殖户赚钱的生理欲望，维持客户的基本生活。安全需求，优质的饲料产品及一揽子解决方案，企业健康稳定的发展前景，企业对客户有计划的学习培训，不断提高客户的整体素质，使客户有一定的生理安全及职业安全感。社交需求，通过与企业各方面人员的深度沟通，不断改善客户与企业的合作关系，成为心心相印的朋友和知己，让客户与企业融为一体。自尊需求，企业各级管理人员有计划、有层次地与客户保持联系，同时通过与公司的合作不断提高客户的实力和形象，满足客户的自尊需求。自我实现，通过客户与企业的长期合作，建立相互依存的战略合作伙伴关系，实现客户各阶段的人生目标，让客户为之满足和自豪。其实，饲料客户需求的满足过程，就是一个不断远离痛苦、获得快乐的过程。

2. 引导需求

营销员和医生有许多相似之处。医生通过望、闻、问、切、检查等手段，确诊病人的病情，然后提出治疗疾病的个性化解决方案。营销员就像出诊的医生，首先通过开放式的背景问题，探询客户的需求，现实情况怎样，理想怎样，两者的差距就是客户存在的问题；接着就是暗示引导需求，使之显性化，如想让某饲料专销商销售我们的饲料，就要暗示专销一种饲料的不足，不能满足所有客户的需求，为了最大限度地拓展市场，再引进另一种饲料就成为必然的选择。通过暗示引导，把客户的潜在需求变成显性需求，客户才有改变现状的欲望和冲动，并主动采取必要的行动。

(三)量身定制

发现客户的需求，为饲料企业满足客户指明了方向，为量身定制介绍饲料产品及提供解决方案提供了依据和标准，减少了我们工作的盲目性，加快了我们开发饲料客户的步伐。

1. 量身定制

根据客户的需求，量身定制地介绍饲料产品和定制个性化解决方案，把饲料的优势与客户的需求结合起来，让饲料与方案成为客户唯一的选择。典型的产品介绍模式就是FABE，即"特色＋功效＋利益＋证明"。如销售乳猪料，结合客户存在的乳猪拉稀问题，饲料营销人员就可以强调乳猪料添加了某种预防和治疗乳猪拉稀的药物（特色），能达到防止乳猪拉稀的功效，提高乳猪的成活率和生长速度（功效），降低乳猪的医药成本，提高养殖经济效益（利益），证明就是科技示范户，可以让客户马上验证。又如饲料经销商互补饲料品牌及品种的引进，饲料营销人员就要介绍企业与之相应的品牌和品种，而不是介绍所有的饲料产品。总之，饲料营销人员要结合客户的需求销售企业的饲料，生意成交自然水到渠成。

2. 处理拒绝

拒绝是客户对陌生人及不确定事物的自然反应，是与生俱来对销售的习惯抗拒，是客户正常的自我保护，并非针对某人、某种饲料产品的真正拒绝。研究表明，拒绝的原因是：55%的不信任、20%的不需要、10%的不合适、10%的不着急、5%的其他。由此可见，拒绝55%是对营销人员的不信任，30%是没有把饲料产品和服务与客户的需求结合起来。所以，拒绝并不可怕，可怕的是对待拒绝的消极态度，拒绝只是一个过程，而非结果，态度决定一切。何况，有时嫌货才是买家，真正麻烦的客户是那些不拒绝而毫无反应的人。处理拒绝也有一个通用的模式：认同＋赞美＋转移＋反问。如客户表示没有时间，饲料营销人员可以这样应对：没关系。像您这样成功的老板，一定很忙，所以平时更应该节省时间，注意保重身体。如果我们的饲料及服务能节省您工作的时间，应该考虑一下吧。在处理拒绝时，最忌讳与客户争吵，有时赢了客户，赢的是嘴巴，输的是生意；输了更得不偿失，赔了夫人又折兵。

3. 成交方法

不管怎么说，让客户信任并接受我们的饲料及服务才是我们的目的。在与客户沟通的过程中，饲料营销人员应抓住每一个成交的信息：如客户主动提出一些问题及建议、详细询问一些具体问题（价格、结算方式、运输方式等）、详细询问市场运作模式等，饲料营销人员就应该及时促成。促成的方法有：假使法，假使生意已经成交，进而商议一些细节问题，如饲料品种、数量、进料时间、运输方式、市场运作等；威胁法，这个市场企业下决心一定开发，我们毕竟是朋友，您做当然给您。如果您不立即进料，企业肯定会开发其他客户，我也做不了主。所以，如果您有意经营，就应该早做决定，以免夜长梦多，节外生枝；最后异议法，我们接触这么长时间，您也有合作的意向，但迟迟不进料，看看还有什么问题。此时，一定要客户确认解决问题立即进料，马上解决客户的问题，促成合作。

三、客户管理的原则

（一）客户的需求永远是第一位的

在饲料营销中，没有永远的朋友，也没有永远的敌人，只有永远的利益。营销人员只有不断发现和满足客户的需求，通过企业的产品和服务不断为客户创造更大的价值，才能不断巩固企业与客户的合作关系，形成长期的战略合作伙伴。

（二）良好的客情关系是客户经营成功的基础

人是注重情感的高级动物，在饲料营销中，既有物质利益的满足，也有感情方面的需求。

马斯洛的需求论认为，物质利益只是人们需求的一部分，很多高级需求如安全、尊重、自我实现等，并非仅靠金钱所能满足的。特别在产品同质化的今天，饲料企业更需要根据不同的客户需求，量身定制不同的产品和服务，才能保持长期稳定的客情关系。

(三)新、老、大、小客户一视同仁

在饲料营销中，特别是在饲料价格、月奖年奖等方面，营销政策要统一标准，不要厚此薄彼。要养成客户向市场要销量、奖金的习惯，不要等行情、靠公司、要政策。要鼓励客户之间的良性竞争，在自己的市场区域内，在统一零售价格下，精耕细作，做大做强。

(四)饲料营销是饲料企业和经销商共同的工作

在饲料市场开发过程中，要充分利用企业的品牌资源、专业人才等优势和经销商的人脉资源和资金优势等，相互支持，在特定区域内做大做强。特别警惕饲料企业在市场开发中的"大撒把"现象，市场费用的降低将会以丧失市场控制权为代价，是危险的企业近视行为。饲料企业和经销商只有通力合作，共同开发市场，提高饲料的绝对销量和市场占有率，才能取得饲料企业和经销商的双赢。

四、客户管理的内容

(一)客户的标准

第一，做事先做人，首先人品要好，在当地要有一定的威望和人脉资源。第二，要认同饲料企业的企业文化和经营营销理念，有服务养殖业的心态和方法，能与企业同心同德，共同开发本地市场。第三，有一定的经济实力和经营能力。经销商要承担一定的金融服务功能，没有相当的经济实力或融资能力很难胜任；同时也要有运用一切资源迅速把市场做强的思路和方法。第四，家庭稳定。一般的乡村客户网点多是夫妻店，男主外，女主内，内外协调才能兴旺发达，二者缺一不可。再者，齐家治国平天下，一个人连自己的家庭都经营不好，其经营能力可想而知。第五，无不良嗜好，特别是毒、赌、嫖等，心无二用，钱也无二用。

(二)客户合同管理

饲料企业要与客户(主要是经销商)签订详细的销售合同，区域范围、经营品牌品种、零售价格、月年销售目标等相应的权利和义务。严格管理，奖惩分明，严禁跨区经营、低价扰乱市场，保证市场健康有序快速发展。

(三)建立客户档案(数据库)

客户档案要详细记录客户的基本情况，如客户姓名、家庭情况、经营地址、联系方式、家庭重要纪念日等；使用情况，如使用历史、销量、养殖数量及合同内容。最重要的是与时俱进，随时更新，为经营决策提供信息数据；并为客户提供合适的个性化服务，保证企业和客户的有效经营。

(四)定制服务流程

设计优化、量身定制每个客户的销售服务流程，让客户在服务中享受到独一无二的惊喜愉悦的客户体验。根据客户的要求，在每个服务接触点如订料、付款、接料、市场服务等设计出符

合客户需求的个性化服务流程。饲料企业不能千篇一律，把企业的利益凌驾于客户利益之上，符合客户需求的流程即企业最佳流程。

(五)客户的培训辅导

饲料企业通过电话、会议、参观、培训、现场指导等多种方式，加强与客户的多方位立体沟通，贯彻企业文化、经营策略，解决客户在营销中遇到的实际问题，提高客户的销售能力和综合素质，保证客户与企业共同发展，打造长期的战略合作伙伴。

(六)加强客户信息管理

在合作过程中，要时刻关注客户的各种公关、促销、庆典、纪念日等活动，利用一切机会加强与客户的感情交流，提升客户的饲料销量；同时定期或不定期了解客户对企业及营销人员的意见和建议，帮助饲料企业监督管理营销人员；为客户适时提供优质服务，及时处理客户投诉，争取把问题客户变成企业的忠诚客户。

(七)服务制胜，赢得忠诚

饲料企业必须从关注企业转移到关注客户、从关注竞争对手转移到关注客户，从提供产品转移到提供一揽子解决方案，为每一个客户量身定制个性化服务，为企业和客户创造更大的价值。服务一般有常规的程序化服务，如饲料企业要求的市场服务、技术服务等；惊喜的个性化服务，即根据客户的需求和自己的能力，为客户提供工作和生活上力所能及的帮助。

(八)细节问题

细节决定成败，关注客户经营中每一个细小的问题，会给你带来意想不到的收获。如根据养殖情况适时调整饲料产品结构，把主销品种放置突出的位置；根据季节疫情变化，提醒客户注意疾病的防治；关注客户家庭成员的重要纪念日，适时送上有纪念意义的小礼品；关注客户的特殊爱好，表示自己的关心等。"随风潜入夜，润物细无声"，随时随地关心客户，让客户享受惊喜的个性化服务。

五、客户流失的信号

客户经营的目的，是形成长期的战略合作伙伴，但客户的流失仍在所难免。大致原因有：64%是遇到漠不关心的员工、18%是价格问题、9%是产品质量问题、5%是听到公司的不好反映、3%是客户搬家、1%是客户死亡。大部分客户的流失都是一个渐进的过程，只要我们留心观察，就能发现蛛丝马迹并及时采取措施，避免不必要的损失。

(1)在饲料企业经营稳定的情况下，客户突然向营销人员或越级向企业领导反映饲料质量不稳定、价格过高、服务差等问题，这就表明合做出现了问题，客户为自己换料埋下了伏笔。

(2)客户以前积极配合饲料企业的销售政策，并和营销人员共同开发市场、维护市场，但突然间对企业的一切变化、政策调整反应冷淡，回避企业营销人员单独开发市场，减少与企业人员的接触，这也可能是客户在做换料的准备工作。

(3)经销商未经企业允许，擅自降低饲料零售价格，甚至跨区域扰乱市场；养殖户投诉反映处理不及时，或与企业不积极配合，甚至煽风点火，联合其他养殖户骗取公司补偿，鼓动养殖户换料等，这都证明客户已没有再经营原来饲料的打算。

(4)在合作过程中，在营销人员或饲料企业领导面前，多次提及某竞争对手的优惠政策，频频参加竞争厂家的各种活动，并且向企业提出新的合作条件，斤斤计较，甚至以苛刻条件威胁企业，不达目的誓不罢休，这可能是客户正为换料准备借口。

(5)在正常的经营环境下，养殖户频频换用某一品牌的饲料，客户饲料销量节节下滑，市场占有率连续走低，如无特殊情况，只能证明客户已经开始逐步换料，只是我们还不知道而已。

种种情况举不胜举，特别是在新饲料企业开业，或某一新品牌开发新市场大力促销之际，经销商和养殖户的任何反常情况，都应引起我们营销人员的高度警惕，保持与客户各方面人员的良好沟通，及时掌握客户的经营信息，防患于未然，保证客户和市场的健康稳定发展。

六、客户管理的其他方法

研究表明，大部分客户关系不是因为明显的冲突而结束，而是断送在怠慢上，有时疏忽大意比明显的问题还危险。关心客户，让客户时时感受到企业的帮助和支持，不断耕耘播种，不断灌溉呵护，使客情关系日益改善。

(1)邀请客户参加重要的企业大会，并给他们发言或颁奖的机会，让他们感觉到自己是企业的一员，满足他们的主人公感和自尊的欲望。

(2)随时随地感谢客户为企业做出的贡献，在企业的公开场合张贴客户的照片，在企业内部发行物上开辟客户专栏，在重要的刊物上公开感谢企业的客户等，让客户时刻感受到企业的感恩之心。

(3)用客户的姓名命名企业的计划、大楼、会议室以及奖金等，把客户与企业融为一体，把客户变成企业的一部分，每个客户都不会放弃这份荣耀。

(4)定期或不定期召开客户研讨会，了解客户对企业的认可度，重要改革时征询客户的意见和建议，欢迎客户给企业提合理化建议，采纳与否都要回应，采纳的建议给以奖励。

(5)定期或不定期组织客户喜欢的活动，或提供他们喜欢项目的入场券，如钓鱼比赛、歌咏比赛，或音乐会、运动会等，满足客户的个性化需求，改善客情关系，提高客户对企业的忠诚度。

(6)随时随地真诚赞美你的客户，特别在他的下属及下级客户面前，赞美客户不为人知的品质或爱好，细微见真情，从细节发现人性的光辉，如男人的稳重和负责、女人的温柔和善良等，让客户有相见恨晚、找到知音的感觉。

客户是饲料企业的重要资源，客户管理也是饲料企业的重要工作，只有从物质和精神上为客户定制个性化的服务，提高客户的整体素质和综合竞争能力，力争客户与饲料企业共同发展，才能实现客户和企业的双赢。

任务3 饲料产品价格管理

饲料企业对定价的正确决策，是走向成功的重要因素。定价最直接和最明显的效果主要反映在短期利润上，对饲料企业长远利润的影响是潜在、重大的。事实上，价格决策常常是决定饲料企业长期成功或失败的一个主要因素。在众多竞争策略中，价格部分竞争是最敏感最直接的竞争，正如乔治敦大学的一位教授一语中的："市场经济就是讨价还价经济。"因此，在激烈的竞争中，饲料企业如何合理定价并成功地进行价格管理可以说是成败的关键因素之一。饲料企业价格管理主要指三方面：一是公司内部产品价格管理，它包括价格制定、价格的变动；二是分支机构的价格管理；三是流通环节价格的指导、监督和管理。

一、饲料企业如何定价

（一）明确定价目标

饲料企业的目标决定着定价的战略性目标。一般来说，饲料企业目标可以分为生存、盈利、市场份额、竞争、产品-质量领先等几个方面。

1. 以生存为目标

目前饲料行业的生产能力严重过剩。在这种情况下，饲料企业维持生存是第一目标，相应的产品定价应较低。

2. 以利润为目标

利润目标有三种：①预期收益目标；②最大利润目标；③适当利润目标。根据饲料行业目前的发展状况，饲料企业应该以获取适当利润为主要目标。如果不切实际地过分强调利润指标，不考虑竞争和长远发展，对饲料企业的发展来说，无异于杀鸡取卵。

3. 以争取最大市场份额为目标

市场占有率是饲料企业经营状况和产品竞争能力的反映，关系到饲料企业的兴衰。市场份额和利润往往是矛盾的，饲料企业应该科学维持两者之间的平衡，最终达到互相促进。如果利用降价来过分追求高市场份额，就如人呼吸没有氧气的空气，最终会窒息而亡。

4. 以适应竞争为目标

大多数饲料企业对竞争者价格都很敏感，定价以前会多方面的搜集竞争对手的信息，然后将自己产品的质量、特点同竞争者的产品进行比较，再做出价格决策。这也是做出正确的定价决策，是饲料企业持续经营的必然选择。

5. 树立产品-质量领先形象

例如饲料行业都知道国内某些品牌饲料就是好饲料，同时价格也是较高的。维护和树立这样的形象，其价格势必就可以维持在较高水平。

（二）明确定价依据，分析定价环境

通常我们定价之前应考虑五个方面，可概括为5C，即cost（成本），customer（顾客），competition（竞争），channel（渠道），confine（政府、法律的限制）。

1. 成本

饲料企业在生产、销售其产品的过程中，会有一些必需的、合理的资金和人力的投入，这些投入在饲料企业健康发展的前提下，是必须予以收回的。成本是内部因素，而价格是外部因素。因此，饲料企业的定价在正常情况下，不应低于成本，产品的可变成本是定价的下限。

2. 客户购买力、购买习惯、需求状况

不同产品的不同目标客户，必须有不同的价格层次，而且不同价格会导致不同的产品需求量，并对市场营销目标产生不同的影响；因此，确定产品的目标客户和客户的最大价格承受能

力，是这个产品定价的上限，即定价的上限则以客户愿意支付的数额为标准。

3. 竞争

竞争因素决定产品价格在其上限或下限之间的落点。饲料企业只有适应竞争才能生存。

4. 渠道

分销渠道影响价格空间，如果产品到终端客户经过的环节越多，企业定价空间就越小。饲料竞争激烈、利润越来越低，渠道营销环节应尽可能地减少，通路越短越好，尽量发展直销和终端营销。

5. 政府及法律的限制

这是影响产品定价的一个特殊因素，决定企业的定价自由及权限。例如，对某些产品政府有最高限价，某些产品又可能有最低限价。此外，反不公平竞争法的实施，规定企业不应倾销产品、企业间不得搞联盟垄断价格等，都是对企业定价的一个重要影响。

(三)选择定价方法

传统的、常用的定价方法主要有以下几种：

1. 成本加成定价法

成本加成定价法是一种按照成本确定价格，由单位成本加上固定百分比利润的定价方法，在实践中广为应用。它的特点是：有利于保持价格的稳定；能够保证企业所耗费的全部成本得到补偿，并在正常情况下能获得一定的利润；计算方法简便易行，资料容易取得；可以减少或避免价格竞争。弊端是：缺乏灵活性、不利于企业降低产品成本、忽视了产品需求弹性的变化。

计算公式为：价格＝单位成本×(1＋成本利润率)

2. 认知价值定价法

一方面，饲料企业对所提供的产品，能给客户带来多大价值进行评估，从而确定相应的价格；另一方面，客户也对他所购买的产品，能产生多大价值进行考虑，从而确定该出多少价钱来购买此产品，即买主对产品价值的模糊定位。只有双方的评估差距较小时，双方的目标才能得到实现。在影响客户是否购买的决定因素中，最重要的莫过于物有所值。

3. 通行价格定价法

饲料企业的价格主要基于竞争者价格，很少注意自己的成本或需求。企业的价格可能与主要竞争者的价格相近，也可能高于或低于竞争者。饲料市场是完全竞争的市场，销售同一产品的各个企业在定价时，实际上没有多少选择余地，只能按行业现行价格定价。因为哪一个企业定价高了，产品都会卖不出去；定价低了，别的企业也会削价竞争，从而会导致无序竞争。

4. 目标投资报酬定价法

目标收益定价法也是一种以成本为中心的定价方法。它根据企业的总成本和预计的销量，确定一个目标收益率，核算价格。

(四)几种定价方法在饲料企业的成功应用

1. 根据不同品种价格需求的弹性不同而区别定价(拉姆齐定价法)

就是说，对需求弹性大的产品，价格应定的与边际成本较近；反之，对需求弹性相对较小的产品，价格应定的离边际成本较远。

(1)集约化养殖与分散养殖区别定价　集约化养殖需求量大，可替代产品少，成本核算精确,赚钱是其首要目标。因此对价格要求低,同时价格需求弹性大。相反,分散养殖用量少,可替代物多,成本核算粗略,赚钱不是养殖的唯一目标 ,只有当自己没有原材料或畜产品价格高时才会购买商品饲料,因此,价格需求弹性小。饲料企业就要依据这种现状区别定价,集约化养殖定价低,分散养殖定价高,同时,对于定价相对较高的分散养殖户可以通过加大折让、按比例赠送饲料以及合同定制等办法达到合理安全销售,如若只有区别定价,而无缓冲的折让等政策的话,一定要注意对销售价格的保密和控制问题。

(2)猪饲料与禽饲料(鸡、鸭饲料)区别定价　从我国养殖情况看,猪的养殖具有高度分散,小规模养殖为主,阶段用量,用量少(购买量占总用量 5%左右),养殖周期长(180 天以上)等特点,因此,弹性低。而禽类养殖大部分是集约化养殖,全程用量,用量大(几乎 100%购买饲料),养殖周期短(45 天左右),那么价格需求弹性大。因此,猪料与禽料有必要区别定价,在利润水平上,猪饲料利润应高于禽饲料。

2. 地区差别定价法(歧视定价法)

由于不同地区养殖习惯、养殖种类、养殖水平、经济条件不一样,因此,其价格接受水平也不同,其次,各饲料企业设立有不同的市场战略目标,因此有必要实施地区定价法。要成功实施地区差别定价必须具备一些条件,诸如饲料企业对价格具有一定的控制力、市场差别可以明显区分以及相对独立等,不然就会发生倒货或高价,引起客户的不满,从而导致失败。

3. 增量成本定价法

对于有些产品,如果按全部成本测算销售价格,那么将导致无法销售。目前行业中的蛋鸡饲料就属这种情况。据世界粮农组织 FAO(1998)统计数据显示,我国鸡蛋人均占有 17.7 kg,而同期美国是 17.3 kg,世界平均是 8.9 kg。总量和人均量均居世界第一,但蛋价也是全世界最低的几个国家之一,也是亏损最多的国家之一。再加上蛋鸡料受廉价的自配料影响特别大。由此可见,饲料企业要想靠蛋鸡饲料赚钱很难,收回成本的可能性极低,因此,许多饲料企业均采取可卖可不卖的放弃态度。但同时蛋鸡料具有销量大、集中、独立等特点,当使用总成本定价我们不能销售时,如果采用增量成本定价法或许有一定的销量。只要产品的售价高于供应这种产品的增量成本,企业就能获利。(注:长期增量成本(LRIC)的经济学概念是为增加一定的产出量而增加的成本,增量成本是短期决策时重要的成本概念,即强调决策的相关成本只限于与该决策有关联的成本项目,也称为某项决策带来的总成本的变化。)

4. 产品组合定价法

例如,鱼的前、中、后期饲料,前期用量少,而中后期用量多;同时,一旦用了前期料,往往不易换料,因此,可以考虑前期料利润适当降低,主要靠中后期料赚钱。鸡、鸭饲料也比较类似。饲料企业销售品种应有主次之分,应该有赚钱产品的同时配备配套品种的销售,有些配套品种,如果对主产品还有协同作用,即使量少也应该卖。饲料企业可以考虑组合定价法,一些产品赚钱,另一些产品作牺牲配套。

5. 认知价值定价法

饲料产品的价值是可以客观衡量的,例如肉猪、肉鸡、肉鸭饲料可以测算其料肉比,即吃多少饲料能增重 1 kg,然后根据畜产品实际售价,就能知道饲料产品所带来的直接价值大小。蛋鸡、蛋鸭饲料可以测算料蛋比,然后推算其直接价值。通过畜禽对比饲喂试验,就知道竞争产品的直接价值大小,在此基础上,可以比较客观地确定产品的价格。客户购买时会选择直接价值大的产品,如果直接价值一样,那么客户会选择服务好的饲料企业产品。产品能给客户群带来的价值以及处于主导地位的竞争价格水平，共同决定了饲料企业的产品定价。

(五)选定最终价格

根据前面的定价方法，明确了定价的范围，但饲料企业的最终价格确定还需考虑以下因素：

1. 市场地位分析

处于不同市场地位其定价目标不一样，其定价主动权也不一样。任何企业都可以在其行业的六种竞争地位中找到自己的位置：①统治地位；②强壮地位；③有利地位；④防守地位；⑤虚弱地位；⑥弥留地位。

由于不同的市场地位，饲料企业定价就有几种选择途径：价格决定者，价格主导者，价格挑战者，价格追随者，价格接受者，有价无市者。

2. 市场结构分析

市场结构分完全竞争、垄断、垄断性竞争、寡头垄断四种形态。不同形态其定价策略不一样。

3. 产品优劣势分析

竞争力强的产品定价宜高，处于劣势的产品定价宜低，即差别定价。

4. 产品特性分析

饲料是生产资料，属中游产品。其定价既要受上游原材料价格影响，又要受下游畜禽产品价格的影响。同时，饲料属大宗产品，其附加价值低。因此，总体利润水平都不宜太高。

5. 产品所处生命周期不同阶段分析

产品在开发期、成长期、成熟期、衰退期不同阶段应定价不同。

6. 产品在企业中所处地位分析

产品有主次之分，贡献有大小之分。因此其定价要求也不一样。

7. 地区差别分析

运输距离远近不同、市场成熟度不同、市场主次及重要性不同等，其定价也不一致，又称地理定价。

二、价格管理

(一)饲料企业内部价格管理

饲料企业内部价格管理包括价格安全、定价效果的追踪、市场对价格的反应等情况的收集和管理。由于环境在变、成本在变、竞争状况在变，所以价格制定后不是一成不变的，价格涨、跌的变动是正常的，但涨跌价时要注意以下方面：

(1)知已知彼，对自己产品的成本要有信心，对竞争对手产品的成本要心中有数。营销人员的话不能全信，他们往往把对手的价格低估，甚至自已不努力导致业绩差就怪公司产品价格太高，因此，饲料企业主管，尤其是对价格有决定权又对企业销量、利润指标负责的主管，要尽力避免在信息不可靠的情况下轻易变动价格，只应在有充分的理由和把握时，才考虑对价格进行调整；

(2)涨、跌没有绝对的好坏之分，关键要掌握好时机和涨跌的幅度；

(3)价格变动不能太频繁;

(4)要充分评估预测包括企业营销人员、客户、竞争者的反应,并考虑相应的应对措施。

(二)分支机构的价格管理

分支机构主要指饲料企业在外面设立的经营部、直销店、中转库等。饲料企业要设专门人员负责追踪、检查价格政策的执行情况,防止随意涨、跌价。防止营销人员为了冲销量而私自跌价或者为了谋求私利、吃差价而私自涨价,甚至对客户进行价格欺骗等情况的发生。

(三)流通环节的价格管理

任何营销策略的成功,都离不开流通环节的理解、配合和贯彻执行。在众多竞争策略中,价格竞争是最敏感最直接的竞争,特别是直接面对终端客户的流通环节,对价格实施掌控特别重要,是防止暴利、恶性杀价或价格欺诈等扰乱市场行为的必需。例如有些产品饲料企业本是为了促销而专门设计的部分产品的高质低价或低质低价,如果管理控制不当,有可能成为经销商牟取暴利的机会,最终形成饲料企业流血而他趁火打劫的结果,甚至因为经销商对客户的欺骗,造成终端客户的流失。任何促销和优惠措施,如果不能给终端用户带来好处,那么这种措施都是无效或是失败的。因此,饲料企业一方面在合同中要对其约束,另一方面要提供指导价格,甚至强行规定最低或最高售价,达到规范市场、公平良性竞争、持续经营的目的。因此,对流通环节的价格管理是非常必要的,一些饲料企业往往忽略这一方面。

成功的价格管理既是科学又是艺术,既要达成企业目标,又要避免陷入价格战。价格竞争是最敏感的因素,价格战是一把双刃剑,杀伤别人的同时也会伤害自己,价格战中没有赢家。因此,负责任的饲料企业决不应轻易挑起价格战,反而会尽量避免陷入价格战。饲料企业在关注价格时,不妨多考虑一下价值因素,以价值为中心来制定价格政策。同时应结合饲料企业自身状况、根据企业和行业不同的发展阶段和特点,采取诸多非价格竞争策略,最终获得满意的市场份额又赚取合理的利润。也就是说,好的定价策略,要达到预期的效果,必须有其他配套措施诸如产品质量、销售网络、技术服务等的配套服务,同时要加强价格管理,既不能一成不变,也不能太灵活而随便,更要防止价格失控。这是关系到企业生死存亡的大事。

任务4 饲料销售市场管理

一、客户的巡访和维护

(一)巡访标准

根据客户分类,对不同的客户需要不同的巡访次数、停留、时间和内容;建议按表9-1的标准执行。

表 9-1 客户巡访标准

客户等别	月访问次数	平均停留时间/min
A类	4	120
B类	2	60
C类	2	30
新客户	3	30

具体的划分标准应结合本地区市场特点和客户的发育程度确定，一般A类客户占总数的20%左右，B类占30%左右。

在制定巡访标准时，应该结合区域市场特点、交通状况和养殖特点，核算出巡访每一类客户所需的大致滞留时间和路程时间；由各类客户的数量，核算出每月所需的总时间；再按一名营销人员每月有效巡访时间150～180 h计算，如在营销人员能完成的范围内即可。

(二)巡访计划和注意事项

(1)营销人员每月初应制定出自己所负责的客户巡访工作计划，同时填报《客户巡访计划表》，交上级主管部门；注意客户巡访应与货物的配送相结合。

(2)巡访客户应提前3天预约，了解巡访目标客户的需求和意见，以便提前准备，并预约时间。对临时突发事件，需更改计划的，应征得客户同意，调整安排。

(3)巡访工作完成后要填写《客户巡访记录表》，将相关数据记录到客户档案相应表格。巡访中难以解决的问题报告上级主管，请示后在3天内答复；对承诺的事宜必须按时兑现。

(4)主管部门对营销人员的巡访计划和执行情况要进行检查和监督，作为月考核的指标之一。

(三)巡访内容

(1)沟通客情关系，了解客户基本情况及经营状况、产品使用情况，包括已使用量、库存情况。

(2)检查价格、区域等市场规则执行情况，协调市场关系，指导执行既定的市场规则。

(3)配送结算货款，核定和发放各种返利和保量奖，核对双方账目。

(4)了解客户对企业产品的意见。了解客户的需求和困难，并做出解答和解决。

(5)企业有关政策和信息的传达，宣传企业市场政策和产品信息。

(6)组织促销活动和技术服务讲座。走访和服务养殖示范户，了解养殖示范户的本品使用情况，现场指导和技术讲解；

(7)联系本区产品宣传员，检查和督导其工作情况。

(8)了解主要竞品的销售情况及市场策略的变化情况和其他方面市场的信息。

(9)指导客户经营管理，帮助其管理下属客户，包括二级商或养殖户。

(10)指导客户下一次进货的计划：品种、数量和时间。

二、评估和激励

(一)评估

每月底对客户进行综合评估，评估的主要因素为销售量完成情况、增长率、本品的份额、市场规则执行情况和工作配合情况等。

每季度对客户进行综合评价和总结，除月度评估的因素外，还应考虑客户的经营状况和发展潜力等，考察客户的能力能否与市场容量和发展相协调；评估结果存档保存。

年度评估，主要对客户一年的销售业绩进行年度总结和评估，分析其市场地位和发展潜力，对完成目标任务的贡献率、维护成本以及促销效率等。

(二)激励

通过客户的月、季和年度综合考评，及时分析发现客户购买中的积极和不足的方面，同时检讨管理方面的经验和欠缺。

对于客户销售积极的方面应给予充分肯定，达到奖励标准的，应及时兑现奖励，营销人员应加以总结，推广其他客户；对于须改进的方面，应及时分析原因，协助其改进。

每季度根据考评结果，对客户进行级别条件的重新认定和 ABC 分析，优升劣降；同时对出现以下情况的客户应及时淘汰，以维护市场秩序和销售网络质量：

(1)连续两次未完成目标季度销量的客户。

(2)不遵守区域划分，经查实有严重的串货现象，造成市场混乱的客户。

(3)不执行市场零售价格，出现滥价、乱价，恶意竞争等现象，扰乱价格体系的客户。

对评估中优秀的客户，应结合具体情况给予政策、促销和管理的倾斜，加大扶持力度和奖励。

三、建立信息监测体系

深度营销的一个重要特点就是即时掌握终端信息，这些信息决定了饲料企业对市场的反应速度，从而决定了企业能否在瞬息万变的市场环境中超越竞争对手，获取市场优势。监测对象包括经销商、竞争对手和养殖大户。

对经销商，最重要的是销量，包括本企业产品的销量、竞争产品的销量以及因此反映出的市场份额的变化，这些销量信息一方面支持企业进行各项策略决策，另一方面也让企业的产量计划完全建立在有效出货的基础之上，从而尽量减少存货。不仅要监测本企业经销商的销量，而且要了解区域内其他企业经销商的出货情况，这样企业才能得到全面的信息，市场份额等相对数据才具有可参考价值。

对竞争对手，最重要的是他们在终端上做了什么，对经销商、对养殖户，都有哪些行动，在多大的范围内展开，执行的强度，以及这些行动是否产生了良好的效果。通过这些信息，我们才能快速地、有针对性地狙击竞争对手，争取市场份额。对竞争对手的监测主要是定性的信息，对重要的活动情报，营销人员应在充分调查的基础上，形成专题报告呈交上级主管部门，企业才能因此做出正确判断和方案选择。

对养殖大户，最重要的是养殖状况的变化，可因此判断在未来一段时间内，饲料消耗量是否上升或下降，并以此调整各片区的进货量和生产部的产量计划。同时企业通过对养殖市场的实时监测，掌握养殖行情，支持各项决策。

在信息监测体系没有建立起来之前，饲料企业的人力可能不能保证对所有的区域进行调查，必须从中选取一些重点区域，这叫抽样。原则上应按照随机选择的原则，抽取约 1/5 的点进行调查，如果不能完全随机选择，也应避免全部选择饲料企业占优势的区域，应考虑所选择的调查区域能基本反映出本地区的竞争状态。

任务5 饲料产品促销管理

促销是营销组合四大要素之一，是饲料企业营销策略的重要组成部分，也是饲料企业参与竞争、贯彻各项战略意图的利器之一。促销有广义与狭义之分，广义的促销是指广告、公关、人员推广、销售促进活动，狭义的促销是指销售促进。

一、什么是促销

促销就是营销人员向客户传递本企业及产品的各种信息，说服或吸引客户购买其产品，以达到扩大销售的目的。

企业的促销活动与其他的市场营销活动如产品决策、价格策略的选定等有所不同。上述一些市场营销活动主要是在企业内部进行或者在营销者与营销者之间进行。而在促销活动中，要向客户宣传或介绍其产品，说服和吸引客户来购买其产品，所以参与促销活动的双方是营销人员与客户或潜在的客户。

促销实质上是一种沟通活动，即营销人员（信息提供者或发送者）发出作为刺激物的各种信息，把信息传递到一个或更多的目标对象（即信息接受者，如听众、观众、读者、客户等），以影响其态度和行为。常用的促销手段有广告、人员推销、网络营销、营业推广和公共关系。企业可根据实际情况及市场、产品等因素选择一种或多种促销手段的组合。

二、促销的目的

(1)通过为客户创造更多的价值来吸引客户，从而增加销售，创造更多的利润；

(2)打击或压制竞争对手；

(3)公关活动是为了树立良好的公众形象；

(4)应对淡季。

促销是饲料企业参与竞争、实现既定目标的重要手段，有必要从战略高度来对促销进行规划。促销规划的首要任务是明确促销目的，促销目的不同，促销政策也不相同。只有在明确促销目的前提卜来制定相应的促销政策、拟定促销方案，才能成功地实现既定目标。

开展促销的目的一般有六个：实现铺货率目标；扩大销量；新品上市；消化库存；季节性调整；应对竞争。

（一）实现铺货率目标

产品推广成败的一项重要指标是“铺货率”。在产品上市阶段，一定的铺货率对产品推广、广告配合、稳定市场等都有着极为关键的作用。为确保铺货率目标的实现，饲料企业需要按计划来组建、扩大或调整营销网络。饲料企业可以采取以下做法：

1. 拓宽重点市场的营销网络

利用各种优惠政策扩大现有客户的购买能力、积极寻找新的客户、争夺竞争产品的客户。

2. 扩大新市场的营销网络

以优惠的促销政策、大量的促销活动和人员抢在其他竞争产品以前全面开发营销网络。

3. 开发新市场

对于还未进入的新市场,应广泛地进行产品的告知和宣传,同时举办各种活动吸引新客户的尝试。

(二)扩大销量

在相应市场达到较高"铺货率"之后,饲料企业的主要目标是提高市场占有率。此时,促销目标已经由实现铺货率目标转为扩大销量(即增加客户的订货量,获取企业预期的利润)。

1. 刺激现有客户购买量

可采用大规模促销、价格优惠、促销竞赛、高额奖励等方式。

2. 开发新的客户

合理的价格条件和适当的促销活动吸引新客户的合作尝试。

(三)新品上市

由于客户需求呈多样化和多变性趋势,饲料企业往往需要及时向市场推出新品。在新品上市过程中,企业需要进行大量的宣传并制定相应的销售政策。在新品上市过程中,必须处理好新旧产品之间的关系(矛盾和竞争)。

(四)处理库存

受生产规模、运输及仓储等条件的限制,饲料企业需要定期清理库存。大量处理库存可能会打乱市场价格体系,并减少企业利润。但另一方面,如果在处理库存时能巧妙运作渠道资源,却可以借此扩大市场占有率。

(五)季节性调整

产品的销售会受到季节性因素的影响,这是由产品特性和客户需求变化引起的。产品不同,淡旺季也随之不同。饲料企业不仅要分析本企业产品的季节性变化趋势,更要分析竞争品和行业等方面的变化趋势。

1. 饲料企业淡季时采取的措施

练内功,期望旺季来临获得好收成——研发新产品,完善内部管理,加强客情沟通、筹备旺季竞争策略等;推出新产品,让新产品符合现有的市场,淡化淡季。

实行反季攻略,利用现有产品在淡季中占据市场资源,拉大淡季的销售量,或者获得更多的市场资源,取得市场优势。

以上的三种方式,前两种不是淡季的促销方式,只有第三种才是真正意义上的淡季促销。因为:第一种方式,更多的是饲料企业内部的行为,而不是市场的直接表现;第二种方式,是通过新产品,切入其他产品品类的旺季,获得企业销售额的拉动;第三种方式,则是真正在现有产品的淡季来逆季而上的市场行为。

2. 淡季促销,饲料企业应该争夺什么?

淡季市场购买能力弱,要拉大客户的购买量,难度十分大,除非有另类的促销方式,但另类的促销方式可遇不可求的。但是,如果能首先占据渠道资源,就能抢占市场的先机。这就是淡季促销的营销潜规则:淡季,盯紧经销商的仓库和资金。

当销售处于淡季时,整个行业购买力极其低下。大多数饲料企业针对终端客户进行促销,他们认为,越是不好卖越要增加购买诱因,刺激终端客户的购买欲望。还有的饲料企业试图利用终端客户一个普遍的心理:淡季产品便宜。有一些企业做得不错,但对于大多数饲料企业来说,这个时候做促销,可以肯定效果不会太好,因为市场的蛋糕太小。例如饲料行业,在农忙期间,农民都在忙田里的事情,他们甚至不会关心哪个饲料企业在做促销,企业这个时候针对农民做促销,肯定是豆腐花了肉价。

那么饲料企业是不是就无事可做,坐等旺季来临?在淡季,聪明的企业家眼睛紧盯着经销商的仓库和口袋。将竞争目标定位于经销商的流动资金和仓储能力上,当企业的产品能够占据经销商的仓库和流动资金时,在市场回升时,你自然就抢占了先机,并且给其他竞争企业产品快速进入设置了壁垒,因为任何一个经销商的资金和库存都是有限的。

特别是像饲料这样的产品,因为终端客户确定用一种饲料后,一般在这一批畜禽的饲养过程都不会轻易换其他饲料,因为那将直接影响饲养效果,饲料企业抢占市场先机就显得格外重要,这可能影响到今后几个月的销售业绩。

淡季把促销对象锁定为经销商,特别是一级经销商。这个时候饲料企业还要注意,一定还要为市场回升时做准备,做好为经销商分流库存的计划,以免经销商因为产品分流不及时而让企业的促销前功尽弃。

在市场回升期,做终端客户促销同时,更重要的是做好经销商的促销,让产品迅速进入终端,形成终端优势,以便这些成员之间形成一个和谐的推力和拉力。这个时候,配合一些终端客户的促销造势,最终形成一个强大拉力。

(六)应对竞争

竞争对手的市场行为是饲料企业制定促销政策时必须考虑的重要因素。当生产企业不多、少数企业占据大部分市场份额(市场集中度较高)、产品差异性不大、客户有相当的识别能力并了解市场情况时,分析竞争者的市场行为就显得尤为重要。

三、饲料企业促销策略

饲料营销属于产业营销范畴,但又具有快速消费品营销的一些特性,这使得饲料营销具有两面性。根据产业营销的促销理论,人员推销和行业杂志刊登广告是其主要的促销手段,其他促销方式作用相对比较小。这一类客户对品牌敏感度一般或者较低,主要追求经济效益。

目前主要使用的促销手段有如下几种:人员推销、行业杂志刊登广告、礼品促销、墙面广告、价格战。很少出现饲料企业在大众传媒投放广告的案例。

(一)促销原则

饲料企业的促销要针对农民(宠物饲料除外)的特点,把握如下几个原则:

(1)绝大部分农民没有看报纸和杂志的习惯,所以这一类媒体尽量不要选择。

(2)墙体广告虽然比较低档,但是对农民宣传效果很好,且成本非常低廉。

(3)农民的品牌意识淡薄,讲究实惠,加上饲料产品本身属于工业品,品牌效应不是很明显,所以饲料企业的宣传应该以改变养殖观念和产品功效宣传为主。

(4)农民文化程度低,宣传标语或者广告语要写得实在、易懂、一语破的、简单明了、易于记忆和传颂。

(5)饲料产品受众面窄,不宜采用大众传媒。

(6)农民注重实际效果,相信亲戚、邻居或朋友的介绍,相信亲眼所见,所以营造示范效应和口碑相传是宣传的重点。

(7)部分农民由原来只注重产品质量,逐步开始注重售后服务和品牌。

(二)促销策略

饲料企业应该采取的促销策略是针对不同产品制定不同的促销策略,因为不同产品所处的生命周期不同。

比如牛精料配合料处于市场引入阶段,饲料企业促销的重点是观念更新,改变养牛不用精料补充料的习惯。饲料企业可以在养牛类刊物如《中国奶牛》、《肉牛饲养》及《牛的疾病防治》等上刊登产品广告;饲料企业也可以在养殖比较集中的区域选择地方经济电台或者中央七台(农业频道)投放一段时间的广告;饲料企业还可以在养殖比较集中的农村交通路口投放一些墙体广告,宣传的重点是改变养牛旧观念,倡导使用精料补充饲料,科学养牛。

鱼、特种水产配合饲料、鸡猪浓缩料和预混合料,已经经历过产品的引入阶段正处在成长阶段,饲料企业宣传的重点已经不是改变养殖观念,但是从扩大总市场容量的角度来看,仍需要改变农村散养户养殖观念。为什么呢?这是中国特殊国情决定的。目前占中国养殖总量的70%以上的是农村散养,这个巨大的养殖实体中仅有20%的养殖户使用商品饲料,由此可见,饲料企业要把这部分潜在客户转变为现实客户能够带来巨大销量,挖掘这些客户主要依靠浓缩料和预混料。鱼和特种水产料也经历过市场引入期,现在处于高速成长阶段,其宣传重点和预混料相同。

针对上述产品,饲料企业促销策略的主导思想是改变饲养观念和宣传产品功效。饲料企业具体做法是人员推销为主,辅以专业杂志广告、墙体广告以及地方经济电台短期电视广告来改变养殖观念。

饲料添加剂目标客户是饲料生产厂家和养殖场,促销策略是以人员推销和专业杂志刊登广告方式为主。

四、如何转移促销成本

促销拉动消费,务必超值和易得。但是,饲料企业的促销成本又成了企业促销的最直接的瓶颈,可以采用以下方法来转移促销成本。

1. 利用实际价值模糊的产品

价值非常模糊的产品,流通中的价值增值十分厉害,如果我们能够在供货源头做文章,将它们作为促销品,就完全有转移促销成本的可能。

比如有一个企业推牛奶,用了面包做促销品,牛奶的价格比竞争品牌贵2毛钱,结果效果非常好。原因很简单:市面上卖1元钱的面包,如果很大批量地从厂家直接进,也就2毛钱的样子。客户明确的是市面上的价格，出厂价和零售价相差这么大，客户不明白，还觉得很超值。而且，很多人都有早上牛奶加面包作为早餐习惯，有面包送，牛奶贵一点也没有关系。结果，该企业促销没有花一分钱。

2. 利用需要做品牌推广的产品

有一些产品和你的产品相关联，但是又是新品。它们需要做市场推广，迅速扩大知名度达到一定的品牌效应，这样的产品是值得被你选择为促销品的。因为它们也同样受到了促销瓶颈的约束，要花很多钱通过广告来获得知名度，它们也花不起这个钱。它们就搭乘其他产品便车，你转移促销成本的机遇就出现了。

［**案例 9-1**］

某个公司有一个新的拨号上网的特服号，但是没有知名度，该项业务总是做不起来。后来，该公司和一家品牌电脑制造商达成协议，客户买他们的电脑，送公司的上网时间，通过公司的特服号拨号上网。当时上网费是 2 元多一个小时，而公司按照成本价卖给电脑制造商，才 3 毛多钱。电脑制造商对电脑价格做了微调，送 500 h 上网时间，才加了 150 元/台。该品牌电脑价格原本就比竞争品牌要低一些，价格上的微调，根本就不过分。对于客户，500 h 的上网时间对于他们的概念来说，价值是 1 000 多元，是不是很超值?

该电脑制造商做如此的促销，几乎是没有花钱的。他们抓住了某公司要将品牌快速传播出去的愿望，促销成本也就实现顺利转移。对于某公司来说，利用电脑制造商电脑销售不错的状况，也达到了自己的目的，原本要花很多钱做的促销，结果也没有花 1 分钱。

3. 别人的商机，也是分摊促销成本的时机

我们在选择促销品的时候，完全可以根据一些商业时机来选择促销品，关键问题在于将别人的商机转化为自己的商机，充分利用别人渴望利用商机的心理，达到分摊掉促销成本的目的。虽然，这个时候促销品不一定是具体的产品，只要能够给客户带来利益，想客户所想，同样可以调起客户的购买欲望，达到促销的目的。

比如促销过程如果正好遇上春节和元旦，正是很多商家拼市场，抢商机的时候。众商家为了吸引更多的客流，纷纷对某些商品进行打折销售。饲料企业可以和商家联系，推出“卖产品，送优惠卡”活动。优惠卡，饲料企业不需要花一分钱，有商家做好了给送来，优惠的商品也不是饲料企业的产品。但是，客户很高兴，双节，谁家里不要买年货呀！商家也乐意，饲料企业成了优惠卡的免费派送员。

4. 改变其他行业的游戏规则，转移促销成本

这或许是促销成本转移最不容易做到的一种方式。这种方式运用必须具备几个条件：其他行业的游戏规则是有漏洞的；十分熟悉要利用的行业规则；有这个行业内的成员与你进行配合；有没有能力对其他行业规则动得足够狠；当具备以上条件之后，就要分析其他行业规则特征，这可以从产品、渠道、服务、价格等方面入手，执行起来要快要狠，一定不要等别人觉察，有了反击你的时间。

岗位操作任务

一次不成功的饲料产品促销活动

一家饲料企业原本效益很好，也没有做过促销，后来其他企业后来者居上，这家企业慌了，

于是召开销售人员会议。销售人员没有不抱怨的：人家企业促销做得多好，农民买一包饲料可以得到一件文化衫，经销商做大了组织你去国外考察。企业想，这不是很难，我们也做。江南每年6～8月是农忙时节，农户都忙着双抢，养殖业是淡季。企业想，淡季一定要刺激农民，诱导农民购买。于是，该企业制作好了文化衫，文化衫后面是产品广告语，前边是企业标识，很漂亮。到了7月底，销售人员从市场回来，又向企业抱怨：怎么这么晚才给市场发放促销品，别人早就做了。原来竞争企业在5月底就将文化衫全部发放到位，农民在双抢时根本没有时间去购买饲料，几乎都在双抢前先买好饲料，那时你的文化衫还在加工企业做呢！第二年，该企业很早就准备好了促销品，是质量很好的香皂。农忙时农民每天都要洗澡，香皂是他们的必需品。但结果和预料大相径庭：经销商拒绝大量进货。销售人员从市场前沿报告：经销商已经大量进了竞争厂家的货，原因是该厂家开展了一个活动，在市场淡季完成旺季85％销售额的经销商可以参加企业的出国考察团。竞争厂家已经抢占了经销商的仓库和资金。

这家企业的促销活动错在哪里？

项目小结

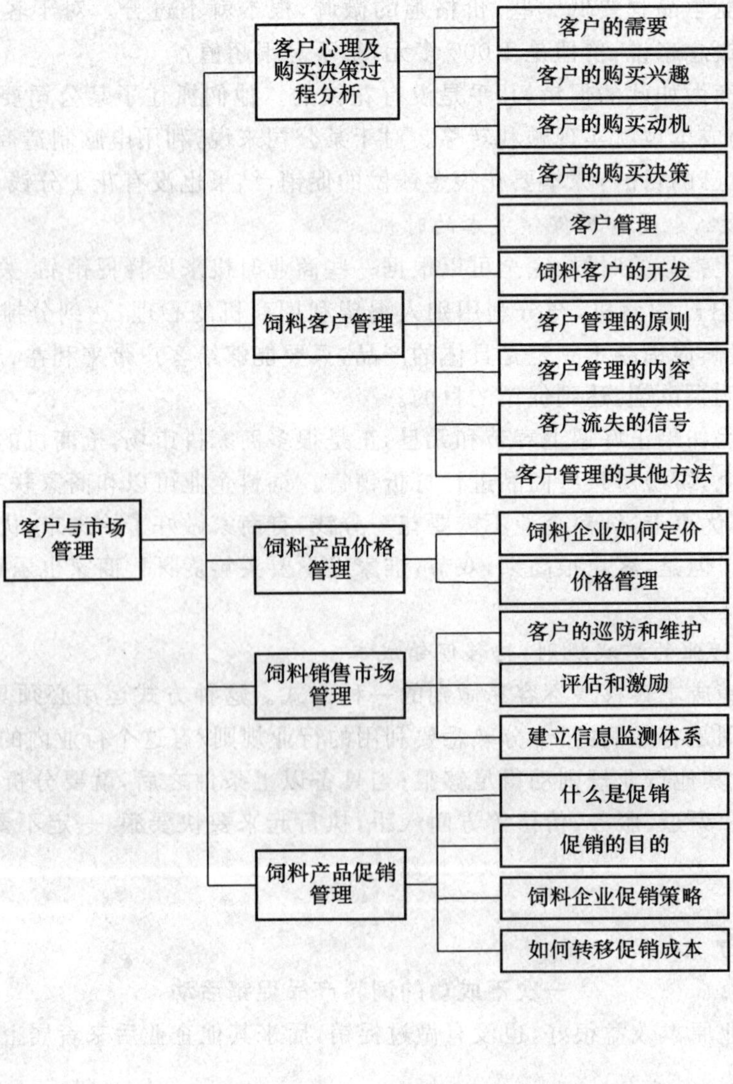

职业能力和职业资格测试

1. 分析某一类型饲料所针对的各种客户可能存在或潜在的需要。
2. 针对不同类型客户制定出相应客户管理方案。
3. 假设某一种饲料成本，针对不同用户制订出不同的定价策略。
4. 假设不同的客户市场制定相应的管理措施。
5. 能针对某一饲料制定出促销方案。

项目10

饲料营销团队建设

项目设置描述

随着经济的发展和竞争的复杂、激烈，企业已经逐渐认识到，强大竞争优势已经不能仅限于员工个人能力的卓越，更重要的是体现在团队合力的强大，体现在那种弥漫于企业中无处不在的团队精神，只有靠团队的合力企业才能在竞争中保持优势。一个高效、团结的营销团队可以更好地完成企业的营销目标，扩大企业的市场份额，为企业赢得巨额利益。本项目讲授的内容是团队概述、营销团队建设、团队精神的培养、营销团队的沟通与团队的绩效考核等。

学习目标

1. 了解营销团队的构成要素。
2. 了解营销团队与销售群体的区别。
3. 如何建设营销团队。
4. 如何培养营销团队精神。
5. 如何进行营销团队的沟通。
6. 学会团队的绩效考核方法。

任务1　团队概述

团队（team）是由员工和管理层组成的一个共同体，它合理利用每一个成员的知识和技能协同工作，解决问题，达到共同的目标。营销团队是指由两个以上的营销人员组成，通过各成员之间的相互影响，相互作用，在行为上有共同规范的介于组织和个人之间的一种组织形态。团队成员之间共享信息，共同制定决策，以便每个成员更好地承担起自己的责任。一个营销团队对一个企业有着重要的作用。现代企业是否能实现其销售目标，一个很关键因素在于是否有足够的优秀的营销人员来执行企业的营销计划。营销人员是代表企业与客户联系的主要桥梁。而由具有团结协作精神的营销人员所组成的营销团队，对于企业实现自身的销售目标更是起到了不可估量的作用。假如两个企业在产品的质量、性能、价格等方面都旗鼓相当，那么最终拥有一支高绩效营销团队的企业，一定会在激烈的竞争中胜出。

为了达到企业的销售目标，为企业开发和维系忠诚的客户，营销经理需要挑选或招聘优秀的营销人员组成一支具有专业水平的销售队伍，为客户提供符合客户要求和祈望的服务。

一、营销团队的构成要素

团队的构成要素总结为5P，分别为目标、人、定位、权限、计划。一个成功营销团队必须具备以下要素：

1. 一个特定的销售目标

团队应该有一个既定的目标为团队成员导航。如果没有目标，团队成员就会失去方向，团队也就没有了存在的价值。因此，尽管目标不尽相同，但任何营销团队都要有一个共同的销售目标，这个共同的销售目标要把相互依存、相互联系的团队成员维系在一起，使他们以一种更加有效的合作方式来达成个人和组织的销售目标。也正是因为有了销售目标的存在，各销售成员之间才得以为之共同奋斗，营销团队才有了存在的意义。

2. 最核心的力量——销售成员

尽管营销团队是企业销售中最核心的力量，但销售目标的最终实现还要依靠营销人员来实现，因此，营销团队的成员选择就成为营销团队管理中非常重要的一个环节。在一个营销团队中，不同的人通过分工来共同实现团队的销售目标，这些人有的出谋划策，有的制定计划，有的具体实施，有的协调其他人共同完成工作，还有的去监督团队工作的进展、评价团队最终的贡献……因此，在营销人员选择方面，要考虑人员的能力如何、经验如何、技能和个性是否互补等。

3. 领导者的权限大小

营销团队在不同阶段的发展与团队领导者权力的大小密切相关。一般来说，在营销团队发展的初级阶段，领导者的权力相对来说比较大；而营销团队越成熟，团队领导所拥有的权力也越小。

营销团队的权限和以下因素有关：

(1)整个营销团队在销售组织中拥有哪些决定权。如人事决定权、财务决定权或信息决定权等。

(2)销售组织的特征。如销售组织的规模有多大，团队成员的数量是否足够，销售组织对于团队的授权有多大，销售组织的业务属于何种类型等。

4. 营销团队的定位

营销团队的定位包含以下两层意思：

(1)营销团队的定位。即确定营销团队在企业中处于什么地位，由谁选择和决定营销团队的成员，营销团队最终应对谁负责，团队领导采取什么方式激励下属等。

(2)营销个体的定位。即作为营销团队的成员在团队中扮演何种角色，例如，是负责制定销售计划还是负责配合他人，是具体实施计划还是进行销售评估？

5. 具体的销售计划

销售目标的最终实现要依靠一系列切实可行的销售方案，因而，可以把销售计划理解为实现销售目标的具体工作程序。团队成员按销售计划实施可以保证营销团队的工作进度。也只有按步骤完成每一项销售计划，团队才会一步步贴近目标，从而最终实现销售目标。

二、营销团队与销售群体的区别

很多人把团队和群体混为一谈，实际上，营销团队和销售群体之间具有根本的区别。其区别主要表现在：

(1)在目标方面　销售群体的目标必须与销售组织目标保持一致，而营销团队除了组织目标之外，还可以制定自己的目标。

(2)在协作方面　协作性是销售群体和营销团队最根本的差异，销售群体的协作性可能是中等程度的，而营销团队中充满了一种齐心协力的气氛。

(3)在技能方面　销售群体成员的技能可能是不同的，也可能是相同的；而营销团队是把具有不同知识、技能和经验的人综合在一起，各成员的技能是相互补充的。

(4)在责任方面　销售群体的领导者要承担很大的责任，而营销团队中领导者或是每一个营销团队成员都要承担责任，甚至要相互作用、共同负责。

(5)在绩效方面　销售群体的绩效是每一个个体的绩效相加之和，而营销团队的绩效是由团队成员共同合作完成的，其绩效可能是一加一大于二。

(6)在领导方面　作为群体，应该有明确的领导人；而团队可能就不一样，尤其是团队发展到成熟阶段时，成员共享决策权。

三、团队的力量

有这样一则"蚂蚁靠团队力量搬动巨蟒"的寓言故事：蚂蚁驻地遭到了蟒蛇的攻击。蚁王在卫士的保护下来到宫殿外，只见一条巨蟒盘在峭壁上，正用尾巴用力地拍打峭壁上的蚂蚁，躲闪不及的蚂蚁无一例外丢掉了性命。正当蚁王无计可施时，"军师"把在外劳作的数亿只蚂蚁召集起来，指挥蚂蚁爬上周围的大树让成团成团的蚂蚁从树上倾泻下来，砸在巨蟒身上。转眼之间，巨蟒已经被蚂蚁裹住，变成了一条"黑蟒"。它不停地摆动身子，试图逃跑，但很快，动作就缓慢下来了。因为数亿只蚂蚁在撕咬它，使它浑身鲜血淋漓，最终因失血过多而死亡。

一条巨蟒，足够全国蚂蚁一年的口粮了，这次战争虽然牺牲了两三千只蚂蚁，但收获也不小。蚁王命令把巨蟒扛回宫殿，在"军师"的指挥下，近亿只蚂蚁一起扛巨蟒。它们并不费力地把巨蟒扛起来了。然而，扛是扛起来了，并且每一只蚂蚁都很卖力，巨蟒却没有前移，因为虽然有近亿只蚂蚁在用力，但这近亿只蚂蚁的行动不协调，它们并没有站在一条直线上，有的蚂蚁向左走，有的向右走，有的向前走，有的向后走，结果，表面上看到巨蟒的身体在挪动，实际上却只是原地"摆动"。于是，"军师"爬上大树，告诉扛巨蟒的蚂蚁："大家记住，你们的目标是一致的，那就是把巨蟒扛回家。"统一了大家的目标，"军师"又找来全国嗓门最高的一百只蚂蚁，让他们站成一排，整齐地挥动小旗，统一指挥前进的方向。这一招立即奏效，蚂蚁们很快将巨蟒拖成一条直线，蚂蚁们也站在一条直线上。然后，指挥者们让最前面的蚂蚁起步，后面的依次跟上，蚂蚁们迈着整齐的步伐前进，很快将巨蟒抬回了家。

蚂蚁凭什么能够战胜巨蟒并将重量数百倍、数千倍，乃至数万倍于自己的巨蟒搬回家？单靠一只蚂蚁是无法完成的，必须由无数只蚂蚁结成有共同目标且动作协调一致的团队才能完成。这也正是团队的力量之大啊！

(一)团队——打造综合力

人际交往与团队协作活动，无论是直接的，还是间接的，都是人类必然会出现的一种社交活动。其必然性来源于人的本能需求所决定的合群倾向。合群倾向是人际交往的驱动力，是人际交往的心理基础。荀子曾论人："力不若牛，走不若马，而牛马为用，何也?""人能群，彼不能群也。"这里讲的"人能群"，就是能够发挥团队的力量，打造"合群"的"综合力"，从而胜于单独与孤立的力量。就像富兰克林·罗斯福所讲的："团队行动者可以完成单个行动者永远也不敢奢望的事情。"

(二)团队——增强凝聚力

企业是具有社会性的组织，在企业内部存在着各种各样错综复杂的关系。这种种关系既有相互协调的一面，又有矛盾冲突的一面。如果解决不好，就可能影响企业的凝聚力，进而影响到企业的生存与发展。而团队的建设则有助于企业凝聚力的增强，确保组织的发展壮大。

(三)团队——提高竞争力

人类社会在"茹毛饮血"的原始社会初期，为了生存，在与大自然的斗争中，就懂得了合作的重要性，这是连小学生都通晓的常识。随着社会的文明进步，合作成为人与人之间的一种高尚"感情"表现。但是，与此同时，生存竞争也是无处不在的。竞争、挑战，都是激发个人能量，使国家民族攀登高峰的内在要求。市场经济就是弄潮人的经济——竞争，挑战！市场经济离不开市场，有市场就必然有竞争。在市场经济条件下，竞争是生产和流通正常进行的条件，是资源有效配置的前提，是市场调节企业活动的基础。

到了现代社会，人与人，业与业，国与国，为利益而进行的竞争日益激烈。资源的争夺，市场的争夺，人才的争夺……比比皆是。事实上，有了竞争和挑战，人们的活力和创造性才能充分发挥出来，推动社会进步。竞争是美丽的，可以让人充满活力，充满生机，充满希望，可以激活人的生命潜能。

竞争的意义是显而易见的。但是，任何企业要想在竞争中获得生存和发展，就必须千方百计地提高自身的竞争力。而企业要提高竞争力，就必须提高产品和服务的质量；就必须不断革新工艺，改进设备，降低成本，提高劳动生产率，开发新产品；就必须不断完善企业形象，创造著名品牌。这些目标的实现，必须依赖于企业的广大员工，依赖于员工的整体合力，依赖于团队的核心竞争力。

我们说，团队建设有利于提高企业的竞争力，主要表现在以下几个方面：一是团队建设有利于企业提高产品和服务的质量；二是团队建设有利于降低产品成本、提高劳动生产率和经济效益；三是团队建设有利于促进企业技术进步；四是团队建设有利于企业摆脱困难，实现企业阶段性的发展目标；五是团队建设有利于企业树立良好形象、创造企业著名品牌。

任务2 营销团队建设

能够圆满地完成销售目标是每个营销经理的追求,而高效团结的营销团队是企业占领市场的先头部队,是营销经理顺利完成销售目标的法宝。如果没有一支高效绩的营销团队,企业或者营销经理要想实现销售目标是不可能的。因此,在实现销售目标的前提下,营销经理必须组建一支高绩效的营销团队。

一、团队建设的任务及程序

(一)团队建设的三大任务

团队建设是一个使团队品质不断完善的长期过程。凡是能够提高团队效能的事情都与团队建设有关。团队建设涉及团队许多方面的工作。就其大者来说,团队建设有三大方面的基本任务:

1. 创建团队

团队建设首先要创建团队,即把一些人员组合在一个群体中,为团队奠定队伍基础,这是团队建设的起点。组合人员不是简单地把一些人安置在一个群体中,而是必须经过一个心理融合的过程,这是成员间增进相互了解、相互信任和凝聚力的过程。

2. 养成团队品质

团队建设的核心任务是养成团队品质,把群体建设为一个真正的团队。具体内容包括:培养团队精神,发展团队工作能力,制定团队规范以及发展团队信任气氛,使之最终成为一个品质优秀的团队。在建设成为一个真正意义上的团队后,团队内部环境发生了变化,主要表现在:团队成员已经相互信任,彼此比较了解,开始分享共同的团队目标和团队的核心价值观,能够共同面对团队的任务和困难,凝聚力达到一定的强度。

3. 保持和增强团队优秀品质

一个群体成为团队后,建设团队的工作开始转入新的阶段。这个新阶段的任务是不断适应内外部环境的变化进行"微调",继续保持团队的品质和优势。这第三项任务与养成团队品质所依据的原理和方法没有本质的区别,是建成团队品质以后团队建设过程的继续。

(二)团队建设的程序

团队建设的三项任务构成团队建设的系统工程。三个任务的完成呈现出一定的时间系列,形成团队建设完整过程的三个阶段:创建团队(组合阶段),养成团队品质(成长阶段),继续保持和发展团队优秀品质和优势(成熟阶段)。

在团队建设的过程中,贯穿始终的是团队的沟通、团队管理和团队领导。从组合团队的第一天开始,团队建设离不开良好的沟通、管理和领导。沟通、管理和领导的质量直接关系到团队建设的成效。

团队建设一般要经过以下三个阶段:

创建阶段的目标：将经过选择的一些人组合在一个将要成为团队的群体内，使人们经历初步的融合。其核心是经过一个心理融合的过程，这是成员之间增进相互了解、相互信任和凝聚力的过程。

成长阶段的目标：养成团队优良品质，使群体最终发展成为真正的团队。具体内容就是培养团队精神，发展团队工作能力、团队规范和团队信任气氛。这一阶段建设的评价参照是：团队成员已经相互信任，彼此比较了解，开始分享共同的团队目标和团队的核心价值观，能够共同面对团队的任务和困难，凝聚力达到一定的强度。

成熟阶段的目标：继续保持团队优良品质，为了适应变化的环境进行必要的调整，继续发展团队的优良品质和优势。

团队创建阶段一般要经过五个环节：确定团队目标、确定团队类型、分析团队角色、配置团队人员和人员的心理融合。

成长阶段是群体能否成长为团队的关键时期。这个阶段的四大项建设任务构成团队建设的主要内容，其实质是构建优秀的团队品质。

在成熟阶段，群体已经成为真正意义的团队，这时团队合作已经达到并维持在一个高水准的阶段。团队成熟阶段可能很长，也可能很短。项目团队随着项目的结束将终止团队生命。但是一些常规性团队的生命周期与整个组织的生命周期一样长。

在团队建设的整个过程中，贯穿始终的必不可少的组织要素是沟通、管理和领导。

二、创建营销团队

组织为实现特定营销目标而抽调一些人组成一个营销团队，这个过程就是营销团队的创建阶段。有时，组织不仅从内部抽调人员，还从社会招聘人员，把这些人员组成一个团队。创建营销团队的五个步骤是：确立团队目标，确定团队类型，分析团队角色，配置团队人员，促使团队成员心理融洽。

(一)确立团队目标

在团队建设中，有人做过一个调查，问团队成员最需要团队领导做什么，70%以上的人回答——希望团队领导指明目标或方向；而问团队领导最需要团队成员做什么，几乎80%的人回答——希望团队成员朝着目标前进。从这里可以看出，目标在团队建设中的重要性，它是团队所有人都非常关心的事情，有人说："没有行动的远见只能是一种梦想，没有远见的行动只能是一种苦役，远见和行动才是世界的希望。"

要建立高绩效营销团队，营销经理首要的任务就是确立团队的销售目标。销售目标是营销团队存在的理由，也是营销团队运作的核心动力。营销团队目标是发展营销团队合作的一面旗帜，是营销团队决策的前提。

没有销售目标的团队只能走一步看一步，处于投机和侥幸的不确定状态中，风险系数大，就像汪洋中的一条船，不仅会迷失方向，也难免触礁。同时，团队销售目标的实现关系到全体团队成员的利益，也是鼓舞团队成员斗志、协调大家行动的关键因素。

团队销售目标往往是在销售预测的基础上，结合本企业的营销策略、行业特点、竞争对手的状况及企业的现状来确定的。确定团队销售收入目标是确定整个企业销售目标的核心。企业作为一个盈利的社会团体，其销售收入(销售额)的大小就是企业经营好坏的最好标志。确定销售收入目标时,营销经理需考虑到收入目标与收益性的关联、与市场的关联、与社会性的关联。在与收益性的关联方面,销售收入的目标值需能确保企业生存与发展所需的一切利益,也就是企业需从事足以获得收益的活动。与市场的关联是针对企业服务的客户层及服务的多少而言的。企业正是根据这个构想,来确保企业在市场中的地位——即销售目标值的大小必须能确保企业在市场中的地位,而企业为了确保其市场地位,也一定会对市场展开最佳的活动,最终的成果则表现在"市场占有率"上。最后,企业是属于社会中的一员,所以在决定销售收入目标之时必须考虑到社会性,不可只考虑市场与收益性,而忽视了社会性。因此,企业需顺应时代潮流,尽量满足企业内外各利害关系人的不同需求,尽其所能地为社会服务。

销售目标是在企业营销目标的基础上确定的。销售目标又可按地区、区域、时间段来分成各个子目标,在设定这些目标时,必须结合企业的销售策略。所以,销售目标包括团队的销售目标和营销人员个人的销售目标两类。

1. 团队的销售目标

一般来讲,团队的销售目标应包括以下几方面的内容:

(1)销售额指标　销售额指标包括部门、地区、区域销售额销售产品的数量,销售收入和市场份额。

(2)利润目标　利润内容包括每一个营销人员所创造的利润、区域利润和产品利润等。

(3)销售费用的估计　包括旅行费用、招待费用、运输费用、费用占净销售额的比例、各种损失等。

(4)销售活动目标　包括营销团队所访问新客户数、销售推广活动、访问客户总数、商务洽谈等。

2. 个人销售目标

仅有团队的销售目标,还难以调动团队内每一名成员的工作积极性,营销经理在制定了团队的总体销售目标后,还要帮助每一名营销人员制定个人下一年度和下一季度的销售目标。一般来说,需要制定的个人销售目标包括以下几种类型:

(1)常规性目标　它是针对现有工作制定的日常性、常规性的目标,主要是处理诸如销售额、销售费用、销售区域管理目标、销售拜访、潜在客户、潜在购买机会、订单数量的增长情况、市场份额、市场覆盖范围以及销售报告等因素。通过这些目标的完成可以确保有关人员在特定时间内取得具体的、有形的而且是可以测量的结果,以满足团队的基本要求。

(2)解决问题的目标　它是为了解决特定问题而制定的目标,通常是针对个别营销人员。这些目标主要是处理偶然发生的个别现象,例如,出现实际结果偏离正常状态的情况,实际工作中发生的新的威胁、变化改变了原有活动的正常流程,以及对某些个别问题需要给予特殊关注等情况。

(3)创新性目标　又称为创造性目标。它要求营销人员在自己所负责的销售责任范围内采取一种新的、具有创造性的工作方式。

(二)确定团队类型

团队的类型多种多样。要根据工作目标和工作任务的性质确定拟创建的团队类型。营销团队负责产品的市场开发、销售、售后服务,在营销团队中,可以划分为市场开发团队、营销团队和售后服务团队。因此,团队也是一个有层次的系统。但是,一般来说,工作团队的队伍不宜过于庞大。队伍庞大的团队其实是团队系统。有效互动的团队人数有一个大体的限制。成功的团队人数一般由2~20人组成。人数太多的团队,缺少直接的人际沟通机会,容易分化为更小的团队。因此,人数太多的团队更精确地说,是团队系统。

以营销团队存续时间为划分标准,团队类型可划分为长期团队、中期团队和短期团队。

长期团队存在于组织的职能部门中,部门存在,则团队存在。团队的成员一般都是某个职能部门的员工。长期团队的目的是完成组织的基本职能,人员组成具有稳定性。

中期团队的生命一般从半年到几年之间。中期团队是为了完成某个特别项目设立的。如果项目需要不同领域的技能,则其人员来自许多部门,成员同时受团队的管理和原所在单位的管理。

短期团队是为了研究某个问题或进行某项决策而设立的。这些问题的解决方案提出后或决策任务结束后,团队也就解散。当出现新的问题需要研究或进行新的决策时,再组建新的团队。如果问题和决策任务涉及组织系统内多个部门,则团队成员从有关部门抽调,成员同时接受团队的管理和原单位的管理。

(三)分析团队角色

团队的角色可以分析为一般角色、临时角色、工作岗位角色和非正式角色。

团队一般角色是根据比较概括化的基本职能确定的角色,例如,领导者角色、观念产生者角色、监督评价者角色、专家角色等。这些角色与工作岗位有关系但并不固定对应于具体的工作岗位,而是对各类活动的主要功能进行概括、抽象出来的角色界定。

临时角色是为了解决临时的问题而临时组建的。团队里的角色最常见的临时角色是会议的角色。会议角色只存在于会议持续期间,会议结束,角色即终止。

工作岗位角色是根据工作岗位的需要设计的角色,与工作岗位相捆绑,与工作岗位共存亡。有什么样的工作岗位,就有什么样的工作岗位角色。这是最持久最稳定的角色。

团队成员的选择决定于人员技能的相互搭配的总体效应。团队人员各自的技能是相互补充的,而不是对称的。一个团队需要多种技能,每个人的技能与其他成员的技能有很多相似的地方,但每个人也有自己的技能特点。一个全部由具有一样技能的人员组成的群体,无法完成复杂的任务。不仅团队人员的技能是相互补充的,而且他们在个性特征方面也不应当是一个模式的。一个团队需要各种角色。

团队角色互动具有合作的本质属性。从工作技能的需要来说,团队的角色必须是技能互补的、相互支持的。目前比较流行的一种对团队一般角色的定义和划分是贝尔宾(Meredith Belbin)提出的。他与同事在多年的研究后确定成功的团队有九种基本的角色。他们主张,缺少其中一种角色,团队就不是完整的。他们根据角色的主要功能,把这九种团队角色划分为三大类。

1. 第一类:理智的角色

(1)观念产生者　观念产生者提出新观念和战略,特别关注重大问题,寻求突破和创新。其特点:富有创造力和想象力,敢于突破陈规,注重战略。可容忍的缺点是往往不拘小节。

(2)监督评价者　监督评价者分析问题,评价意见,促进团队决策。其特点:认真,善于观察,精于分析和判断。可容忍的缺点是可能缺乏鼓舞别人的能力。

(3)专家　专家为团队注入技术信息。可容忍的缺点是埋头技术,对其他问题关注不够。

2. 第二类:行动取向的角色

(1)塑造者　塑造者以行动为特征。他们主要是激发行动。他们行动的动机强烈,但对团队的人际关系的维持不够关心,待人缺乏耐心,对同事常常公开批评,敢于冒犯同事的情感。当一个团队有几个塑造者的时候,人际关系往往比较紧张。但在团队遇到困难动力不足的时候,塑造者的价值就有机会充分体现出来。

(2)执行者　执行者将观念转变为实际工作程序,执行工作计划。可容忍的缺点是可能不够灵活,对新的变化反应比较慢。

(3)完成者　完成者确保团队不犯错误,不遗漏必要的事情。他们关注需要特别关注的细节,在团队中维持一种工作紧迫感。可容忍的缺点是常过度担忧一些事情,对新变化反应比较慢。

3. 第三类:面向人的角色

(1)协调者　协调者指导和控制团队朝目标前进,促进团队决策,保证团队成员不偏离团队的航向和轨道,确保团队资源得到最好的使用。特点:成熟、自信,善于担任会议主席和澄清团队目标,清楚团队的优点和缺点。可容忍的缺点是可能给人一种在操纵别人的印象。

(2)团队工作者　团队工作者的主要特点是支持其他成员,例如对其他成员提出的意见进一步完善,对有困难的成员提供支持和帮助,改善成员的沟通,促进团队精神的建设。团队工作者善于与人沟通,对人友好,善解人意,关心人,很少挑剔别人,一般不做重大决策。可容忍的缺点是有时当断不断,犹豫不决。

(3)资源调查者　资源调查者关注团队外部的观念、发展情况和可利用的资源,建立外部联系,进行谈判。这种人性格外向,热情,善于沟通。可容忍的缺点是可能过度乐观,有时热情不能持久。

贝尔宾等上述的角色描述,不是对具体的工作职务角色的描述,而是对团队中的一般的团队角色行为方式和一般的团队角色能力的描述,而且带有一定程度的理想化的色彩。贝尔宾等的角色定义,只具有一般的意义,我们不能机械地理解这些角色。例如,对于各类角色人的可容忍的缺点,在具体人身上未必如此体现。其他某些方面的特点在具体人身上也未必很精确地符合贝尔宾的描述。毕竟个人在履行某个角色时会受到个性的影响,因此实际表现的角色与典型的角色有一定的差距。实际生活远比理论模型丰富。

在一个团队中,一个人可能同时担任两个角色或更多的角色。例如,某个人同时担任协调者和团队工作者的角色。一种角色,往往同时有几个人在担任。一个人担任的主要角色随着时间、情境的转变也会发生变化。

(四)配置团队人员

应根据团队工作目标、任务、团队类型和工作要求来配置团队人员。

1. 在人员配置前对工作岗位进行分析

首先分析工作岗位的工作内容和性质:

(1)工作目的和任务;

(2)工作责任和权力;

(3)工作条件和主要困难;

(4)工作与其他工作的关系;

(5)工作在整个组织结构中的位置。

其次,分析工作岗位需要的人员素质、条件:

(1)学历和专业背景;

(2)工作经验;

(3)工作技能;

(4)对工作者个性的要求(性格、能力、性别等)。

2. 分析候选人员

团队成员的选择决定于团队的工作岗位要求和个人因素。总的要求是:人与事匹配,即工作任务性质与个人因素匹配;人与人和谐,即成员相互的个性匹配。

团队成员的选择应考虑如下因素:

(1)个人的学历和专长;

(2)个人的工作经验;

(3)个人的个性品格;

(4)个人承担具体岗位的意愿;

(5)候选人员相互的人际关系;

(6)候选人员技能的互补情况;

(7)候选人员个性的匹配情况。

人的因素是重要的,但是,我们不能用僵化的观点来看人。特别是关于人的能力和专长,应充分考虑每个人的能力和技能是发展的。当个人当前没有完全具备某技能时,通过一段时间的学习和实践就可能具备。既要考虑每个人当前已经掌握的知识和技能,也要考虑每个人的发展潜力和发展动力。如果过分强调一个人当前已经具备的知识和专业能力,就很可能失去一个很好的人选。

3. 人员配置方式

团队人员的配置方式有以下几种基本方式:

(1)指派领导　根据团队工作岗位分析和人员分析的结果,由组织管理者征求团队成员候选人的个人意见后再确定人员名单,然后指定一个团队领导人,再由这个团队领导人分配团队角色给其他成员。这种方式比较适合组织对候选的团队领导者已经有明确的人选,而且建立团队的时间比较急迫的情况。

(2)沟通协商　根据团队工作岗位分析和人员分析的结果,由组织管理者征求候选人意见后确定团队成员名单,但不指定团队领导人,而是提供条件让候选人有互动沟通的机会,等团队成员经过一段时间的互动后由成员自行选出团队领导人,在团队领导人的主持下与成员协商分配角色。这种方式比较适合建立团队的时间表进程比较从容而且对领导人的人选一时难以确定的情况。

(3)自荐考核　根据工作岗位分析和人员分析的结果,确定工作岗位和所需人员,岗位一律对内公开招聘,由应聘者自荐拟担任的工作,组织管理者组织专家进行考核。经过组织考核,确认岗位人员配置。这种方式开放程度大,适合组织管理者对组织系统内人才情况不够清楚的情况。使用自荐考核型,那些平时不为人注意的人才很可能冒出来。

(4)社会招聘　根据工作岗位分析和人员分析的结果,确定工作岗位和所需人员的品质及技能,招聘信息通过各种媒体广告、人才招聘网站、人才市场等向社会公开,由应聘者根据自身的条件和意愿选择中意的岗位,并向企业或组织投递简历和个人资料。组织管理者先初步筛选出一部分符合要求的应聘者,然后组织专家进行面试评估。经过面试评估后,最后确认人员配置情况。这种方式适合组织管理者想要建立一个全新的团队或者组织系统内人员调配不够的情况。使用社会招聘,开放度很大,同时风险也较大。

(五)促使团队成员心理融合

团队新成员融合的过程是一个不断交换个人信息、彼此理解、加深关系和感情、建立比较稳定的互动关系的过程。

(1)交流个人信息　人们刚刚加入一个新组合的团队时,要经历一个相互认识的阶段。个人信息的分享是相互信任的基础。人们对于不熟悉的合作者总是不信任的。对于合作伙伴不了解是令人尴尬的。刚刚组成一个新团队的一群原来互不熟悉的人,急于了解伙伴的一些个人信息,包括个人姓名、原来的工作部门、学历、专业、专长,甚至家庭的某些信息。

(2)加强领导者与成员的沟通　团队的领导者允许团队成员参与工作草案的拟定和决定完成任务是最好的沟通方式。如果营销经理与团队成员共同定义工作的性质与范围,他们会更加关心这项工作。同时,与成员展开讨论,描述工作的目标或挑战,并请他们帮助讨论有效的解决方法。这样,团队成员会更加容易融入团队中,并会产生一种主人翁的意识。而且,营销经理这样做本身也是对团队成员的一种信任。所以这样做不仅会产生更好的结果,而且会使团队领导者、管理者的工作更加容易。

(3)工作分配与个人兴趣相结合　将工作分散开来,让每一个人都做贡献,并尽量使个人优势与所承担的工作类型相一致。要尽力开发出团队成员隐藏的兴趣或可供利用的潜能,将特定的工作分配给那些会热情执行的成员,让成员从事他们喜欢的项目,会收到事半功倍的效果。

(4)相互理解,相互包容　随着时间的推移和合作的加深,团队成员彼此相当熟悉了,对伙伴的需要、动机、情感、态度、技能、特长、个性特点、行为方式等都有了相当全面的了解。这时团队成员的合作互动,总的来说还比较默契。但是,个人的一些缺陷、缺点也开始暴露了。人机互动关系开始暴露出一些不和谐、不协调的情况,个人对其他人的印象可能存在误解、偏见,还会出现争论甚至争吵,不同意见时有交锋。这时,需要成员进行自我调整,相互理解,相互尊重。另一方面,团队管理者也可以采取一定的措施促进调整。例如,在发生激烈冲突的时候,召开会议,提供直接交流意见的机会,或者帮助成员提高对关系不和谐的原因以及如何改善互动方式的认识。增强团队的凝聚力,多提供与同伴沟通的机会、发展友谊的机会和共同娱乐的机会,使成员们体验到彼此相互支持、相互尊重的积极感情,逐渐树立起相互尊重和相互体谅的态度。

个人性格特征在个人之间有很大差异。多数群体不是全由具有完美的个性特征的个人组成的,群体成员的个性必然是复杂的,有个性差异的。一个和谐的群体不追求每个个人性格完美,而是追求成员之间能够相互包容,和谐相处。

任务3　团队精神的培养

团队精神是指团队的成员为了团队的利益和目标,而互相配合、竭尽全力的意愿和作风,包括团队的凝聚力、互信合作的氛围、高涨的士气和协作精神等内容。简单来说，团队精神，就是大局意识、服务意识和协调意识“三识”的综合体。团队精神是高绩效营销团队的灵魂，是成功团队中难以模仿的特质。没有多少人能清楚地描述团队的精神，但每一个团队成员都能感受到它的存在。

高绩效营销团队强大竞争力的根源不在于其成员个人能力的卓越，而在于其成员整体力量的强大，这其中起关键作用的，就是那无处不在的团队精神。

一、增强凝聚力

一个优秀的、高绩效的营销团队绝不仅仅是一群营销人员的简单组合，而是一个有着凝聚力的共同体。团队的凝聚力是指团队成员之间相互吸引的程度、团队对其他成员的吸引程度。这是一个团队引以为豪的一种整体感。凝聚力使群体成员互相吸引，向团队聚合，使每个人的参与呈现重要性。凝聚力包括忠诚、投入、志趣相投以及为团队利益牺牲的意愿。

（一）凝聚力强的团队特征

(1)团队内的沟通渠道比较畅通、信息交流频繁，大家觉得沟通是工作中的一部分，不会存在什么障碍。

(2)团队成员的参与意识较强，人际关系和谐，成员间不会有压抑的感觉。

(3)团队成员有强烈的归属感，并为成为团队的一分子觉得骄傲。愿意把自己作为这个团队中的一分子提出来，跳槽的现象相应较少。

(4)团队成员间会彼此关心、互相尊重。

(5)团队成员有较强的事业心和责任感，愿意承担团队的任务，集体主义精神盛行。

(6)团队为成员的成长与发展，自我价值的实现提供了便利的条件。领导者、团队周围的环境、其他的成员都愿意为自身及他人的发展付出。

（二）影响团队凝聚力的因素

团队凝聚力的高低受众多因素的影响，大体可分为外部因素和内部因素。具体内容如下：

1. 影响团队凝聚力的外部因素

从外部看，当团队遇到威胁时，无论团队内部曾经发生过或正在发生什么问题、困难、矛盾，这时团队成员会暂时放弃前嫌，一致应对外来威胁。通常外来威胁越高、造成的影响越大、压力越大，团队所表现出的凝聚力也会越强。当然如果团队成员感到团队根本没有办法应付外来威胁和压力时，就不愿意再去努力了。

举一个简单的例子：某超市在过去没有竞争对手的时候经营得还不错，能够为社区做一些贡献，但有一天沃尔玛进来了，就在它旁边开了一个 20000 米^2 的连锁超市，这时员工会觉得这是一个强大的敌人，很难去应付，他们可能会放弃努力。

2. 影响团队凝聚力的内部因素

(1)团队领导人的风格、类型　领导是团队行为的一种导向和核心，采取什么样的领导方式直接影响到凝聚力的高低。在民主的领导方式之下团队成员愿意表达自己的意见和参与决策，这时积极性高、凝聚力比较强；而在专制、独裁、武断的领导方式下，下属参与的机会比较少，员工的满意度相应比较低，牢骚满腹，会后私下攻击性的言论也相应增多，凝聚力也会较低；但在放任型的领导方式下，团队成员就像一盘散沙，人心涣散，谈不上集体主义，也谈不上团队的规则，这时更谈不上凝聚力。

(2)团队的规模　规模越大越容易造成团队的沟通受阻，意见分歧的可能性也会增大；大规模的团队人员之间的接触相应较少，关系也不顺畅，容易人浮于事、互相扯皮、不负责任、办事拖拉；团队的规模越大产生小团队的可能性就越大，小山头、小派系这时可能就会出现。通常团队的人数应该在10～15个人之间较好。

(3)团队的目标　团队目标如果跟个人的目标一致，有吸引力、号召力，这时团队成员就愿意合作完成任务，凝聚力会增强；反过来如果个人目标和团队目标不关联，个人的想法是多挣钱，团队的目标是获得荣誉，这时合作就会少，感情趋于冷淡，凝聚力也就降低。

(4)奖惩方式　个人奖励和集体奖励有不同的作用：集体奖励会增强团队的凝聚力，会使成员意识到个人的利益和荣誉与所在团队不可分割；个人奖励可能会增强团队成员间的竞争力，但这样一种方式会导致个人顾个人，在团队内部形成一种压力，协作、凝聚可能会弱化。建议两者都要考虑，承认团队的贡献，也要承认个人成绩。

3. 提升团队凝聚力

(1)采用民主的领导方式　领导是团队行为的一种导向与核心，作为团队的主要领导者，其领导方式应具有个人魅力。研究发现，在“民主”、“专制”和“放任”这三种领导方式下，以“民主”型领导方式最好，在该组成领导下的成员比其他组成员间更友爱，团队中思想更活跃，情感更积极，内聚力更强。

(2)合理设定团队目标　确定团队内部一致性的长远的发展目标，加强成员的一致性，同时将团队目标和团队成员的个人利益联系起来，使它具有吸引力和号召力，这样团队成员就愿意合作完成任务，凝聚力也会增强。反之，如果个人目标和团队目标无关联，合作就会减少，成员合作的意愿就会明显降低，团队凝聚力也会降低。在外国的许多企业都采取让员工直接参股的方式来密切员工与企业间的关系，从而增强团队的内聚力，提高生产效益。

(3)多设立团队奖励　团队内部管理机制应该完善，应当做到赏罚严明，公平公正。由于个人奖励可能会增强团队成员间的竞争力，从而在团队内部形成一种压力，凝聚力也可能会弱化。因此团队领导者应多设团队奖励，甚至可以将个人奖励与团队奖励相结合，把个人目标与团队的目标相结合，这样就会增强团队观念和团队内聚力，使成员意识到个人的利益、荣誉与所在团队是分不开的。

(4)控制团队规模，加强成员沟通　规模越大，越容易造成团队的沟通受阻，意见分歧的可能性也会越大，并且容易出现小团体。因此，团队领导者要注意控制团队的规模如前所述，在10～15人为宜。除此之外，还要加强团队内部的信息沟通和交流，密切团队成员之间的关系。一个团结的团队内部成员间的交流与沟通是非常必要的，团队成员间的交流和沟通可以加强团队的一致性，密切相互间的关系，从而达到增强团队内聚力的作用。

二、营造互信合作的气氛

团队合作的精髓就在于“合作”二字，团队合作受到团队目标和团队所属环境的影响，只有在团队成员都具有跟目标相关的知识技能及与别人合作的意愿的基础上，团队合作才有可能成功。

成功的团队合作随处可见，无论一支足球队、一个企业、一个研发团队、还是一个部队，成员的合作无间对于团队的成功至关重要，没有哪个成功的团队不需要合作。

1. 信任的作用

信任是合作的基础和前提，互信能够提高团队合作：

(1)信任让大家把焦点集中在工作上　如果在一个企业、团队中大家缺乏信任，这时人们的注意力已经不可能放在工作目标上，而会转移到人际关系的维系方面：怎样平息个人间的矛盾，怎样做完这个事以后不会得罪其他人？防卫心理增加、小团队利益和个人利益会代替团队利益，而工作重心偏离目标的团队是不可能拥有高绩效的。

(2)互信能够促进沟通和协调　在缺乏信任、绩效平平的团队中，成员在描述问题的时候言词会比较含混，难以理解，而且表现出很强的防卫心理，也不会很明确地告诉你存在的问题。只有互相信任，团队成员间才能建立合作伙伴关系，才能够共享经验、信息，开诚布公地提出好的建议和意见，主动、真诚地进行沟通。

(3)互信能够提升合作的品质　要创造合作气氛必须遵守两项规则：

第一，坦诚地分享信息，包括负面信息。

第二，鼓励团队成员冒险，允许犯错误，要对错误总结。

相互信任还能使团队成员更好的分工合作。互信包括工作、生活态度及工作能力等的信任。互信能使成员相信对方的能力与诚意，使合作顺利而愉快。

(4)互信能产生相互支持的功能　相互支持是很多团队成功的关键法宝，这种情形下团队成员会激发出一种平时没有的能量，面对各种障碍的时候也能跨越障碍。比方说，某个团队成员生病了，他的工作没人去做，另外的人就马上主动补位，如果团队中有这样一种互相支援的气氛，团队成员就不会感到孤立无援，会以更大的信心投入到团队工作当中去。

2. 培养互信气氛

培养团队互信气氛的几个要素主要有：

(1)诚实　要想赢得别人的信任首先要诚实、正直、廉洁、不欺骗、不夸大，这涉及做人的道理。真正成功的人不是靠技巧成功，而是靠内在的品德修养成功。科维在与《成功有约》中讲，真正的成功是品德成功。

(2)公开　愿意跟别人分享信息，哪怕是错误的信息。

(3)一致　个人的言行要保持一致，不要出尔反尔。对于团队成员来说，这一点尤其重要，团队成员要对说过的话负责，做到言行一致，一个团队成员一旦违背了诺言，别人就很难再相信其话了。

(4)尊重　以一种有尊严、光明正大的态度待人。

这4个方面互为一体，互信的品质非常脆弱，上述4点只要违反了其中一个，互信关系就不复存在，甚至会受到毁灭性打击。

3. 如何培养团队合作

(1)团队领导者首先要带头鼓励合作而不是竞争　肯迪尼总统曾说，前进的最佳方式是与别人一道前进。很多管理者热衷于竞争，嫉妒他人的业绩和才能，恐惧下属的成就超过自己，而事实上没有一个领导者会因为自己的下属做得好、优秀而吃尽苦头。成功的领导者总是力求通过合作来消除分歧，达成共识，建立一种互信的领导模式。

(2)要定规则、定合作的规范　一个团队中如果某一个人老是付出而另外一个人老是获得，这就是鞭打快牛，不公平。这种情形下没有可能合作。要想有效地推动合作，领导者必须订立一个普遍认同的合作规范，采取一种公平的管理原则做事情。

(3)建立长久的互动关系　领导者要创造一些持续的机会让团队成员融为一体。比方说一起培训、一起搞竞赛、举行团队的会议、激励的活动等等。

(4)要强调长远的利益　领导者要使团队成员拥有共同的未来前景，让大家相信团队可以走到这一步，这时人们不会计较眼前的一些得失，会主动合作达成愿景。

信任是赢得合作的一个法则，也是人际关系的中心议题。只有信任下属的领导才能够通过授权而高效的工作。

三、提高团队士气

团队精神的第三个方面是团队的士气。拿破仑曾说过，一支军队的实力 3/4 靠的是士气。它的含义可以延伸到现代企业管理，为团队目标而奋斗的精神状态对团队的业绩非常重要。

1. 影响士气的原因

(1)对团队目标的认同与否　如果团队成员赞同、拥护团队目标，他们会觉得自己的要求和愿望在目标中有所体现，士气就会高涨。

(2)利益分配是否合理　每个人做事都跟利益有关系，但怎么获得利益，无论是物质的、还是精神的？只有在公平、合理、同工同酬、论功行赏的情形下人们的积极性才会提升，士气才会高昂。

(3)团队成员对工作所产生的满足感　个人对工作非常热爱、感兴趣，而且工作也适合个人的能力与特长，士气就高。应该根据员工的智力、才能、兴趣以及技术特长来安排工作，把适当的人在适当的时间放在适当的位置上。如果个人的能力超出了工作的要求，他就会觉得不满足，觉得没劲，反过来如果个人的能力不及工作要求，也会对生活产生压力。

(4)优秀的领导者　优秀的人进入领导集团，是团队士气高昂的一个重要原因。领导者作风民主、广开言路、乐于接纳意见、办事公道、遇事能同大家商量、善于体谅和关怀下属，这时士气会非常高昂；而独断专行、压抑成员想法和意见的领导就会降低团队成员的士气。

(5)团队内部的和谐程度　团队内人际关系和谐、互相赞许、认同、信任、体谅，通力合作，这时凝聚力就会很强，很少出现冲突。而“窝里斗”的群体不会有这种现象。

(6)良好的信息沟通　领导和下属、下属和下属、同事之间的沟通如果受阻，就会引起职工或团队成员不满的情绪。

2. 提高团队士气的方法

(1)保持积极心态　在培养团队士气时，营销经理的表现是非常关键的。因此，营销经理要首先使自己具有高昂的士气，这样才能带动出大家的积极性。即使事情进行得不太顺利，也不要对成员隐瞒，也不要显得意志低沉。

(2)做一个优秀的领导者　团队领导者作风民主，集思广益，乐于接纳意见，办事公道，遇事能与大家商量，听听大家的意见，善于关怀成员，重视大家的需求，这时士气就会非常高昂；而独断专行、压制团队成员想法和意见的领导就会降低团队的士气。

(3)经常进行沟通　团队领导者和成员、成员和成员之间的沟通如果受阻，就会引起团队士气低落。经常沟通能使大家彼此增进了解，加深感情，从而形成一种互相关怀的氛围，这样有利于提高团队士气。

(4)坚持按劳分配的原则　每个团队成员从事销售实际上有利益需求，只有在公平、合理、按劳分配、论功行赏的情形下，团队成员的积极性才会提升，士气才会高昂。

(5)确保人际关系的和谐 团队内人际关系和谐，互相赞许、认同，团队的士气就会很高。如果团队成员对自己的销售工作引以为荣，而且很满足，团队就会士气高昂，并且拥有很高的向心力。

四、培养协作精神

协作精神是所有成员的动机、需求、驱动力和耐力的结合体，是能够推动整个团队前进的一股特殊力量。当团队内的所有成员都忠于团队以及团队的愿景时，就会产生一支有协作精神的团队，它的团队合力将远远大于团队成员的简单组合。团队的领导者可以从以下几个方面着手来培养团队的协作精神。

1. 鼓励团队成员互相帮助

营销经理如果发现团队中某人需要帮助，而且发现其他团队成员完全能够提供他所需要的帮助，那么，营销经理就可以不需要亲自来进行指导，可以让成员之间互帮互助，让他们增进感情。而且，营销经理要经常在团队面前强调协作，消除不必要的工作界限。

2. 采用公正的管理方式

一个团队中如果付出和获得的回报不成比例，多劳低酬，工作懒散者却受到了奖励……这些会使团队成员产生埋怨，成员之间也就会产生隔阂，更不利于团队的协作精神的培养。所以，营销经理必须制定一个普遍认同的合作规范，采取公正的原则管理团队。

3. 创造成员相处的机会

营销经理要创造一些机会让团队成员之间加强交流，相互合作，融为一体。例如，一起培训、一起搞竞赛、举行团队会议、召开座谈会、采取激励活动等。

4. 引导成员从长远角度考虑问题

营销经理要使团队成员相信，他们拥有共同的前景，让大家觉得团队可以走到这一步，完全是大家共同努力的结果。这将使团队成员不会计较眼前的一些得失，以团队的集体利益为重心，摒弃只从个人角度考虑问题的倾向，有利于团队协作精神的形成。

5. 尽量避免成员之间的竞争

有的团队领导者认为只有竞争才能产生动力和压力，才能更出色地完成任务。所以，他们就会把对待竞争对手的一套理论应用于团队成员身上，以求取得高效率。适当的竞争有利于提高团队成员的积极性，但成员之间过浓的竞争氛围不利于协作精神的存在与发展。

6. 一起参加集体培训

集体培训课程会培养团队的协作精神。任何形式的、对作为整体的团队在整个组织中的角色所进行的培训，都特别有用，因此，营销经理在实施集体培训时，应当把团队作为整体来进行。

任务4 营销团队的沟通

良好的沟通氛围是一个高绩效的营销团队必备的要素。沟通之所以重要，是因为沟通无所不在，沟通的内容也包罗万象，开会、谈话、对下属进行考核、谈判，甚至指导营销人员工作等都是在进行沟通。

对团队来讲，沟通是一个永远的工作。各项事务都需要通过沟通才能最终制定解决的方案。缺乏沟通这个桥梁，团队的任何建设，包括团队合作、凝聚力、培训、开会、制定目标都将毫无意义。良好的沟通有助于团队文化的建设以及团队士气的提高。而不好的沟通会给团队带来很多危害，团队的人际关系、团队士气、团队业绩都会受到影响。

一、积极聆听

聆听是沟通过程中一个非常重要的环节，也是一个常常被忽视的环节。沟通既然是双向的，那么听和讲都应该同样重要。而且，听，不应该被视为是被动的。真正懂得如何去进行沟通的人会主动地去听，以求能够全面、准确地理解对方所要表达的信息。向他人倾诉是人的重要心理需求，而善于聆听对于任何人尤其是领导者来讲，都是一种必备的素质。在管理营销团队中，营销经理要学会积极主动地聆听。

所谓积极主动地聆听是指营销经理在听的过程中要开动脑筋，思考对方所要表达的问题和信息。在听到不同的意见或观点的时候，应该告诫自己先对这些意见和观点做出思考和重新评估，然后再做出回应。

(一)积极聆听的作用

(1)如果营销人员产生消极情绪，影响其工作的积极性、主动性，只要营销主管能够积极聆听并表示理解了，营销人员的心情也就好多了，事情也就解决了。

(2)获得更多的信息。

(3)给对方留下一个谦虚的印象。

(4)准确理解对方的意图，以便做出下一步决策。

(二)积极聆听的技巧要点

1. 专注

许多无效沟通的原因是聆听者无法专注于听。缺乏专注，常常使聆听者漏听有用的信息，或者没有真正理解话语的含义。如果说话人发现聆听者没有专注地听，就会失去说的兴趣，或者说了等于没说。不专注的聆听方式还会给人留下“不尊重说话人”的消极印象。

2. 敏感

人对于自己感兴趣的话题比较敏感，对于自己不感兴趣的话题自然比较迟钝。在一个谈话过程中，内容跌宕起伏，聆听者很少能够一直保持同样高度的兴趣，因此，走神有时是难以避免的。在人数较少的人际沟通中，一旦发现刚才走神漏听了一些比较重要的信息，应该及时设法澄清。如果是聆听演讲，可以在演讲后请教演讲者。在谈话过程中，聆听者要善于捕捉与自己感兴趣的话题间接相关的线索，当说话者的谈话散漫不着边际时，适当地引导说话者转回主题。

3. 理清谈话内容

对于刚刚结束的谈话，及时理清说话人的观点和所说的重要事实，对于过后保持准确的长时记忆是重要的。对于重要的内容事后还应及时记录。

4. 理清沟通者的需要和情感

聆听者不仅要关注谈话的内容，还应对谈话者的情感和需要保持敏感，确实理解谈话者的需要和情感。

5. 反馈

及时给予说话者适当的反馈，例如对说话者点头示意或发出表示自己在聆听的简短声音。反馈的信息使得说话者有机会了解输出的信息是否被理解以及被理解的程度。

6. 记忆

听过讲话后，及时用心默默复述重要的事实和含义有助于保留记忆。需要长时间记忆的内容有时需要形成书面材料。

二、有效沟通

团队的沟通，是上司、下属、同事间不断回旋的过程，是个人与团队、局部与整体的协调和统一，是一个明确目标、相互激励、协调一致、增强团队凝聚力的过程。沟通是协作的开始，优秀的团队一定是一个沟通良好、协调一致的团队。

(一)沟通的重要性

世界上没有一种能力是万能的，如果有的话，那就是沟通。人类几千年来的历史也是一部沟通的历史，从诸子百家周游列国，张骞出使西域，唐朝玄奘印度取经，郑和率船七下西洋，以及当今各种政治谈判和斡旋外交，无不是在起着沟通的作用。人与人，团队与团队，组织与组织，甚至国家与国家之间，存在的问题大多数都与沟通有关。同时，“沟而不通”的形式主义，成了沟通的最大浪费，也是最核心的难题。

无数事实证明，没有沟通，就没有任何组织，没有任何团队，甚至没有人类的团结协作与生存发展。为此，必须充分认识沟通在团队与组织建设中的巨大作用，最大限度地增强团队沟通意识。就沟通的一般作用而言，主要有以下五个方面：一是沟通是组织和个人提供信息发出者所预期的目标、情报、资料、知识。企业生产经营是由不同部门、不同因素、不同资源在一定条件下相互联系、相互影响、相互作用的一个复杂的动态系统。沟通是组织运行的基本条件。例如，企业管理部门的管理活动必须通过沟通将必要的指令传送出去，才能使管理活动得以进行。二是沟通是组织成员之间、部门之间实现行为统一、相互了解和理解的工具。组织成员之间的沟通只有将各自的需要和感受与他人沟通，才能使组织内各个成员之间发生联系，分享彼此的感受和认识；组织内部的沟通，能使各个部分和活动的各个方面协调统一起来。三是沟通是实现企业管理活动从无序到有序状态转化的基本手段，企业组织的有序程度及其状态与沟通程度直接相关。四是沟通是调节人际关系、团队关系等各方面关系的有效工具。五是沟通是实现有效激励与绩效管理的重要手段。

没有沟通就没有团体协作。沟通带来理解，理解带来合作。如果不能很好地沟通，就无法理解对方的意图，而不理解对方的意图，就不可能进行有效的合作。沟通对于管理者来说，尤其重要。一个沟通良好的企业可以使所有员工真实地感受到沟通的快乐和绩效。加强企业内部的沟通，既可以使管理工作更加轻松，也可以使普通员工大幅度提高工作绩效，同时还可以增强企业的凝聚力和竞争力。

(二)沟通的技巧

为了确保团队沟通的有效进行，必须坚持团队沟通的一些基本原则，主要有以下几点：

1. 就事论事，对事不对人

“对事”是指营销主管可以直接地指出营销人员工作中存在的问题。例如，可以直接地指出营销人员本月的业绩状况不理想，本月客户的拜访量明显低于上个月等。“对人”是指营销主管直接对行动背后可能的动机或营销人员与生俱来的素质做评价。例如，直接指责营销人员“太懒，没好好干，心思不在这儿，一心想跳槽”等。评价个性会给对方造成很大的伤害。

2. 公私分明

营销主管与营销人员谈话时，要把工作与生活的话题分开。生活中整天嘻嘻哈哈很随便的营销主管，在工作中最好能严肃些。而生活中本就很严肃的营销主管在工作时，就要注意别总是绷着脸。谈工作时正式认真，并且穿插一些自嘲，谈生活时自然放松，这样营销人员不仅容易接受，而且当营销主管严肃地强调问题时，也会引起营销人员特别的重视。

3. 要注意聆听

营销主管要注意积极地聆听营销人员的谈话，充分理解营销人员的意思，不要随意打断对方的谈话，一定要先让对方把话说完，注意倾听和分析，至少从谈话状态上应当体现出来，否则会给营销人员造成不必要的挫折和失落感。

4. 选择合适的语言

很多时候谈话的双方可能来自不同的背景，具有不同的知识层次、经验和专业背景，所以，不要说一些营销人员听不懂的语言，而要用简单易懂的语言清楚地表达，对于营销人员不熟悉的专业术语，要进行解释。

5. 及时了解营销人员的理解程度

在发表自己的观点时要给营销人员以提问的机会，并及时询问营销人员有哪些不理解，对重点或难懂的内容应重复、详细讲解。有的时候营销人员的眼神可以帮助营销主管判断他是否理解了自己的谈话，茫然、空洞的眼神说明营销人员并没有听懂营销主管的讲话。当然，营销主管也可以用眼神来询问对方的理解程度。此时，营销主管要注意一下眼神的妙用。

6. 注意措辞

在沟通的过程中，营销主管还需要充分发挥语言的魅力，注重词语的应用技巧。具体来说，措辞的技巧有：

(1)要把“你”和“你们”，变成“我”和“我们”，这样可以使沟通的对方有亲近感。

(2)要把“应该”变成“可能”。

(3)把“但是”变成“是”，“同时”变成“如果”。

(4)把“试着”变成“将会”。

(5)把“为什么”变成“是什么”。

(6)发挥自己的幽默感，会让营销人员感受到营销主管的亲和力。

任务5 团队的绩效考核

对于任何一个营销团队来讲，绩效考评都是一个至关重要的问题。绩效考评有利于维护营销团队的形象，能够搞清楚团队的目标是否能真正实现，有助于增强队员的成就感与集体荣誉,并提高员工的满意程度和未来的成就感。好的绩效考评能让被考评人认可考评结果,客观地认识自己并且改进工作,使实现团队目标变得更容易。

一、绩效考核的重要性

业绩评估是管理工作不可或缺的组成部分,没有评估就没有奖罚,没有奖罚就没有控制,没有控制就没有管理。如果没有业绩评估,管理就不能形成一个完整的系统,就失去了管理的意义和作用。

绩效考评的作用如下:

1. 作为人事决策的依据

一般来讲,绩效考核是决策的重要参考依据,例如,升职、任免、调任、加薪等人事决策以及各种福利待遇都牵涉到绩效的评估,所以,任何与人事决策相关的管理人员都必须知道如何合理而有效地运用绩效考核的结果。就管理上的作用而言,绩效考核使得人才能适得其所。此外,人事决策如加薪、晋级等,也能鼓励营销人员,激励他们力求表现的动机。

2. 营销人员甄选的重要依据

优胜劣汰是现今经济社会的公认法则。营销团队为保持其高效性,必然淘汰掉那些懒散成性、由于个人原因而经常完不成销售目标的成员,以保证团队的高战斗力。营销人员的业绩评估为其提供了依据。营销主管可通过评估的结果来决定其去留。

3. 督促团队成员完成销售目标

因为有业绩评估的存在,团队内营销人员的营销活动便有了评价的标准。由于绩效评估和薪酬直接挂钩,就迫使营销人员积极地去进行营销活动。

4. 为营销人员的奖惩提供依据

营销主管可以根据业绩评估的结果来决定采取何种奖惩措施。例如,对表现好的营销人员提供晋升的机会,也可以为其加薪;对表现差的营销人员进行惩罚等。

5. 培训与发展

业绩评估最积极的目的应该是使营销人员了解销售业绩与企业期望间的关系。业绩评估可以对营销人员的业绩进行检讨和分析,可以帮助他们进步。将评估结果告诉营销人员具有以下作用:

(1)可帮助营销人员认识自己的潜力,从而知道如何发展自我。

(2)可以发现需要培训的领域,有助于管理人员对症下药,强化营销人员需要培训的技能,使营销人员在以后的销售工作中更加得心应手。

二、绩效考核原则

由于业绩评估在营销人员的管理方面发挥着重要的作用,无论是对营销主管还是对营销人员都非常有意义。所以销售业绩的评估也遵循一定的原则,以保证它的有效性。

(一)公正原则

公正原则指营销主管的评价一定要和营销人员的表现真正符合。这一点非常重要的。要进行客观公正的考核,用事实说话,切忌主观武断或是按个体的绝对标准进行考核。考核在于引导营销人员改进工作,要避免他们之间的攀比,影响团体的凝聚力。这需要营销主管在平时的工作中认真观察营销人员的表现，对收集到的关于营销人员的信息、数据进行细致的分析，并且把从多渠道中获得的数据加以比较，以验证其真实性。

(二)开放原则

在绩效评估实施过程中，必须严格坚持开放的原则，在公开的基础上保证绩效评估的全面性和权威性，取得上下认同，顺利推行绩效评估。考评时，应最大限度地减少考营销主管与营销人员双方对考评工作的神秘感，应该将考评活动、结果公开化。

(三)反馈原则

业绩评估不是评估的终点。评估是一个不断循环的过程，每一次的绩效评估就是下一次评估的起点。评估结果要及时向相关人员反馈，好的方面坚持下来，不足之处加以纠正。评估不但要找出销售上存在的不足，更应该提出解决问题的方案和措施。

(四)制度化原则

营销人员的业绩评估是一项连续性的管理工作，因而必须制度化才能全面地了解营销人员的潜能，及时发现团队中的问题做出调整，从而达到管理层所需的目标。另外，业绩考评制度化也是企业管理规范化的一个重要方面。

三、绩效考核的内容

绩效也称为业绩，是指工作者完成工作的结果。工作结果包含工作数量、质量、成本、经济效益、社会效益等。绩效评估是对工作结果的测量和评价。

1. 对销售结果的评估

对销售结果的评估应当包含这样一些内容：

(1)与计划目标相比较，或与以前同期结果相比较的市场份额，总销售额与不同产品销售量，与上年或上几个月相比较的销售量、新客户数量、新产品开发数量、已有客户流失数量，以及付诸行动客户的总数等。

(2)市场份额、总销售量、总销售额和客户总数量增加了还是减少了？

(3)从收集到获得主要的潜在客户方面的情况。

2. 对营销质量的评估

营销质量的测量标准应包括如下内容：

(1)产品小组或服务小组的总销售额或单位销售额、区域覆盖面积、定价、账款损失、每个客户或订单的平均营业额和客户组合等。

(2)营销人员是销售全部产品或服务系列还是仅仅一部分？其是否主要销售最便宜的或者利润率最低的产品？是一直保持销售价格不变还是降价销售？营销人员是否拜访了连锁店和直营商店？有多少新客户和现有客户付款速度变慢？

3. 对营销活动的评估

营销活动的业绩评估标准包括下列内容：

(1)对现有客户和潜在客户每天或每周的访问量，一个细分市场相对于另一个细分市场每天或每周的访问量，目标客户相对于潜力较低的客户每天或每周的访问量。

(2)营销活动还可能包括客户建议的数量、客户咨询、与主要决策人会面以及签署合同等。

(3)特定的营销活动会使销售数量上升,相应地,作为业绩评估的一部分,营销主管需要根据已制定的标准或目标,对这些指标进行衡量。

4. 对营销技巧的评估

销售技巧的评估应当包括:发现商机,开发潜在客户,拜访不活跃的客户,能处理涨价问题,使客户升级,解决争端,对付客户的抱怨,缩短销售周期,能区分决策人员与影响决策的人员,展示产品特征、优点及出具证明,书面和口头现场报告技巧。

营销主管应当将销售技巧的评估建立在其现场观察的基础之上。

5. 对与客户关系的评估

为衡量营销人员与客户之间的关系,一些企业采用年度客户满意调查的方法,有的企业则评估营销人员的解决客户问题、满足客户需求的能力,及时回应客户的抱怨与要求服务的能力,解决争端的能力,以及提供技术知识、广告销售、迅速处理订单、售后跟踪服务等项目的能力。

四、绩效考核的方法

团队的业绩评估的方法有很多种,而且并不存在一个永远最好的评估业绩方法。因而,营销主管应该尽可能地通过多种途径来进行,从而保证业绩评估的真实性和客观性,并且这样也会保证团队成员的积极配合。

常见的营销团队业绩评估方法有以下几种。

(一)积分法

此法简单明了,容易实施。首先,营销主管可以把必要的评估项目都一一列出,并且给每一项都赋予一定的分数。分量重、难度大的项目分数高些,那些量小、很容易完成的项目的分数低一些。其次,就每一项给团队成员打分。最后,把各项的分数合计起来,便产生出综合的分值。

(二)对照表法

把实际能力、计划能力、统率能力等逐项考评时,做到准确还有困难。因为这些项目都是抽象的,要想客观地体现是很困难的事。营销主管可以先制定几项表现计划能力的项目,然后要考核的人对这些项目一一做"是"与"否"的回答,这样就可以得到比较具体、客观的考评结果。

(三)考评尺度法

它是通过建立既定的尺度指标,例如,工作积极性、专业知识、学习能力、团队精神等,对待评估的对象使用5～7个分点的尺度进行打分的一种绩效考核方法。考评尺度法的优点是:易于理解;尺度的建立相对较容易;可以对同一层次的被评估对象的得分进行比较。缺点是:考评主要涉及一些定性因素,不能完全消除主观打分。

(四)目标管理法

目标管理法是一种强调是否达到目标的管理方法。在实施目标管理过程中,必须为每个团队、每次活动和每一级的参与人员订立具体的目标。在评估期的期末，将实际取得的绩效和预先确定的目标进行比较，分析结果并做出相应的行动决策。

目标管理法的优点主要有：

(1)目标制定的过程是一个全员参与的过程，保证了评估目标的客观性、权威性和全面性。

(2)有利于全员的沟通，加强了营销人员之间的联系，能改善团队合作的氛围；设立了既定目标的人比没有目标的人能取得更大的成就。

但使用目标管理法考评时，目标管理可能使管理者过分偏重硬性的指标，而忽略了更深层次的感情方面的因素，可能在企业上下级之间形成隔阂；制定目标的尺度较难控制，过于严格和过于宽松的目标都会给企业带来不健康的氛围。

岗位操作任务

1. 掌握营销团队绩效考评的方法。
2. 能为企业营销团队绩效考评确定合适的考评方法。

项目小结

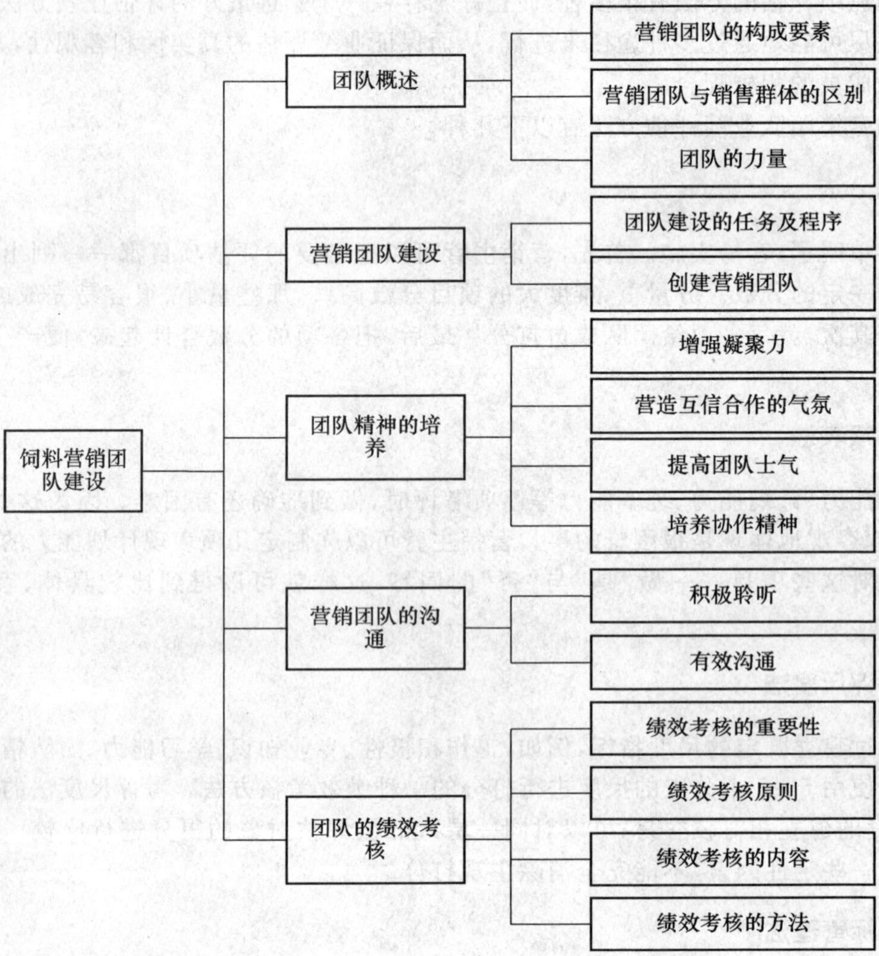

职业能力和职业资格测试

一、单选题

1. 团队属于正式群体的一种特定类型，具有一般正式群体的特征。团队与一般正式群体的相同点是(　　)

A. 奉献的意识相同

B. 需要合作和协调才能实现群体目标和业绩

C. 对群体目标的评价标准相同

D. 沟通质量相同

2. 以下不是诉说基本策略的是(　　)

A. 明确沟通目的　　B. 明确提出最核心的观点

C. 简短清晰总结主要观点和事实　　D. 用大量的理论论证支持观点

3. 团队成员的选择决定于团队的(　　)

A. 工作岗位要求和个人因素　　B. 工作任务和个人因素

C. 工作岗位要求与工作任务　　D. 工作岗位目标和个人因素

4. 对团队几类角色的主要特点描述错误的是(　　)

A. 一般角色是从工作岗位角色和临时角色的基本功能中抽象出来的角色

B. 临时角色是为解决临时问题、项目而设定的角色

C. 岗位角色是根据工作需要设定的、与工作岗位相捆绑的角色

D. 非正式角色是在工作和生活过程中自发形成的互动角色，一般有利于团队中人际关系的发展，但不利于团队整体的团结

5. 以下哪项不是团队建设的任务(　　)

A. 创建团队　　B. 养成团队品质

C. 保持和增强团队优秀品质　　D. 提高团队能力

二、多选题

1. 尊重团队成员应做到(　　)

A. 礼貌对待组织成员

B. 提供组织成员发展职业能力的机会和条件

C. 肯定组织成员的成就

D. 对组织成员的良好品格给予肯定的反馈

2. 怎样处理附和与反对的关系(　　)

A. 反对礼貌附和

B. 鼓励忠诚的反对

C. 制定保护和鼓励人们说话的制度

D. 建立团队民主文化

3. 以下属于非系统的倾听渠道的是(　　)

A. 演讲　　B. 电子邮件

C. 体育活动　　D. 娱乐活动

4. 团队的角色一般可分为(　　)

A. 一般角色　　B. 临时角色

C. 非正式角色　　　　D. 正式角色

5. 以下属于团队建设的三大任务是(　　)

A. 养成团队品质　　　　B. 创建团队

C. 保持和增强团队优良品质　　　　D. 奉献团队

三、简答题

1. 培养团队协作精神的方法有哪些?
2. 简述创建营销团队的步骤。
3. 简述团队绩效考评的原则及内容。
4. 简述团队绩效考评的作用。

项目11

技术支持与技术服务

项目设置描述

质量、品牌、价格和服务是饲料企业在激烈的市场竞争中立于不败之地的四大法宝，由于科学技术的普及，饲料产品质量方面的差异将逐渐缩小，在价格大战愈演愈烈的今天，若保证产品质量，通过低价竞争已无法实现，降低价格的空间越来越小，品牌是质量、运作时间、规模、宣传、价格、服务等综合因素的体现，所以服务最具发掘潜力，发展空间大、伸缩性强，并贯穿于另外三个因素之中。技术服务是提高产品附加值的一种有效途径。本项目主要介绍技术服务与技术支持的基本知识、客户投诉的处理、售前服务及对策、售中服务及对策、售后服务及对策等内容。

学习目标

1. 了解技术服务与技术支持的概念及意义，能有效开展技术服务。
2. 如何处理客户的投诉。
3. 学会售前服务及对策。
4. 学会售中服务及对策。
5. 学会售后服务及对策。

任务1　技术支持与技术服务的基本知识

近几年来，由于饲料科学技术的普及，不同厂家产品的性能、质量差距越来越小，饲料产品的同质化趋势日益明显，在价格大战愈演愈烈的今天，若保证产品质量，通过低价竞争已无法实现，降低价格的空间越来越小，客户选择越来越受到品牌和服务（包括技术支持和技术服务）的影响，换句话说，没有品牌和服务作为附加值的饲料产品，将被市场抛弃。可见，加强技术服务，提高饲料产品的使用价值，促进企业与用户的沟通，增强客户的满意度是饲料企业参与市场竞争的最有力武器之一，而且随着市场的成熟，其重要性也日趋增加。饲料经营的四个关键因素是质量、品牌、价格和服务。

一、概念及意义

(一)概念

1. 技术支持

是指饲料企业利用自身的技术优势、社会与市场信息优势对饲料产品经销商、零售商和养殖用户提供有关饲料销售、使用、畜禽疾病防治以及养殖市场和畜产品市场信息等全方位服务,包括售前、售中、售后的各方面服务。在21世纪的当代,技术支持已经成为服务的一部分,也成为公司企业形象的重要组成部分。技术的支持不仅仅是以解决技术问题为目的,更重要的是在客户的心理建立起企业的形象,让人们记住的是企业的形象,进一步记住所用产品的品牌,最后达成服务与品牌的完美结合。

2. 技术服务

技术服务是技术市场的主要经营方式和范围。是指拥有技术的一方为另一方解决某一特定技术问题所提供的各种服务。它是产品销售工作的重要组成部分,是销售工作的延伸,技术问题的处理及时与否直接关系到市场开发的成败和市场的稳定性、市场的销售量等。

(二)技术支持和技术服务的意义

营销的发展则离不开技术的支持,技术的支持越强有力,营销也更容易成功。众所周知,饲料产品的同质性与日俱增。这就决定了饲料生产企业必须在服务方面下功夫,加之不少饲料经销商、零售商和广大养殖用户的文化水平和养殖技术水平偏低,信息渠道不够通畅,也要求饲料生产厂家为他们提供养殖技术支持和技术服务。为客户提供各种技术服务,其目的是通过服务塑造和树立企业形象,更好地体现产品形象和实现产品应有的性能,让客户获得更多的产品附加值并最终赢得客户和提高市场占有率。可以说,饲料工业发展到今天,不再只是饲料产品品质、价格的竞争,在很大程度上已包含售前、售中、售后服务内容和服务质量的竞争。毋庸置疑,在这方面做得很好的企业,理所当然地占据了市场竞争的主导权。公司销售的产品是"硬产品",服务是"软产品","硬产品"和"软产品"相互作用,缺一不可,软产品不到位或跟不上,硬产品的功能和价值就要降损,因此越来越多的企业通过服务把"提高客户满意度"作为经营的宗旨,超越客户满意,创造忠实客户。

二、演变过程

养殖方式的转变对技术支持和技术服务提出了新要求。我国的饲料产业起步于20世纪70年代后期,当时,养殖业规模较小,养殖的水平也较低,农户多使用自有的粮油加工副产品,为数不多的规模猪场也以混合饲料为主,水产养殖也较少,多采用菜粕等原料。由于养殖业生产水平较低,对饲料的技术要求不高,无须技术服务。90年代以来,规模养殖不断发展,养殖者对饲料报酬、经济效益要求提高。饲料产品是养殖成本中最高的一项,养殖过程出现问题首先找的就是饲料企业。因此,养殖者不仅对饲料产品的质量提出了营养全面、饲料报酬高、性价比好的要求,同时对技术支持和技术服务也提出了新的要求。

技术服务体系随着体制改革也在发生改变。长期以来,基层畜牧兽医服务组织承担畜禽生产的疫病防治、良种、饲料推广、科学饲养等职能。90年代初,一些饲料厂的新型饲料刚刚面市，就是通过省、市、县、乡各级畜牧兽医站组织推广，取得了显著的成效，养殖者得到了实惠，推广者得到回报，生产企业打开了市场，实现了共赢。随着农村服务体制的改革，技术推广经费减少，基层服务队伍实行了合并，无力开展技术推广和服务工作，养殖技术推广和服务逐渐被饲料生产企业的技术服务替代。随着规模养殖的发展和市场竞争的不断激烈，对饲料企业技术支持和技术服务提出了新的要求。企业一方面在质量和成本上挖潜力，争取价格竞争优势，一方面改进服务态度，加强售前、售中、售后的技术服务。一些饲料企业利用销售人员充当技术服务队伍，边推销、边服务、边处理投诉。随着竞争的日渐激烈，多数大、中、型饲料企业都已有或正在组建高层次的专业技术队伍，处理用户的技术问题，将企业技术服务推到一个新的层面。

三、作用

(一)广告宣传作用

技术服务在售前宣传中起着决定性的作用，是一种经济高效的直接广告宣传方式，如技术研讨会、小型客户座谈会、技术培训班、现场技术讲座、印发技术宣传资料、饲料营养、畜牧、兽医专家现场巡访等模式已广为饲料企业采纳。

(二)寻找市场切入突破口的最佳途径

大量营销实践充分表明，养殖用户购买饲料的动机在很大程度上取决于饲料企业所提供的畜牧兽医技术的质量，尤其是兽医对疑难病症的解决，可以极大地动摇其原来的用料心理基础，许多优秀营销员以此作为市场切入的突破口，凭着自己的优秀兽医技术，征服一个又一个客户的心。抢夺了一个又一个重要客户资源。对于复合预混料的销售更是如此，没有良好的兽医技术作支撑，很难维持市场的长期稳定，难怪有人这么形容复合预混料市场：今天早晨还是你的客户，傍晚就可能变成了别人的客户。这话虽然有点夸张，但多少可以说明技术服务尤其是兽医技术在饲料产品营销中的分量。

(三)产品质量与价格竞争的延伸

随着市场竞争格局的不断变化，竞争的关键将不再是企业提供了什么产品，也不再只是其质量与价格的高低，而是为客户提供了多少附加值，而技术支持技术服务和则是提高产品附加值的最有效途径。这种产品附加值突出表现在畜禽疾病诊断与治疗、养殖市场信息和畜产品市场信息等方面。

(四)品牌再造的需要

品牌是饲料产品营销成功的关键因素之一，成为名牌则是饲料企业经营成功的重要标志，几乎所有的企业都梦想把自己的企业办成知名企业。将自己的产品变成名牌。一旦有朝一日，自己的产品成了耀眼的名牌，客户决不会随意将因自己贮藏产品不当导致的发霉现象和用料不当导致的畜禽腹泻、采食量降低等现象加到饲料产品头上，各种投放将会随之大大减少，结果技术服务的工作量也会随之减轻。然而，品牌变名牌是个非常复杂的系统工程，需要企业全体员工为之付出巨大的努力，而技术支持和技术服务是创造名牌的关键一环。

(五)维护市场的重要工具

在市场管理中,由于企业或营销员的各种疏忽、失误。包括产品的质量事故和营销政策的偏差,加之竞争对手不遗余力的“策反”,市场可能会出现这样或那样的问题,甚至有可能出现客户和销售网络崩溃的危险。企业必须领先自身的技术力量优势,开展经常性的技术支持活动,针对自身的疏忽和失误采取各种切实的补救措施,维持客户的心态和市场的稳定,防止竞争对手乘虚而入。

四、基本流程

(一)提供售前服务

售前服务极易打动客户的心,很容易激发用户的购买欲和购买热情。但是,售前服务必须要有很强的针对性,营销员必须通过认真细致的调查了解,方可提供有针对性的售前服务,切忌贸然行事,以免事倍功半。

(二)培训与教育

大量的用户质疑与投诉都不同程度地与用户的用料方法不当、饲养管理存在问题有关。我国养殖业虽然经历了几十年的快速发展,养殖水平也有了较大程度的提高,但千百年来延续至今的传统散养意识依然在人们心中根深蒂固,加之广大养殖户的文化科技水平不高,也严重制约了我国养殖业现代化的迅速发展。建立在现代科学技术基础之上的饲料工业必须面对这样的现实局面。因而饲料企业及营销员必须加强对养殖户的正面引导,告诉他们怎样做才是科学合理的,帮助他们提高科学饲养的基本知识与基本技能,从根本上解决落后养殖观念与养殖技术的制约。

(三)解惑纠偏

长期以来,养殖界普遍存在非常严重的人云亦云现象,甚至将一些明显的片面观念甚至错误的观念,比如粪便黑、皮红毛亮、猪食后喜睡、浓缩饲料能肉眼看到蓝色硫酸铜颗粒、鱼腥味深、色泽黄、粗蛋白质含量高等,当成“上帝的圣旨”,不敢越雷池一步。除此之外,由于传统养殖观念的影响和个人养殖经验不足的影响,养殖用户在养殖过程中不可避免地存在这样或那样的问题,有时甚至会遇到一些非常棘手的疑难问题,需要饲料企业和营销员帮助他们纠偏解难,提供良好的技术指导服务。

(四)消除用户的质量误会

也许你有这么一种感觉:越是知名企业,客户投诉越少,即使是饲料产品出了一点质量问题,客户也不会怪罪企业,总认为这只是一种偶然现象罢了,完全可以原谅;相反,一些没有什么名气的企业,即使不是饲料问题,客户也常常对饲料企业横加指责,甚至大动干戈,要求饲料企业给予赔偿。众所周知,由于养殖业的特殊性,用户在使用饲料产品的过程中,难免发生畜禽异常问题和养殖效果达不到要求的问题,用户也会因此产生各种各样的质量疑惑。事实上,这种质量问题,往往并非饲料产品本身的质量问题,95%以上是因为疾病、环境条件的变化、饲养管理不当等因素造成的。这就要求饲料企业和营销员必须及时帮助用户找出问题的真正原因之所在，提出切实可行的解决方案，使问题得以彻底解决，只有这样，饲料企业才能在不断消除用户的质量误会中提升自己的质量身份和品牌分量，并最终达到优势知名企业才可以达到的境界。

(五)妥善处理质量事故

由于饲料原料的变化多端和生产工艺、设备的特点以及饲料产品本身的天生缺陷，饲料产品不出任何质量问题是很不现实的，比如不同批次产品的感官差异、营养成分不达标、混合不均匀、结块、油脂变味、保质期霉变、水分超标、原料混杂等，关键是如何将质量事故降到最少以及如何正确对待、处理质量事故。遇到上述质量问题，企业绝对不能推诿回避，必须充分动用各方面力量，及时找出问题的症结，并对相关人员进行必要的教育与处罚，杜绝类似问题的再次发生。其次，不但要对受损的客户予以必要的精神抚慰，还要合理估价客户的损失，划分责任，及时给客户适量的补偿，争取客户的谅解。

(六)提供兽医疾病防治支持

由于广大养殖用户的兽医防治技术水平普遍偏低，大多数只是对一些单一常见普遍疾病的防疫与治疗有所了解，往往对于多病并发等疑难杂症束手无策，就是连农村普通兽医也无能为力。最近几年来，一些大型饲料企业不遗余力地为养殖用户提供这方面的兽医服务，结果饲料企业差不多成了养殖用户的特殊兽医机构，兽医技术服务也就成了饲料企业理所当然的一项重要服务内容以及争夺客户资源和市场份额的利剑。

(七)提供即时的养殖信息和市场信息

及时、准确的养殖信息和畜产品市场信息是养殖获得成功的重要保证，饲料企业的接触层面往往要比养殖用户广得多，应该向养殖用户提供些最新的养殖信息和畜产品市场信息，帮助他们把握好市场脉搏，获得最佳的养殖效益。

五、相关人员需具备的素质

(一)专业素质

这是最基本的素质。我们虽然离开了学校，但不能离开学习，技术不断地在发展，不断地在变化，不学习就跟不上时代，一个人的学习能力决定着他未来的发展。饲料厂家售后服务中很重要的一点便是对客户的技术服务。因此，对于业务员与技术服务人员具备较高的业务素质和良好的服务心态至关重要。他们不仅要充分了解本公司产品的特点、性能、种类及优势所在，而且还要了解自己竞争对手产品的特性，做到知己知彼。其次，要有较为全面、扎实的专业知识和丰富的实践经验。如影响畜牧业健康发展有哪些关键因素？畜禽优良品种及其优点是什么？饲料转化率怎样？畜禽发病哪些是病原性原因？哪些是环境或饲料因素所至？各有什么特点？如何避免、预防或控制等等。

由于我国不同地区间的养殖业发展水平不同，许多养殖户的思想观念和饲养方式比较落后，对饲料产品的认识有许多误区。比如：认为好的猪饲料不仅要气味香，而且猪食后爱睡觉、皮发红、粪便黑，这种观点当然是错误的。技术服务的另一重要工作就是培训和帮助客户走出这些误区，正确理解什么样的饲料才是真正的好饲料。

(二)诚心诚意帮助用户解决问题

在我国养殖现代化和集约化程度越来越高的今天，养殖业的成功与失败面临着市场风险和养殖风险的双重压力。市场风险是指在政治、经济、社会等多种因素的作用下，造成畜禽及其产品的相对过剩或社会消费能力的显著降低，从而出现了畜禽产品的销售价格低于成本投入，致使养殖企业亏损。降低市场风险要有敏锐的观察能力，随时注意市场供求信息的变化，学会预测畜禽及其产品的市场需求走势，以便确定在不同形势下的饲养规模和出栏时机，尽可能使市场波动周期与自己的饲养周期相吻合。养殖风险是指因畜禽品种、饲料营养、综合管理及疫病控制等多种因素的不利影响，出现养殖水平不高甚至养殖失败。降低养殖风险首先要培训客户更新观念，注重畜禽品种的改良，注意饲料营养的全价和平衡，加强综合管理(包括人、畜、财、物)，搞好疫病控制和预防。总之，只有在多方面为客户提供确实有效的服务，客户才能增强抵御市场风险和养殖风险的能力，才能在获得养殖“安全感”的同时，对你的公司产生“信赖感”。

(三)多做“换位”思考，努力与用户达成共识

在技术服务的过程中要尊重客户，把客户作为朋友，首先考虑到客户本身的想法。要站在客户的角度，用商量的形式与其共同发现问题，从不同方面去分析原因，提供多种措施供客户参考。当自己的观点与客户发生分歧时，要求同存异，婉转说出自己的意见，不能把自己的意见强加于人。对于喜欢争辩或脾气不好的客户，要表现出无比的耐性和修养，要经得起客户的抱怨和拒绝。

(四)团队协作精神

目前不是个人英雄主义时代，技术服务员与技术服务员之间，技术服务员与销售员之间需要良好的协作精神，这样才能更好地完成任务。

(五)自我管理

在工作上发挥主观能动性，由“要我干”转变为“我要干”，帮助销售员做市场，做促销，跑终端市场等，一切为了上销量。在工作中一定要再努力一点，在多干一点，这样才能达到从优秀到卓越的转变。

(六)其他素质

有一定的组织才能，能搞一些策划、活动，具备举行一些会议等一些必备的组织能力，以适应现代饲料营销的市场。以及良好的心态等，良好的心态是干好工作的保证。

任务2 客户投诉的处理

饲料企业在进行饲料销售的过程中,可能都会碰到客户投诉的问题。所谓客户投诉,是指客户对企业产品或服务的不满而提出的书面或口头上的异议、抗议、索赔和要求解决等行为,主要涉及产品质量、延迟交货、产品规格与所要求的不符、包装问题、服务水平等。即使企业产品已达到完善状态,由于种种原因,仍会收到客户的投诉,不论是何种投诉,企业在接到后,应本着“及时到场,认真解决,客户满意”的宗旨和“大事化小,小事化无”的方针去处理客户投诉,应把客户投诉当成技术服务中重要的一环对待。因为如何处理客户投诉,直接关系到企业能否更好地满足顾客的需要,关系到企业收益的程度,从长远看,甚至关系到企业的可持续发展。出现客户投诉并不可怕,而且可以说它是不可避免的,问题的关键在于,饲料企业如何正确看待和处理客户的投诉并形成有效的解决方案,以有效处理企业在经营过程中出现的失误和错误,达到补救和挽回客户,提高企业的信誉度,甚至化危机为契机吸引新客户的目的。所以说,处理客户投诉是客户管理的重要内容。

一、投诉处理流程

企业不论接到何种投诉,应本着“及时到场,认真解决,客户满意”的宗旨和“大事化小,小事化无”的方针去处理客户投诉,应把客户投诉当成技术服务中重要的一环对待。因为一方面,通过妥善处理投诉,会增加客户对企业的信任,提高企业的声誉;另一方面,针对客户提出的问题可以使企业产品的质量得到进一步的改进和提高(图11-1)。

二、具体操作程序

(一)客户投诉处理程序

(1)接到客户的投诉后,销售员必须在24 h内赶赴投诉现场,了解养殖户的具体饲养管理办法及养殖场疾病发生状况,事实确认后立即向销售部经理汇报。

(2)若接到与饲料品质有关的投诉时,销售员应同时向品管部负责人汇报并到现场取样,样品及时送回公司品管部检验。

(3)品管部对销售员采回的可疑问题样品进行感官及化学分析检验后,若发现有问题,应立即寻找原因,并提出相应的解决办法及防范措施,同时与生产部、销售部等相关部门衔接,对销售人员提交的客户投诉报告进行调查并做出具体回复,经过各相关部门签字认可后,复印附件交总经理存档保管,原件由品管部负责人保管;若遇与原料或产品生产加工储存有关的投诉时,报告附件同时分送采购部或生产部。

(4)接到与品质有关并要求退换料的投诉时,销售员了解事实后应及时向销售部及品管部负责人汇报,若需现场确认责任划分时,品管部应派人员进行现场检查,寻找原因,若由我公司原因造成品质影响,品管部应提出相应的解决方案。销售员在得到关于退换料的许可后及时到品管部填写客户投诉申请表及退换料申请表。手续完备并经品管部负责人同意后方可到库

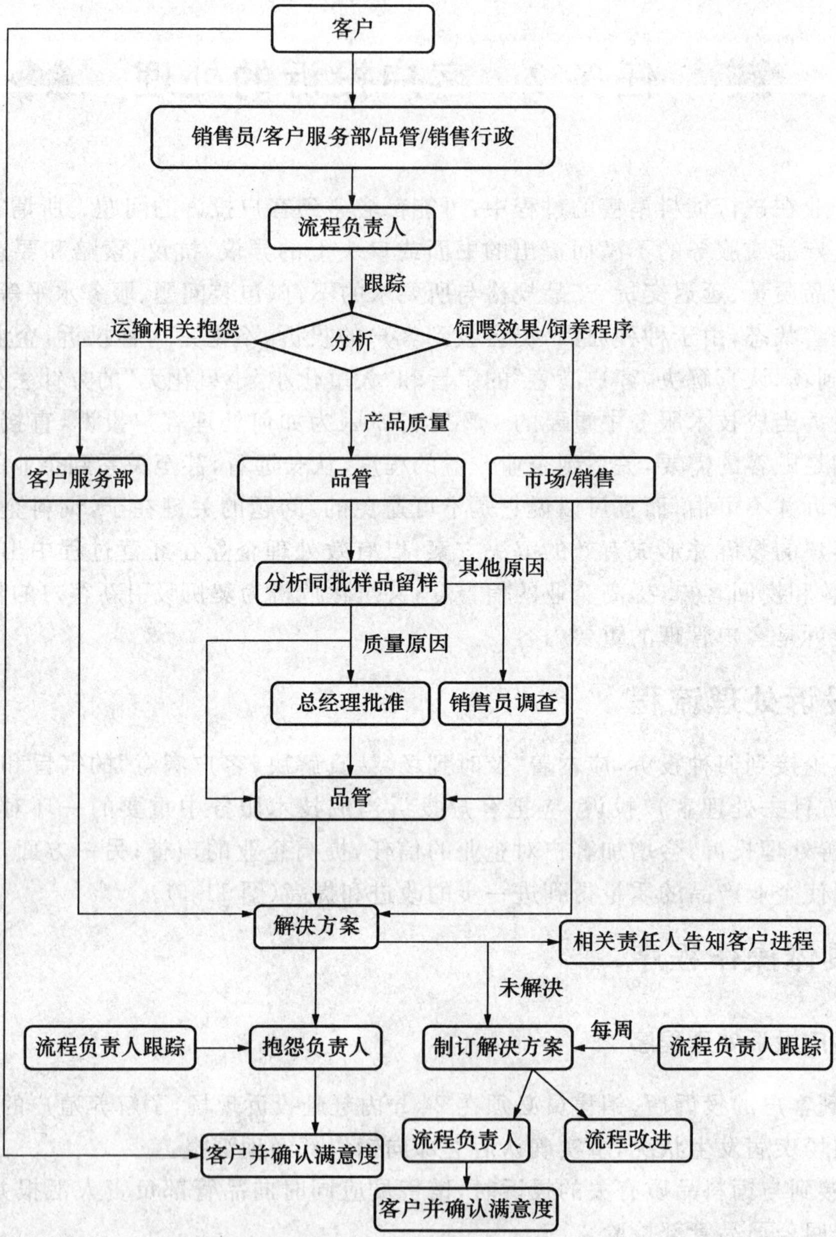

房退换料。

(5)品管部每月应对客户投诉进行统计并分类归档处理。

(二)具体采样办法

为了解事实真相，分析客户投诉原因，应对可疑饲料进行采样，采样一般由销售员完成，特殊情况下由品管部人员现场采样并做出处理。

(1)销售员及时到达事发现场抽取可疑问题样品；

(2)采样时在可疑异常处分三处采样，混合均匀后分为两份，每份重量不得低于 500 g，该样作为分析投诉原因时的代表样品；

(3)记录采样的地点、时间及饲料品种；

(4)记录所采样品的生产日期。

(三)客户投诉分类

品管部负责人根据投诉类型进行分类，并以报告的形式做出处理意见报经营管理理事及总经理。客户投诉大体可分为以下五类：

(1)客户对产品加工工艺不满；

(2)对该产品所使用的原料或对包装袋质量不满；

(3)由于用户使用方法不当造成动物生长发育不好，或适口性受到影响，或有拉稀等不良影响，从而对饲料品质产生不满；

(4)对技术服务不满，如订货错误、拖延送货时间等；

(5)由于动物疾病原因，用户不了解真相而怀疑饲料品质异常造成的不满。

(四)针对不同投诉类型所进行的具体处理程序

1. 对产品加工工艺不满的投诉处理

(1)负责人：生产部负责人。

(2)品管人员将销售员所采样品与品管部所保存的标准样品相比较，确认有无差异。

(3)品管部人员将所采样品与使用相同配方生产的正常产品相比较，确认有无差异。

(4)若投诉与生产工艺或生产过程有关，品管部应督促生产部与相关人员及时采取纠正措施。

(5)为防止此类事件再次发生，由生产部负责人书面报告相应的解决办法。

2. 对原料和包装袋质量投诉的处理

(1)负责人：品管部负责人。

(2)重新检查所使用的原料的品质状况，包括外观检查和实验室分析结果。

(3)若发现有影响产品品质的原料时，应立即与TQM联系修改配方，并与采购部联系，及时对库存的该种原料进行处理。

(4)将原料检查结果和预防纠正措施及时报告给生产经营管理理事及总经理，附件分送销售部、采购部和市场部。

(5)若遇与包装质量有关的投诉时，品管部应及时将该情况反馈给采购部，由采购部与供货商协商及时寻找相应解决办法，根据质量状况的不同，品管部有权对不合格的包装袋作退货或其他方式处理。为防止此类事件再次发生，由采购部负责人书面报告相应的解决办法。

3. 对饲料品质投诉的处理

(1)负责人：品管部负责人。

(2)了解用户的具体使用方法并及时宣传我公司产品的饲喂方式，对用户做出解释和指导用户正确使用。

(3)对该用户进行回访(可交与市场部负责)，了解改变饲喂方式后的效果。

4. 对技术服务不满的投诉处理

(1)负责人：品管部负责人。

(2)产品品质以外的投诉，如订货、运输等的投诉时，调查发生原因后提出改进意见并督促订货室或生产部执行，并在例行会议上报告给工厂经营管理理事及总经理。

(3)出现疾病投诉时，及时了解疾病状况并分析发生疾病的原因，并告知市场部对该用户进行解释或现场技术资助。

三、有效处理客户投诉的方法和步骤

(一)接受投诉

客户投诉处理方法第一步叫作“接受投诉”，要求迅速受理，绝不拖延。坚决避免对客户说“情况是否属实，请您再核实一下”、“负责此项工作的经理不在，请您两天后再联系我们”，否则你就是在冒险，因为你并不了解事情的情况，以及其后客户会有的反应。

投诉处理的目的不仅仅是避免给企业带来的麻烦，更重要的是希望通过有效处理投诉，能够挽回客户对企业的信任，使企业的口碑得到良好的维护，有更多的“回头客”，从而化“危机”为“契机”。饲料企业不应把接受投诉看成是接下“烫手的山芋”。

(二)平息客户的不满

1. 让客户发泄

客户在投诉时，多带有强烈的感情色彩，饲料企业需要给客户一个宣泄不满和委屈的机会，来分散心里积压的不满情绪，如果放弃这个机会，就不利于投诉最终的处理。“闭口不言、仔细聆听”是一种有效的方式。当然，不要让客户觉得你在敷衍他。

2. 充分的道歉

道歉并不意味着你做错了什么。客户的对错并不重要，重要的是该如何解决问题而不让他蔓延。花费大量的时间去弄清楚究竟是谁对谁错，对已对人都没有好处。

3. 认真的倾听

会让客户觉得被重视，从而平息或降低客户的不满。要从客户的角度说话。

(三)澄清和确认客户投诉的问题

平息或降低客户的不满，能让客户在理智的情况下，客观介绍问题，有利于饲料企业对事情的真实把握。用提问题的方法，把投诉由情绪带入事件，是一个较好的方法。

首先是要用开放式的问题引导客户讲述事实，提供资料。

其次是当客户叙述完事情的过程后，要用封闭式的问题总结其中的关键。比如：“您能告诉我您的客户中有几家出现产蛋率下降的情况，分别下降了多少”？“您刚才说的是您的用户中有一户向您反映，鸡用料后产蛋率下降了两个百分点，而且还有少数软壳蛋和破损蛋出现，情况是这样的吗”？

最后是重复客户向你叙述的情况，告诉客户，你已经了解了他的问题，并请他确认是否正确。

(四)启动投诉处理的工作程序

1. 分析投诉原因

负责处理客户投诉的人员组织相关部门对客户投诉的问题进行调查分析，找出原因。如客户投诉饲料霉变、生虫、有异味。饲料企业接到投诉后，应立即派人深入客户现场了解情况，调查内容包括：变质饲料的程度和所占比例；该批饲料的生产日期和客户购回后贮存的天数；运输过程中是否遇曝晒或雨淋；客户的贮存条件如何；其他客户处同一生产日期、同批号饲料的情况等。以初步确定投诉是因企业过失造成的，还是客户过失造成的。

2. 提出解决方案

根据问题产生的原因，在充分征求客户意见的基础上，提出合理可行的解决方案，并将解决方案报知客户。退，换，还是赔偿？很多饲料企业的处理投诉人员往往是直接提出解决方案，而未考虑到当客户失去了选择的余地时，他会没有做上帝的感觉。应通过两步来做：第一步是先了解客户想要的解决方案，主动提出“您觉得这件事情怎么处理比较好”？然后第二步，才是提出你的解决方案，迅速对客户投诉的问题进行有效解决。这样一来，不管客户是否已有解决方案的腹案，企业在解决问题时都会居于主动地位。

3. 举例：以客户投诉饲料霉变、生虫、有异味为例

如果经分析是企业过失，如使用了水分含量高的原料，或是加工过程中没有添加抗氧化剂，或是在送货过程中遇到曝晒或雨淋等。这种情况下，饲料企业应该无条件退、换变质饲料，并对给客户造成的损失给予完全赔偿。

如果经分析是客户过失，如贮存不当，超过了保质期，或是自己提货过程中遇到曝晒或雨淋，这种情况下，饲料企业可不承担责任，不过企业应主动向客户宣传饲料防霉、贮存等方面的知识。但由于目前市场竞争激励，基本处于买方市场，这种背景下，饲料企业为了提高客户的忠诚度，除了上述工作外，笔者建议，还应补偿客户一定的损失，补偿额以不超过这批产品的利润为限。

“饲料霉变、生虫、有异味”之类的客户投诉，由于责任易区分，很少出现恶意投诉。但“动物的饲养效果不好”之类的客户投诉，由于动物的生长和生产性能的发挥受诸多因素的影响，恶意投诉发生的概率要高。对于恶意投诉，要有理有节的坚决回击，比如通过对比举证法，说明同批饲料的其他客户使用效果都很好，让客户在事实面前无话可说。或者是请权威性机构给出科学的第三方诊断，让客户在权威面前无话可说。

4. 实施解决方案

解决方案要经客户认可。对于客户不能接受的处理方案，要通过谈判予以解决，直到最终达成解决方案，并将该方案付诸实施。不管是退料、换料、补偿还是赔偿，饲料企业都应在第一时间完成，让客户切实感受到企业的诚意。

不少饲料企业在实话解决方案时，喜欢拖延，这很不妥，既然早晚都要去做，为何不早做？拖延的结果往往让客户认为企业的诚意不够，造成赔了夫人又折兵的局面。

5. 感谢客户和跟踪服务

感谢客户和跟踪服务是处理客户投诉工作中最后的一步，这一步是维护客户的一个重要手段和技巧，同时也是饲料企业处理客户投诉工作中易疏忽的环节。饲料企业处理客户投诉的客户人员需要用以下四句话来表达感谢的意思：第一句话是再次为给客户带来的不便表示歉意；第二句话是感谢客户对于企业的信任和支持；第三句话也是向客户表谢意，让我们发现问题知道自己不足；第四句话是向客户表决心，让客户知道我们会努力改进工作。

上面的工作完成后，饲料企业还要指派负责该客户的业务人员进行跟踪服务，并把结果及时反馈至企业。如果这些工作都做了，表明你是一个有优秀品质的企业。

6. 评估

对整个客户投诉进行总结评估，提出预防措施。如投诉是属于企业过失的，还要对相关责任部门或个人按照企业既定制度做出处理。

美国提运公司副总经理玛丽安娜·拉斯马森提出过一个著名的公式，即：处理好客户的投诉＝提高客户满意程度＝增加客户认牌购买的倾向＝更高的利润。道理是显而易见的，如果饲料企业能处理好因为自身行为的过失所导致的客户投诉的话，客户不仅不会远离企业，相反地，他们会认为这是一家值得信赖的企业，从而提高客户的满意度，成为企业的忠诚客户。毕竟，谁都有可能有过失，关键是犯了过失之后的态度和处理过程的科学性。

任务3 售前服务及对策

随着市场经济的不断发展，市场竞争愈来愈激烈，企业之间的竞争也已经从浅层次的价格竞争转到深层次的服务竞争，服务也从售后走到了售前，且不说旅游、餐饮等服务业的发展，仅就企业而言，售前服务已经成为巩固并扩大企业市场份额、提高企业竞争能力、树立企业形象的重要手段。

"客户是上帝"，"服务好客户"是企业经营者永远不能改变的宗旨之一。而服务客户的方式大体上离不开"售前服务、售中服务和售后服务"这三种。应该说，一个完善的服务体系，这三项是缺一不可的。但只有做好产品的售前服务工作，才能在激烈的市场竞争中处于主动和领先地位。

售前服务是企业在顾客未接触产品之前所开展的一系列刺激顾客购买欲望的服务工作。服务对象是公司和养殖户，要调查市场需求，要知道养殖户需要什么样的饲料品种，然后上报公司，公司根据市场需求来生产相应的饲料。生产出饲料以后还要进行饲喂效果实验，做出全程数据记录，以供公司对饲料品质进行调整。售前服务的内容多种多样，主要是提供信息、市场调查预测、产品定制、加工整理、提供咨询、接受电话订货和邮购、提供多种方便和财务服务等。售前服务的主要目的是协助客户做好工程规划和系统需求分析，使得我们的产品能够最大限度地满足用户需要，同时也使客户的投资发挥出最大的综合经济效益。

一、售前服务的意义

1. 售前服务是企业经营策略与经营决策之一

如果没有售前服务，企业就会相对缺乏消费者信息，造成市场信息不完全，企业的经营决策也就不理想，甚至走上相左的路线。通过售前服务，我们可以了解消费者和竞争对手的情况，从而设计出符合消费者的产品，可以制定出适当的促销策略，选样就会有事半功倍的效果。

2. 售前服务是决定产品销售与企业效益的最基本因素

现在的市场是买方市场，产品供大于求，消费者有充分的选择余地。如果企业的售前服务没有做好，消费者根本就不会理会你的产品；如果没有好的售前服务——高质量的产品，消费者在使用产品时就会麻烦不断，再好的售后服务也不能从根本上解决问题，从而导致人们不会购买该产品。总之，一切问题都应该解决在产品销售之前。因此，优质的售前服务是产品销售的前提和基础，是提高企业经济效益的关键。

3. 加强售前服务可以扩大产品销路，提高企业的竞争能力

企业通过开展售前服务，加强双方的了解，为消费者创造购买产品的条件，消费者也就信任该企业及产品，从而也就愿意购买；赢得消费者的支持，赢得市场，也就是提高了企业的竞争能力。

4. 售前服务是售后服务的基础

优质的售前服务不仅可以满足客户的购物需求，而且还可以满足客户的心理和精神需求，还能有效地避免和减少售后服务。当然，做好售前服务并不是就不要售后服务或不重视售后服务。售前服务是售后服务的基础，售后服务是售前服务的补充，是"亡羊补牢"。

二、售前服务的内容与对策

(一)广告宣传与信息沟通

技术服务在售前宣传中具有决定性作用，是最经济、效果最佳的直接广告。目前被广泛采用的方式有技术研讨会、小型座谈会、技术培训班、现场观摩交流、印发技术资料、专家巡访等。

(二)市场调查与销售机会

一个饲料厂家，其产品在开发、研制或进入某一市场之前，必须进行一系列的信息调查和研究，这是一项技术性很强的工作，主要包括国内外畜产品的市场趋势，销售地区养殖业结构的调查分析，畜禽的饲养水平，畜主的经营观念及用料习惯，竞争对手主产品的档次、价格及市场竞争能力，客户在产品价格、档次、使用效果等方面的期望值等。

(三)接触客户与客户技术沟通

通过市场调研预测，选择好目标市场，主动和客户接触，接触客户后，如何介绍自己，介绍公司，介绍产品，服务承诺等必须突出技术优势，在技术上给对方一个良好的印象，从技术上压倒对方，使对方十分依赖你，大有相见恨晚，一见如故之感。

(四)机会切入

在饲料产品竞争异常激烈的环境中，如何有意识地去创造、扩大销售机会，怎样预见、等待机会，在机会面前如何选择适宜的空间和地点切入，都需要有良好的专业技术。

1. 品牌切入

依托品牌优势，大力宣传我们的原料采购优势、配方优势、品控和加工优势、庞大的销量及市场影响力、养殖效果及综合服务力等，借以影响、吸引、打动和说服养殖户成为我们的合作伙伴和用户。

2. 情感切入

通过亲戚、朋友、同学以及老用户帮助宣传、鼓动，从而把新养殖户和竞争对手的用户拉过来。

3. 技术切入

依托我们的技术力量和综合服务优势，帮助尚不是我们用户的养殖户解决一些技术难题，

从而感化他们转化为我们的用户。

4. 数据切入

用我们在市场上统计到的简单明了的数据优势(料肉比、出栏率、药费、养殖效益等),与竞争对手的相关数据进行比较,依靠算账把养殖户算过来。

5. 时间切入

把握住养殖户的进苗、换料、出栏和再进苗时间,提前做好准备,加强沟通,争取把下一个料号或下一批的用料换成我们的,时间切入要依靠动态档案的建立。

(五)突出特点,稳定销售

突出特点,既是售前服务的功能,也是售前服务的有效策略。在同类产品竞争比较激烈的情况下,许多产品只有细微的差别,客户往往不易察觉。饲料企业通过富有特色的一系列售前服务工作,一方面可以使自己的产品与竞争者的产品区别开来,树立自己产品的独特形象;另一方面可以使客户认识到本企业产品带给客户的特殊利益,吸引更多的客户。这样,就能创造经营机会,占领和保持更多的市场。

突出特点常用的一种方法是宣传。在宣传上要做到互不雷同,表现自己的特色,就要正确地把握和表现产品的不同特点,深入了解并针对客户的需求心理进行广告策划。

公众关系是突出特点的又一种有效方法。饲料企业通过一系列的公关活动,如宣传企业经营宗旨,举办社会性赞助活动等,来显示企业某一方面的行为,塑造企业某一方面的特别形象,以求得公众的理解和赞誉,赢得顾客。

(六)售前技术承诺

客户在用料之前会有种种要求,其中以技术服务方面的要求居多,且最为重要。如预期生产指标的协助实现、疾病防治、饲养管理、技术培训等技术服务,厂家应发挥自己的技术优势予以承诺。

三、如何做好售前服务的几点建议

售前服务就是设身处地为客户着想,发掘客户求美的心理,从扬长避短、掩丑显美入手,有效地调动客户的购买欲望。尽管所有企业都明白售前服务的重要性,但并不是所有的企业都能够做好售前方面的工作。做好售前服务工作,可以从以下几个方面着手:

1. 提供综合咨询服务

客户或多或少会有一些有待于解决的问题。如果能够派几名有较高业务水平的人员,为客户提供综合咨询服务,则对调动客户购买兴趣会有很大的帮助。

2. 提供配套销售服务

就是将某些具有连带性的产品或者配套使用的产品,按照客户的需要组合在一起,以方便客户一次购买。比如一些针对新换料客户,推出饲料和防换料应激的添加剂一起销售,打消了客户的犹豫,促进了他们的购买决心。

3. 提供代购服务

一般来说,我们比客户掌握的产品信息要多,应该随时为客户提供代购服务。为了做好这项服务工作,可以建立一定的代购服务制度,例如代购登记,将客户需要购买而企业没有的产品登记下来，代为客户购买。比如有些养殖场位置偏僻，购买疫苗不方便，企业就可以在客户提出要求后替客户购买，在营销人员拜访时带过去，能很快引起客户的好感。

综上所述，随着市场竞争的加剧，大家都已有能力做好售后服务，因此，售前服务将成为越来越多的企业追逐的焦点，只有切实将其做好做新，做到售前服务是基础，售中服务是关键，售后服务是保障，才会竞争制胜。

任务4 售中服务及对策

售中服务是指在产品销售过程中为顾客提供的服务，是推销员在推销现场，与顾客进行充分沟通，深入了解顾客需求，协助顾客选购最合适产品的活动。如热情地为顾客介绍、展示产品，详细说明产品使用方法，耐心地帮助顾客挑选产品，解答顾客提出的问题等。售中服务与顾客的实际购买行动相伴随，是促进商品成交的核心环节。售中服务是取得用户对产品和企业信任的关键。售中服务是衡量一个公司的全员素质及服务质量的重要环节。对业务员而言，除了帮助和培训客户正确使用产品以及如何处理在非正确使用的情况下可能出现的问题之外，更重要的是鼓励客户坚定使用本公司产品的信心。

一、售中服务的目标

售中服务的目标是为客户提供性能价格比最优的解决方案。针对客户的售中服务，主要体现为销售过程管理和销售管理，销售过程是以销售机会为主线，围绕着销售机会的产生、销售机会的销售控制和跟踪、合同签订、价值交付等一个完整销售周期而展开的，是既满足客户购买商品欲望的服务行为，又是不断满足客户心理需要的服务行为。

优秀的售中服务将为客户提供了享受感，从而可以增强客户的购买决策，融洽而自然的销售服务还可以有效地消除客户与企业销售、市场和客户关怀人员之间的隔阂，在买卖双方之间形成一种相互信任的气氛。销售、市场和客户关怀人员的服务质量是决定客户是否购买的重要因素，因此对于售中服务来说，提高服务质量尤为重要。

二、售中服务的作用

1. 提高销售过程中的服务质量

在确定销售意向的过程中，客户会向企业提出很多的疑问和要求。这就要求饲料企业的销售和服务人员在解答客户疑问和要求时要耐心、热情，站在客户的角度来尽一切可能为客户提供支持和帮助。

2. 提供完整的产品使用解决方案

确定销售意向后要根据客户需求，为客户提供完整的解决方案。要提供完备的产品使用说明书和相关的技术资料，介绍正确使用产品的技术指标和操作要点。对于大客户可以考虑为其量身定做产品、设计更加实用的饲料配方等。

三、售中服务的具体操作

(1)从第一笔订单开始，要确保饲料产品合适的生产日期、批次尽量同一、清晰明确的标识、合格的包装、送货单及签收、发票等。

(2)确保产品符合客户的要求，如果我们产品的工艺、配方或原料有变化，应及早与客户沟通。

(3)确保价格的合理。及时与客户沟通价格趋势，及时建议客户（根据多种因素）调整库存。及时了解并预估客户用量需求的变化，确保合适的库存储备、合理的成本价格。

(4)维持与客户各类相关人员相对独立的恰当交流（适当的电话、电邮、聊天工具联络，适当的小礼物，适当的朋友聚会），适当的拜访。

(5)在客户有困难时，比如：短缺货品的寻找、帮助客户找寻动物产品的销路，甚至客户在资金、发票方面出现难的情况下，努力帮助客户。

(6)在为客户提供服务的过程中，一定会出现问题（产品品质波动问题、数量不足问题、交货不及时问题、资金问题、发票问题、测试方法差异问题、价格问题等），及时到现场、及时面对面地交流、专业技术人员/公司主要负责人及时到场及时处理、换货、共同找原因、共同想办法处置不良品降低损失，是极其重要的。问题的妥善处理，更有助于互信的提高。

(7)避免公司相关部门（如开票、收款、装运、门卫）的办事效率低下，对客户的态度冷淡或蛮横，以及由于生产、销售、装运、财会等部门间的工作脱节或失误，给客户造成缺货现象等。

任务5 售后服务及对策

售后服务是指生产企业、经销商把产品（或服务）销售给消费者之后，为消费者提供的一系服务，包括产品介绍、送货、安装、调试、维修、技术培训、上门服务、咨询等。

产品售出后，厂家或经销商合理使用售后服务，让用户能够放心使用该厂家产品，增强厂家产品在用户心目中的信誉度，提高产品的知名度，从而提高厂家和经销商的销量，获得更多的利润。

饲料行业中，售后服务的目的与其他行业大致相同，但服务方式大不一样。其他行业大多数都在消费者购买产品出现问题后，厂家才派人处理，若在饲料行业中也按这种方式去操作，那就等于“坐以待毙”，弄不好市场会“全军覆没”。

饲料行业的售后服务与其他行业有着本质上的区别，主要为：消费者大都没有主动消费观念，都是卖方主动上门找买方，属于买方市场。而买方的经济基础建立在投入和产出之间的差额基础上，消费者的利润空间往往受市场行情的左右，很不稳定。在产品使用前，经营者不但要先解决消费者的消费理念问题，还要帮助他们解决好饲养管理技术问题。

成功的售后服务一定是要让客户时时感受到公司的帮助和支持。比如，指导客户建养殖场，帮助客户采购原料和引种，甚至提供贷款担保等；为其提供原料和畜禽的行情信息，免费赠送相关技术资料，提供从饲养管理到疾病防治等全方位的技术指导；有条件的可以帮助回收或销售畜产品，帮助其实现养殖利润的最大化；可以邀请客户参加重要的公司大会，并给他们发言或颁奖的机会，让他们感觉到自己是企业的一员；在企业的公开场合张贴客户的照片，在重要的刊物上公开感谢公司的客户；定期或不定期地召开客户研讨会和联谊会，了解客户对企业的认可度，征询客户的意见和建议；定期或不定期地组织客户喜欢的活动，满足客户的个性化需求；随时随地真诚赞美客户，特别在他的下属及下级客户面前，赞美客户不为人知的品质或爱好等。

一、售后服务的作用

做饲料销售工作的人都知道，“开户难，保户更难”“成交难，回款更难”，难的根源主要在于客户的经营或生产状况不好。经销商经营状况主要在于用户的信誉、赊欠多少、销售规模及周转速度。养殖能否赚钱则取决于对养殖风险和市场风险的预测。要减少养殖风险、克服疫病的威胁，其关键因素在于品种、营养、环境、管理和保健。减少市场风险的关键因素在于市场调研和预测，正确地把握市场趋势，确定适宜饲养规模及畜禽饲养进出栏时机，以使市场周期与饲养周期相吻合。要牢牢记住，只有客户的健康稳定发展，才有厂家的可持续发展，我们要想客户所想，急客户所急，当好客户的参谋，做好客户的技术后盾，化解客户的风险是厂家义不容辞的责任。

1. 售后服务是产品质量、价格的延伸

未来市场竞争的关键不在于企业提供什么产品而是提供附加值的多少，技术服务是提高产品附加值的一种有效途径。一个产品的质量不仅仅是它的内在成分和外在包装，也包括它的配套服务，一个好的产品不配有相应的技术服务，就没有市场，更谈不上有好的价格。

2. 售后服务与品牌再造

品牌是饲料营销的关键因素之一，名牌是企业成功的标志，几乎所有企业都梦想把自己的品牌变成名牌，品牌变名牌是一个复杂的系统工程，众多的实例可以证明营销过程中的技术服务是创造名牌的关键因素。

3. 技术服务与反制策略

饲料的销售策略更多地表现为竞争的策略。针对主要对手的变化情况进行对策调整，需要一种“反制”竞争。技术服务的水平提升与内容充实改进是反制策略中最重要的内容之一。

4. 售后服务与市场老化

与老客户数年的业务往来，难免出现一些销售策略的偏差、日常管理中的一些失误和疏忽、感情的损伤，加之竞争对手的“策反”，要管理好老市场、就要搞好销售网络的维护和保养，尤其要不断注入对客户具有巨大吸引力的技术信息服务。

5. 售后服务与货款回收

货款及时回收是饲料营销的核心工作，货款的回收直接依赖于用户的经营或生产状况，通过技术服务可以提高经销商的利润、加快其资金回笼与周转速度，改善饲养水平，为货款回收创造一个良好的物质基础。

6. 服务补救

所谓服务补救，在产品营销过程中对客户提供的技术服务出现失误或错误，采取的补救措施。如提供的信息不准、介绍的品种不纯、疾病诊断有误，防治疾病用药不当等。首先要使客户明白即使最优秀的企业也不可避免出现服务的失败和错误，以求得客户的谅解，在此基础上积极诚恳地提供第二次技术服务，必要时可求助技术水平较高的专家教授。

二、售后服务与对策

1. 控制产品适销对路

市场需求会受畜主的配料习惯、原料价格、饲养水平、饲养规模、畜禽品种等诸多方面影响，常有明显的地区性差别。市场不适销对路，产品质量优势难以发挥，其信誉就会蒙受损失。销售服务人员必须凭借自身专业技术知识去分析市场，开发市场、说服客户，引导市场，使产品尽量适销对路。

2. 控制使用方法和技术上的偏差

用户对产品的质疑或投诉多半是因饲用方法不当，或者饲养管理上的技术存在偏差引起的。通过技术指导使用户懂得产品的正确使用方法、产品不足可能出现的差错及解决方法。

3. 控制客户认识和社会舆论的偏差

许多用户对饲料产品的评价缺乏客观公正，人云亦云，某些错误观点已成为被普遍接受的舆论，如饲料的颜色黄不黄、鱼腥味浓不浓，猪料猪吃了睡不睡、皮红不红、毛光不光、粪黑不黑等。只有对这些片面或错误认识从理论上给予正确解决，才能改变人们对饲料质量认识上的错误观念，将饲料市场引向正确轨道，为自己的饲料质量讨个公道说法。

4. 消除用户的质量误会

用户发现畜禽异常或者没有出现期望的效果，首先想到的是饲料问题。事实上，这种类型的质量反映，90％的问题没有出在饲料上。疾病、应激反应、环境条件的变化、饲养管理有误、品种不良等才是真正的问题所在，如此高概率的质量误会，企业如果不去着手消除，信誉、市场以及相伴而来的经济纠纷会可想而知。

消除这种质量误会，最直接最有效的办法是找出真正问题之所在，并得以妥善解决。这就需要向用户讲出不是饲料问题的道理，并以物证（生产记录、出库记录、质检记录）、旁证（同批产品其他用户的反应）、试验加以证明。必要时要借助第三者如独立身份的专家教授协助澄清。这样做的目的在于不要让误会扩大、散播，不能被人无限制地夸大、渲染和有意识地加以利用，以至于破坏了市场。

5. 妥善处理质量事故

质量问题是难免的，比如批次间外在感官上的差异，内在的营养成分不足，料发霉、结块或有异味，比例有误，混合不均，出现杂质或有毒物质等。遇到这种问题不能推诿回避，要充分利用专业技术知识及时想法查出问题所在，并加以解决，公正估算用户的损失，划分责任，适时补偿。

6. 加强和客户之间质量信息的沟通

通过沟通去征求用户对质量的更高要求，发现产品内在或外在的质量问题，改进产品质量，提高技术服务质量，使企业不断升级，产品不断更新换代，客户不断巩固扩大。

7. 追求一个和经销商共同操作的境界

饲料销售大多是通过经销商来实现的。如何提高经销商的技术服务水平，或技术上与其密切合作，相互信赖是技术服务最关键的环节。因为一个好的经销商 70％～80％的质量疑虑和异议在他那里可得到圆满解决，相反如果经销商在这方面的能力有限、极不负责、甚至推波助澜；大概 70％～80％要出问题。

三、从事售后服务人员的要求

好的售后服务人员既要会诊断疾病又要懂营销，能够对所到市场进行全面调查，帮助销售部经理和业务员分析市场的特点，抓住切入点，选准突破口，对症下药，尽快把市场的疑难杂症治好。

1. 帮助业务员进行专业技术培训

售后服务人员不但要自己懂营销，还要让业务员精通专业技术。

2. 帮助业务员选好经销商并进行培训

应对经销商进行商业道德、经营理念、营销技巧、专业技术知识等方面的培养，统一思想，更新观念，建立经销商与厂家合作的信心，同时帮助他们掌握相应养殖技术。熟悉产品结构，由外行变成内行。这样即可让经销商在销售饲料时，把饲喂方法、饲喂数量、换料过程等知识交代给养殖户，让产品在当地市场得到认可。若经销商的资金有困难，还可以帮他们出谋划策，组织资金，使其经营正常运转。

3. 多做终端工作

不少养殖户没有丰富的养殖经验，缺乏养殖技术，对各厂家的饲料也不了解。特别是新用户，更不知道用哪家的饲料好。这时，就更需要售后服务人员从防病、治病、饲养管理、用料方法等多方面予以指导，为养殖户解决实际问题，拉近关系。他对你有好感，就会淡化他们"谈用料，是另有所图，只是为了赚钱"的戒备心理。假若养殖户经营管理不当，就要帮他们出谋划策，让他们尝到管理出效益的甜头。如终端用户的种源不足，产品流通渠道不畅，就应该积极主动地帮他们组织种源，提供信息，疏通渠道，让他们取得更大的利润。这样既提高了公司的知名度，又体现了自己的能力。

4. 摆正自己的位置，主动找事做

优秀的业务员不该是一到客户那里就问："你什么时候拉料，什么时候打款，这个月给我卖多少料。"优秀的技术服务人员也不能到一个市场后把专业知识一讲，把问题一处理就完事了，而应该主动找事做。把自己摆到"我代表公司到这里，就是要解决客户的实际问题，增加销量，为公司创造效益"的位置上。假如这个市场还需要找更优秀的经销商，技术人员就得跟业务员一道，先做市场调查（包括市场容量、市场空间、竞争对手、养殖规模、养殖水平、利润空间、被选对象的经济实力等），全面分析后，再确定一个理想的经销商。

5. 多为公司着想，多为领导出主意

技术服务人员还应多做市场调查，向公司反馈信息，给领导、业务员当好参谋。

总之，售后服务人员一定要给自己一个准确的定位。如果认为自己只做专业技术方面的事，那自己的业绩也不会有很大提高。把自己摆在"公司就是自己的公司，公司的事就是自己的事；公司的利益受损害，就等于自己受损害"的位置上。这样自己的业绩也会有突飞猛进的发展。

[案例 11-1]　南通正大饲料有限公司服务营销案例

(一)南通正大饲料有限公司简介

南通正大饲料公司是一家猪用饲料生产公司，它地处江苏南通如东县，是一家经营猪用饲料多年的老牌企业。公司高质量的饲料先后被评为第二届农业博览会金奖，首届中国饲料工业博览会认定产品，江苏质量监督免检产品，江苏省先进技术企业，连续六年跻身于全国农牧企业十强，为江苏省最大的农牧企业，“通大”商标荣获江苏省著名商标。

（二）服务营销战略

（1）宏观环境分析　饲料工业是联系种植业和养殖业的中间产业，生产成本和产品价格受到粮食价格和养殖产品价格的双重制约。一方面，上游的粮食价格上涨导致饲料原料成本的不断加大；另一方面，其下游的养殖业因结构调整对饲料需求减缓。这样饲料价格不能与成本同幅度提高，导致整个行业利润减少。①市场对养殖产品需求的转变。②农村产业结构的调整。③农民养殖观念的转变。

（2）微观环境分析　在整个苏中地区的猪用饲料市场上，南通正大饲料面临着江阴长宏和镇江佳吉的强力竞争，整个苏中市场形成三足鼎立的状况。目前市场上主要产品的市场占有率为镇江佳吉 30%，南通正大 35%，江阴长宏 25%。

南通正大的产品一方面质量不是市场上最好的，另一方面价格不如江阴长宏优惠，不利于其市场推广。

正大的营销理论：基本思想是整合利用产业价值链的各环节，并通过各环节的协同，提升客户关系以掌控终端，有效地获得市场竞争优势。注重区域市场、核心客户、零售网络和客户顾问这四大相互作用的核心市场要素的协调和平衡

正大的营销理论应用：顺应养殖业演进，积极组织和整合相关资源，发展基于散养特点的，分工协同、适度规模的养殖联合体，提高养殖产业效率。业务由原来简单的饲料生产和分销，转变为养殖户提供综合服务，获得产业链主导地位，建立竞争优势。①产品创新。②价格策略：南通正大采用满意价格策略，企业充分考虑顾客的价格承受能力，根据顾客的消费情况制定产品价格，使得顾客对产品的价格能够接受。③分销渠道的改造及创新：率先提出差异化竞争，全方位整合现有的资源，因势利导地改造原有的分销网络。a. 加强对分销商的管理。b. 开发服务功能性渠道。引导发展以该“兽医经销商”为中心的养殖联合体，实现公司、兽医与农户的三赢利。c. 嫁接分销兼容性渠道。在渠道改造和开发时，南通正大积极嫁接其他农资产品的分销渠道，如经销农药、化肥、种子等的经销商和农村供销社网络，把这些销售渠道规划为自己销售渠道的二级渠道。d. 区域养殖价值链的协同。嫁接当地的屠宰加工和内外销售环节中的企业。

（三）服务体系的有效建立

为广大养殖户提供综合服务是饲料企业渠道改造的关键，必须将散养状态下的养殖户有效组织起来，才能克服离散性，经济地提供有效服务。南通正大在实践中根据各地养殖发展水平和特点，总结出一些有效的养殖户组织方式。

在养殖发展一般的地区：建立以“本地业务代表＋终端经销商＋养殖示范户＋散户”的组织体系，以及普惠性质的兽医服务体系，即企业与终端经销商共同聘请当地优秀兽医，提供免费防疫和养殖技术咨询等服务，同时积极嫁接和整合当地信用社、屠宰加工企业或个体、良种场和原料经销商，结合当地养殖的具体要求，系统地为养殖产业提供综合服务。南通正大则在宣传组织、技术培训、药品物资、市场信息和人员管理等方面予以支持。

在养殖较为密集和发达的地区:逐步发展养殖联合体模式。一方面由饲料企业与大型屠宰加工和流通企业进行战略联盟,实现订单制的定点收购,在肉类市场营造安全食品的品牌,协同肉制成品的销售;另一方面由饲料企业整合良种和兽医等资源积极引导养殖联合体品种改良,提供养殖和防疫技术服务,加强日常饲喂的管理和维护,保证畜产品的安全性、高品质和低成本。最终形成了一条高效协同的养殖产业价值链,饲料企业成为连接和管理产业链的主导者,重新获得市场竞争的主动地位。

(四)促销手段的应用

采取以公共关系为主体的促销手段。销售中以"经营顾客关系"为核心。①提供比较全面的信息。②为顾客提供最终的解决方案。③为养殖户提供技术培训。

(五)南通正大深度营销策略的反思

依靠"公司+农户"模式和服务营销模式提高了养殖链效率,实现了产品的有效差异。"公司+农户"模式通过回收养殖产品,提供相应的技术和信息,将散养的农户组织起来,取得了一定的协同效率和规模优势,提高了养殖效益;服务营销模式则改变以往饲料销售中简单的事物促销形式,通过实实在在为养殖户提供服务,提高其养殖效益,形成互利的良性循环。基于提高产业链系统效率思想的深度营销,是企业对未来竞争完成系统思考后的营销战略性转变,而不仅仅是市场策略的重新组合,企业必须按照战略调整的要求重新整合资源和构造新的职能。

(1)深度营销模式的导入是企业战略性转变,必须要有长期的规划和战略资源的投入,不能简单地以短期财务指标去衡量,企业要正确认识短期利益和长期利益的协调关系。

(2)营销模式的转变是企业整体战略性变革,而不仅仅是营销领域的变革,各部门各环节要系统协同。所以宜采用自上而下的变革方式,保证强大的组织力和执行力。

(3)在具体实施过程中,一定要根据行业发展趋势,结合市场的特点,发展适合企业的具体实现形式,并基于企业资源状况,因势利导,分步骤地阶段性实施,渐进发展成目标模式。

(4)企业必然面临大量的市场维护、管理和服务工作,仅仅依靠内部资源来实现,既不经济,也不现实,要学会积极嫁接和管理外部资源。饲料企业在构建产业链时,要以专业化为核心规则,多以嫁接和联盟方式,达成规模经济性、灵活性、风险分散性和各环节效益性。

(5)饲料企业要实现管理产业价值链的系统职能,必须适时进行企业资源重组、流程再造、新型营销队伍培养等方面的革新。

基于南通正大服务营销战略,其通过对企业的宏观,微观环境分析,我们可以利用SWTO矩阵模型分析。

Strength优势:产品创新起步早,成本低,此外品牌悠久,是最早提出差异化竞争的营销策略的。

Weakness弱势:行业面临的利润降低,还未形成核心竞争力,同时竞争压力大,其质量不是市场上最好的,价格不如江阴长宏优惠。

Opportunity机会:竞争者还未真正完全领悟:①市场对养殖产品需求的转变;②农村产业结构的调整;③农民养殖观念的转变。同时并未形成一套科学的适合其自身的发展模式和营销系统,都还是处于起步阶段。

Threat威胁:面临着江阴长宏和镇江佳吉的强力竞争,整个苏中市场形成三足鼎立的状况。所以正大应该注意消费者的消费行为，即科学养殖，利益最大化，不能缺乏为用户提供服务的意识，重生产而轻服务。同时在市场细分，选择，定位做出正确决策。此外注重企业在管理过程和关系营销的建立。这些通过南通正大的营销的营销理论都有所体现。

此外，还应该注意服务营销的策略，一下对传统意义上的 7P 做出分析：7P 是指产品，价格，分销，促销，人员，过程，物证。详细是指①产品(Product)：注重开发的功能，要求产品有独特的卖点，把产品的功能诉求放在第一位。②价格（Price）：根据不同的市场定位，制定不同的价格策略，产品的定价依据是企业的品牌战略，注重品牌的含金量。③分销（Place）：企业并不直接面对消费者，而是注重经销商的培育和销售网络的建立，企业与消费者的联系是通过分销商来进行的。④促销(Promotion)：企业注重销售行为的改变来刺激消费者，以短期的行为(如让利，买一送一，营销现场气氛等等)促成消费的增长，吸引其他品牌的消费者或导致提前消费来促进销售的增长。⑤人员(People)：所有的人都直接或间接地被卷入某种服务的消费过程中，这是 7P 营销组合很重要的一个观点。知识工作者、白领雇员、管理人员以及部分消费者将额外的价值增加到了既有的社会总产品或服务的供给中，这部分价值往往非常显著。⑥过程(Process)：服务通过一定的程序、机制以及活动得以实现的过程(亦即消费者管理流程)。⑦物证(Physical Evidence)：包括服务供给得以顺利传送的服务环境，有形商品承载和表达服务的能力，无形消费体验，以及向潜在顾客传递消费满足感的能力。

而南通正大企业对 Product(产品)创新，Price(价格)，Place(分销)，Promotion(促销)，Process(过程)的要求比较明显，然而在人员 People，Physical 却缺乏较为具体的要求。虽然其提出了本地业务代表＋终端经销商＋养殖示范户＋散户的组织体系，系统地为养殖产业提供综合服务，但是对于销售人员的培养缺乏重视，此外虽然其企业与终端经销商共同聘请当地优秀兽医，提供免费防疫和养殖技术咨询等服务，但是没有注重兽医的服务意识培训，同时也没明白和兽医利益相关的一些东西。此外，在这整个过程中，缺乏各种问题解决方案的预期，相关信息的搜集分析。

中国养殖业本身的分散、落后和养殖能力的低下，严重制约了整个产业价值链的健康、良性发展。因此，通过向养殖户提供贴近地面的深度服务，从而提高养殖户的养殖能力，提升其经营管理水平，可以极大地带动养殖业的成长和发展，为饲料企业带来稳固的市场根基和需求空间。注意主动服务，定点服务，深度服务，全过程服务，个性化服务，现代的竞争不简简单单是产品，更是服务。

岗位操作任务

1. 理解技术支持与技术服务的重要性。
2. 会策划一次技术服务活动。
3. 掌握客户投诉的种类。
4. 能快速有效地处理客户的投诉。
5. 熟练把握客户对企业服务的需求。
6. 掌握售前、售中、售后的技术服务的方法和内容。

项目小结

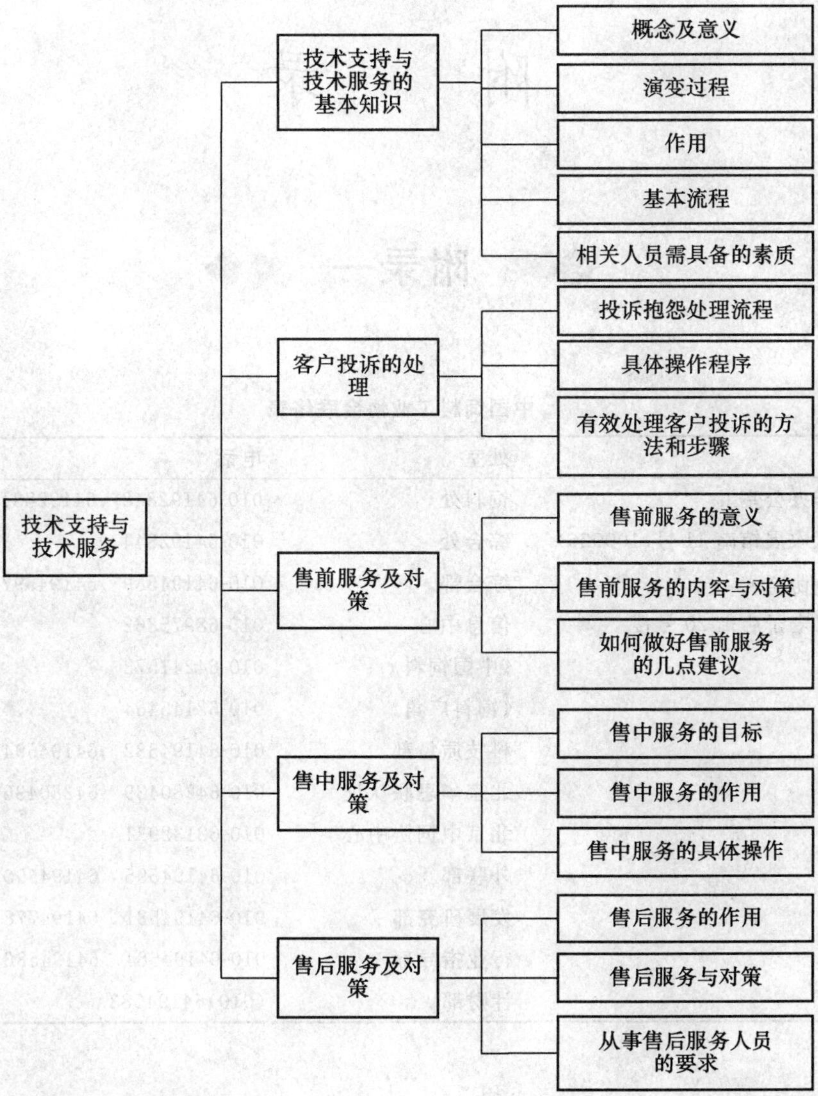

职业能力和职业资格测试

1. 将学生分为两组，一组假扮客户提出投诉，另一组假扮饲料企业客户投诉处理人员负责给出解决方案。

2. 人们经常说，每家企业都会训导员工牢记“客户是上帝”的口号。假设作为一名售后服务人员，“客户是上帝”究竟意味着什么？

附　录

附录一

中国饲料工业协会联络表

单　位	处室	电话		传真
全国饲料工作办公室	饲料处	010-64192848	64192831	64192869
北京市朝阳区农展馆南 11 号(100026)	综合处	010-64192844		64192869
中国饲料工业协会	综合部	010-64194589	64194597	64194592
北京市朝阳区麦子店街 20 号楼	信息中心	010-68975862		62172401
(100026)	《中国饲料》	010-64241573		64246635
	《饲料广角》	010-62145464		62145464
	科技质量部	010-64194582	64194594	64194592
	北京华思联认证	010-64280429	64280436	64194592
	北京中饲协中心	010-62132931		62132932
	外联部	010-64194595	64194590	64194592
	发展研究部	010-64194581	64194778	64194592
	行业指导部	010-64194584	64194586	64194592
	计财部	(010)64194583		64194592

附录二

农牧行业网站

http://www.jzn.cn	江州牛网
http://www.chinabreed.com	中国养殖网
http://www.zgxmscw.com	中国畜牧水产网
http://www.cav.net.cn	中国畜牧兽医信息网
http://www.dbxmsy.com	东北畜牧兽医网
http://www.jiaqin.com	农友在线

续表附录二

http://www.miaozhu.com	中国苗猪网
http://www.chinabeef.com.cn	阜阳市畜牧网
http://www.xuqin.com	中国畜禽信息网
http://www.hnfeed.com	中原畜牧网
http://www.qdxumu.com	中国青岛畜牧信息网
http://www.wfxm.gov.cn	潍坊市畜牧信息网
http://www.bmagri.gov.cn	巴彦淖尔农牧业信息网
http://www.zmdxmy.gov.cn	河南省驻马店畜牧业信息港
http://www.zhue.com.cn	中国猪 e 网
http://www.smmty.com	石门县畜牧水产信息网
http://www.ordosagri.gov.cn	鄂尔多斯市农牧业信息网
http://www.hebxmw.com	河北畜牧网
http://www.qinbing.cn	中国禽病网
http://www.cfagri.gov.cn	赤峰农牧业信息网
http://www.dlwsanim.gov.cn	巍山畜牧业信息网
http://www.hrbxumu.gov.cn	哈尔滨牧业
http://www.nm18.com	中国农牧网
http://www.syylw.net	中国畜牧原料网
http://www.wlcbagri.gov.cn	乌兰察布农牧业信息网
http://www.xumu.com.cn	中国畜牧网
http://www.jnxm.gov.cn	济南畜牧信息网
http://www.bfxmjy.com	中国北方畜牧业交易网
http://www.shenmuxm.cn	神木畜牧网
http://www.swxmj.gov.cn	汕尾市畜牧兽医信息网
http://www.shouyao123.com	兽药网址大全
http://www.boyar.cn	中华农牧企业网
http://www.taoniu.com	淘牛网
http://www.chinacattle.net	中国牛网
http://www.jiningxumu.gov.cn	济宁畜牧网
http://www.sfta.org.cn	东方饲料信息网
http://www.rulaifu.com	如来福
http://www.vet5.cn	兽医网
http://www.shouyi.com	兽医家园
http://www.chinafarming.com	中国畜牧网
http://www.cnxmy.com	中华畜牧业信息网
http://www.guojixumu.com	国际畜牧网

续表附录二

http://www.jiaqinw.com	家禽网
http://www.poultryinfo.org	中国家禽业信息网
http://www.feedtrade.com.cn	中国饲料行业信息网
http://www.chinafeed.org.cn	中国饲料工业信息网
http://www.efeedlink.com.cn	益农网
http://www.nefi.com.cn	东北饲料信息网
http://www.agri.hc360.com	慧聪网
http://www.chinafeedonline.com	中国饲料在线
http://www.chinajci.com	中国汇易饲料咨询网
http://www.sfe.net.cn	南方饲料信息网
http://www.xcslxx.com	畜产饲料信息网
http://www.chinaccm.com	中华饲料商务网
http://www.sjxin.com	全国饲料机械交易网
http://www.slkj.net	中国饲料科技网
http://www.cntjjs.com	中国食品添加剂技术网
http://www.chinadairy.net	中国乳业信息网
http://www.dce.com.cn	大连商品交易所
http://www.cereal.com.cn	中国粮食网
http://www.grain.gov.cn	中国粮食信息网
http://www.cof.net.cn	中国粮油食品信息网
http://www.chinafine.net	中国饲料企业管理传播网
http://www.86feed.com	中国蛋白饲料网
http://www.siliao.sn.cn	陕西饲料网
http://www.cnfeedadd.com	中国饲料添加剂网
http://www.512u.com	粮油在线
http://www.cnrapeseed.com	中国油菜籽网
http://www.epansun.com	上海邦成粮油在线
http://www.ex-grain.cn	中国谷物网
http://www.cngrain.com	中华粮网
http://www.cofeed.com	天下粮仓
http://www.worldfodder.com	世界饲料网
http://www.yu-fen.cn	中国鱼粉网
http://www.siliaonet.cn	中国饲料网
http://www.chinafeedadditive.com	中国饲料添加剂信息网
http://www.hbfeed.com	河北饲料网
http://www.feedtech.com.cn	中国饲料技术网

续表附录二

http://www.oils.net.cn	国油脂科技网
http://www.chinafoods.cn	中国食品信息网
http://www.cnslly.com	中国饲料粮油信息网
http://www.feedonline.cn	中国饲料原料信息网
http://www.intlpeptide.com	全球肽网
http://www.chinaoils.cn	中国油籽网
http://www.ceo323.com	畜牧经理人网
http://www.zgslzy.com	国饲料资源网
http://www.chinawhey.com	中国乳清网
http://www.fao.com.cn	中国粮油商务网
http://www.cnenzyme.com	中国酶制剂网
http://www.hfgtc.com	合肥粮食批发交易市场
http://www.doupojiage.cn	豆粕价格网
http://www.1so9so.com	搜饲料网
http://www.gzshengmu.com	广州市盛牧贸易有限公司
http://www.siliaocn.mobi	中国饲料行业平台
http://www.zgcsdw.com	中国草食动物养殖网
http://futures.caixun.com/wrarea/soy/	世华财讯农产品期货
http://www.0231688.com	西南农交网
http://www.onjj.cn	酒精在线
http://www.xiannongtan.com	中国先农坛饲料行业网
http://www.feed-9.com	久久饲料信息网
http://www.0898sl.com	海南饲料网
http://www.proteinchina.net	中国蛋白粉门户
http://www.hdbot.net	饲料原料中国
http://www.feedmsg.com	饲讯网
http://www.cfmet.com/index.htm	中国鱼粉交易网
http://www.221. gov.cn	北京现代农业信息网
http://www.cnagri.com/xumuweb	畜牧饲料市场分析
http://www.sljx.com.cn	中国北方饲料机械信息网
http://www.dongfangchina.com	山东省昌邑市东方机械研究所
http://www.sinofeed.ne	中国饲料机械网
http://www.syswall.com	北京市商业机械研究所
http://www.nongjiwang.com	中国农机总网
http://www.milkingmachines.com.cn	中国挤奶机网
http://www.nyjx.cn	中国农业机械网

续表附录二

http://www.nongji.com.cn	中国农机互联网
http://www.scnjj.com.cn/info	四川农机信息网
http://www.cqnj.gov.cn	重庆农机化信息网
http://www.hnnj.gov.cn	河南农机信息网
http://www.chinasweetener.com	中国甜网
http://www.mianzi168.com	中国棉籽交易网
http://www.jmagri.gov.cn	江苏农业信息网
http://www.feed-add.com	饲料添加剂网
http://www.slqh.com.cn	三隆期货信息网
http://www.feed668.com	中国饲料交易网
http://www.ynkj.cn	中国饲料谊联网
http://www.feedbj.cn	中国饲料报价网
http://www.dbsl.cn	黑龙江饲料商情网
http://www.feedcn.cn	淘宝网
http://www.kxkxkx.com	沈阳饲料信息网
http://www.46315.cn	国饲料营销网
http://feed.sunbo.net	饲料市场网
http://www.szcifco.com	中国期货证券网
http://www.feedsale.com	饲料商情网
http://www.slyewu.cn	中国饲料业务网
www.goodbk.com/glcky/index.php	天地粮食网
http://www.chinafeedbank.com	中国饲料数据中心
http://www.jsfeed.org.cn	江苏饲料信息网
http://www.cnjiaqin.net	中国家禽供应商网
http://www.pigs1. com	中国第一猪网
http://www.xmxgx.cn	畜牧网址导航
http://www.rouge168.com	种鸽
http://www.china-feed.com	中国饲料信息网
http://www.jsfeed.org.cn	江苏饲料信息网
http://www.xjfeed.com	湛江畜牧饲料网
http://www.hnsy.gov.cn	湖南兽药饲料信息网
http://www.cfms.org.cn	中国饲料监测体系网
http://www.tqfutures.com	黑龙江省天琪期货
http://www.xumw.com	畜牧网

续表附录二

http://www.hnxm.net	河南畜牧热线搜索引擎
http://www.china-ah.net	中国牧业网
http://www.haocm.cn	为民畜牧网
http://www.dleyanim.gov.cn	洱源畜牧业信息网
http://www.xjrn.org	新疆肉牛网
http://www.iehang.com	中国畜牧业网
http://www.linquxumu.gov.cn	临朐畜牧信息网
http://www.xlglxm.gov.cn	内蒙古锡林郭勒盟(锡盟)农牧业信息网
http://www.chinawashing.cn	中原畜牧网
http://www.jdxumu.com	景东畜牧网
http://www.xxzxmj.com	湘西州畜牧水产网
http://www.lyxmsc.com	浏阳畜牧水产网
http://www.qnxm.com	黔南畜牧水产网
http://www.ancdc.cn	柳州畜牧兽医信息网
http://www.hnfeed.cn	河南畜牧网
http://www.hdapi.com	邯郸小动物保护网
http://www.95my.com	畜牧经销商网
http://www.fdxumu.cn	丰都牧业
http://www.qthxm.gov.cn	七台河畜牧信息网
http://www.hfmuye.com	中国牛羊畜牧养殖网
http://www.jnxmw.com	济宁畜牧网
http://www.alexhi.com	华农网
http://www.sqmzw.com	中国宿迁苗猪网
http://www.xmsww.cn	中国畜牧商务网
http://www.sapale.com	新疆萨帕乐农牧网
http://www.pig188.com	中国生猪在线
http://www.0350.biz	中国奶牛养殖网
http://www.dbxmxx.com	东北畜牧信息网
http://www.china-farm.com	畜牧科技网
http://www.xzlmy.gov.cn	徐州林牧渔业网
http://www.zgxumu.com	自贡畜牧信息网
http://www.nxzx.gov.cn	广州市萝岗区农畜牧业信息网
http://www.xbxmw.com	西部畜牧信息网
http://www.chinaahvm.com	中国畜牧兽医行业网
http://www.dzxm.net	大竹牧业

续表附录二

http://www.cnlxny.com	中国鲁西牛羊网
http://www.nmry.com	内蒙古肉业在线
http://www.aohuan.com.cn	新疆畜牧网
http://www.51mz.com	中国苗猪信息网
http://www.sjzxm.net	石家庄畜牧水产网
http://www.114xm.com	齐齐哈尔畜牧水产网
http://www.gxahf.com.cn	南方畜牧水产网
http://www.dtnyj.cn	大同畜牧信息网
http://www.lcxm.com	陵川畜牧信息网
http://www.cceiw.com	中国肉牛产业门户
http://www.greenhemei.com	中国绿色畜牧网
http://www.86010.com	中国畜牧水产商务网
http://www.feedvet.com	西部畜牧信息网
http://www.pdxm.com	平定县畜牧网
http://www.hyxmw.com	海盐畜牧网
http://www.zgxmsc.com	中国畜牧水产指南网
http://www.naturecattle.com	中国无公害肉牛网

附录三

饲料添加剂企业网站

http://www.hbry.com	唐山海阳农工牧科技有限公司
http://www.ebl188.com	北京光大畜牧有限公司
http://www.fudachem.com	上海福达精细化工有限公司
http://www.chinalinzhi.com	滨州同创畜牧发展有限公司
http://tianhong.net.8hy.cn	江门市天弘畜牧水产技术服务中心
http://www.huasenfeed.com	黑龙江华森畜牧科技有限公司
http://www.yapf.com	镇江天和生物技术有限公司
http://www.gxzyny.com	广西紫阳农业发展有限公司
http://www.jinkeworld.com	武汉金科畜牧有限公司
http://www.wxzhongyi.cn	无锡市中意生物技术有限公司
http://www.gxhxg.com	广西南宁市汇新高畜牧保健品有限公司

续表附录三

http://www.gxdachao.com	广西南宁市大超畜牧贸易有限责任有限公司
http://www.sunfront.com	广州市日锋畜牧有限公司
http://www.hzxingmu.com	惠州市兴牧畜牧发展有限公司
http://www.zzfeed.com	上海正正生物技术有限公司
http://www.aiyinglai.com	上海艾英莱饲料科技有限公司
http://www.jinhuaqin.com	陕西金冠牧业有限公司
http://www.hisynergi.com	信杰(北京)饲料调味剂有限公司
http://www.xzsaifu.com	徐州赛傅饲料有限公司
http://www.zhengkunboda.com	北京正坤达生物饲料有限公司
http://www.dongzetrade.com	广州凯利雅科技有限公司
http://www.bjynsl.com	北京益农饲料中心(猪牛鸡羊鱼饲料添加剂)
http://www.jnjinmuda.cn.alibaba.com	济南金牧达有限公司
http://www.vitafun.cn	广州市维特福生物科技有限公司
http://www.sunsmilebt.com	深圳市圣西马生物技术有限公司
http://www.landis-sh.com	拉迪思动物保健品贸易(上海)有限公司
http://www.leveking.com/cn/default.html	深圳市绿微康生物工程有限公司
http://www.heswof.com	北京好实沃生物技术有限公司
http://www.continent.com.cn	康地恩生物集团
http://www.leadergz.com	广州立达尔生物科技有限公司
http://www.bjares.cn	北京澳瑞思生物营养技术有限公司
http://www.vb12-kd.com	河北高邑蓝天生物制品有限公司
http://www.longlive.cn	山东龙力生物科技股份有限公司
http://www.unionbiochemistry.com	潍坊联众生物化学有限公司
http://www.jnqlzm.com	齐鲁中牧生物科技有限公司
http://www.nmrlhg.cn	内蒙古润隆化工有限责任公司
http://www.kw-bio.com	江苏康维生物有限公司
http://www.ccdccg.com	长春大成集团
http://www.lomon.com	龙蟒集团
http://www.xinfupharm.com	浙江杭州鑫富药业股份有限公司
http://www.yiduoli.com.cn	广东溢多利生物科技股份有限公司
http://www.jiuding-group.com	湖南九鼎科技集团有限公司
http://www.chuanmu.net	重庆西南农大川牧饲料总厂
http://www.dajifeed.com	济南大吉饲料有限公司
http://www.lvkdb.com	绿康动保科技
http://www.fenyahua.com	芬亚华生物工程(山西)有限公司

续表附录三

http://www.philanp.com	菲兰谱(西安)生物营养工作室
http://www.sanguinefeed.com	陕西赛乐威生物科技有限公司
http://www.mudefa.com	石家庄牧得发饲料有限公司
http://www.wfleiman.com	潍坊雷曼生物科技有限公司
http://www.feedhr.com	山东大华广济生化工程有限公司
http://www.czsanguan.cn	沧州市三冠动物保健品有限公司
http://www.zhongdazh.com	北京中大兆华牧业科技有限公司
http://www.sdkyp.com	泰安吉利饲料有限公司
http://www.2008zwe.com	南宁市泽威尔饲料有限责任公司
http://www.xtd-biotech.com	桐庐新天地生物科技有限公司
http://www.yuhongjn.com	济南昱宏牧业有限公司
http://www.lonza.com.cn	中国龙沙公司
http://www.sunhy.cn	新华扬集团
http://www.scbky.com	四川博客亚动物保健品有限公司
http://www.bswfeed.com	嘉善百世威生物技术有限公司
http://www.hemeihua.com	和美华
http://www.cnhu.com	浙江新和成股份有限公司
http://www.zg-xqh.cn	石家庄市新清华饲料有限公司
http://www.adisseo.com.cn	安迪苏
http://www.xasiliao.cn	西安春讯生物工程有限公司
http://www.nmwhtb.cn	内蒙古物华天宝矿物资源有限公司
http://www.21-tc.com	响水天晨生物工程有限公司
http://www.degussa.com.cn/chin	德固赛中国
http://www.bell-bio.com	鹤壁贝尔生物技术有限公司
http://www.bbhzsw.com	蚌埠泓珠生物技术有限公司
http://www.philanp.com	菲兰谱(西安)生物营养工作室
http://www.nbgroup.cn	山东恩贝集团有限公司
http://www.Ashare.cn	广州市诚一水产科技有限公司
http://www.bosar-gz.com	广州博仕奥集团
http://www.zhongteyang.com	北京中特养生物技术研究所有限公司
http://www.starlake.com.cn	广东肇庆星湖生物科技股份有限公司
http://www.chuanheng.cn	川恒化工有限责任公司
http://www.cjchina.net	希杰集团
http://www.bjscxm.com	北京实创兴牧饲料科技有限公司
http://www.feihonghg.com	石家庄市飞宏化工有限公司

续表附录三

http://www.bsf.net.cn	(中德合作)北京邦士富生物科技有限公司
www.c-run.comcript	四川绵竹川润化工有限公司
http://www.finechem-china.cn	上海绿源(绿清)精细化工厂
http://www.xiannv.com	四川彭山县兽用芒硝厂
http://www.animl.net	成都爱丽美动物科技有限公司
http://www.enhalor.com	北京英惠尔生物技术有限公司
http://www.hongfuwei.com	北京虹福威生物技术发展有限公司
http://www.greenzyme21. com	北京中农博特生物技术公司
http://www.cqwshg.cn	重庆威士化工有限公司
http://www.biocaro.com	博凯国际(香港)集团
http://www.czhqsl.com	河北沧州环球饲料添加剂

附录四

畜禽养殖企业网站

http://www.hongdamuye.com	鸿达牧业
http://www.dengyuehu.cn	仪征登月湖现代农林发展有限公司
http://www.fjyichun.com	福建一春农业发展有限公司
http://www.pig.net.cn	东莞市广丰农业有限公司
http://www.hhyzc.com	山东济宁市黄海牧业股份有限公司
http://www.yfdxyzc.com	山东省畜牧局大型畜牧良种原种场
http://www.sdyzc.com	山东嘉祥三江牧业集团
http://www.jxxm.com	山东嘉祥县昊源牧业有限公司
http://www.guofu.com	河北省国富农业投资集团有限公司
http://www.nbdhqd.com	象山县晓塘东海畜牧禽蛋生产合作社
http://www.jxmuye.com	济宁市畜牧局良种科研基地
http://www.llxwhy.com.cn	梁山县畜牧局新世纪牛羊养殖总场
http://www.jpxm.com	北京市京鹏环宇畜牧科技有限公司
http://www.yinxiangwy.com	山东银香伟业集团
http://www.hualonggroup.com.cn	甘肃省华龙农业开发总公司

续表附录四

http://www.kelongxm.com	山东科龙畜牧产业有限公司
http://www.gxxmyjs.com	广西壮族自治区畜牧研究所
http://www.longweiny.com	兴宁龙威农业发展有限公司
http://www.tianzhong.com.cn	湖北天种畜牧股份有限公司
http://www.jnxmj.com	山东济宁市畜牧局大型牛羊科研繁育场
http://www.whyawei.com	亚卫畜牧
http://www.besun.com.cn	杨凌本香农业产业集团公司
http://www.gdcow.com	重庆光大畜牧业有限公司
http://www.sunfront.com	广州市日锋畜牧有限公司
http://www.xactry.com	西安现代农业综合开发总公司畜牧开发公司
http://www.ncdbh.com	南充大百合高科技农业发展有限公司
http://www.shmuye.com	山东顺和牧业有限公司
http://www.zizhu666.com	江苏万顺苗猪繁殖基地
http://www.gz3birds.com	广州三鸟批发网
http://www.xuwangmy.com	山东旭旺优质肉牛种羊繁育养殖场
http://www.wens.com.cn	广东温氏食品集团有限公司
http://www.jxdf.net	安徽省绩溪县登峰农业有限公司
http://www.tengqiao-xj.com	温州市藤桥禽业有限公司
http://www.qdjiayuan.com	青岛元水产集团有限公司
http://www.gtmy.com	北京高特牧业有限公司
http://www.wtscow.com	五台山畜牧养殖园奶牛场
http://www.scgreen.com	四川格瑞现代农业发展股份有限公司
http://www.cqdazheng.org.cn	重庆大正畜牧科技股份有限公司
http://www.gzyzc.com	山东国臻牧业
http://www.chinaroot.net	南京绿特农业科技有限公司
http://www.mxxwhy.com	山东梁山畜牧局牧兴牛羊养殖总场
http://www.szhonghong.com	深圳市宏鸿农产品配送有限公司
http://www.yzlyw.com	江苏高邮市临泽镇东沟村
http://www.6786267.com	山东省益农牧业养殖调拨基地
http://cqdazheng.org.cn	重庆大正畜牧科技股份有限公司
http://www.6782958.com	山东振宇牧业大型牛羊良种繁育集团
http://www.xylr.com	新疆达瓦昆畜牧生物科技有限公司

续表附录四

http://www.tanshan.cn	武汉市汉南坛山畜牧有限公司
http://www.cymyjt.com	济南市草原牧业牛羊集团
http://www.sclcgs.cn	四川省绿辰生态农业发展有限公司
http://www.niuyanglv158.com	山东流泽牛羊驴畜牧养殖场
http://www.wxzhengda.com	无锡正大畜禽有限公司
http://www.chinaytjt.com	广水永泰牧业专业合作社
http://www.xdjun.com	山东鲁东牧业大型肉牛养殖基地
http://www.yjnyyz.com	山东亿家牛羊养殖基地
http://www.xtmuye.com	山东欣泰牧业有限公司
http://www.123pig.com	大众牧业
http://www.sdxwhy.com	山东龙海牧业发展公司
http://www.klmuye.com	山东凯利牧业有限公司
http://www.sangzihu.com	湖北桑梓湖种猪场
http://www.bzoyyzc.com	欧亚畜牧食品有限公司
http://www.lvcaodi.com	绿草地生态农业技术有限公司
http://www.dmldkjw.com	兵团农一师三团
http://www.szsuyue.com	苏州市苏越农业新技术开发应用有限公司
http://www.xaxdny.com	西安现代农业综合开发总公司
http://www.tjxzay.com	天津市大自然畜牧有限公司
http://www.cocashi.com	广州科卡西生物科技有限公司
http://www.wfqxny.com	潍坊乔新良种猪养殖场
http://www.pxchsj.com	成都郫县长湖水景水生花卉种植场
http://www.jianbang.cn	广西建邦农业股份有限公司
http://www.uk-sriwork.com	思瑞沃克农业技术与设备投资有限公司
http://www.sdsheep.com	山东省梁山县畜牧良种调拨中心
http://www.qlsheep.com	山东科源畜牧良种繁育有限公司
http://www.hlxwhy.com	山东省梁山县畜牧局华梁种牛羊基地
http://www.gnczny.com	广宁创展农业科技有限公司
http://www.jslyszcw.com.cn	溧阳市塔山畜牧有限公司
http://www.zhongaofood.cn	天津市中敖畜牧集团
http://www.6781366.com	宏成牧业集团
http://www.jiadesapa.com	嘉德综合农业科技有限公司

续表附录四

http://www.haichong.cn	海丰县海崇畜牧发展有限公司
http://www.drxmz.com	山东省郓城县大人畜牧站
http://www.nubiyang.cn	中国努比山羊网
http://www.baismy.com	山东百盛牧业集团
http://www.sdwlmy.com	山东省三江牧业集团万隆大型畜牧良种养殖基地
http://www.hljtyny.com	黑龙江省天盈农业科技开发有限责任公司
http://www.dawanxumu.com	牡丹江市大湾畜牧有限责任公司
http://www.hongfukj.com	湖南省鸿福科技有限公司
http://www.sxfdny.com	陕西方大现代农业工程有限公司
http://www.jkcow.cn	山西健康奶牛场
http://www.gzshengmu.comwww.gzshengmu.com	山东家旺牧业
http://www.hljxinghai.com	佳木斯市星海种猪养殖有限公司
http://www.sdjxhdmy.com	山东宏达牧业万头牛羊养殖基地
http://www.hljxinghai.com	佳木斯市星海种猪养殖有限公司

附录五

饲料营销员职业标准

1 职业概况

1.1 职业名称

饲料营销员。

1.2 职业定义

从事饲料、饲料添加剂销售及咨询服务的人员。

1.3 职业等级

本职业共设三个等级，分别为初级(国家职业资格五级)、中级(国家职业资格四级)、高级(国家职业资格三级)。

1.4 职业环境

室内、室外和常温。

1.5 职业能力特征

身体健康，色、味、嗅、听等感官正常，具有一定的观察、分析、判断能力，具有一定的计算、文字及口头表达能力。

1.6 基本文化程度

初中毕业。

1.7 培训要求

1.7.1 培训期限

全日制职业学校教育，根据其培养目标和教学计划确定。晋级培训期限：初级不少于 200 标准学时；中级不少于 180 标准学时；高级不少于 160 标准学时。

1.7.2 培训教师

培训初级和中级饲料营销员的教师应具有本职业高级职业资格证书或相关专业中级以上专业技术职务任职资格；培训高级饲料营销员的教师应具有相关专业高级或中级以上专业技术职务任职资格。

1.7.3 培训场地设备

标准教室及必要的教育、实验设备和工具。

1.8 鉴定要求

1.8.1 适用对象

从事或准备从事本职业的人员。

1.8.2 申报条件

——初级（具备以下条件之一者）

(1)经本职业初级正规培训达规定标准学时数，并取得毕业（结）业证书。

(2)连续从事本职业工作 1 年以上。

(3)从事本职业见习期满。

——中级（具备以下条件之一者）

(1)取得本职业初级职业资格证书后，连续从事本职业工作 2 年以上，经本职业中级正规培训达规定标准学时数，并取得毕（结）业证书。

(2)取得本职业初级职业资格证书后，连续从事本职业工作 4 年以上；

(3)连续从事本职业工作 7 年以上；

(4)取得经劳动保障行政部门审核认定的，以中级技能为培养目标的中等以上职业学校本专业或经济管理类专业毕业证书。

——高级（具备以下条件之一者）

(1)取得本职业中级职业资格证书后，连续从事本职业工作 3 年以上，经本职业高级正规培训达规定标准学时数，并取得毕（结）业证书。

(2)取得本职业中级职业资格证书后，连续从事本职业工作 6 年以上。

(3)取得高级技工学校或经劳动保障行政部门审核认定的，以高级技能为培养目标的高等职业学校本专业或经济管理类专业毕业证书，有 3 年以上工作经验。

(4)本科以上毕业生（或中级以上职称），经本职业高级正规培训达到标准学时数，并取得毕业（结业）证书，有 2 年以上工作经验。

1.8.3 鉴定方式

分为理论知识考试和技能操作考核。理论知识采用闭卷笔试方式，技能操作考核采用现场实际操作方式。理论知识考试和技能操作考核均采用百分制，成绩皆达 60 分以上者为合格。

1.8.4 考评人员和考生配比

理论知识考试考评人员与考生配比为 1∶20，每个标准教室不少于 2 名考评人员；技能操作考核考评员与考生配比为1∶5，且不少于3名考评员。

1.8.5　鉴定时间

各等级理论知识考试时间为90分钟，技能操作考核时间为60分钟。

1.8.6　鉴定场所设备

理论知识考试场所为标准教室，技能鉴定场所应具备能满足技能鉴定需要的场所，以及实施考核所需要的工具和设备。

2　基本要求

2.1　职业道德

2.1.1　道德基本知识

2.1.2　职业守则

(1)遵纪守法，敬业爱岗。

(2)讲求信誉，履行职责。

(3)质量为本，真诚守信。

(4)刻苦钻研，精益求精。

(5)文明经商，热情服务。

(6)严于律己，认真负责。

(7)维护企业与顾客的正当利益。

(8)遵守公平竞争，公平买卖的市场规则。

2.2　基础知识

2.2.1　安全知识

(1)安全用电知识。

(2)安全生产常识。

(3)防火防爆等消防知识。

(4)防意外事故知识。

2.2.2　业务基础知识

(1)产品与营养基础知识。

1)饲料产品的分类与特点。

2)饲料原料的分类知识。

3)配方知识。

4)产品贮存保管基础知识。

(2)计量秤使用基本知识。

(3)普通计算工具使用方法。

(4)市场营销基础知识。

1)饲料产品市场的基础信息。

2)消费心理知识。

2.2.3　法律法规基本知识

(1)《合同法》、《消费者权益保护法》的相关内容。

(2)《质量法》、《计量法》。

(3)饲料和饲料添加剂管理条例。

(4)饲料添加剂使用规范。

3 工作要求

3.1 初级

职业功能	工作内容	技能要求	相关知识
一、服务顾客	(一)接洽顾客	1. 会用常用礼貌用语为顾客服务 2. 能与顾客交流,问询顾客需求 3. 能发现潜在顾客	1. 社交礼仪知识 2. 着装知识
	(二)提供服务	1. 能主动热情耐心为顾客服务 2. 能为顾客包装分销饲料产品 3. 能够采取措施提高服务质量	1. 饲料行业销售规范 2. 包装知识 3. 服务质量的标准要求
二、推介饲料产品	(一)识别饲料产品	1. 能读解所营销的饲料产品的标准名 2. 能根据标签的表述区分产品的不同特征 3. 了解饲料产品的优点及用户的利益	1. 饲料产品标准名称的规定 2. 饲料标签知识 3. 饲料产品的性状知识
	(二)介绍饲料产品	1. 能介绍饲料产品的适用对象 2. 能根据饲料产品特点介绍使用方法 3. 能够根据客户心理正确无误地介绍饲料产品	1. 介绍饲料产品方法 2. 饲料产品的使用方法
三、销售饲料产品	(一)销售准备	1. 能清洁饲料经营(营销)场所 2. 能准备销售用品 3. 能设定顾客拜访路线,并适时拜访 4. 能清点所销售产品的库存 5. 掌握报价技巧	1. 饲料产品销售前的操作规程 2. 寻找顾客的方法 3. 预约顾客的方法 4. 库存清点和记录的方法 5. 把握顾客的方法 6. 报价的原则
	(二)销售实施	1. 能够搜集市场相关饲料产品的信息 2. 能够进行货款结算及核对票据 3. 能够根据销售凭证发放饲料产品 4. 能够签订饲料产品的销售合同 5. 能对应收、应付款项进行核对 6. 能在他人协助下进行应收款的结算	1. 信息搜集的方法 2. 有效票据审核的方法 3. 应收账款统计方法 4. 讨债策略与技巧
	(三)销售分析	1. 能够记录所营销的饲料产品的品种、规格、数量、金额 2. 能够搜集顾客对饲料产品使用的意见,并记录和反馈 3. 能完成销售活动分析	1. 饲料产品销售后的操作规程 2. 销售记录的填写方法 3. 销售分析方法

续表

职业功能	工作内容	技能要求	相关知识
四、保管饲料产品	(一)饲料产品陈列	1. 能按饲料产品的不同品种分类 2. 能按照饲料产品使用的不同特点陈列产品	1. 饲料产品分类的方法 2. 饲料产品陈列的方法和技巧
	(二)饲料产品日常保管	1. 能按饲料产品的保质期保管产品 2. 能按饲料产品的使用数量和周期保管产品 3. 能正确进行饲料产品库存管理 4. 能正确进行饲料产品验收	1. 饲料产品保管的基本要求 2. 饲料产品销售周期及数量与库存的周转量的计算方法 3. 饲料产品库存管理要求 4. 饲料产品入库验收规定

3.2 中级

职业功能	工作内容	技能要求	相关知识
一、服务顾客	(一)接待顾客咨询	1. 能正确接待顾客的咨询并做好记录 2. 能介绍新产品的特点、使用方法及对同类饲料产品进行比较说明	1. 顾客咨询服务的项目 2. 顾客信息处理的程序 3. 饲料产品的基本知识 4. 饲料产品鉴别常识
	(二)处理顾客投诉	1. 能正确接待顾客投诉,并做好记录 2. 能分析投诉的原因并做好反馈 3. 能对顾客投诉内容提出处理意见 4. 能正确处理常见异议	1. 处理顾客投诉的技巧 2. 顾客投诉处理的原则及程序 3. 处理异议的策略
二、推介饲料产品	(一)识别饲料产品	1. 能看懂进口饲料产品的标识 2. 能读解各种饲料产品的标准名 3. 能对饲料产品质量做出分析和说明 4. 能从饲料产品外观及包装、标识辨别伪劣	1. 常用饲料原料基本知识 2. 通用饲料产品的特点 3. 进口饲料产品的表示方法 4. 外语基础知识
	(二)介绍饲料产品	1. 能介绍同类产品的特征及差异点 2. 能根据顾客需求介绍所营销的同类饲料产品 3. 能帮助顾客选择饲料产品 4. 能根据饲料安全要求介绍相关饲料添加剂的使用	1. 促销服务技巧 2. 报价技巧 3. 饲料添加剂安全使用知识

续表

职业功能	工作内容	技能要求	相关知识
三、销售饲料产品	(一)销售准备	1. 能编制销售计划 2. 能运用促销方法 3. 能提出广告策略的建议 4. 能够确定顾客信誉程度 5. 能实施调研计划	1. 编制销售计划步骤和方法 2. 广告策略知识 3. 商务谈判的基础知识 4. 市场信息的反馈程序 5. 确定信用限度方法 6. 市场调查的内容与方法
	(二)销售实施	1. 能独立拟订饲料产品销售合同 2. 能够依据市场信息提出价格调整方案 3. 能根据顾客的反应调整谈判方法 4. 能进行应收账款计算	1. 销售合同的分类及鉴定方法 2. 销售过程记录的内容及要求
	(三)销售分析	1. 能够整理销售记录并分析 2. 能够整理并分析顾客资料 3. 能够运用电子邮件搜集客户信息 4. 能对网络信息进行初步分类整理	1. 电脑使用基本知识 2. 网络商务信息的搜集与整理知识 3. 网络营销的主要方法
四、保管饲料产品	(一)饲料产品日常保管	1. 对饲料产品进行外观检查 2. 能记录饲料产品的质量情况	1. 饲料产品的颜色、粒度的鉴别方法 2. 饲料产品使用的质量跟踪记录的知识
	(二)不合格饲料产品管理	1. 能从饲料产品的外观变化发现质量问题 2. 能按规定程序处理不合格饲料产品并记录	1. 饲料产品发生物理变化的鉴别及处理方法 2. 饲料产品退、换程序
五、经济核算	(一)销售核算	1. 能够对销售成本进行统计计算 2. 能够对销售数据进行计算	1. 销售费用的统计方法 2. 销售数据整理分析的方法
	(二)款项处理	1. 能够灵活运用讨债方法 2. 能按合同要求进行款项结算 3. 能对应收款项形成原因进行分析,并提出对策	1. 货款的结算方法 2. 应收款项处理技巧

3.3 高级

职业功能	工作内容	技能要求	相关知识
一、推荐饲料产品	(一)推荐饲料产品	1. 能对饲料产品在动物体内的消化吸收的生理机制进行介绍 2. 能介绍新饲料产品的特点、使用方法及同类饲料产品的比较说明	1. 动物生理及动物营养知识 2. 动物饲养管理知识 3. 兽医、兽药基本知识

续表

职业功能	工作内容	技能要求	相关知识
一、推荐饲料产品	(二)使用指导饲料产品	1. 能帮助顾客诊断处理饲养管理中常见病 2. 能通过饲养技术管理指导顾客选择和使用饲料产品	动物常见病症处理的技巧
二、饲料产品营销	(一)市场调研	1. 能设计市场调研方案,完成抽样调查工作 2. 能对调研资料进行分析并提出市场销售市场 3. 能对顾客的质量保证能力,市场开发能力及资信能力进行综合评价 4. 能进行市场预测 5. 能利用网络手段根据企业经营目标制订市场调研计划	1. 市场调研及资料分析、市场预测的知识 2. 产品生命周期的分析的方法 3. 顾客销售能力的评估的技巧 4. 市场预测步骤 5. 电脑使用基本知识 6. 计算机网络使用知识
	(二)饲料产品促销	1. 能使用多种销售技巧促进饲料产品销售 2. 能分析各销售渠道并建立协作营销网络 3. 能制订市场促销计划和方案 4. 能够策划多种类型的网站促销活动 5. 能分析评估网站营销活动的效果	1. 顾客购买心理分析的技巧 2. 饲料产品营销组合策略的知识 3. 渠道营销策略的知识 4. 不同环境的营销方法 5. 购买动机和过程的营销方法
	(三)商务谈判	1. 能分析商务谈判成败的原因,并能提出相应对策 2. 能分析合同纠纷产品原因 3. 能运用正确方式解决合同纠纷 4. 能进行大型销售项目的洽谈	1. 谈判技巧 2. 销售策划技巧 3. 合同纠纷原因分析 4. 项目洽谈的技巧
三、保管饲料产品	(一)熟悉饲料产品特性	1. 能熟悉各种饲料产品的性状特点 2. 能熟知特殊饲料产品的效价特征	1. 易失效饲料产品的保养知识 2. 特殊饲料产品的保管知识 3. 饲料安全知识
	(二)特殊饲料产品保管	1. 能熟悉并清理易结块、吸潮、发霉、变质等饲料产品的保管要求 2. 能对有特殊要求的饲料产品进行保管	低温室操作规范

续表

职业功能	工作内容	技能要求	相关知识
四、经济核算	(一)库存分析	1. 能合理设置安全库存，品种和数量 2. 能用 ABC、量本利等现代分析法进行库存结构分析	1. 库存管理的方法 2. 顾客信息管理的知识 3. 商品策略有关基本知识
	(二)营销力分析	1. 能分析产品销售的比例及结构，为企业获得经济利益 2. 能协助顾客制订解决问题方案，以帮助顾客获得经济回报 3. 能地行饲料产品保本保利销售计算	1. 成本分析基本知识 2. 顾客咨询服务的知识 3. 保本保利分析基本知识
五、培训与指导	(一)人员培训	1. 能指导初、中级营销人员开展工作 2. 能纠正营销人员的销售错误 3. 能讲授饲料营销理论知识	1. 编写教案的知识 2. 营销人员能力分类方法 3. 营销人员能力培训技巧
	(二)营销管理	1. 能对营销人员进行协同管理 2. 能管理顾客的销售数据、顾客档案 3. 能分析评价营销业绩 4. 能进行市场区域管理	1. 营销人员激励技巧和方法 2. 团队建设的知识 3. 绩效考核的知识 4. 市场管理知识 5. 客户群分类方法与技巧
	(三)使用安全	1. 能根据国内外法规对饲料安全的要求提出微量元素等饲料添加剂的安全使用量 2. 能对违规使用瘦肉精、安定、抗生素、高铜等饲料添加剂的情况提出建设性的改进意见	1. 国内外饲料、兽药、动物防疫等相关规定 2. 国内外环保对养殖的相关要求

4 比重表

4.1 理论知识

项　　目			初级/%	中级/%	高级/%
基本要求		职业道德	5	5	5
		基础知识	20	10	5
相关知识	服务顾客	接洽顾客	5		
		提供服务	5		
		接待顾客咨询		2	
		处理顾客投诉		2	

续表

项目			初级/%	中级/%	高级/%
相关知识	推介饲料产品	识别产品	10	20	
		介绍产品	15	20	
	推荐饲料产品	推荐产品			10
		使用指导			5
	销售饲料产品	销售准备	5	5	
		销售实施	15	8	
		销售分析	8	10	
	饲料产品营销	市场调研			10
		产品促销			10
		商务谈判			10
	保管饲料产品	产品陈列	8		
		产品日常保管	4	5	
		不合格产品管理		4	
		熟悉产品特性			2
		特殊产品保管			2
	经济核算	销售核算		5	
		款项处理		4	
		库存分析			6
		营销力分析			8
	培训与指导	人员培训			5
		营销管理			10
		使用安全			12
合计			100	100	100

4.2 技能操作

项目			初级/%	中级/%	高级/%
相关知识	服务顾客	接洽顾客	5		
		提供服务	5		
		接待顾客咨询		2	
		处理顾客投诉		3	
	推介饲料产品	识别产品	15	20	
		介绍产品	20	25	

续表

项　目			初级/%	中级/%	高级/%
相关知识	推荐饲料产品	推荐产品			18
		使用指导			166
	销售饲料产品	销售准备	5	5	
		销售实施	25	9	
		销售分析	10	9	
	饲料产品营销	市场调研			10
		产品促销			7
		商务谈判			8
	保管饲料产品	产品陈列	10		
		产品日常保管	5	7	
		不合格产品管理		6	
		熟悉产品特性			4
		特殊产品保管			4
	经济核算	销售核算		8	
		款项处理		6	
		库存分析			6
		营销力分析			6
	培训与指导	人员培训			5
		营销管理			8
		使用安全			8
合　计			100	100	100

参考文献

[1]菲利普·可特乐.营销管理.上海:上海人民出版社,2001.

[2]高云龙,郃启扬.营销谋略与经典案例.北京:社会科学文献出版社,2005.

[3]何利良,李荣德.市场营销.北京:中国农业出版社,2010.

[4]侯胜田.医药市场营销学.北京:中国医药科技出版社,2009.

[5]黎细月,张德新,郑明.兽药人才必读.北京:中国农业科学技术出版社,2005.

[6]李胜,等.现代市场营销学.北京:机械工业出版社,2008.

[7]王成业,邹旭芳.饲料营销.北京:化学工业出版社,2008.

[8]王广宇.客户关系管理.北京:清华大学出版社,2010.

[9]徐延生,程相朝.兽药与饲料营销秘诀.北京:中国农业出版社,2004.

[10]泽丝曼尔·比特纳.服务营销.北京:机械工业出版社,2005.

[11]张秋林.市场营销学——原理、案例、策划.南京:南京大学出版社,2007.

[12]钟立群,张秀芳.市场营销.北京:中国农业大学出版社,2010.

[13]周建波.营销管理理论与实务.济南:山东人民出版社,2002.

[14]姚书元,沈玉良.现代实用推销学.上海:复旦大学出版社,2004.

[15]陈企华.最成功的推销经验.北京:中国纺织出版社,2003.

[16]谢宗云.处理客户异议五步法.北京:经济理论研究,2009,2:44-45

[17]美·奥格·曼狄诺，世界上最伟大的推销员.安辽，译.北京:世界知识出版社,2003.

[18]曹华宗.销售攻心术.北京:中华工商联合出版社,2010.

[19]吴健安.市场营销.北京:高等教育出版社,2000.

[20]徐雷.营销心理学基础.北京:高等教育出版社,2006.

[21]刘佩华.营销心理学.北京:机械工业出版社,2007.

[22]臧良运.消费心理学.北京:电子工业出版社,2007.

[23]孙喜林,容晓华.营销心理学.大连:东北财经大学出版社,2005.

[24]黄志锋,吕庆华.市场营销组合理论历史沿革及发展趋势.江南大学学报(人文社会科学版)，2009,8(6):103-108.

[25]农业部人事劳动司,农业职业技能培训教材编审委员会组织编写.饲料营销员.北京:中国农业出版社,2006.

[26]李然.营销组合创新在中国饲料营销市场的运用.山西农业(畜牧兽医)，2007,6:43-44.

[27]吴洛夫.市场营销学.长沙:湖南人民出版社,2007.

[28]王放银,余有贵,赵良忠,等.饲料营销课程架构的研究与实践.高等农业教育,2004,8:62-64.

[29]王放银,余有贵,黄兴国,等.饲料营销学课程新体系的构建.湖南农业大学学报(社会科学版),2004,3:49-51.

[30]杜玲.我国饲料企业营销中存在的问题及对策.商场现代化,2007,7:112-113.

[31]胡旭东.谈饲料企业的技术服务.饲料工业,2006, 27(23):59-60.

[32]张梦霞.市场营销学.北京:邮电大学出版社,2007,11.

[33]张松.水产饲料企业产品定位策略. 当代水产,2012,3:62-63.

[34]赵正.细分乳业主打单品——智强集团细分市场营销案例.中国牧业通讯,2003,8:51-53.

[35]蓝进.试论市场定位、产品定位和竞争定位之间的关系. 商业研究,2007,10:51-52.

[36]赵廷喜,刿学梅,赵宏,等.浅谈饲料营销的策略. 现代农业科技,2007,11:153-154.

[37]赵明."现代营销 5S 管理"在饲料企业的应用.饲料广角,2005,1:39-41.

[38]李晓霞.企业文化在现代营销中的作用.经济论坛,2012,7:35.

[39]文新.树立现代营销理念,正确处理"四大关系".邮政研究,2012,28(4):46.

[40]王放银.饲料产品的营销特性.饲料博览,2001,2:17-18.

[41]王放银.饲料营销工作的三项基本原则.饲料博览,2001,4:23-24.

[42]李然.营销组合创新在饲料营销中的应用.饲料博览,2008,2:57-59.

[43]赵景义.浅谈饲料企业全方位的综合性服务.北京畜牧兽医学会成立五十周年庆典暨第八届会员代表大会、学术研讨会论文集:北京,2004.

[44]杨辉.外资企业如何看待客户需求变化.中国外资,2011,2:47-48.

[45]王德平.饲料企业如何看待客户需求.河北畜牧兽医,2005,21(10):38-39.

[46]杨文凯.定义客户需求的原则和方法. 山东省青年管理干部学院学报,2006,3:100-101.

[47]岳阳.客户拒绝的成因与对策.管理与财富,2001,5:50-51.

[48]甄亚和.客户异议处理技巧.中国直销,2007,3:78-79.